D0765859

Über dieses Buch Wie hat der Zweite Weltkrieg das Leben der Frauen verändert? Den Frauenalltag im Krieg dokumentieren die Geschichten, die die Autorin für diesen Band gesammelt und aufgezeichnet hat. Sie erzählen von der sechzehnjährigen Flakhelferin Lisa, die erst mit zwanzig aus dem Krieg heimkehrt, von Ingrid, der lebensklugen, trickreichen Rüstungsarbeiterin, von Margarete, die sich plötzlich zwischen zwei Männern entscheiden muß, von Anna, die aus Liebe zum Enkel fremden Kriegsgefangenen hilft, von Frauen, die ihre Männer verlieren, und Müttern, die sich von ihren Kindern trennen müssen. Die Geschichten und Berichte zeigen Frauen in der unmenschlichen Ausnahmesituation des Krieges und bei der Bewältigung des schweren Alltagslebens, in Sorge um die Familie, Angst vor Fliegerangriffen, vor dem Verlust von Wohnung und Habe, vor Ungewißheit, Hunger und Flucht. Sie zeigen aber auch die Kraft und den Lebenswillen, die Großherzigkeit und Friedensliebe der Frauen.

Die Autorin Gerda Szepansky, geboren 1925, arbeitete als Journalistin, Lehrerin, Schauspielerin in Kabarett und freier Theatergruppe und lebt heute als freie Autorin in Berlin. Sie ist verheiratet und hat vier Kinder. Sie veröffentlichte u. a. den Erzählungsband ›Der erste Schritt‹, Berlin 1978, und Kurzprosa in zahlreichen Anthologien. Im Fischer Taschenbuch Verlag erschien 1983 ihr Buch ›Frauen leisten Widerstand‹ (Bd. 3741).

Gerda Szepansky

›Blitzmädel‹
›Heldenmutter‹
›Kriegerwitwe‹

Frauenleben
im Zweiten Weltkrieg

Fischer Taschenbuch Verlag

Lektorat: Ingeborg Mues

11.–15. Tausend: März 1987

Originalausgabe
Veröffentlicht im Fischer Taschenbuch Verlag GmbH,
Frankfurt am Main, Juni 1986

© 1986 Fischer Taschenbuch Verlag GmbH, Frankfurt am Main
Umschlaggestaltung: Susanne Berner
Gesamtherstellung: Clausen & Bosse, Leck
Printed in Germany
1280-ISBN-3-596-23700-9

Inhalt

Vorwort

Dies ist ein Buch gegen das Vergessen, ein Buch der Erinnerungen an eine Zeit, die seit über vier Jahrzehnten vergangen ist. Als ich es schrieb, tauchten nicht nur meine eigenen Erlebnisse wieder auf, auch die Erinnerungen anderer Frauen, denen mein unablässiges, hartnäckiges Forschen und Fragen keine Ruhe ließ, stürzten auf mich ein und bedrängten mich. Wie war das damals, als der Krieg ihr Leben veränderte, ihnen die Trennung von den liebsten Menschen aufzwang und sie in Angst um deren Leben, um den Verlust von Heim und Habe zittern ließ, sie in ungewohnte, ungeliebte Tätigkeiten, ja sogar in den Wehrdienst preßte? Müssen wir uns nicht immer wieder an jene Zeit erinnern, um das, was im Krieg geschah, zu verstehen, zu verarbeiten, zu lernen, daß all dies uns Konsequenzen für die Gegenwart auferlegt? Diese Zeitgeschichte kann uns ganz hautnah durch das erzählte Wort übermittelt werden, die Zeuginnen der Ereignisse leben ja noch.

Jede Frau etwa ab meinem Jahrgang hat den Krieg 1939 bis 1945 bewußt erfahren. Jede hat ihre Geschichte, die, durch die äußeren Ereignisse bedingt, oft Ähnlichkeit mit der anderer Frauen aufweist, jedoch unverwechselbar nur die ihre ist. In den sachlichen Erlebnisbericht fließt immer auch die Stellungnahme der Erzählenden ein. So habe ich empfunden, daß aus der Vielfalt der subjektiven Erinnerungen, der individuellen Erlebnisse gleichsam ein gemeinsames Gedächtnis zutage tritt, ein anschauliches Bild des Frauenlebens jener Zeit entsteht. Es zeigt die große Anpassungsfähigkeit der Frauen, ihr Talent, mit schwierigen Situationen fertig zu werden, ihre Fähigkeit, den harten Kriegsalltag zu bewältigen und das Überleben für sich und ihre Familie zu organisieren, ihre Stärke, das eigene Leid zu tragen, Mitleid für andere zu empfinden und Hilfsbereitschaft zu zeigen. Deshalb leistet ein Buch wie das vorliegende auch ein Stück Erforschung von Frauenalltagsgeschichte im Krieg, Geschichte, die bisher kaum niedergeschrieben und, wo dies doch geschah, hauptsächlich von Frauen in ähnlich konzipierten Büchern festgehalten worden ist.

Wie ging ich bei der Arbeit an diesem Buch vor? Lange Zeit war ich auf der Suche nach Frauen mit interessanten und aufschlußreichen Geschichten aus der Zeit des Zweiten Weltkriegs. Ich fand sie dann auch, etwa 30 an der Zahl. Aus den stundenlangen Gesprächen, die ich auf Tonband festhielt, entstanden die einzelnen Beiträge. Es sind keine Protokolle. Ich erzähle die anvertrauten Erlebnisse nach, wobei ich versucht habe, die Lebendigkeit und Originalität des gesprochenen Wortes zu erhalten, und respektiert habe, daß die berichtenden Frauen zum großen Teil anonym bleiben möchten. Vier Beiträge sind von ihren Erzählerinnen selbst verfaßt. Sie sind mit deren Namen gekennzeichnet. Meine eigenen Erinnerungen an die Kriegszeit stehen am Anfang des Buches. Darüber hinaus habe ich Episoden, Begebenheiten, von denen ich durch andere erfahren habe, zu Geschichten verarbeitet, die in ihrem Kern authentisch sind. Weiter ist es mir gelungen, Originaldokumente, Briefe und Tagebuchnotizen aus der Kriegszeit aufzuspüren. Den Frauen und Männern, die mir dabei geholfen haben, gilt mein besonderer Dank. Entstanden ist so ein Mosaik ergreifender Geschichten, persönlicher Erinnerungen und Empfindungen in aller Vielfalt und Widersprüchlichkeit.

Niemand kann vom Zweiten Weltkrieg sprechen, ohne dabei die Nazidiktatur außer acht zu lassen. Der Krieg ist aus ihr erwachsen. Die Stellung zu diesem Herrschaftssystem bestimmte auch die Stellung zum Krieg. Sie war für die gewerkschaftlich organisierte Arbeiterin eine andere als für die Gutsbesitzerin, in deren Familie die Männer traditionell Berufsoffiziere waren. Soziale Herkunft und politisches Bewußtsein waren von großer Bedeutung. Von der Mehrzahl der Frauen muß man wohl sagen, daß sie politisch desinteressiert waren, sich den Gegebenheiten anpaßten, auch nicht in der Lage waren, Zusammenhänge zu durchschauen. Auf einen beträchtlichen Teil blieben die Parolen der Naziführung nicht ohne Wirkung. Der langsam erfolgende ökonomische Aufschwung, die Tatsache, daß ihre Männer wieder Arbeit erhielten, den Familien damit ein bescheidenes Auskommen sicher war, daß »Ruhe und Ordnung« herrschte, hat die Haltung mancher Frau, vor allem der kinderreichen Mutter, für die es soziale Verbesserungen gab, zur Naziregierung zunächst positiv beeinflußt. Die Rolle, die diese den Frauen zudachte, war widersprüchlich in vieler Hinsicht. Durch gesetzliche Maßnahmen wurden ihnen die Rechte, die sich die Frauenbewegung in der Weimarer Republik und zuvor erkämpft hatte, genommen. So wurden sie aus qualifizierten Berufen hinausgedrängt und in ihrer Tätigkeit vorrangig auf die

Gebiete Hauswirtschaft und Landwirtschaft festgelegt. Die Kampagne gegen »Doppelverdienertum«, die Gewährung des Ehestandsdarlehens nur bei Aufgabe der Berufstätigkeit der Frau hatten zum Ziel, diese an den häuslichen Herd zurückzuschicken. Unter der Maxime, daß »Politik etwas der Frau Artfremdes« sei und sie verderbe, wurde den Frauen das passive Wahlrecht entzogen, sie durften in keine politischen Gremien mehr gewählt werden.

Als absolut frauengeeignet propagierte die Naziführung den Einsatz auf sozialem Gebiet. Hierzu bot sich Gelegenheit in den NS-Frauenorganisationen. Die NS-Frauenschaft als Führerinnenorganisation war das Sammelbecken der für den Nationalsozialismus fanatisierten und von ihm faszinierten Frauen. Allen jedoch standen die Arbeitsgebiete des »Deutschen Frauenwerks« offen (Vorbereitung auf die Mutterschaft, Säuglingspflege, Erziehungsfragen, Volkswirtschaft-Hauswirtschaft und andere) sowie das »Hilfswerk Mutter und Kind«, das eng mit der NS-Volkswohlfahrt zusammenarbeitete. Viele Frauen beteiligten sich an den Kursen und Veranstaltungen des Frauenwerks, weil ihnen die Betätigung auf pflegerischem und hauswirtschaftlichem Sektor Spaß machte und ihnen die damit verbundene Anerkennung wohltat. Sie empfanden die Vortragsabende, das gemeinsame Singen, das Anfertigen von Handarbeiten, die vielen Sammlungen weitgehend als »unpolitisch«. Doch unterstanden die führenden Frauen der NS Frauenschaft organisatorisch immer der Partei und damit den Männern, auch wenn die Reichsfrauenführerin nach außen Selbständigkeit vortäuschte. Die Reglementierung der Frauen reichte bis in ihr äußeres Erscheinungsbild: »Wie eine gute deutsche Frau auszusehen hat... « In den Gaststätten hingen Plakate: »Die deutsche Frau raucht nicht, die deutsche Frau trinkt nicht, die deutsche Frau schminkt sich nicht...« Allerdings muß gesagt werden, daß viele Frauen sich danach nicht richteten.

Wenn die Naziführung den Frauen auch keine Rechte zugestand, so maß sie ihnen durchaus einen hohen Stellenwert bei. Ohne die Frauen wären die Pläne der Hitler-Regierung nicht aufgegangen, ohne ihre tätige Mithilfe wäre auch der Krieg nicht führbar gewesen. Man halte sich nur einmal vor Augen, was allein die wahnwitzigen Bestrebungen der Nazis nach autarker Wirtschaft den Hausfrauen an zusätzlicher Belastung brachten. Um von Auslandsexporten unabhängig zu sein, wurde schon in der Vorkriegszeit ein eisernes Sparregime, eine Wirtschaft der Ersatzstoffe eingeführt. Eine Ahnung davon vermitteln die im Buch abgebildeten Werbeanzeigen aus der »NS-Frauenwarte« und solche Begriffe wie »Kohlenklau«, »Kampf dem Verderb« und »Erzeugungsschlacht«. Doch fanden viele Frauen in der Anerkennung ihrer Hausfrauentätigkeit, die als Dienst für die Nation deklariert wurde, Befriedigung. Zu denken gab mir der Ausspruch einer Frau, die mit Begeisterung einen Lehrgang zur Erlangung des Diploms »Meisterhausfrau« besuchte, daß dieser Kursus ihr viel von den Minderwertigkeitskomplexen nahm, die der Mann ihr immer eingeredet hatte. Ein ebenfalls wichtiges Äquivalent zur faktischen Rechtlosigkeit war die Glorifizierung der Mutterschaft. Schon in »Mein Kampf« hatte Adolf Hitler erklärt: »Das Ziel der weiblichen Erziehung hat unverrückbar die kommende Mutter zu sein.« Das 1933 verabschiedete »Gesetz gegen Abtreibung« stellte diese unter höchste Strafe. Die Frau durfte nicht über ihren Körper bestimmen. Für ihre Gebärfreudigkeit wurde sie prämiert. Zum Muttertag 1939 erhielten kinderreiche Mütter erstmalig das Mutterkreuz verliehen. In Hinsicht auf den kurz bevorstehenden Krieg war klar: Nazideutschland brauchte viele Menschen zur Eroberung fremder Gebiete und Beherrschung fremder Völker. Der Mutterkult betraf jedoch nur die »arische« und »politisch einwandfreie« Frau. An denen, die diese Voraussetzungen nicht erfüllten, wurden sogar Zwangssterilisationen vorgenommen, und sie wurden auch zur Abtreibung gezwungen.

Die Diskrepanz zwischen dem Frauenbild der NS-Propaganda und der Realität des Frauenlebens trat mit Vorbereitung und im Verlauf des Krieges immer offener zutage. Die ab 1937 verstärkt einsetzende Rüstungsproduktion brauchte die weibliche Arbeitskraft. Das Bild des treusorgenden Heimchens am Herd entsprach nun nicht mehr den ökonomischen Erfordernissen. Als in den ersten Kriegsjahren die Verbrauchsgüterindustrie drastisch eingeschränkt wurde und die Werke sich auf Waffenproduktion umstellten, wurden die Frauen für diese neue Art der Tätigkeit dienstverpflichtet. Sie saßen an den Fließbändern der Munitionsfabriken, mußten im weiteren Verlauf des Krieges bei mehr als achtstündiger Arbeitszeit und mangelhaften Schutzbestimmungen oft schwere und ungewohnte Maschinenarbeit verrichten. Wenn in der Rüstungsindustrie auch verhältnismäßig gut verdient wurde, so lagen die

Löhne der Frauen doch etwa 40 Prozent unter denen der männlichen Hilfsarbeiter. Die Meisterstellen waren immer mit Männern besetzt, von den höheren Posten ganz zu schweigen. Schließlich verzichtete die NS-Führung auf die schon geplante Arbeitsdienstverpflichtung aller deutschen Frauen der arbeitsfähigen Jahrgänge. Durch die Rekrutierung von Zwangsarbeiterinnen – und natürlich auch Zwangsarbeitern – aus den besetzten Ländern (der größte Teil aus der Sowjetunion), den sogenannten »Ostarbeiterinnen«, deren Zahl 1942 schon eine Million erreichte, wurde der Arbeitskräftebedarf gedeckt. Hinzu kam neben der Zwangsarbeit der jüdischen Frauen ab 1942 die der weiblichen Häftlinge in den Konzentrationslagern, die genau wie die männlichen KZ-Insassen von der SS-Führung unter unmenschlichen Bedingungen an große Industrieunternehmen ausgeliehen wurden.

Entsprechend den neuen Erfordernissen änderte sich das Leitbild: Gefragt war jetzt die emsig schaffende Rüstungsarbeiterin, die all ihre Kraft an der »Heimatfront« einzusetzen hatte, sowie die vielbesungene »tapfere kleine Soldatenfrau«. Die sanfte Frau, deren Stärke im Ertragen und Dulden liegen und die keine »Triebäußerungen« kennen sollte, wurde mobil gemacht für Haß und Rache. Kein Krieg ohne vorherigen gründlichen Aufbau von Feindbildern! Es waren die »englischen Plutokraten«, der »französische Erbfeind«, die »bolschewistischen Untermenschen«, das »entartete Weltjudentum«. Natürlich ergriffen die hetzerischen Parolen nicht alle Frauen. Viele machten im Verlauf des Krieges eine Entwicklung durch, begannen Zusammenhänge zwischen der Politik und ihrem Alltagsleben zu begreifen. Die Nachricht vom Beginn des Krieges am 1. September 1939 war allgemein mit stummem Erschrecken aufgenommen worden. Immerhin waren nur gut 20 Jahre seit dem Ende des Ersten Weltkrieges vergangen. Doch blieben die siegreichen Blitzkriege nicht ohne Wirkung, sie beeindruckten auch einen großen Teil der Frauen, veränderten die Stimmung. Erst die Zeit der militärischen Niederlagen mit all ihren Folgen für das persönliche Leben brachte viele zum Nachdenken.

Das Alltagsleben verlangte den Frauen – bis auf wenige privilegierte – mit Fortschreiten des Krieges zum »totalen Krieg« und zur sich anbahnenden Auflösung in der totalen Niederlage unerhörte Strapazen ab. Die Bombenangriffe bedeuteten seelische Belastungen: Angst um das Leben der Kinder, Angst, bei Entwarnung ohne Obdach, ohne die notwendigsten Dinge dazustehen, im Keller verschüttet zu werden; aber auch körperliche Belastung: sich und die Kinder aus dem Schlaf reißen, Schleppen des schweren Koffers und sonstigen Gepäcks in den Luftschutzkeller oder in einen weiter entfernten Bunker oder zu welchem Ort auch immer, der für sicher gehalten wurde. Schließlich, als die Evakuierungen begannen, der schwerwiegende Entschluß, aus der Heimatstadt weg an einen ungewissen Ort zu gehen, sich dem Wohlwollen fremder Leute anheimzugeben, und vor allem die schmerzhafte, ungewisse Trennung der Mütter von ihren Kindern, die meist mit ihren Schulen im Rahmen der Kinderlandverschickung in entfernte, weniger bombengefährdete Gebiete fuhren. Fünf Millionen Kinder waren auf diese Weise unterwegs. Jede Frau hatte einen oder mehrere nahe Angehörige, Ehemann, Sohn, Vater, an der Front, zitterte, wenn die Feldpost ausblieb, vor dem Verlust, der sie treffen konnte, der schon so viele Frauen in ihrer Umgebung getroffen hatte. Nach dem Heimaturlaub ihrer Männer wurden die Frauen häufig schwanger, brachten Kinder zur Welt, deren Vater inzwischen gefallen war.

Nun erfuhr die Rolle der deutschen Mütter im nazistischen Sinn noch eine Steigerung: »Heldenmütter« sollten sie sein. Dieser Begriff, der verklärt wurde in der Presse, der Literatur, der Bildenden Kunst, der Musik, ließ zweierlei Deutungen zu. Die Mütter selbst sollten Heldinnen sein, sie hatten ihre Söhne »für Führer, Volk und Vaterland« zu opfern und noch stolz darauf zu sein. »...in stolzer Trauer...«, wie es seitenlang in den Todesanzeigen der Zeitungen zu lesen stand. Aber sie sollten auch ihre Söhne zu Helden erziehen, sollten die Mütter von Kriegshelden sein. Der Mutterschaft an sich war schon ein kriegerischer Aspekt verliehen worden. In seinen »Reden an die deutsche Frau« hatte Hitler es formuliert: »... Was der Mann einsetzt an Heldenmut auf dem Schlachtfeld, setzt die Frau ein in ewig geduldiger Hingabe, in ewig geduldigem Leiden und Ertragen. Jedes Kind, das sie zur Welt bringt, ist eine Schlacht, die sie besteht für Sein oder Nichtsein ihres Volkes.« Wie diesen »Heldenmüttern« wirklich zumute war, davon künden einige Beiträge im Buch.

Mit der aufkommenden Kriegsmüdigkeit legten die Frauen allgemein eine stärkere Verweigerungshaltung an den Tag. Sie äußerte sich in häufigen Krankmeldungen von der Arbeit, dem stillschweigenden Bestreben, bestimmten Meldungen zur Erfassung einfach nicht Folge zu leisten, sich bei ungewohnten

Tätigkeiten für die Rüstung dumm zu stellen oder langsam zu arbeiten, den Aufrufen zu Spenden und Sammlungen nicht nachzukommen, bei Verlagerungen der Firmen nicht mitzugehen. Auf der Suche nach Auswegen aus unliebsamen Situationen waren Frauen sehr erfinderisch. Die soziale Empfindlichkeit, die ihnen durch Erziehung eigen ist, brachte sie oft in einen gefühlsmäßigen Widerspruch zur Unmenschlichkeit der Naziherrschaft. Sie halfen Verfolgten mit Lebensmitteln und Kleidung, mitunter sogar mit Obdach, sie steckten Fremdarbeitern, Kriegsgefangenen oder KZ-Häftlingen ein Stück Brot zu. Die Frauen, die aufgrund ihrer politischen Einsichten, um ihres christlichen Glaubens willen oder aus humanitären Motiven die Naziherrschaft von Anfang an bekämpften und in illegalen Gruppen Widerstand leisteten, waren eine Minderheit. Ihre Zahl nahm zu, als 1938 die massenweise Verfolgung der jüdischen Bürger und ihre Deportationen begannen, und steigerte sich in den folgenden Jahren, als die Verbrechen des Hitlerregimes am eigenen Volk und der Bevölkerung der eroberten Länder erkenntlicher wurden. Zum Ende des Krieges hin, da im Chaos der Auflösung die Bürokratie nicht mehr voll funktionierte, boten sich für Hitlergegner und -gegnerinnen die Chancen gewisser Ausweichmöglichkeiten, andererseits wuchsen angesichts der nahen Niederlage Gewalt und Brutalität des Systems, besonders auch einzelner Nazibonzen, noch an. Das zeigen die vielen Terrorurteile aus den letzten Kriegstagen.

1944 wurde für alle Frauen zwischen 17 und 55 Jahren die Meldepflicht für die Reichsverteidigung verkündet. Ab Februar 1945 konnten Frauen zu Hilfsdiensten für den Volkssturm gezwungen werden. Die Panzerfaust wurde als eine »Idealwaffe in weiblicher Hand« propagiert. Der großsprecherische Satz der Nazioberen, daß es allein die Aufgabe des Mannes sei, den Feind abzuwehren, galt längst nicht mehr. Wenige Tage nach Kriegsbeginn, am 4. September 1939, war die Reichsarbeitsdienstpflicht (RAD), die für die männliche Jugend seit 1935 bestand, auch für die weibliche Jugend eingeführt worden. Sie erfaßte die Frauen von 17 bis 25 Jahren und betrug sechs Monate. Genau wie im BDM wurde auch hier das Gemeinschaftsgefühl der jungen Mädchen ausgenutzt und ihnen mit der verlogenen Maxime geschmeichelt: »Ein deutsches Mädchen kann alles!« Seit 1941 mußten im Anschluß an den RAD sechs weitere Monate im Kriegshilfsdienst abgeleistet werden, entweder im Rüstungsbetrieb oder im militärischen Einsatz. So wurden Arbeitsmaiden häufig als Flakhelferinnen eingesetzt, zur Bedienung der Scheinwerfer oder direkt an den Flakgeschützen. Darüber hinaus waren viele junge Mädchen und Frauen als Wehrmachtshelferinnen eingezogen worden. Unter ihnen genossen die Nachrichtenhelferinnen, Telefonistinnen, Funkerinnen, Fernschreiberinnen, auch »Blitzmädels« genannt wegen der Blitze an ihrer schmucken Uniform, einen besonderen Status. In den Schreibstuben direkt hinter der Front waren Frauen als Stabshelferinnen eingesetzt, als Dolmetscherinnen, überall, wo Männer zum Zweck des Einsatzes an der Front unentbehrlich schienen, nahmen Frauen ihre Stellen ein. Die Front- und Heimatlazarette hatten einen großen Bedarf an Krankenschwestern, Ärztinnen, Pflegerinnen,

Die letzten Monate und Wochen des Krieges nehmen in der Erinnerung aller befragten Frauen eine besondere Stellung ein. Der Krieg kehrte an seinen Ausgangspunkt zurück. Hatten die Bombenangriffe vielen Frauen schon grausame Berührung mit der Realität des Krieges gebracht, wurden sie nun mit dem direkten Kampfgeschehen konfrontiert. Frauen, die evakuiert waren, gerieten mit ihren Kindern in den Frontverlauf. In den Großstädten, die nicht kampflos übergeben wurden, erlebten sie die Gefechte Straße um Straße, Haus für Haus. Wehrmachtshelferinnen, die keine Möglichkeit sahen, sich von der Truppe abzusetzen, kamen in Kriegsgefangenschaft. Nun begegneten die deutschen Frauen den Soldaten der bisher feindlichen Armeen, den Siegern. Daß in den eroberten und besetzten Ländern, besonders in Polen und der Sowjetunion, der Zivilbevölkerung Schreckliches angetan worden war, zumindest ahnte es die Mehrzahl der Deutschen. Der Ausspruch: »Genießt den Krieg, der Friede wird schrecklich!« kündete davon. Zuletzt überwog bei den meisten Frauen die Friedenssehnsucht doch die Furcht vor dem Danach. Vielleicht, weil sie weniger Anlaß zu konkreten Schuldgefühlen hatten. Die Sieger waren Männer, erbittert, voller Rachegedanken und verwildert. Die deutschen Frauen ereilte das gleiche Schicksal wie vorher die Frauen der anderen besiegten Nationen. Auch sie mußten Willkür und Gewalttätigkeiten dulden.

Nach Kriegsende gingen die Frauen daran, die Trümmer in ihren Heimatstädten zu beseitigen, sie »enttrümmerten«. Überall in den Ruinenlandschaften sah man sie. Sie holten mit bloßen Händen die Steine aus den zusammengefallenen Häusern, putzten sie ab, stapelten sie für den Wiederaufbau. Die

Gestalt der »Trümmerfrau« prägte die unmittelbare Nachkriegszeit. In der neuen Gesellschaft waren die Frauen in der Überzahl. So gab es in der Ruinenstadt Berlin, deren Einwohnerzahl auf die Hälfte zusammengeschmolzen war, doppelt so viele Frauen wie Männer. Die waren gefallen, vermißt, zu Krüppeln geschossen und in Gefangenschaft. Frauen bestimmten das öffentliche Bild. Gedrückt von den Belastungen der Kriegsfolgen, von Hunger, schlechten Wohnverhältnissen, Krankheiten, fingen sie an, ein neues Leben zu verwirklichen. Es bildeten sich Frauenausschüsse. Ihr erstes Anliegen war die Behebung der größten materiellen Not. In den Nähstuben wurde praktische Arbeit geleistet. Frauen beteiligten sich an der Aktion »Rettet die Kinder!«, die der Hauptausschuß »Opfer des Faschismus« in Berlin beschlossen hatte. Das Ziel war, jedem Kind ein Kleidungsstück und ein Spielzeug zur ersten Friedensweihnacht auf den Gabentisch zu legen. Es erwies sich als schwierig, in den Frauenausschüssen auch politische Fragen zu behandeln. Neben den Frauen, die als Konsequenz aus den Kriegsjahren geschworen hatten, sich künftig in die Politik einzumischen, standen diejenigen – und das war bei weitem die Mehrheit –, deren Politikfeindlichkeit aus gleicher Konsequenz noch gewachsen war. Allerdings muß man auch sehen, daß die Kraft der Frauen oft vom Kampf ums Überleben aufgebraucht wurde. Und darin leisteten sie Großes. Mit wieviel Anerkennung und Dankbarkeit habe ich Menschen, deren Kindheit in diese Zeit fiel, von ihren Müttern sprechen hören!

Die Verhältnisse hatten bewirkt, daß die Frauen eine gewisse Selbständigkeit erlangten. Im Verlauf des Krieges hatten sie Eigenschaften entwickelt, die überhaupt nicht mehr dem einstigen Nazi-Frauenbild entsprachen. Ein Teil der Frauen erlebte die Arbeit im Produktionsprozeß auch als Befreiung aus einem isolierten Hausfrauendasein, als Aufwertung ihrer Persönlichkeit. Für viele hatte sich die Stellung innerhalb der Familie geändert. Sie hatten den Platz des bestimmenden Familienoberhaupts eingenommen. Diejenigen, die zu Kriegerwitwen geworden waren, mußten auch zukünftig die alleinige Verantwortung für die Familie, für Kinder und alte Eltern tragen. Bei dem durch den Krieg bedingten herrschenden Frauenüberschuß war klar, daß die meisten von ihnen keinen neuen Lebenspartner mehr finden würden. Die Naziführung hatte im Bewußtsein dieses Problems abenteuerliche Pläne vorbereitet: »Rassisch hochwertige« Männer, vor allem aus den Reihen der

SS, sollten nach dem Krieg berechtigt sein, mehrere Ehefrauen zu haben.

Auch für die, deren Männer aus Krieg und Gefangenschaft zurückkehrten, gab es Probleme. Jahre der Entfremdung lagen hinter beiden, Jahre unterschiedlicher Erlebnisse und Entwicklungen. Ein Teil der Männer wurde nicht mit dem Kriegsgeschehen fertig, hatte körperliche Gebrechen und seelische Zerstörungen davongetragen. So gab es Trennungen. Ist es erstaunlich, daß ein großer Teil der Frauen wieder hinter erworbene Positionen zurücktrat, froh, von ungeliebten, aufgezwungenen Lasten befreit zu sein? Eine neue Herrschaft der Männer formierte sich. Wenigstens wurde die Gleichberechtigung der Frau im Grundgesetz verankert. Der kleine beste Teil der Frauen blieb politisch engagiert, gab Erfahrungen und Erkenntnisse an die Generationen der Töchter und Enkelinnen weiter. Sie wurden zu Vorkämpferinnen der heutigen Frauenbewegung, vor allem der Frauenfriedensbewegung, haben ein progressives Frauenbild mitbestimmt: die selbständige, für ihre Interessen sich einsetzende Frau.

Obwohl dieses Buch ein Stück Geschichte behandelt, liegt der Schwerpunkt nicht bei den historischen Fakten, sondern bei dem »erzählten Leben«, der Schilderung des Frauenalltags in der extremen Situation des Krieges. Die in den Erzählungen zutage tretende Kraft der Frauen zwingt, darüber nachzudenken, daß diese, statt dem Krieg zu dienen, der guten Sache des Friedens nützen muß. Vor allem eine Lehre vermitteln die Geschichten dieses Bandes: Gegen den Krieg muß man vor seinem Beginn kämpfen, weil es sonst zu spät sein könnte! So will das Buch Partei ergreifen gegen den Krieg und für den Frieden.

Die dunklen Jahre

Es ist Krieg!

Nie vorher hatte ich meine Mutter so außer sich gesehen wie an jenem 1. September 1939. Da die Schule spät begann, hatte ich mir vorgenommen, recht lange zu schlafen. In der Frühe weckte mich jedoch ein seltsam fremdes Geräusch. Es war das Weinen meiner Mutter, das aus der Küche drang, ein lautes, fassungsloses Weinen. Im Nachthemd tappte ich schlaftrunken zu ihr. »Was hast du?« Als sie mich erblickte, sprang sie auf vom Stuhl, rang verzweifelt die Hände und begann, ziellos hin und her zu laufen. Dabei schrie sie: »Es ist Krieg! Gerda, es ist Krieg! Im Radio haben sie es gemeldet, seit heute früh marschieren unsere Truppen in Polen ein. Es ist Krieg. Weißt du, was das bedeutet? Dein Papa wird nicht nach Hause kommen. Den behalten sie gleich da. Das hatten sie doch schon so eingerichtet, die... die...« Sie weinte gerade so fassungslos wie vorher. Ich setzte mich wie betäubt auf den Kohlenkasten neben dem Herd. Krieg? Allerlei wilde zusammenhanglose Gedanken fuhren mir durch den Kopf. Nur eines begriff ich: Die Trennung von meinem Vater würde länger dauern. Im Juli war er zu einer sechswöchigen militärischen Übung für Reservisten einberufen worden. Im August schrieb er, daß diese Übung auf unbestimmte Zeit verlängert sei. Und nun das!

Krieg! Mutter stellte das Radio lauter. Mit Augen und Ohren hingen wir an dem kleinen braunen Kasten. Ich war erfüllt von dem törichten Wunsch, daß meine Mutter sich geirrt haben möge und sich nichts änderte. Aber in die Marschmusik hinein ertönten die Meldungen zur Kriegslage: »Der Kampf hat begonnen! Gegenangriff über alle deutsch-polnischen Grenzen!« Gegenangriff? Wir verstanden erst nicht. Wegen dieses läppischen Senders Gleiwitz gleich Krieg?[1] »Ab 5.45 Uhr wird zurückgeschossen! – Appell des Führers an sein Volk: In historischer Stunde...« Dann die knarrende Stimme mit dem unnachahmlichen Akzent. »Das kann man ja nicht mit anhören«,

---

1 Der polnische Überfall auf den Sender Gleiwitz bot den Nazis den Vorwand zum Krieg. In Wirklichkeit wurde er von SS-Leuten in polnischen Uniformen verübt.

Mutter schaltete den Apparat ab. Wie wohltuend nach dem waffenklirrenden Getose und dem kriegslüsternen Radau plötzlich die friedliche Stille wirkte. Friedlich? Nein, nichts mehr war friedlich. Das Wort sollten wir aus unserem Sprachschatz streichen. In fünf Tagen würde ich 14 Jahre alt werden. Noch kannte ich den Krieg nicht. Meine Mutter hatte ihn schon mit neun kennengelernt. Während ihre Mutter in der Munitionsfabrik auf Schichtarbeit war, mußte sie die kleineren Geschwister beaufsichtigen, mußte diese und sich selbst mit dem wenigen vorhandenen Essen versorgen, das den Hunger nicht stillte. Ihr Vater wurde an der Front verwundet durch eine Schußverletzung am linken Bein, das nach der Genesung kürzer blieb. Seither ging er am Stock, kriegsbeschädigt! Geschichten, die ich ausführlich und des öfteren gehört hatte.

Mutter bereitete nun hastig das Frühstück, aß aber nichts. Dann machten wir uns auf den Weg. Die Straße lag in trügerischer Ruhe. Ich blickte vorsichtig zu den Fensterreihen der Häuser empor. Wußten es alle schon? Weinten dahinter jetzt Frauen so wie meine Mutter? Wir hatten nicht weit zu laufen, bis vor unserer Straße eine kleine Gasse abzweigte. Die Wohnungen in den schäbigen Häusern waren von den Kellern bis zu den Dachböden dicht mit Menschen belegt, alles Arbeiterfamilien mit vielen Kindern. Auf dem Kopfsteinpflaster des langen Hofes hatte ich mir beim Spielen früher manche Schramme und Beule geholt. Hier waren in den 20er Jahren Mieterstreiks siegreich durchgefochten worden, hier wurden bis Januar 1933 noch mutig rote Fahnen gezeigt. Wir hatten Verwandte und Bekannte in der Gasse. Ich glaubte zu wissen, warum Mutter jetzt ihre Schritte dorthin lenkte. Sie hatte sich nicht geirrt. Auf dem Hof standen die Hausbewohner in kleinen Gruppen und sprachen leise und erregt miteinander. Ihre Gesichter waren ernst. Auf den Steinstufen zum zweiten Treppenaufgang saßen mehrere Frauen, darunter meine Tante Selma und Mutters Freundin Maria. Auf die stürzte sie zu: »Maria!« – »Ach, Erna!« Mit Erstaunen sah ich, wie sich die beiden sonst so zurückhaltenden Frauen in den Armen lagen. Mutter fing wieder dieses fassungslose Weinen an. Der Trost der anderen fruchtete nicht. Er war auch schwach. Was sollten sie sagen? »Deinen Willy haben sie nun schon vor Kriegsausbruch zum Soldaten gemacht, aber unseren Männern steht das gleiche bevor!« Geteiltes Leid...?

Die Frauen beschlossen, in den vierten Aufgang zu meiner Tante Lenchen zu gehen. Sie war als sehr gastfreundlich bekannt, kochte sogleich Kaffee, nicht »Kathreiner's Malzkaffee« wie sonst, sondern »echte Bohne zur Stärkung«, wie sie betonte. Ich merkte, daß die Frauen Angst hatten, jede dachte daran, daß sie bald genauso allein dastehen konnte wie meine Mutter. Auch als das Gespräch nach verschiedensten Mutmaßungen über die Zukunft in die kleine Alltagswelt der Gegenwart zurückkehrte, blieb die Angst noch in ihren Gesichtern. An diesem Tag bemerkte ich bei niemandem eine frohe Miene. Später, als die Fanfaren der Sondermeldungen Tag für Tag schmetternd den siegreichen Vormarsch der deutschen Wehrmacht verkündeten, wurde mancher von diesen Leuten schwankend in seiner ablehnenden Haltung gegen den Krieg. Sollte der Erfolg doch der Hitler-Regierung recht geben? Aber

Zum Weihnachtsfest 1939 ließen Mutter und ich uns fotografieren und schickten Vater das Bild an die Front

spätestens mit dem Bombenkrieg auf Berlin, der sich abzeichnenden Niederlage an der Ostfront war die kurzlebige Kriegsbegeisterung verflogen, und man wußte wieder, daß dem einfachen Volk der Krieg nicht guttut.

Von Vater erhielten wir nach einigen Wochen den ersten Feldpostbrief aus einem Kriegsmarinehafen nahe der holländischen Grenze. Er war nun Signalgast auf einem Minensuchboot. Daß er dort gelandet war, hatte seinen Grund in dem kurzen Gastspiel, das er als 17jähriger bei der kaiserlichen Marine

Auch wir erhielten ein Foto von Vater

gab. Als der Erste Weltkrieg schon sichtbar seinem Ende zuging, wurde er noch in aller Eile zum Signalgast ausgebildet. Nur hatte es damals nichts mehr genützt, denn bei Antritt seines Dienstes hißten die Matrosen in Kiel gerade rote Fahnen auf den Kriegsschiffen, rissen das Feuer aus den Kesseln und beschlossen, nicht mehr auszulaufen. So bewahrte ihn die Novemberrevolution vor weiterem. »Bei der Marine«, sagte Mutter kopfschüttelnd, »wo er doch überhaupt nicht schwimmen kann!« Sie hatte sich wieder gefaßt. Wir zwei Frauen rückten näher zusammen. Das Leben ging weiter. Nur manchmal nachts hörte ich sie ganz leise weinen.

Soldatentochter

Auch auf den Schulunterricht nahm der Krieg seinen Einfluß. Unser Erdkundelehrer, der stets den »Bonbon«, das Parteiabzeichen der NSDAP, trug, ließ uns auf einer Europakarte die Wege der deutschen Blitzkriege mit Fähnchen markieren. Neuerdings mußten wir zu Beginn jeder Stunde ein zackiges Lied singen. Dazu kommandierte er vom Pult aus: »Hände an die Hosennaht!« Wir ärgerten uns. Geographie war keine Musikstunde, und überhaupt, was hieß »Hände an die Hosennaht«? Wir trugen Charmeuse-Schlüpfer, und die hatten die Naht vorn und hinten. In einer der nächsten Stunden machten wir uns auf Verabredung einen Spaß daraus, unsere Hände denn auch dementsprechend an die richtigen Stellen zu legen. Susi, die Pfiffigste der Klasse, hatte es übernommen, dem verblüfften Lehrer unschuldsvoll zu erklären: »Wir machen nur, was Sie sagen, unsere Hosennähte sitzen nun mal da.« Es gab ein großes Strafgewitter wegen der unglaublichen Frechheit. Aber die Sache war wohl zu lächerlich, um mehr daraus zu machen. Das Kommando unterblieb künftig, um das Lied kamen wir nicht herum. Ich entsinne mich noch an das von ihm sehr geliebte »Kameraden, werft eure Speere in fremde Meere...« Ich fand es zu blöd. Meistens jedoch ritten »die blauen Dragoner« die Stunde ein.

Dieser Lehrer verschwand etwa im Laufe des zweiten Kriegsjahres von der Schule. Einige erzählten, daß er nun seinen soldatischen Dienst für Führer und Vaterland angetreten habe, andere munkelten, er sei nur an ein Jungengymnasium versetzt worden. Bei uns am Mädchenlyzeum überwog ohnehin das weibliche Lehrpersonal, was sich durch den Krieg noch verstärkte. Unsere Lehrerinnen waren bis auf eine Ausnahme liebe, nette und umgängliche Damen. Selbst nicht sonderlich kriegsbegeistert, taten sie in diesem Punkt nur das, was unbedingt von ihnen verlangt wurde. Aber verlangt wurde etwas. Ich denke da zurück an mein Lieblingsfach Deutsch. Deutsch hatten wir bei Blümel. Sie war eine interessante Frau. Ihr pechschwarzes Haar trug sie in der Mitte gescheitelt und im Nacken lässig zum Knoten gebunden. Wenn sie mit ihrer tiefen Samtstimme »Wanderers Nachtlied« deklamierte, stapfte sie dabei, hingerissen von der Wucht der Goetheschen Verse, im Klassenraum auf und ab; wenn sie uns die schlachtenverherrlichende Lyrik irgendwelcher Jungnazidichter nahezubringen hatte, stand sie peinlich berührt starr auf einem Fleck, und ihre Stimme klang merkwürdig leblos.

Besonders traf mich die Neugestaltung der Aufsatzthemen. Aufsätze waren mein Glanzlicht, ich erhielt stets eine Eins. Doch war die Zeit vorbei, wo es galt, den Humanismus der »Iphigenie«, Schillers revolutionäres »Räuber«-Pathos und Herders aufklärerische Schriften zu interpretieren, jetzt ging es um die Mobilisierung aller äußeren und inneren Werte für den Krieg durch die Literatur. Das Aufsatzthema hieß nun zum Beispiel: »Soldatentochter.« Konnte ich damit etwas anfangen? Man erwartete es von mir, ich war ja eine Soldatentochter. Wir hatten vier Stunden Zeit. Die erste Stunde kämpfte ich mit mir. Eigentlich hätte ich schlichtweg meine Gedanken, Erlebnisse, Empfindungen aufschreiben können, aber ich wußte, damit konnte ich nicht genügen. Es würde nicht reichen für eine gute Zensur. Ich erfand die Soldatentochter Hilde Utenkamp, ausgestattet mit hervorragender Tapferkeit, durchdrungen von dem Gefühl, daß alles Nötige für die Größe und Herrlichkeit des Vaterlandes getan werden müsse, dem Vater an der Front Mut machend – »die Heimat steht hinter euch!« –, stolz auf ihn, der in soldatischer Pflichterfüllung mit seiner Minensuchflottille die Meere durchkämmte, ständig der Gefahr feindlicher Fliegerangriffe ausgesetzt. Bei der Abgabe der Arbeit bewegten mich zwiespältige Gefühle. Bei aller Distanz zum Thema hatte mir das Schreiben doch Spaß gemacht. Wie weit war ich selbst diese Hilde Utenkamp? War nicht von all dem Geschilderten auch etwas in mir? Liebte ich Deutschland nicht? War ich nicht stolz auf meinen Vater? –

Ich erhielt wie immer meine Eins. Blümel lobte mich für Inhalt und Ausdruckskraft der Geschichte. Als sie mir die Blätter zurückgab, sahen wir aneinander vorbei. Hätte sie mir auch ein »Sehr gut« gegeben, wenn ich den Aufsatz weniger zeitgemäß abgefaßt hätte? Wahrscheinlich nicht. Sie mußte die drei besten Arbeiten der Direktorin zur Kontrolle vorlegen. Daß man uns so zwingen konnte! Einen Tag nach der Rückgabe der Aufsätze, am 14. Juni 1940, fiel Paris. Wir bekamen schulfrei, und ich schrieb in einem Feldpostbrief an meinen Vater: »Heute ist ja etwas ganz Großes und Wichtiges passiert: Unsere Truppen sind in Paris einmarschiert. Das war hier eine Freude. Doch wieder etwas, das uns Hoffnung macht, daß der Krieg nicht mehr so lange dauert.«

Swing-Fieber

Wie alljährlich startete am letzten Tag vor den großen Ferien die Dampferfahrt der fünf oberen Klassenjahrgänge des Viktoria-Oberlyzeums, nun, 1940, zum ersten Mal im Krieg. Da ich inzwischen in der Obertertia war, durfte ich teilnehmen. Der für diese Klassen zuständige Teil des Lehrerkollegiums bestieg morgens nichtsahnend den großen Dampfer. Er sollte mit uns mehrere Stunden lang eine Rundfahrt auf den Berliner Seen machen. In der Menge fielen keinem die fünf Mädchen auf, die an ihren Koffergrammophonen schleppten, auch nicht die anderen, die statt der üblichen Frühstückstaschen die Aktenmappen mit den schweren Schellack-Schallplatten trugen. Natürlich wußten wir, daß Tanz wegen der Kriegsereignisse verboten war, aber was kümmerte uns, 14- bis 18jährige Mädchen, dieses Verbot und seine Ursache. Monatelang hatten wir uns auf unsere Dampferfahrt gefreut. So ertönten denn bald Polka, Walzer und Rheinländer aus den aufgestellten Kofferdeckeln der Grammophone, in denen sich die Lautsprecher befanden. Nimmermüde wurden fleißig die Kurbeln gedreht, um die Musikspender am Spielen zu halten. Musik zu hören war ja nicht verboten.

Nach dem Verzehr der Mittagsbrote aber brach plötzlich wie auf Verabredung die Hölle los! Es begann im Unterdeck. Von dort ertönte eine Melodie, die in die Beine ging. Schon tanzten die ersten in den schmalen Gängen zwischen den Bänken, danach im Oberdeck, ja sogar auf dem offenen Vorderdeck. Überall die gleiche Art von Musik, die uns unwiderstehlich hin- und herschwingen ließ. Die Großen aus der Oberprima ließen uns wissen, das wäre Glenn Miller und der Tanz hieße Swing. Wir Tertianerinnen hörten es staunend. Weiß der Teufel, wo die die fremdländischen Schallplatten herhatten. Im Nu verwandelte sich der Dampfer in einen Hexenkessel mit swingenden Mädchen. Wir tanzten wie die Besessenen. Die überrumpelten Lehrerinnen versuchten krampfhaft, diesen Doppelaffront gegen den Krieg zu beenden. Nicht nur, daß hier trotz Verbots getanzt wurde, hier wurde auch noch nach amerikanischer Musik getanzt. Die amerikanische Unkultur feierte ja geradezu Triumphe. Kaum war sie an einer Stelle eingedämmt, brach sie an der anderen um so toller los. »Ach, Fräulein Dr. Keferstein!« Mit Bitten und Betteln wurden die Lehrerinnen bestürmt, und je nach Temperament und Einstellung mühten sie sich entweder noch eine Weile ab, der Lage Herr zu werden, oder resignierten einfach. Unsere junge Sportlehrerin tanzte bereits schüchtern mit. Am schlimmsten traf es den einzigen Mann in der Runde, unseren Mathelehrer, Sarotti genannt, einen beleibten älteren Herrn mit langer weißer Mähne. Er wurde ohne Pause zum Tanz geholt. Merkwürdigerweise schien er es sogar zu genießen. Alles staunte: »Mensch, Sarotti kann swingen...«

Der Dampfer glitt vorbei an Ausflugslokalen, Wassergrundstücken, Baumgruppen und Wiesen. Wir sahen gar nicht hin, die Gegend kannten wir ja. Dafür erregte unser Dampfer bei den Leuten am Ufer Aufsehen. Manche winkten vergnügt, andere schimpften kopfschüttelnd, einige waren einfach baff, wie die Berliner sagen, vergaßen, vor Staunen den Mund zuzumachen. Als wir uns am frühen Nachmittag wieder der Anlegestelle näherten, wurden die Kofferapparate abgebaut, die kostbaren Schallplatten in den Taschen verstaut, und wir saßen teils aufgekratzt, teils erschöpft artig auf den Plätzen. Zwischen allen von diesem Swing-Fieber Befallenen gab es ein stilles Einverständnis. Es wurde nicht darüber gesprochen. Auch die Lehrkräfte brachten zu unserer großen Verwunderung bei der Direktorin kein Wort der Beschwerde über unser ungebührliches Betragen vor.

Unzweckmäßige Liebe

Während der ganzen Kriegszeit waren nur zu den Weihnachtsfesttagen öffentliche Tanzveranstaltungen erlaubt. Ich erinnere mich an 1944, das letzte Kriegsweihnachten. Ich besuchte ein Tanzcafé in der Leipziger Straße, im schon ziemlich zerstörten Zentrum von Berlin. Es war hoffnungslos überfüllt, junge Mädchen, reifere Frauen, Männer in Uniformen, Fronturlauber jeden Alters, alle auf der Jagd nach etwas Amüsement. Ich fand endlich Platz neben einem Luftwaffen-Hauptmann. Wir unterhielten uns bald recht gut. Es gefiel mir sogar, wie er mir galant die Hand küßte und dabei nicht zudringlich war. Er war in Frankreich stationiert gewesen. Daß er mit seinen Liebesabenteuern dort ein wenig prahlte, berührte mich nicht weiter. Daß er plötzlich anfing, die deutschen Frauen in den Himmel zu heben, nahm ich hin als auch für mich gedachte Schmeichelei. Daß er aber dann die französischen Frauen als unsauber, verdorben und schlampig hinstellte, ärgerte mich. Daß er mir sogar hinter vorgehaltener Hand in verächtlichem Ton mitteilte, die würden stinken, wenn sie ihre Tage hätten, hatte eine unbeabsichtigte Wirkung auf mich. Ich als 19jährige, die noch mit keinem Mann ein intimes Verhältnis eingegangen war, empfand plötzlich ein solidarisches Mitgefühl mit den französischen Frauen, die sich aus was für Gründen auch immer mit diesem deutschen Hauptmann eingelassen hatten und nun von ihm schlechtgemacht wurden. Im gleichen Maß stieg meine Ablehnung gegen diesen Mann, der gut und gern mein Vater hätte sein können und auf den wahrscheinlich in einem süddeutschen Städtchen die treue Ehefrau mit den Kindern wartete. Mich packte die stumme Wut. Ohne weitere Erklärung verließ ich das Café. Und dabei hatte ich noch kein einziges Mal getanzt.

Vielleicht war wesentlich für meine Reaktion, daß es sich um Französinnen handelte. Alles Französische war mein wunder Punkt seit dem Sommer 1942, als ich in Ostpreußen war und mich in Jean Allard verliebt hatte. Vater schlingerte noch auf dem Minensuchboot durch die Nordsee, Mutter war inzwischen bei Firma »Injekta«, einer Metallwarenfabrik, dienstverpflichtet. Die Konfektionsfirma, wo sie als Maschinenstickerin gearbeitet hatte, war geschlossen. Wer brauchte im Krieg schon den Luxus bestickter Blusen und Kleider. Wir waren froh, wenn wir auf der Kleiderkarte etwas Besseres als ein Zellstoffkleid erwischten. Mich hatte die NSV (Nationalsozialistische Volkswohlfahrt) ausgesucht, um mich kostenlos zur Erholung zu verschicken. Nach einer endlos langen Fahrt in einem großen Waggon mit wenigen Sitzplätzen, den wir im Volksmund als »Viehwagen« bezeichneten, kamen wir in der ostpreußischen Kreisstadt Ebenrode an. Die Karte mit unserer Zieladresse, die wir am Band um den Hals tragen sollten, hatte ich abgemacht, ich war immerhin 16 Jahre alt. »Von Alkert auf Alkertshof«, ich hatte mir gemerkt, was darauf stand. Eine hochherrschaftliche Kutsche erwartete mich. Schloß und Gut verblüfften mich absolut, denn sie entsprachen haargenau der Schilderung in den Dreigroschenromanen, die ich mit zwölf verschlungen hatte. Das gab es also wirklich, dachte ich.

Leider war meines Bleibens dort nicht lange. Die Schloßherrin hatte sich als Ferienkind einen kleinen Jungen gewünscht, der auch bald nach mir eintraf. Ich war eine Fehlplanung und wurde schleunigst an die Bahnstation zurückbefördert. Nun war guter Rat teuer! Schließlich hängte man mich dem Ortsbau-

ernführer Jautelat an, der ein Stück entfernt vom Dorf Schloß-
bach seinen stattlichen Hof »Matten« hatte. Er, seine Frau und
die drei blonden, blauäugigen Söhne waren derart nazistisch,
daß es mir vorkam, als seien sie als Musterbild der urdeutschen
Familie aus einem NS Propagandafilm ins Leben getreten. Mir
grauste etwas. Aber allzuviel hatte ich nicht mit ihnen zu tun.
Man überantwortete mich den beiden jungen Dienstmädchen
Martha und Lotte, in deren Kammer ich mit einquartiert
wurde. Martha war schlank und hatte ein spitzes Gesicht. Das
Verhältnis mit einem Arbeitsdienstmann aus dem Rheinland,
dessen RAD-(Reichsarbeitsdienst)Lager hier in der Nähe war,
nahm sie ganz in Anspruch. Anders war es mit Lotte, an der
alles rund und mollig war. Sie kümmerte sich rührend um mich.

Außer den Mägden und Knechten, die im Gesindehaus
wohnten, gab es zehn französische Kriegsgefangene mit ihrem
deutschen Wachmann. Mit ihnen machte ich sehr schnell Bekanntschaft durch den Ortsbauernführer selbst. Als er von meinen französischen Sprachkenntnissen erfuhr, mußte ich ihn zum
Eingang der Baracke begleiten, wo die Franzosen untergebracht waren. An den Längsseiten des engen dunklen Raumes
standen je fünf Betten, über jedem waren kleine Bildchen, Fotos von Menschen, Häusern, Landschaften, an der Wand befe-
stigt. Sonst gab es nichts. Jautelat rief einen zierlichen, beweg-
lichen, nicht mehr ganz jungen Gefangenen zum Eingang, er
war ein Rechtsanwalt aus Marseille und sprach etwas Deutsch.
Allerdings hatte er Schwierigkeiten mit dem ostpreußischen
Dialekt. Ich mußte ihm nun allerhand übersetzen, was die Arbeit der nächsten Tage, die Arbeitseinteilung überhaupt, einige
Vorschriften und das Verhalten betraf. Ich mühte mich bei dieser ungewohnten Aufgabe reichlich ab, Schweiß stand mir auf
der Stirn, den Blick hielt ich starr auf einen bestimmten Punkt
gerichtet. Da sah ich geradewegs in ein anderes Augenpaar hinein, ein Paar hellgrüne Augen, die mich nicht mehr losließen.
Sie schienen das Tor zu einer neuen unbekannten Welt zu sein.
Mein Schlaf der nächsten Nacht war leicht und unruhig, beseli-
gend unruhig, im Traum hörte ich französische Laute. Beim
Aufwachen dachte ich gleich wieder an diese hellgrünen Augen. Ohne Zweifel, ich hatte mich zum ersten Mal verliebt, und
das in einen Franzosen, den vielgeschmähten Erbfeind, in
einen Kriegsgefangenen, der überhaupt nicht zur Kenntnis zu
nehmen war.

Es folgten für mich sechs lange Wochen des Glücks und der

Pein, der kleinen Hoffnungen und der großen Verzweiflung. Mit echt weiblicher Schläue hatte ich mir die wenigen vorhandenen Informationen über den Adressaten meiner Zuneigung verschafft: Jean Allard, 25 Jahre alt, unverheiratet, Automechaniker aus Paris. Ach, wie bescheiden waren die kurzen heimlichen Begegnungen! Manchmal ein Gespräch auf dem Feld, wohin ich die Vespermahlzeit brachte. Jean sprach das schnelle Pariser Französisch, und es gab Mißverständnisse, über die wir lachen mußten. Wenn ich in der Küche frühmorgens beim Austeilen des Frühstücks half, trafen sich unsere Hände innig und ungesehen unter dem Tablett voll aufgetürmtem Brot. Vom Fenster der Mägdekammer aus hatte ich den Eingang der Baracke im Blick. Abends wurde ich nicht müde, stundenlang hinüberzusehen, wenn Jean auf der Stufe vor dem Eingang saß und wehmütige kleine Liedchen sang, seinerseits die Augen nicht von meinem Fenster lassend. Voller Ahnungen betrachtete Lotte die Angelegenheit mit Sorge, nötigte mich, an abendlichen Spaziergängen mit den Arbeitsdienstmännern teilzunehmen. Doch trotz der intensivsten Bemühungen dieser Burschen um mich hatte ich immer nur ein Paar hellgrüne Augen im Sinn. Längst hatte Lotte mir warnend die »Verordnung über den Umgang mit Kriegsgefangenen« gezeigt. Ich fand ihre Paragraphen für mich nicht zutreffend: »... Geschlechtsverkehr streng verboten...« Mein Gott, das war ein von meinen Wünschen so weit entferntes Gebiet. Einmal sollte ich im Stall den Ball des jüngsten Jautelat-Jungen suchen und traf unvermutet auf Jean, wie er die Pferde fütterte. Mit einer schnellen Bewegung zog er mich an sich, wir küßten uns ganz leicht. Wie der Wind war ich wieder draußen, warf den Ball hoch in die Luft.

Zwei Tage später nach dem Frühstück kam ein Telefonanruf, der mich betraf. Der Termin der Abreise war vorverlegt worden, und man hatte vergessen, Ortsbauernführer Jautelat rechtzeitig zu benachrichtigen. In zwei Stunden mußte ich an der Bahnstation sein. Ich war völlig niedergeschmettert. Die Kriegsgefangenen waren zum Einbringen der Getreideernte auf dem Feld. Unter Tränen packte ich hastig und nachlässig meine Sachen in den Koffer. Wie weh war mir ums Herz. Abschied für immer, das durfte nicht sein. Lotte! Lotte war meine einzige Hoffnung. Ich schrieb einige Sätze mit der Versicherung ewiger Liebe und meine Adresse auf ein winziges Stück Papier. Es sollte ein Wechsel auf die Zukunft sein, wenn Gefühle nicht mehr staatlich reglementiert würden und Feindseligkeit nicht mehr Gebot wäre. Lotte steckte den Zettel in die Schürzentasche und nickte beruhigend in meine Aufgeregtheit hinein.

Tröstend empfing mich zu Hause die alte Vertrautheit, Berlin, Mutter, die Freundinnen, die Schule. Wochen später erhielt ich Post aus »Matten«. Die kluge Lotte schrieb, daß ihr mit dem Zettel leider ein Mißgeschick passiert sei. Er sei ins Herdfeuer gefallen und verbrannt. Ich hatte inzwischen meine Liebe endgültig als eine aussichtslose erkannt und fand mich mit der Mitteilung ab. Viel später erst begriff ich, wie knapp ich vielleicht dem Verderben entronnen war und daß es nur eines gefährlichen Zufalls bedurft hätte, um mich auf eine andere, viel nachhaltigere Art unglücklich zu machen.

Bilder und Gesänge gegen die Furcht

»Was gibt's denn im Kino?« war eine häufig gestellte Frage jener Zeit. Ins Kino zu gehen war das beliebteste unter den wenigen Vergnügen, die einem noch verblieben, manchmal ein recht zweifelhaftes, wenn ich mich an einige Kriegs- und Propagandafilme erinnere, »Der große König« und seine legendären Schlachten, die Untaten des »Jud Süß« und Soldaten beim »Urlaub auf Ehrenwort«. Diese Titel ließen sich fortsetzen. Beim Publikum gefragt waren die unterhaltenden Filme, Lustspiele, Abenteuer- und Liebesschnulzen, Revuefilme mit viel Ausstattung, alles, was vom düsteren Alltag ablenkte. Ich ging zweimal in der Woche mit meiner Großmutter ins Kino. Sie war genauso der Kinosucht verfallen wie ich. Zugute kam uns, daß sich wenige Häuser rechts und links von unserer Wohnung entfernt zwei schmale Hinterhofkinos befanden, im Berliner Volksmund »Schmalzstullenkintopp« genannt, die sich selbst jedoch stolz als »Lichtspieltheater« bezeichneten. Wenn die Vorstellung wegen Fliegeralarms unterbrochen wurde und die Besucher in die Luftschutzräume gehen mußten, konnten wir schnell in unseren Hauskeller rennen. Nach der Entwarnung fanden sich alle wieder ein, und die Vorstellung ging weiter, jedenfalls in den Stadtvierteln, in denen keine Bomben gefallen waren.

Als die Angriffe auf die Innenstadt zunahmen, zogen meine Großeltern in ihre Laube in einer Kleingartenkolonie in Adlershof, einem Vorort von Berlin. Sooft es ging, war ich bei ihnen. Der Weg zum Kino war nun weiter, 20 Minuten Fußweg über die Wiesen bis zum Adlershofer Marktplatz, wo das repräsentative »Capitol« lag. Auf dem Rückweg peilte Großmutter unruhig den Himmel an. War er bewölkt oder sternenklar? Kamen die Tommys oder nicht? Wir mußten viele Pausen machen, denn sie litt an Arthrose, und das Gehen fiel ihr schwer. Oft seufzte sie vor Schmerzen. Dann erzählte ich von dem, was wir eben gesehen hatten, wiederholte besonders eindrucksvolle Stellen aus dem Dialog, sprach über einen Schauspieler, für den wir schwärmten, um sie abzulenken. Besonders hatten es uns die Liebesfilme mit dem tragischen Ende angetan. Es kam vor, daß uns die Tränen noch übers Gesicht liefen, wenn das Licht schon anging.

In der Laubenkolonie gab es keine öffentlichen Luftschutzräume. Wenn wir von weitem die Sirene hörten, zogen Großmutter und ich uns hastig an und setzten uns in den Vorratskeller. Großvater war nicht aus dem Bett zu kriegen, murmelte etwas vor sich hin und schnarchte einfach weiter. Meistens gesellte sich noch mein Onkel Erich, der jüngere Bruder meiner Mutter, zu uns. Obwohl wir davon ausgingen, daß unsere kleine Laube für Bomben kein lohnenswertes Ziel war und die feindlichen Flieger so ein kleines Objekt vielleicht gar nicht finden würden, hatten wir doch große Angst. Insgeheim ließ uns der Gedanke nicht los, daß wir möglicherweise unsere letzten Minuten durchlebten, daß der Vorratskeller sich als unsere Sterbekammer erweisen könnte. Ich weiß nicht, wer von uns dreien die Anregung gab, während des Alarms alte Filme zu erzählen. Von da war es nur noch ein kleiner Schritt zum Singen der herrlichen Filmschlager, die wir kannten, auch mein Onkel war ein eifriger Kinogänger. Wir sangen bald aus Leibeskräften »Du hast Glück bei den Frau'n, bel ami . . .« – »Für eine Nacht voller Seligkeit . . .« – »Der Wind hat mir ein Lied erzählt . . .« – »Das kann doch einen Seemann nicht erschüttern . . .« und alles, was wir noch so in unserem reichen Repertoire hatten. Die beiden anderen profitierten dabei von meiner Textsicherheit. Nun waren wir keine musikalische Familie, im Gegenteil, man kann ohne Übertreibung sagen, daß wir stockunmusikalisch waren. Unser Singsang bewegte sich also nicht auf den Bahnen vorgeschriebener Melodien, sondern plätscherte in Anlehnung an die Originale ziemlich eigenständig dahin, und das in dreifacher Variation. Doch ganz gleich, wie es sich anhörte, es half uns, die Furcht loszuwerden. Die sangen wir uns einfach aus der Kehle. Und das tat gut.

Stillersfeld

Wie ein graues Ungetüm tauchte das Haus vor einem auf, wenn man die einsame Chaussee entlangstapfte. Bei Nebel schien es vom Waldrand her einem Schiff zu gleichen, bereit, im abendlichen Dämmerlicht zu versinken oder auf Wolken davonzuschwimmen. Im hellen Sonnenlicht glich es einer Fabrik, nackt, kahl. Immer sah es fremd und abweisend aus. Es wurde kein Zuhause für uns, die wir mit unserem Mädchen-Oberlyzeum hierher ins KLV-Lager (Kinderlandverschickung) evakuiert worden waren, wir, die Schülerinnen der oberen Klassen, von der Untertertia bis zur Oberprima. Ich wäre eigentlich lieber in Berlin geblieben, aber dann hätte ich keine Schule mehr gehabt, und ein Jahr vorm Abitur aufstecken, das wollte ich doch nicht! Der gleiche Grund, der mich zwangsweise vertrieb, die zunehmende Stärke und Häufigkeit der Luftangriffe auf unsere Stadt, hatte meinen Vater inzwischen wieder nach Hause gebracht. Die Zerstörung der Häuser besorgte ihm, dem versierten Dachdecker, unaufschiebbare Arbeit in der Heimat. Sein alter Chef hatte ihn dringend verlangt, er war vom Militär entlassen worden und mußte – vor allem auf kriegswichtigen Objekten – die zerbombten Dächer reparieren. Dafür saß ich nun in Oberschlesien, an der Grenze zum »Generalgouvernement Polen«. Der Ort hieß Stillersfeld, besaß nur ein Dutzend armseliger Häuschen im Umfeld der Chaussee verstreut und unsere große, abseits liegende Unterkunft.

Die Situation war ungewohnt, weil man die Klassenkameradinnen nun den ganzen Tag um sich hatte und mit ihnen auskommen mußte. Die Verhältnisse ließen kein Ausweichen zu. Zwölf Mädchen aus einer Klasse teilten sich einen großen Raum, in dem im hinteren Teil die Doppelstockbetten eng aneinanderstanden, im vorderen Tische, Stühle und Schränke aufgestellt waren. Hier arbeiteten wir, nahmen unser Essen ein, hier fand auch in Gruppen der eingeschränkte Unterricht statt. Nicht alle Fachlehrerinnen waren mitgekommen. Manchmal konnten wir uns nachmittags gegenseitig helfen, aber oft hielten wir auch einander vom Lernen ab. Als Großstadtpflanzen empfanden wir die Abgeschiedenheit unseres Lebens besonders kraß. Sooft es ging, fuhren wir zu zweit oder dritt von der etwas entfernt gelegenen Haltestelle mit der Straßenbahn nach Beuthen, der nächsten Stadt im oberschlesischen Steinkohlerevier, gingen dort ins Café oder Kino. Nach Überwindung der ersten Fremdheit wurde uns bald bewußt, daß uns die neue Umwelt nicht gut gesonnen war. Oft begegneten wir feindlichen Blicken, unfreundlichen Bemerkungen und heimlich drohenden Gebärden. Einmal, als wir Oberprimanerinnen spätabends vom Besuch eines Theatergastspiels aus Beuthen zurückkehrten, traf uns aus den Büschen am Rand der Chaussee ein Hagel von kleinen Steinen. Die Werfer blieben im Schutz der Dunkelheit. Ernsthafter Schaden war keiner zugefügt worden, aber der Schreck saß uns in den Gliedern. Wir wurden von unseren Lehrerinnen zur Vorsicht gemahnt, durften nur noch in größeren Trupps hinausgehen und nicht im Dunkeln.

Einige in meiner Klasse begannen, über die Polenfrage nachzudenken. Wir erinnerten uns an den Geschichtsunterricht: erste, zweite, dritte Teilung Polens, ich wußte noch die Jahreszahlen und daß die preußischen Patrioten sich 1848 für den Bestand der polnischen Nation eingesetzt hatten. Was war nun aus ihr geworden? Andererseits waren wir es gewöhnt, den Polen bestimmte Adjektive zuzuordnen. Polen sind faul, liederlich (»polnische Wirtschaft«), unsauber, hinterhältig, ein Volk, das eben unsere Tugenden Fleiß, Ehrlichkeit, Sauberkeit vermissen ließ, das minderwertig, »rassisch minderwertig« war. So diskutierten wir leise vor dem Schlafengehen. Was in dieser Zeit den Polen wirklich angetan wurde, wußten wir Mädchen nicht. Wie hätten wir reagiert, wenn wir das Ausmaß ihrer Verfolgung gekannt, um ihre Vernichtung gewußt hätten? Letztendlich fanden es doch fast alle in Ordnung, daß wir die Sieger waren, unser Großdeutschland gedieh doch noch. Oder nicht? Wir dachten an die »glorreichen Rückzüge« an der Ostfront, von denen zu dieser Zeit schon die Rede war, wir dachten an Berlin im Bombenhagel, an unsere Eltern und Verwandten. Wir hatten Heimweh. Jeden Abend drehten ein paar Mädchen, besonders aus den jüngeren Klassen, durch, und die Lehrerinnen hatten vollauf zu tun, sie zu beruhigen. Ich war froh, daß ich in der Abiturklasse saß und nicht wie die meisten auf unbestimmte Zeit im KLV-Lager würde bleiben müssen.

Einige Wochen vor Weihnachten kam die Verfügung, daß wir statt im Frühling schon im Januar das Abiturientenexamen abzulegen hätten. Mein Wahlfach war Deutsch, Prüfungsgebiet: Deutsche Romantik. Blümel hatte mir dazu geraten, Blümel, deren Haar jetzt am strengen Scheitel einen breiten weißen Ansatz aufwies, »weil sie ihren Friseur nicht mitnehmen konnte«, wie die Böswilligen unter uns bemerkten. Ich paukte für die

Prüfung, zog mich an ein stilles Plätzchen zurück, das ich in einer Treppennische ausgekundschaftet hatte. Kriegsfront, Fliegerangriffe, Sirenengeheul, Bombeneinschläge, die Eltern, Verwandten und Freundinnen zu Hause in Berlin, ja dieser ganze widrige KLV-Lager-Spuk waren vergessen, wenn ich mich von Novalis' musikalisch-klangvollen »Hymnen an die Nacht« bezaubern ließ, mit Eichendorffs »Taugenichts« in silberhellen Mondnächten die klaren Brunnen plätschern hörte und wie die »fahrenden Sänger der Romantik« Brentano und von Arnim goldene Schätze in »Des Knaben Wunderhorn« entdeckte. Ich lernte in allen Fächern zwei Monate lang mit wahrer Inbrunst und bestand das Abitur mit Auszeichnung. Es war eine milde Prüfung. Als ich begeistert von meinen Romantikern zu dozieren begann, veranlaßte man mich leider, nach zehn Minuten wieder abzubrechen. Auch sonst konnte sich niemand der Prüflinge beklagen. Die Lehrkräfte kannten uns lange genug, um uns gerecht einschätzen zu können. Der Abschied von ihnen fiel mir etwas schwer, doch wie gern sagte ich dem unwirtlichen Haus ade und fuhr am 31. Januar 1944 zurück nach Berlin.

Mein Schriftleiterposten

Jetzt hieß es, mit dem Abitur in der Tasche ganz schnell eine Arbeit zu finden, die mich um Arbeitsdienst, Kriegshilfsdienst und andere drohende Dienste herumführen konnte. Außerdem sollte sie mir sogar noch Spaß machen. Welche Berufsmöglichkeiten gab es aber am Ende des Winters 1944 überhaupt für mich? Am liebsten wollte ich Schauspielerin werden. Das Theater war meine Leidenschaft; wie oft hatte ich trotz Bombengefahr sonntags ab vier Uhr früh am Staatlichen Schauspielhaus angestanden, damit ich bei Kassenöffnung noch eine Karte ergatterte. Mit wie großem Erfolg hatte ich bei der Schulaufführung von Szenen aus der »Jungfrau von Orléans« in der Titelrolle geglänzt. Aber nun waren die Theater geschlossen, die Theaterleute in alle Winde zerstoben. Schauspielerin, welch närrischer Berufswunsch in dieser Zeit! Dann sollte es etwas der Schriftstellerei Verwandtes sein: Journalistin. Ich sah die Zeitungen durch: Die »Revaler Zeitung« suchte eine Schriftleiterin (so hieß das jetzt) zur Ausbildung. Ich stellte mich bei der genannten Berliner Adresse vor, man machte mir

Aufenthalt und Arbeit dort sehr schmackhaft, meine Abenteuerlust war erwacht. »Um Himmels willen, das kommt gar nicht
in Frage«, Vater und Mutter waren entsetzt, »bei dieser ungewissen Lage bis nach Estland, da wirst du nachher von der Front
überrollt.« Wie dankbar war ich meinen Eltern später für diese
Voraussicht.

Ich blieb also in Berlin und fand eine Anstellung im Korrespondenzverlag K. F. Seiffert in der Nähe des Anhalter
Bahnhofs. K. F. stand für Kurt Friedrich. Er hatte im Ersten
Weltkrieg den linken Arm verloren. Seine erste Frage beim
Vorstellungsgespräch war, ob mein Vater der NSDAP (Nationalsozialistische Deutsche Arbeiterpartei) angehöre, was ich
wahrheitsgemäß verneinte. Dann wollte er Auskünfte über
mein Verhältnis zum BDM (Bund Deutscher Mädel), auch da
konnte ich nicht viel vorzeigen, hatte ich es doch nie zu einem
ordentlichen BDM-Mädchen gebracht, immer nur kurze Gast-
rollen gegeben und mich dann wieder für längere Zeit erfolg-
reich gedrückt. Er stellte mich trotzdem ein. Ich merkte bald,
daß er selbst nicht viel von der Naziführung hielt und ein über-
zeugter Pazifist war. Anders sein Stellvertreter. Als eifriger PG.
(Parteigenosse) besuchte er die Pressekonferenzen und mußte
alle öffentlichen Angelegenheiten für den Verlag regeln. Dieser
Korrespondenzverlag war politisch harmlos, soweit man es sein
konnte in dieser Zeit. Seine zahlreichen Abonnenten waren
kleinere Provinzzeitungen, die zur Entlastung ihrer personalar-
men Redaktionen von Seiffert »buntes Streumaterial«, »aktu-
elle Kästen« und »Feuilletons« erhielten. Im Verlag gab es ein
Schreibbüro mit drei oder vier Frauen, sie sorgten für die Ver-
vielfältigung und den Versand der Beiträge. Fürs Ausdenken
war Schülzi zuständig. Schülzi, eigentlich Kollegin Schulz, war
eine versierte Kraft. Auf ihrem Schreibtisch stapelten sich Le-
xika, populärwissenschaftliche Bücher der verschiedensten
Themengebiete, Nachschlagwerke jeglicher Art. Eine Weile
stöberte sie darin herum, schon hatte sie die Idee, ein Schwenk
zum Schreibmaschinentisch und sie hämmerte wild drauflos.
Die Formulierung machte ihr keine Schwierigkeiten. Zwischendurch schwärmte sie stets von knusprigen Brötchen mit
gekochtem Schinken, wo der Fettrand rundherum überstand.
Hungerphantasie des Kriegsjahres 1944/1945!

Ich wurde Schülzi zugesellt. Seitdem mein Chef beim ersten
Gespräch in meiner Textmappe geblättert hatte, war er zu dem
Beschluß gekommen, ich müßte täglich ein Feuilleton verfas-

sen. Während der ersten drei Tage zogen sich die ungewohnten acht Stunden Arbeitszeit wie Gummi dahin, mehrmals sah ich auf die Uhr und wunderte mich, wie langsam die Zeiger vorwärtskrochen. Trotzdem brachte ich nichts Gescheites zu stande, und je flotter Schülzi ihre Schreibmaschine bearbeitete, desto gelähmter wurde ich. Am vierten Tag war der Bann gebrochen, und ich schaffte fortan mein tägliches Soll. Das war schon sehr merkwürdig: Während Berlin unter immer schrecklicheren Bombenangriffen in Trümmer sank, die Verkehrsmittel nicht mehr funktionierten, die Versorgung nicht mehr klappte, zitternde Angst vor der näherrückenden Front um sich griff, saß ich neben Schülzi am Schreibtisch und schrieb Tag für Tag Geschichten über junge Hunde, niedliche Katzen, entzückende Babys, rührende Großmütter, über Frühlingslust, Sommerferien und Winterfreuden, komische und interessante Begebenheiten aus einer heilen, friedlichen Welt. Immer war ich auf der Suche nach unverfänglichen Themen, alles lasen die Leute gern, wenn es nur nicht vom Krieg handelte. Nach der Devise schrieb ich Tag für Tag mit Spaß und Freude. Es war auch meine eigene Flucht aus dem Kriegschaos.

Einmal im Juli 1944 druckte die »Berliner Abendausgabe« meine Kurzgeschichte »Der Rosenstrauß« ab. Das war eine kleine Sensation, noch nie war etwas von unserem Korrespondenzverlag in einer so auflagenstarken Zeitung erschienen. F. K. war stolz auf seinen Lehrling und gab mir zehn Reichsmark extra. Ansonsten wurde seine Stimmung immer düsterer. Er hatte Angst vor dem Kriegsende. Er war ein großer Kenner und Liebhaber der russischen Literatur, durch ihn machte ich Bekanntschaft mit Tolstoi, Dostojewski und Gorki. Heimlich steckte er mir Bücher aus den 20er Jahren zu. Aber er hatte große Angst vor den Russen, einer seiner häufigsten Aussprüche war, daß die Rote Armee nicht in Lackstiefeln käme und uns nicht mit Glacéhandschuhen anfassen würde. Dabei hatte er persönlich sich doch nichts vorzuwerfen. Ich verstand ihn damals nicht.

Zehn Monate lang übte ich diese Tätigkeit aus, und ich war sehr traurig, als ich nach dem großen Luftangriff am 3. Februar 1945 statt meiner Arbeitsstätte nur noch einen riesigen Trümmerhaufen vorfand. Die ganze Dessauer Straße war ein einziges Trümmerfeld, ich konnte nicht einmal ausmachen, an welcher Stelle sich das Haus mit dem Verlag befunden hatte. F. K., Schülzi und die netten Kolleginnen aus dem Büro würde ich nun nicht mehr täglich wiedersehen, würde mir auch nicht mehr den Kopf zerbrechen müssen über meine tollen Kurzgeschichten.

Ausgebombt

Gegen Ende des Krieges mußten wir unter dem Zwang der Ereignisse dreimal unsere Behausung wechseln. Am 3. Februar 1945 wurde unser Wohnviertel im Südosten Berlins in einem Tagesangriff der US-Luftwaffe schwer getroffen. Das benachbarte Hinterhaus war von einer Sprengbombe mit Brandsatz völlig zerstört worden. Dabei hatten die Wände unserer Wohnung im vierten Stock so große Risse bekommen, daß Einsturzgefahr drohte. Wir mußten räumen und wurden in eine Wohnung im ersten Stock unseres Vorderhauses eingewiesen. Deren eigentlicher Mieter war ein SS-Mann, der in Theresienstadt Dienst tat und dessen Frau mit den zwei Jungen vor den Bomben aufs Land ausgerückt war. Meine Eltern trugen mit Hilfe der anderen Hinterhausbewohner ihre Möbel und den gesamten Hausrat vom vierten Stock im Hinterhaus in die erste Etage im Vorderhaus, nicht ohne vorher die viel eleganteren Möbel des SS-Mannes in einem großen Zimmer zusammenzustellen, um Platz für die eigene Einrichtung zu schaffen. Das war eine elende Schlepperei, ein Hin- und Herwuchten der für uns viel zu schweren Möbel, wie oft sind wir, bepackt wie die Lastesel, die Treppen hinauf- und heruntergestiegen.

Dabei hätten wir uns die ganze Mühe sparen können. Am 16. April 1945, beim letzten Fliegeralarm in Berlin, einem Nachtangriff der Engländer, fiel eine Sprengmine auf unser Vorderhaus, und alles, was wir besessen hatten, war weg, einfach weg. Mutter und ich standen wie verhext, als wir aus dem Bunker kamen. Die Backstube, die Vater und andere Hausbewohner als Luftschutzkeller benutzten, war stehengeblieben, und es war Gott sei Dank kein Toter zu beklagen. Meine Eltern taten mir unendlich leid. Ich wußte, wie schwer sie das Geld für ihren bescheidenen Hausstand verdient hatten. Ihr Leben lang hatten sie gearbeitet und besaßen nichts als das, was jetzt von der Bombe zerrissen war. Plötzlich schämte ich mich, daß ich in meinen kleinen Luftschutzkoffer keine wichtigeren Dinge eingepackt hatte als eine Mappe mit Fotos der Filmstars, für die ich schwärmte, einige Theaterprogramme, ein paar Briefe und Ansichtskarten, drei Lieblingsbücher und meinen alten Teddybären. Die beiden aber waren so glücklich, einander lebend wiederzuhaben, daß sie der Verlust ihrer Habe nicht so niederschmetterte, wie ich annahm.

Die Ausgebombten wurden meist in Schulen oder andere Notunterkünfte eingewiesen. Wir gingen nur ein paar Schritte weiter und kamen in der Kellerwohnung meiner Großeltern in der Köpenicker Gasse unter. Die hatten ihr Domizil in der Laubenkolonie inzwischen wieder verlassen. Ich fand es sehr gut, daß unsere Familie so eng beisammen war in diesen Tagen. Das Ende zeichnete sich jetzt deutlich ab. Da war der Aufenthalt in einer Kellerwohnung sehr praktisch. Die meisten Berliner lebten sowieso nur noch in den Kellern. Man hörte schon die näherrückende Front. Allerlei Gerüchte machten die Runde. »Armee Wenk wird Berlin vor dem Bolschewismus retten.« – »Goebbels verspricht den Einsatz der Wunderwaffe.« – »Hitler lebt nicht mehr!« – »Die SS sprengt die Brücken in Berlin.« Letzteres berührte uns am meisten, wohnten wir doch ganz dicht an der Spree.

Mitte April hatten wir von BBC London einen Bericht über die Befreiung des KZ Bergen-Belsen durch britische Truppen gehört. Uns stockte der Atem über das, was da geschildert wurde. Für den Rest des Tages konnten wir kein Wort mehr miteinander sprechen. Die Gefühle, die uns angesichts des Kriegsendes beherrschten, waren zwiespältig. Einerseits die Freude über die Aussicht, bald von diesem irrsinnigen System befreit zu sein, wieder ein normales Leben führen zu können, ohne Angst vor Bomben, ohne Angst um die Angehörigen an der Front, eine Wohnung und eine Arbeit zu haben, in Frieden zu leben. Andererseits das Bewußtsein, daß in Deutschlands Namen schreckliche Dinge geschehen waren, die wir nicht gewußt, gleichgültig geduldet, nicht verhindert hatten – wie auch immer jeder es ansah –, für die wir irgendwie würden büßen müssen, berechtigte Angst vor der Rache der Sieger und dem Chaos, das uns in dem zerstörten ausgebluteten Land erwartete.

Ein Sohn geht verloren

An einem der letzten Apriltage kam Vater von einem Patrouillengang zurück, den er mit anderen Männern durch die leerstehenden Häuser unserer Straße unternahm, um zu kontrollieren, ob nicht irgendwo SS- oder Wehrmachtsuniformen abgelegt wurden. Es gab viele, die jetzt Zivilkleidung vorzogen. Wenn die Rote Armee kam und solche Uniformen fand, konnte es für die Leute im Haus gefährlich werden. Und daß sie kam, daran bestand kein Zweifel. Die Russen sollten schon den Ring um Berlin geschlossen haben, sollten schon in Treptow stehen, sollten schon Stalinorgeln (Vorläufer der Raketen) am Schlesischen Tor postiert haben. Die Bestätigung hierfür gab uns die Lautstärke des Geschützdonners. Vorn an der Köpenikker Straße war ein großes Lebensmittelgeschäft. Es gehörte Herrn Moldt, der uns, wie auch anderen Arbeiterfamilien, oft die Kaufsumme stundete. Frau Moldt arbeitete von früh bis spät mit im Geschäft und in den letzten zwei Jahren auch Sohn Heinz, der als Kriegsversehrter vorzeitig heimgekehrt war und eine Beinprothese trug. Moldts zweiten Sohn, Fritz, genannt Fitti, kannte ich gut, er war 16, wir hatten als Kinder manchmal zusammen gespielt. Jetzt war er mir, einer 19jährigen, natürlich viel zu »grün«. Es gab noch einen anderen Grund, warum ich ihn nicht mochte. Das war sein Fimmel für die Hitler-Jugend. Immer lief er in HJ-Uniform herum, brüllte sein »Heil Hitler« und gab wichtigtuerisch allerhand Parolen von sich. Wir Mädchen machten uns insgeheim lustig über ihn.

Am Morgen des 26. April erschien Frau Moldt abgehärmt bei uns und klagte Großmutter und Mutter ihr Leid darüber, daß sie den Jungen nicht im Haus halten könne. Herr Moldt war noch zum Volkssturm geholt worden, und Fitti wolle ihm folgen. »Sperren Sie den Bengel ein!« riet meine Großmutter. »Aber richtig hinter Schloß und Riegel.« Und Mutter versprach, die Männer später herumzuschicken, damit sie ihm den Kopf zurechtsetzten. Vater und Großvater waren gerade nach Lebensmitteln unterwegs. Es hatte sich herumgesprochen, daß die großen Kühlhallen in unserer Straße, die sogenannten Eiswerke, geplündert wurden. Die Geschäfte waren schon tagelang geschlossen, wir hatten kaum noch etwas zu essen. Beim zweiten Besuch, den Frau Moldt uns einige Zeit später abstattete, erschien sie völlig aufgelöst. Großmutter nötigte sie aufs Sofa, wo sie uns unter lautem Weinen den Grund ihrer Verzweiflung mitteilte. Als sie Anstalten gemacht hatte, ihren Sohn einzuschließen, hatte er sich auf sein Fahrrad geschwungen. Mit den Worten: »Ich habe meinem Führer den Fahneneid geschworen, den muß ich jetzt einlösen, Deutschland braucht mich!« hatte er sich davongemacht.

Wir waren erschüttert. In dieser Situation in HJ-Uniform den

Russen entgegenzufahren war glatter Selbstmord. Die Männer schüttelten den Kopf über soviel Verblendung. Mutter und Großmutter versuchten, die arme Frau Moldt zu trösten. Ich war den Tränen nahe vor Mitleid. Plötzlich tauchte aus meinem Gedächtnis ein anderes Ereignis auf, ähnlich und doch ganz anders, die Person David Booth verband sich damit, David, ein Junge von 17, als ich zwölf war. Ein Spaßmacher, alle Kinder hatten ihn gern, er handelte von Haus zu Haus mit Kurzwaren und bunten Schlipsen, die er im Koffer bei sich trug. Seine Mutter schenkte uns Kindern manchmal Süßigkeiten. Mit einem der letzten Schiffe fuhren Frau Booth und ihr Mann 1938 aus Nazideutschland in die USA, wohin ihr ältester Sohn schon einige Jahre zuvor emigriert war, und entkamen in letzter Minute der Vernichtung, die ihnen als Juden drohte. Als sich der Abfahrtermin näherte, war David verschwunden, blieb unauffindbar für die Mutter. Vorher hatte er ihr erklärt, er werde nicht mitfahren, er liebe seine Heimat, er liebe Deutschland zu sehr, um es verlassen zu können. Viel später erzählten die Erwachsenen, er wäre abgehetzt und halb verhungert auf einem Dachboden in der Nähe von der Gestapo aufgestöbert und weggebracht worden. Auch von Fitti, dem anderen ungehorsamen Sohn, fand sich nie mehr eine Spur.

Es ist Frieden!

Eigentlich begann der Frieden für uns in dem Moment, als wir aus unserem Kellerfenster heraus die fremden Uniformstiefel erblickten. Sie gehörten einem kleinen Russen mit schwarzem Schnurrbart. Er hatte eine lose Uniformjacke an und trug offensichtlich keine Waffe. Wie selbstverständlich stand er auf unserem Hof, und wir glaubten zuerst zu träumen. Dann aber kam Bewegung in die Szene. Als erste sahen wir die Frau aus dem oberen Stockwerk des Nebenaufgangs auf den Hof stürzen. Wir wußten, daß sich bei ihr schon seit den ersten Apriltagen Ausländer, wahrscheinlich sogenannte Fremdarbeiter, aufhielten. Die eilten nach ihr auf den Hof, hielten den Soldaten umfaßt. Nun liefen von verschiedenen Seiten Frauen herbei, auch Mutter und ich. Eine brachte ein kleines Tablett mit einem gefüllten Glas und Brot. Der Soldat bedeutete ihr, erst selbst davon zu kosten, ehe er es annahm. Sicher war seine Vorsichtsmaßnahme auf Erfahrung gegründet. Trotzdem hatte diese Geste des Gebens und Nehmens etwas ungemein Versöhnliches, und eine freudige Stimmung breitete sich unter allen auf dem Hof Versammelten aus. Auch der Soldat lächelte: »Krieg aus! Hitler kaputt!« Mutter sagte leise: »Es ist Frieden, Gerda, es ist Frieden!« Und wir faßten uns um, lachten und weinten. Ich war von so einem starken Gefühl gepackt, daß ich wie verrückt auf dem Kopfsteinpflaster umhersprang.

Großmutter hatte inzwischen von dem erbeuteten Fleisch einen Braten zubereitet. Gerade als er herrlich duftend auf dem Tisch stand und wir uns an den Tisch setzen wollten, erwies es sich, daß die Zeit für ein Friedensmahl doch noch nicht gekommen war. Auf dem Hof gab es Tumult, Befehle in Russisch, und plötzlich standen zwei Rotarmisten in unserer Stube. Es dauerte ein Weilchen, bis wir begriffen, daß wir die Wohnung räumen sollten, weil unser Viertel, unsere Straße jetzt Kampfgebiet war. Diese neue, unerwartete Situation machte uns völlig kopflos. Hinzu kam noch, daß der jüngere der beiden Soldaten meinen Vater in eine Ecke drängte und das Gewehr auf ihn richtete: »Du Soldat, du Faschist!« Natürlich mußte es ihn wundern, einen Mann im besten Alter in Zivil anzutreffen. Meine Mutter hängte sich in höchster Erregung an die Arme des Rotarmisten und schrie: »Er Arbeiter auf dem Dach!« Dabei zeigte sie immer nach oben. Ich fürchtete, daß er mißverstehen könne, mein Vater hätte irgend etwas mit der Flak zu tun. Vielleicht jedoch hatte ihn das Wort »Arbeiter« erreicht. Er griff nach den Händen meines Vaters und betrachtete sie aufmerksam, verarbeitete Hände mit Rissen und Schwielen, mit Narben von Verbrennungen durch heißen Teer und einem breitgeklopften blauen Daumennagel. Das Ergebnis fiel positiv aus. »Du geh!« Er ließ Vater los. Als Mutter, die Vater aus Todesgefahr gerettet glaubte, sich bei ihm bedanken wollte, schob er sie beiseite.

Der ältere von beiden Soldaten hatte derweil meine Großmutter zu fassen bekommen. Drohte er ihr! Was wollte er? Als sie ihn, von Angst gelähmt, verständnislos anstarrte, schlug er die vier Zipfel des Tischtuchs zusammen, begrub darin Braten, Brot und andere Eßwaren mitsamt dem Geschirr und drückte das verknotete Bündel Großmutter in die Arme. Endlich hatte sie verstanden. Wie dankbar waren wir diesem Sowjetsoldaten in den nächsten Tagen, als wir nirgendwo etwas zu essen bekamen, für seine Voraussicht. »Mensch, da hätten wir doch glatt unsere letzte ›Futterage‹ stehengelassen!« Allerdings ahnten wir da auch noch nicht, daß wir nie mehr in unsere Wohnung zurückkehren würden. Wir stolperten mit unseren Koffern und Packen die Köpenicker Straße entlang Richtung Treptow, vorbei an toten Soldaten, Pferdeleichen, ausgebranntem Kriegsgerät, während über uns die Stalinorgeln ihre Feuerbahn in die Innenstadt nahmen. Dort wurde noch gekämpft, es hieß, das Regierungsviertel mit der Reichskanzlei hätte sich noch nicht ergeben. Wir waren mehrere kleine Trupps von jeweils etwa 15 Menschen, fast alles Frauen und Kinder. Die Bomben hatten ja die meisten Häuser in der Köpenicker Straße zerstört.

Treptow war ein vornehmer Villenvorort mit riesigen Grünflächen, dem Treptower Park und dem Plänterwald. Alle Häuser waren geräumt. Es zeigte sich, daß die sowjetische Armee auch hier die Zivilbevölkerung wegen der Kampfhandlungen in weiter auswärts liegende Vororte geschickt hatte. Die Leute unseres Trupps verteilten sich auf die offenstehenden Wohnungen einer prächtigen Villa. Uns war klar, daß wir bei Anbruch der Dunkelheit von der Straße sein mußten. Von der großen Liegewiese des Parks her drang der Lärm bis zu uns herüber. Die Rote Armee hatte dort ein Biwak mit Tausenden Soldaten errichtet. Sie hatten in einer Spirituosenfabrik des Bezirks große Vorräte gefunden und konfisziert. Bald tauchten in unserer Villa Soldaten auf, die Frauen suchten. Wir saßen im Dunkeln, ohne uns zu rühren. Elektrisches Licht gab es schon seit einigen Wochen nicht mehr. Die ersten Frauen, die es unvorbereitet traf, waren schlecht dran. In unser Zimmer war bis jetzt niemand gekommen. Mutter versteckte sich in einem ganz schmalen Besenschrank, vor den wir einen kleinen Tisch und Stuhl stellten. Ich hockte die ganze Nacht unter einem breiten Korbsessel, auf dem meine Großmutter thronte. Über die Lehne fiel rundherum bis zum Fußboden eine Decke, die mich verbarg. Am anderen Morgen konnte ich mich kaum bewegen, so kreuzlahm war ich. Ich dachte daran, daß die Frauen auf diese Weise für den Krieg der Männer mit bezahlen mußten, dachte auch an die Frauen in jenem Land, die von den Eindringlingen, unseren Männern, vielleicht erschossen, totgeschlagen, verbrannt oder in Zwangsarbeitslager und KZs verschleppt worden waren.

Am nächsten Morgen verließen wir schleunigst das unwirtliche Quartier und machten uns auf den Weg nach Adlershof, das in gleicher Richtung ostwärts lag. Unser Ziel war die Laube meiner Großeltern. Mit uns kamen meine Tante Lenchen, Mutters Freundin Maria mit ihrer Tochter Elli, ein alter Mann mit seiner Enkeltochter, eine jüngere Frau mit einem fünfjährigen Sohn und einem Baby, die den Schock der Nacht noch nicht überwunden hatte und dauernd weinte. Sie und den alten Mann kannten wir nur vom Sehen, weil sie in der Nachbarschaft wohnten, aber sie klammerten sich an uns, wußten nicht, wohin, und wir nahmen sie mit. Wir Frauen und Mädchen machten uns die Gesichter mit Erde schwarz, banden uns Kopftücher um, die wir bis tief in die Augen zogen. Nachmittags erreichten wir unbehelligt unsere Laube. Zum Glück stand sie noch unversehrt da, war allerdings zu klein für die vielen Menschen. Irgendwie richteten wir uns ein. Mein Vater führte ein eisernes Regiment, was das Essen anbelangte. Morgens und abends bekam jeder eine dünne Scheibe Brot, mittags ein winziges Stück Fleisch –, wir hatten ja noch den Braten –, und zwar alle die gleiche Ration. In Großmutters Vorratskammer fanden wir noch einen Rest Eingemachtes, etwas Marmelade und Obstkompott, es wurde löffelweise ausgeteilt.

Elli, das andere junge Mädchen und ich schliefen übrigens in dieser Vorratskammer. Da sie von der ebenfalls im Kellergeschoß liegenden Küche abging, wurde einfach abends der Küchenschrank davorgeschoben. Die Laubenkolonie grenzte an ein Gelände mit Reparaturwerkstätten der Lufthansa. Es war jetzt von der sowjetischen Armee besetzt. Hin und wieder bekamen wir manchmal nachts noch Besuch von Soldaten, aber wir waren ja in sicherem Gewahrsam. Am Tage gingen Tante Lenchen, Tante Maria und Mutter sogar zu den Russen Kartoffeln schälen und brachten große Kannen mit Borschtsch mit, einer unheimlich fetten Kohlsuppe, die uns zuerst überhaupt nicht bekam. Vater lief jeden Tag ins Adlershofer Zentrum, um die Anschläge der sowjetischen Kommandantur zu studieren, und brachte wichtige Nachrichten mit: »Die Bäcker müssen wieder Brot backen.« – »Die Frauen, die vergewaltigt wurden, müssen zur Untersuchung.« – »Alle ehemaligen Wehrmachtsangehörigen müssen sich zur Registrierung melden.«

Am 9. Mai hörten wir von weitem ein Knallen und Knattern in der Luft. Was war nun wieder los? Eine Explosion? Nein, es war Siegesfeuerwerk. Die deutschen Militärs hatten am Tag zuvor die Kapitulationsurkunde unterzeichnet. Nazideutschland gab es nicht mehr. An diesem Abend saß ich mit Vater und Mutter lange zusammen, wir schmiedeten Zukunftspläne. Nun ging die Zeit des Abwartens hier bald zu Ende. Vater wollte so schnell wie möglich zu seiner alten Firma nach Mariendorf – Arbeit gab es wieder genug für ihn – und sehen, wie wir dort in der Nähe zu einer Wohnung kommen könnten. Und ich? Was würde ich machen? Ich wußte es noch nicht. Ich hatte so viele ungeahnte Möglichkeiten. Ein neues Leben lag vor mir.

Die Flakhelferin im Café
Über Lisa G.

Es ist ein hübsches kleines Café, das sie zum Treffpunkt ausge-
wählt hat. Eines von denen, wie ich sie mag, mit Raffgardinen,
Plüschvorhängen und Marmortischchen, Stechpalmen und
Oleander in Porzellankübeln auf weichem Teppichboden. Ich
fühle mich in eine andere Zeit zurückversetzt, eine gemütliche.
Ich bin hier mit Lisa, ehemals Flakhelferin im Zweiten Weltkrieg, verabredet. Die Zeit, die wir heraufbeschwören wollen,
war keineswegs gemütlich. Ich schaue mich um. Einige ältere
Damen halten ihr nachmittägliches Kaffeestündchen. Ein junges Paar hat mit sich selbst zu tun. Das Kuchenbüfett verlockt
mich, in Torte und Sahne zu schwelgen, auch dem Kaffeeduft
kann ich nicht widerstehen, obwohl dieses Getränk meinem
Magen nicht zuträglich ist. Als Lisa hereinkommt, erkenne ich
sie sofort. In unserem kurzen Telefongespräch hat sie sich tref-
fend beschrieben. »Rundliche Person, breites Gesicht, dunkel-
blonde Haare.« Sie strömt Herzlichkeit aus. Wir plaudern über
Belangloses, müssen jede das Gesicht der anderen kennenler-
nen, ihre Stimme aufnehmen – bei ihr hört man deutlich den
norddeutschen Tonfall –, kurzum, etwas Vertrautheit soll schon
sein zwischen uns.

Passend zur Kaffeehaus-Atmosphäre rauscht leise ein Wiener
Walzer aus unsichtbarem Lautsprecher: »Donau, so blau, so
blau, so blau...« Lisa bestellt sich ein großes Pils. »Was gibt es
von mir schon zu sagen?« Sie ist Jahrgang 1928 und stammt aus
einem kleinen Ort in Pommern. Die Großeltern väterlicherseits
besaßen Landwirtschaft. Nach dem Besuch der Volksschule
kam sie 1942 mit 14 Jahren in Semlow aufs Gut der verwitweten
Gräfin Baehr-Negendank mit dem Berufsziel, Mamsell zu werden. Sie mußte schwerste Arbeit leisten. »Ich war noch ein halbes Kind, aber immer hatte ich mit den großen Essenkübeln
umzugehen, sie aufzusetzen und das Feuer darunter mit dem
Blasebalg am Brennen zu halten. Nie habe ich Ausgang gehabt.
Der Verwalter hat mich manchmal heimlich rausgelassen.
Wenn ich wiederkam, mußte ich mit den Fingern an den Fensterscheiben in seiner Stube quietschen, ganz leise, dann hat er

die Tür aufgemacht. Nach zweieinhalb Jahren hat mir der ganze Rummel gereicht, ich habe die Lehre abgebrochen und mich zum Reichsarbeitsdienst gemeldet. Immer diese verknöcherte herrische Gräfin, da war die Gemeinschaft mit den anderen Mädchen eine Erlösung.«

Das war im Herbst 1944. – Ich schrecke zusammen vor dem Lied, das dezent aus dem Lautsprecher tönt, die passende Geräuschkulisse zu unserem Gespräch. »Wenn sich die späten Nebel drehn... mit dir, Lilli Marlen.« Kriegszeit, die Frau an der Laterne wartend vor dem Kasernentor, Glück verheißend. Diesen Trost hauchte Marlene Dietrich elegisch den amerikanischen GIs ins Ohr und Lale Andersen etwas derber den deutschen Landsern. Nun wieder dieses Lied, neu gesungen – Reminiszenz an den Krieg in der Friedenszeit? Oder leben wir in einer Vorkriegszeit? Wann hat eigentlich die Nachkriegszeit aufgehört? Als wir wieder satt zu essen und ein Dach über dem Kopf hatten? Als wir aus unseren Köpfen den Krieg vertrieben hatten und an Frieden dachten? Doch genug davon und wieder zu Lisa. Sie und die anderen Arbeitsmaiden mußten sechs Wochen lang für die Organisation Todt, die Zuarbeiten für die Wehrmacht leistete, Gräben ausheben. Dann wurden sie als Flakhelferinnen eingezogen. »Nun war ich plötzlich ›Mädel in Uniform‹. Unser Flakgeschütz stand in Schlawe in Hinterpommern auf einer Erhöhung. Wir waren Zielscheibe für die feindlichen Flieger, drei Monate lang, von November 1944 bis Januar 1945. Der Unteroffizier saß auf dem Sitz der Flak (Fliegerabwehrkanone), einem Vierlingsgeschütz. Wir mußten ihn mit Munition bedienen. Wir, das waren: drei Flakhelfer, Jungen aus der HJ, und drei Flakhelferinnen, Mädchen aus dem RAD.«

Ein gespenstisches Bild für mich, sich vorzustellen, wie diese 15-, 16jährigen geschäftig die Munition heranbringen, um das belfernde Geschütz springen, immer in der Angst, das Leben zu verlieren. »Ich war kräftig, doch die Munitionskisten waren viel zu schwer für uns, eine elende Schlepperei. Ich machte mir Gedanken darüber und brachte einen Verbesserungsvorschlag ein. Es wurden 50 Meter Schienen gelegt und darauf Kipploren gesetzt, um die Munition heranzuschaffen. Das bedeutete eine große Erleichterung. Wir hatten jeweils zehn Stunden Dienst und zehn Stunden frei. Erst waren wir in einer Kaserne stationiert. Nach ihrer Zerstörung durch Bomben hausten wir in einem großen Zelt. Auch wir Mädchen hatten jede einen Feldsack mit Zeltplane, etwa dem Seesack der Matrosen vergleichbar.«–»I am sailing… sailing stormy waters, to be near you, to be free…«, kratzt rauh die Stimme Rod Stewarts aus dem Lautsprecher.

Lisas Gesicht beginnt sich zu verändern. Die gemütliche runde Freundlichkeit ist gewichen. Es sieht schmaler und härter aus. »Januar 1945 ereilte uns das Schicksal. Es kam ein massiver englischer Tieffliegerangriff. Einer hat auf unser Geschütz gefeuert, daß alles nur so weggemäht wurde von MG-Garben. Der Unteroffizier erhielt einen Volltreffer. Wir flogen durch die Luft, landeten ein ganzes Stück weg. Mein Stahlhelm fiel mir vom Kopf, der Riemen war gerissen. Ich fühlte Blut auf meinem Gesicht, es lief aus der linken Schläfe. Der Oberschenkel war voller Granatsplitter. Aber der Unteroffizier…« Lisa hat noch das Entsetzen von damals in den Augen. Sie sieht wieder das Bild, das sie ihr Leben lang nicht vergessen wird. »Der Unteroffizier hatte den Bauch aufgeschnitten, die Därme hingen heraus. Ich stand vor ihm, ohne mich rühren zu können. ›Lisa, nimm die Pistole, schieß mich tot!‹ Ich war nicht fähig dazu. Ich habe eine harte Außenhaut, aber einen weichen Kern. Dabei tat er mir unendlich leid. So ein netter Kerl, etwa 36 Jahre alt, und mußte sich derartig quälen. ›Lisa, nimm die Pistole, schieß mich tot!‹ Er sagte nur diesen Satz, und seine Stimme wurde immer schwächer dabei. Wir haben alle um ihn geweint. Die verwundeten Soldaten, die noch einigermaßen krauchen konnten, schleppten sich zur Rote-Kreuz-Ambulanz. Drei der Flakhelfer hatte es so schwer erwischt, daß sie ins Lazarett mußten. Mir wurde ein Notverband angelegt, den Schnitt hat man einfach zusammengedrückt. Da, sehen Sie!« Sie beugt sich über den Tisch und zeigt mir die lange tiefe Narbe in der Schläfe, dicht neben dem linken Auge, das seitdem viel kleiner erscheint.

Mit zwei anderen Flakhelferinnen schloß sie sich einem kleinen Trupp an. Gemeinsam machten sie sich aus dem Durcheinander auf in Richtung Westen. Anderthalb Monate liefen sie von Schlawe bis in den Raum Lübeck. Ausgerüstet mit Landkarten, Kompaß, Marschkarte umgingen sie möglichst die anderen marschierenden Soldaten und die Flüchtlingstrecks, schliefen im Wald oder auf freiem Feld im mitgeführten Zelt. Sie fanden keine Möglichkeit, sich der Uniform zu entledigen und Zivilkleider anzuziehen. Bei Lübeck stießen sie auf amerikanische Truppen und gerieten in Gefangenschaft. Sie wurden für 14 Tage in die Schweiz gebracht. Dann gehörte Lisa zu einer

Gruppe von zehn Frauen, die mit vier Bewachern in die Nähe von München geschickt wurde. »Neben den Soldatenunterkünften waren Wellblechbuden für die Frauen und Mädchen errichtet. Ein amerikanischer Offizier fragte nach unserem Beruf. Ich konnte kochen, das hatte ich ja zweieinhalb Jahre gelernt. Die anderen Mädchen, unter denen vier Schulkameradinnen von mir waren, sagten: ›Lisa, melde dich, dann kriegen wir vielleicht nicht solchen Fraß!‹ Also habe ich gekocht. Es ging mir nicht schlecht. Ich habe Essen und Trinken gehabt. Konnte meiner Mutter sogar Essenpakete schicken. Ich habe ein Taschengeld bekommen und konnte mich innerhalb des Lagers frei bewegen. Die amerikanischen Soldaten sind nie zudringlich geworden. Aber man mußte eben doch alles machen, was einem gesagt wurde, und immer nett und freundlich sein.«

Im März 1948 wurde Lisa entlassen. Der Vater war noch vor ihr aus dem Krieg gekommen. Vom Kochen für andere hatte sie gründlich die Nase voll. Sie wurde Kranführerin, später ging sie nach West-Berlin und arbeitete in der Metallbranche im Akkord. Heute putzt sie in einer Schule. Ob die 16jährigen Oberschülerinnen dort sich vorstellen können, was Lisa in ihrem Alter erlebte? »All you need is love, love ...«, dringt es an mein Ohr. »Love, love again ...«, wippe ich mit dem Fuß. Wir sind wieder in der Gegenwart. Lisa spricht noch ein bißchen über ihr heutiges Leben. Sie ist Mitglied der ÖTV und gewerkschaftlich engagiert. Zu Hause wartet ihr Mann auf sie, der wesentlich älter und nicht gesund ist. Ich entschuldige mich, weil ich ihre Zeit so lange beansprucht habe. Allein, trinke ich in Gedanken den kaltgewordenen Rest Kaffee aus. Lisa war ein Kind von elf Jahren, als der Krieg anfing. 16jährig wurde sie zum Militär einberufen, und 20 war sie, als sie aus der Kriegsgefangenschaft kam. Welch ein Irrwitz! All you need is love, love ... Alles, was du brauchst, ist Liebe! Ich bleibe noch ein Weilchen sitzen. Die Beatles höre ich immer wieder gern.

Kriegerwitwe
Über Inge D.

Die blonde Inge wird sie genannt. Daran ist nur dieser alberne Schlager schuld, denkt sie ärgerlich. »Wenn ich die blonde Inge abends nach Hause bringe, dann sagen wir noch lange nicht auf Wiedersehen, dann bleiben wir noch stundenlang vor der Haustür stehen.« Sie findet, daß er überhaupt nicht auf sie paßt. Wenn sie tanzen geht am Wochenende, läßt sie sich nicht nach Hause bringen, und schon gar nicht drückt sie sich mit Jungen vor der Haustür herum. »Ein hübsches Mädchen«, die Frauen im Haus blicken anerkennend, und die Männer pfeifen hinter ihr her. »Ich heirate nicht!« sagt sie mit 18. Mit 19 ist sie verlobt. Karlheinz gehört zur Clique ihres älteren Bruders Hermann. »Bring doch deine Schwester mit!« drängt er diesen ständig. Als der Bruder es am sonntäglichen Mittagstisch amüsiert zum besten gibt, wird sie puterrot und alle lachen. Sie fühlt, daß etwas Neues, Unbekanntes auf sie zukommt. Magnetisch zieht es sie nun dahin, wo ihr Bruder sich mit seinen Freunden aufhält. Karlheinz kann mehrere Instrumente spielen. Das macht ihn beliebt und zum umschwärmten Mittelpunkt. Wenn er sich in einer Tanzpause im Saal an das Klavier setzt, steht sie abseits, unfähig sich zu bewegen, bis seine Augen sie gefunden haben und aus ihrer Verzauberung lösen.

Er gefällt ihr sehr. Doch kann sie es nicht fassen, daß er gerade sie will. Er, ein begabter Junge aus gutem Hause! Und sie? Sie lebt in der als rot verschrienen Naunynstraße im Berliner Südosten. Als ihre Schule, eine weltliche Schule[1], von den neuen Machthabern aufgelöst wurde, war sie fast 14. In ihrem Kopf sind einige Bilder aus dieser Zeit, die sie nie vergißt: Vom Dach bis zum Bürgersteig reicht die rote Fahne an ihrem Haus. Gegenüber im ersten Stock lehnt die Frau aus dem Fenster auf ihrem Hakenkreuzkissen. Nimm dich in acht vor der! Sie hat schon einige an die in den braunen Uniformen verraten. Vielleicht den Nachbarn, dem sie das Hakenkreuz in den Rücken eingebrannt haben. Oder Herrn Schmalz aus dem Vorderhaus,

1 Schule ohne Religionsunterricht auf der Grundlage fortschrittlicher Reformpädagogik.

dessen Bücher sie mit Gegröle in den Hof warfen und verbrannten. Straße frei! Es wird geschossen! Ein paar junge Arbeiter laufen wie die Hasen an der Häuserfront entlang und verschwinden in einem Keller. Ein Schuß trifft die Frau am Fenster, die auf den Keller wies und deren Geste mißverstanden wurde. Das Hakenkreuzkissen fällt auf die Straße. Ein anderes Bild: An einem Freitag hat Mutter sie von der neuen Schule abgeholt. Sie gehen mit im langen Zug hinter dem Sarg eines Erschlagenen aus ihrem Kiez. Von den hinteren Reihen her kommt Unruhe auf. Pfiffe! Berittene Polizei schlägt auf die Menschen ein. Mutter greift ihre Hand. Schnell weg in eine Seitenstraße. Auch da Uniformen. Sie rennen die Treppen des nächsten Hauses hoch. Der Polizist folgt ihnen. Sie kennt Mutters Absicht, sich auf dem Dachboden zu verstecken. Wenn nur nicht so ein pflichteifriger Portier die Bodentür verschlossen hat. Unvermutet öffnet sich im letzten Stockwerk die Tür einer Wohnung. Eine ältere Frau zieht sie mit raschen Bewegungen erst in den Flur, dann in die Küche. Lautlos. Der Polizist rennt weiter. Inges Angst weicht einem heimlichen Triumphgefühl, als sie in der kleinen pieksauberen Küche mit ihrer Retterin Kaffee trinken. So geht das also. Das Wort Solidarität kannte sie noch nicht.

Als sie nach der Schulzeit zum Landdienst verpflichtet wird, fühlt sie sich krank vor Heimweh nach ihrer Großstadtstraße. Die Kühe, die sie füttern und melken soll, flößen ihr panischen Schrecken ein. Sie bekommt Fieber. Ein wohltätiger Arzt befindet sie für körperlich untauglich. Seitdem hilft sie ihrer Mutter bei der Heimarbeit, die diese seit Mitte der 30er Jahre angenommen hat. Zeitweise ist die ganze Familie in diese Arbeit eingespannt. Sie stecken Teile aus Pappe, die sie in Säcken geliefert bekommen, zu großen Kartonagen zusammen. Stundenlang immer dieselben Handgriffe. Das geht ganz mechanisch. Inge träumt sich eine eigene Welt dabei. Es ist 1938. Unausgesprochen wissen sie, daß ihre Arbeit, deren Umfang sich ständig vergrößert, der Rüstungsindustrie dient. Die Kartonagen sind zur Aufnahme von Batterien bestimmt. Ihre Wohnung wird zu eng für das viele Zeug. Deswegen mieten sie sich einen Keller im Nebenhaus als Werkstattraum.

Manchmal müssen sie nachts arbeiten, um den Liefertermin zu schaffen. Dann schleicht Inge im Morgengrauen müde in die Wohnung. Eine Frau aus ihrem Haus denunziert sie bei der Polizei als Rumtreiberin. Was veranlaßt die Frau, der sie immer freundlich begegnet ist, ihr übelzuwollen? Will sie sich bei der Obrigkeit in ein gutes Licht setzen? Oder glaubt sie, jeden bestrafen zu müssen, der aus der Reihe tanzt? Man braucht Sündenböcke, Volksfeinde. Die Synagogen brennen. Was macht dieses System aus den Menschen!

Als Inge und Karlheinz am 1. März 1940 Hochzeit feiern, ist der Krieg gerade sechs Monate alt. Die Nachricht vom Kriegsbeginn schien die Menschen in ihrer Straße in eine Lähmung versetzt zu haben. Still und gedrückt schlichen die meisten umher, erfüllt von Angst und Ungewißheit vor dem, was ihnen bevorstand. Der Krieg in Polen. Ganze 18 Tage. Und mehrmals am Tag im Rundfunk die Fanfaren mit den Sondermeldungen von deutschen Siegen. Im Erstaunen darüber ging unter, daß es auch auf der Siegerseite Opfer gab. Hildas Verlobter war gefallen. Mein Gott, der kurze schnelle Feldzug. Jaja, wen es erwischt! Der hat eben Pech gehabt. In der Zeitung die ersten Anzeigen: »In stolzer Trauer...«

Inge hat ein schlechtes Gewissen, wenn sie an die Freundin denkt. Sie ist rundherum vom Glück ihrer jungen Ehe eingefangen. Ein Nest voll Wärme und Liebe haben sie sich gebaut. Ein Kuckucksheim. Ein Wolkenkuckucksheim. In ihrer hübschen hellen Wohnung in der Landsberger Allee steht ein teures Schlafzimmer, ein Geschenk der Schwiegermutter. Es ist Inge so fremd in seiner Pracht, daß sie lange Zeit das Gefühl nicht los wird, bei diesen Möbeln nur auf Besuch zu sein. Die Familie von Karlheinz ist vermögend. Für ihn, den tüchtigen und gut bezahlten Autoschlosser, steht fest, daß er später eine eigene Tankstelle aufmachen wird. Inge spinnt mit an diesem Wunschtraum, für dessen Erfüllung sie jeden Monat etwas sparen. Der Krieg mit Polen war nur der Anfang. Es folgen im April 1940 die Besetzung Dänemarks und Norwegens, im Mai der Einmarsch in Holland und Belgien und Krieg mit Frankreich. Ihr Glück scheint ihr nur geborgt. Im Frühjahr 1941 wird Karlheinz eingezogen und als Motorschlosser im Generalgouvernement, wie das niedergeworfene Polen jetzt heißt, eingesetzt. Daß er nicht direkt an der Front kämpfen muß, vermindert ihre Angst um ihn. Die Nazi-Regierung hat den Krieg noch einmal ausgeweitet. Im Juni fällt die deutsche Wehrmacht in die Sowjetunion ein. Inge wird dienstverpflichtet zur Firma DTB in die Rüstungsproduktion. »Arbeit für geschickte, flinke Frauenhände«, sagt der Meister. Feine Drähte sind an ein bestimmtes Teil zu löten. Arbeit für den Krieg. Alles muß für den

Krieg getan werden, und sie haben zu parieren. Nein, sie will das nicht. Damals mit den Kartonagen war das noch etwas anderes. Da hatte die Rüstungsproduktion noch nicht ihren schrecklichen Bastard Krieg geboren. Sie geht einfach nicht mehr hin zur Arbeit. Es ist wegen der Augen, sagt sie, ihre Augen halten das nicht aus. Um erst einmal Zeit zu gewinnen, bittet sie pro forma um Versetzung. Nach einigen Wochen erhält sie eine Ladung vors Gericht mit der Anklage der Sabotage. Der Meister hat sie wegen Arbeitsverweigerung gemeldet. Mit dem Richter hat sie Glück. Er stellt sie nicht als böswillig, sondern als faul hin. »Da die Angeklagte durch ihre Stellung als Ehefrau eines Wehrmachtsangehörigen finanziell gesichert ist, glaubte sie, nicht arbeiten zu brauchen.« Die Angelegenheit verläuft im Sande. Zudem ist sie schwanger. Zum Jahresende wird ihre Tochter Eva geboren. Aus der Fremdheit und Einsamkeit ihrer ehelichen Wohnung ist sie in die vertraute lärmende Enge des alten Hauses in der Naunynstraße geflüchtet, um dort ihr Kind zu bekommen. Am Weihnachtsabend liegt sie, zwei Tage nach der Entbindung, die kleine Tochter im Arm, im Bett der Mutter in der großen Stube, wo der geputzte Tannenbaum steht.

Die Geburt war ein so großes Erlebnis, sie hat alles andere verdrängt. Zärtlich betrachtet sie ihr Kind, bewundert das hübsche Köpfchen, die winzigen Hände. Sie ist sehr glücklich in der Geborgenheit eines neuen Gefühls. Nicht einmal der Schmerz über die Trennung von Karlheinz kann diesem Glück etwas anhaben. Mit der Taufe will sie warten, bis ihr Mann auf Urlaub kommt. Eva kann schon allein und kerzengerade auf dem Kissen sitzen und alles, was um sie vorgeht, wach verfolgen, als ihr Vater sie endlich sieht. Er ist begeistert von seiner Tochter. Er überschüttet seine Frau mit Liebesbezeigungen. Wie in einem Rausch verleben sie die paar Tage in ihrer Wohnung allein und ohne einmal auszugehen. Nur sie beide und das Kleine! Und doch kommt es Inge plötzlich vor, als hätte sich etwas verändert zwischen ihnen. Sind sie noch dieselben? Wer von ihnen beiden ist anders geworden? Hat sie zu vieles gedacht, woran er nicht teilhatte? Stehen diese Gedanken als Barrieren zwischen ihnen? Was meint er dazu, daß die deutschen Truppen vor Moskau sich das erste Mal eine Niederlage holten? Karlheinz, dem sie ansieht, wie ungern er die Soldatenuniform trägt, sieht den Weg zur Erfüllung seiner Wünsche – glückliche Familie, eigene Tankstelle – natürlich nur in der schnellen Beendigung des

Krieges, das heißt, es muß ein schneller Sieg im Blitzkrieg sein. Sie will ihre Zweifel und Skrupel nicht in ihn tragen und schweigt.

Im Frühjahr 1943 wird Inges Sohn Dieter geboren. Sie wohnt, schon wegen der kleinen Eva, wieder bei ihrer Mutter und entbindet dort. Dieses Mal geht fast das Jahr darüber hin, bis Karlheinz eines Tages überraschend vor der Tür steht. Sie hat den Eindruck, daß er sich über seinen Sohn noch mehr freut als über die Tochter. Jedenfalls scheint er ganz aus dem Häuschen zu sein. Später ist er still und niedergeschlagen. Zögernd teilt er ihr mit, daß er nach Rußland verlegt wird. Er ist jetzt als Flugzeugmonteur eingesetzt, repariert Flugzeuge auf den Militärflugplätzen hinter der Front. Rußland – die Ostfront! Seit der Schlacht von Stalingrad, von deren Ausmaß man nur durch kursierende Gerüchte und Abhören von ausländischen Sendern sich ein Bild machen kann, seit diesem dunklen Ereignis hat das Wort Ostfront einen entsetzlichen Klang.

Inge erzählt Karlheinz behutsam die Geschichte von Herbert, dem Freund ihrer Kusine. Er hat die Uniform mit Zivilkleidung vertauscht, hat sich tagelang auf dem Friedhof in der Nähe versteckt. In einer Neumondnacht hat er sich ins Haus geschlichen. Lebt jetzt in der Bodenkammer. Die Kusine, die Mutter und eine Nachbarin versorgen ihn abwechselnd mit Essen. Sie beschwört ihn nicht: Bleib hier! Mach für dich ein Ende mit dem Soldatenspielen! Sie zeigt ihm die Möglichkeit, wünscht sich, er möge davon Gebrauch machen. Karlheinz will kein Deserteur sein. Schon der Gedanke daran widerspricht seiner Vorstellung von Rechtschaffenheit. Auch könnte dieses Risiko unnötigerweise seinen Zukunftstraum gefährden. Er zweifelt nicht daran, daß er durchkommen wird. Übrigens kann es jeden überall treffen. Er hat in seiner Weise recht. Sie hat ihn zu gern, um ihn nicht zu verstehen, und akzeptiert seine Entscheidung. In der Nacht vor seiner Abfahrt lieben sie sich so wild und heftig, als ahnten sie, daß es ihr letztes Beisammensein ist.

Inge macht sich mit ihren zwei kleinen Kindern ebenfalls auf den Weg Richtung Osten. Wegen der häufigen Fliegerangriffe in Berlin werden sie von der NSV nach Ostpreußen evakuiert. Wie ungern trennt sie sich von ihrer Stadt, vor allem von der Mutter. Seitdem sie selbst Kinder hat, ist ihr die Mutter ganz nahe gerückt. Doch Inge ist noch nicht lange dort, als im Hochsommer 1944 das Grollen der nahenden

Front zu hören ist. Sie glaubt die ersten Tage an ein Gewitter. Als sie das äußert, lachen die anderen. »Das hört sich wie ein Gewitter an!« Der alte Bauer meint erbittert: »Schönes Gewitter! Kriegsgewitter!« Voll Schrecken flieht sie vor dem Kriegsgeschehen zurück nach Berlin. Es gibt keinen Ort, der sicher ist. Hier ertönt die Sirene jetzt in immer kürzeren Abständen. Mit den beiden Kleinen, Eva an der Hand, Dieter auf dem Arm, hetzt sie zum Luftschutzbunker in der Nähe ihrer Wohnung in der Landsberger Allee. Es kann jeden überall treffen. Nach einem Fliegerangriff, bei dem sie sogar im Bunker die Druckwellen spürten, sieht sie, daß es diesmal die Jugendlichen getroffen hat, die oben auf dem Bunker die Flak bedienen müssen. Ganz junge Burschen mit Kindergesichtern, alle sind tot.

Der Endkampf um Berlin hat begonnen. Inges Vater wird zum Volkssturm geholt. Am Moritzplatz entledigt er sich in einem günstigen Moment der Waffe und taucht nach Tagen wieder zu Hause auf. Der Luftschutzwart spricht noch von vermutlich stattfindenden Übungen, vom Durchhalten und der Wunderwaffe, als Brücken in Berlin schon von der SS gesprengt sind und die Sowjetsoldaten von Hohenschönhausen mit Stalinorgeln Richtung Innenstadt schießen. Die Nachbarin klopft an die Wohnungstür: »Kommen Sie in den Keller! Die Russen müssen bald da sein.« Inge reißt die Kinder aus dem Mittagsschlaf. Die dreijährige Tochter rechts, den zweijährigen Sohn links sitzt sie im Keller und erwartet das Kriegsende. Keine Freude verbindet sich mehr mit diesem Wort, das sie so oft sehnsüchtig gedacht hat. Ihre Empfindungen sind abgestumpft, aufgefressen von den Anstrengungen des Kampfes ums Überleben. Von Karlheinz hat sie lange nichts mehr gehört. Tag für Tag wartet sie mit zwiespältigen Gefühlen auf die Briefträgerin. Diese könnte ja auch den Brief mit dem Eisernen Kreuz in der Tasche haben, die Todesnachricht.

Jetzt ist es still im Keller geworden, unheimlich still, seitdem das laute Weinen der jungen Frau aus dem ersten Stock im Vorderhaus verstummt ist. Ihr Säugling, vier Wochen alt, ist vor zwei Stunden gestorben. Die Frau war außer sich, als man sie in den Keller brachte, hat um sich geschlagen und geschrien. Jemand hat ihr ein starkes Mittel verabreicht, ein Schlafmittel wahrscheinlich. Keiner traut sich aus dem schützenden Haus, um sie zum nahe gelegenen Krankenhaus Friedrichshain zu bringen. Inge beobachtet die Frau mit Sorge, ihre seltsame

Starre, ihr wächsernes Gesicht. Die öffnet mit einem Schnalzer plötzlich weit den Mund und hechelt. Die Luft ist ihr knapp. Einige Frauen vergessen für einen Augenblick ihre eigene Lage und bemühen sich um sie. Inge hilft mit, die Ohnmächtige ein paar Stufen hinaufzubringen und sie oben an die Kellertreppe zu lehnen. »Was hat Frau?« Diese fremde Stimme gehört einem Mann in olivfarbener Uniform, mit einem schiefsitzenden Käppi auf dem kurzgeschorenen Kopf. Der Feind! Da ist er. Und sie haben ihn nicht einmal gleich bemerkt. Vor Schreck schweigen sie. »Frau nicht gut!« sagt der Soldat, macht die Feldflasche von seinem Koppel ab, setzt sie der Frau an die Lippen. Das scharfe Getränk bringt sie wieder zu sich. Die Spannung unter den anderen löst sich. »Mensch, der hat ihr aber einen Kanten Alkohol eingeflößt.« Sie laufen wieder in den Keller. Das war Inges erste Begegnung mit dem Feind.

Drei Wochen nach der Kapitulation kommt ein Brief. Das Rote Kreuz in Haldensleben teilt ihr mit, daß ihr Mann im hiesigen Lazarett verstorben ist. Todesursache: Wundbrand, genauer: eine Schußverletzung im rechten Arm, die sich dann mit Wundbrand infizierte. Ihr Schmerz ist groß. Sie kann es nicht fassen. In Gedanken klagt sie die Sanitäter, die Ärzte, die Schwestern, das gesamte Lazarettpersonal an. Mein Gott, ein Armschuß, daran hätte er doch nicht zu sterben brauchen! Hat derjenige schon Schuld, der ihm den Notverband nicht sachgemäß angelegt hat, hat man die Wunde auf dem Transport zu lange unversorgt gelassen, waren die Ärzte, die Schwestern im Krankenhaus fahrlässig gewesen? Ach Inge, du kannst dir doch denken, wie alles drunter und drüber ging. Hast du keine Vorstellung vom Chaos des Krieges? Was ist da ein Menschenleben! Ja, aber es ist das Menschenleben, das ihr etwas bedeutet, ihr einziges Glück. Ihr Mann, der Vater ihrer Kinder, die sie nun allein großziehen muß. Wie vielen Frauen geht es so, deren Männer gefallen, gestorben, verdorben sind. Doch das tröstet jetzt auch nicht.

Inge sitzt auf ihrem Platz am Küchentisch und weint. Sie zieht Bilanz: Wie kurz war das Zusammensein in den fünf Jahren ihrer Ehe! Die paar Monate im abgeschirmten Nestchen mit Angst vor der Realität, die kurzen Wiedersehen im Krieg voller gieriger Liebe und langentbehrter Sexualität, das Aneinander-vorbeidenken, das Nichtmiteinandersprechenkönnen. Hatte die Gewalttätigkeit des Krieges nicht ihr Beisammensein mitgeprägt? Für sie war es selbstverständlich gewesen, daß sie ihm treu blieb. Mit Empörung hatte sie für sich das Verhalten ihrer Schwägerin verurteilt, als sie ihr eines Abends in inniger Umarmung mit einem fremden Fronturlauber begegnete. Vielleicht war sie glücklich, denkt sie jetzt, vielleicht hat jeder Mensch in dieser Zeit das Recht, sich irgendwo ohne Rücksicht auf andere Glück zu stehlen. Aber sie weiß auch, daß sie so ein Glück nicht will. Sie wollte verläßlich sein, weil sie sich selbst auf den anderen verlassen wollte.

In diesen Nachkriegsmonaten ist die Bewältigung des Alltags so schwer, daß die Sorgen um das Naheliegende wenig Raum für Verzweiflung lassen. Plötzlich wird der Junge schwer krank. Seuchen grassieren in der unterernährten Bevölkerung, auch Inge bekommt Bauchtyphus. Als es ihr nach Wochen endlich besser geht, ist sie elend und schwach. Mit allem muß sie von vorn anfangen, sogar schreiben muß sie wieder lernen. Wenn sie in den Spiegel schaut, erschrickt sie jedesmal von neuem vor ihrem kahlen Schädel und dem blassen faltigen Gesicht. Nur die Existenz ihrer Kinder, denkt sie, hat ihr die Ruhe zum Sterben genommen.

Später einmal, als sich der Eisenbahnverkehr längst wieder normalisiert hat, bittet sie die Mutter, die Enkelkinder für kurze Zeit in ihre Obhut zu nehmen, und fährt nach Haldensleben. Sie geht direkt vom Bahnhof zum Friedhof. In einer Ecke findet sie die Abteilung mit den Gräbern der hier verstorbenen Soldaten. »Siehst du«, sagt sie traurig und richtet ihren Blick auf das Holzkreuz mit Namen, Geburts- und Todesdatum, »habe ich nicht recht gehabt mit meinem Mißtrauen? Die da oben richten es schon so ein, daß wir nicht glücklich sein können. Sie machen die Zeche, und wir müssen bezahlen.« Aber sorgt der neue Staat nicht für sie? Sie bekommt doch Unterstützung für sich und die zwei kleinen Kinder, weil sie eine Kriegerwitwe ist. So hat der Mann auf dem Amt sie bezeichnet. Mit 25 ist sie eine Kriegerwitwe. Sie denkt an ihren unkriegerischen, sanften Karlheinz und daran, wie paradox ihr diese Benennung erscheint. Auf der Heimfahrt nimmt sie sich vor, ihren Kindern beizubringen, daß Mißtrauen allein gegen die Oberen nicht genügt. Was überhaupt sind Gefühle wert, wenn sie nicht in Taten umgemünzt werden?

Ein Briefwechsel über den Tod

Dokumente von
Margarete Schäffer

Der evangelische Pfarrer   Berlin NW 40, den 25. April 1944
im Untersuchungsgefängnis   Alt-Moabit 12a
Tagebuch-Nr. – – –

Sehr geehrter Herr Schäffer!
Wie Ihnen wohl bekannt ist, befindet sich Ihre Frau zur Zeit
hier im Frauenhaus. Ich möchte Ihnen nur sagen, daß sie ihr
Schicksal sehr tapfer trägt. Sie hofft bestimmt, daß das Urteil
auf dem Wiederaufnahmewege aufgehoben wird. Der Rechtsanwalt hat sie darin auch bestärkt. Sie hat die Möglichkeit, an
den Gottesdiensten hier teilzunehmen. Ich habe Ihnen herz-
liche Grüße zu bestellen. Die weitere Entwicklung müssen wir
abwarten.

                          Mit freundlicher Begrüßung und
                          Heil Hitler!
                          Ihr
                          gez. Lemke, Pf.

Reymann   Berlin-Tegel, den 21. Juli 1944
Ev. Oberpfarrer   Seidelstr. 39
bei dem Strafgefängnis Tegel
Tgb.-Nr. 123.b.-Plö.

Herrn Pfarrer Hustedt,
Hannover, Friederikenstift

Sehr geehrter Herr Bruder!
Soeben schrieb ich den so schweren Brief an Herrn Heinr. Rich.
Schäffer, Hannover, Podbielskistr. 11. – Die Begnadigung seiner Ehefrau Margarete Schäffer ist abgelehnt, und das Urteil ist
gestern in Plötzensee vollstreckt worden. Ich war ihr vertre-
tungsweise als Seelsorger für die letzte Stunde zugeordnet. Sie
bat mich, an Sie zu schreiben mit der Bitte, ihrem Mann in seinem großen Leid beizustehen. Zuerst wollte sie, daß ich überhaupt nur an Sie schriebe, Sie sollten ihrem Manne das Traurige
mitteilen, aber dann bat sie mich doch, ihrem Manne direkt zu
schreiben, Sie aber um Ihren Dienst zu bitten, dem Manne Hilfestellung zu geben. – Frau Schäffer ist sehr gefaßt und tapfer
ihren letzten schweren Weg gegangen. Sie erbat noch das Hl.
Abendmahl und hat sich daran erbaut, gestärkt und gerüstet.
Sie war ja so dankbar für jedes Wort, das ich ihr sagte, und ich
habe den Eindruck, daß sie im festen Glauben an ihren Erlöser
in die Ewigkeit gegangen ist. Seiner ewigen Gnade sei sie nun
befohlen. Ich darf auch Ihnen die letzten Dankgrüße von ihr
ausrichten.
                    In amtsbrüderlicher Verbundenheit
                    Ihr sehr ergebener gez. Reymann, Obpfr.

Name des Briefschreibers: Berlin-Plötzensee, 20. Juli 1944
Schäffer, Margarete   Königsdamm 7
                                       Haus.

Mein herzliebes, gutes Väterchen.

Nun muß ich Dir auch noch diesen letzten großen Schmerz antun, Dich zu verlassen. Hannetje, lieber, nur dieser Gedanke macht mir das Scheiden schwer, bitte gehe zu Käthi später und den Kindern, damit Du nicht ganz allein bist, und meine Liebe wird auch nach meinem Tode immer um Dich sein, all meine besten Wünsche, mein Segen für Dich und Dein Leben. Um mein eigenes Scheiden mache Dir keine Gedanken und Sorgen. Ich sterbe in starkem Gottvertrauen, im festen Glauben an ein späteres Wiedersehen. Grüße mir alle unsere Lieben, Käthi, Trudi, die Kinder, Inge, Heinrich, die Kleinen und deine Großeltern, Max, Otty, Ellen, Sussie, Erna, Jule, Herrn Nagel, Familie Heller und all die, die ich nicht mehr aufführen kann, auch mit aller Liebe und meinen besten Wünschen. Wenn ich Dich nur noch ein einziges Mal hätte sehen können, das hätte mich glücklich gemacht. Aber durch Gottes unerforschlichen Ratschluß soll es nicht sein. Nun, innerlich bin ich Dir ganz, ganz nahe, Herzlieber, und bleibe es, auch wenn ich nicht mehr neben Dir als Dein tapferer Kamerad sein darf. Schade, Liebling, auch um meine schönen Pläne mit Cuxhaven, gelt, an Muttis Grab denkst Du auch, ja? Friedhofsgärtner, Overdweg, Altenbruch/Cuxhaven, den Namen habe ich leider vergessen.

Und nun, Du mein einzig lieber Guter, habe vielen, vielen Dank für alle Deine mir bewiesene Liebe, Treue und Geduld, und vergiß ja all den Kummer, den ich Dir in den langen Jahren angetan habe. Gott mit Dir, mein Vati, lieber, lieber Vati, ich küsse Dich in Gedanken und halte Dich ganz, ganz lieb, fühlst Du es? Bleibe ebenso tapfer, wie ich es bin und nun gleich sterben werde.

In Ewigkeit – Amen!   Dein Altchen.

Feldgericht z. b. V.   (2) Bad Saarow (Mark) den 25. 7. 44
der Luftwaffe   Flakkaserne
So. K. St. L. 37/43

Herrn Johannes Schäffer
Hannover
Podbielskistr. 11

Das gegen Ihre Ehefrau Margarete Schäffer wegen der von ihr
begangenen Straftat am 21. März 1944 vom Feldkriegsgericht
z. b. V. d. Lw. auf Todesstrafe erkannte Urteil ist nach Bestätigung durch den zuständigen Gerichtsherrn am 20. Juli 1944
vollstreckt worden. Die Bestattung erfolgte durch das Strafgefängnis Berlin-Plötzensee. Todesanzeigen oder Nachrufe in
Zeitungen, Zeitschriften und dergleichen sind verboten.

> I. A.
> gez. Unterschrift
> Justizoberinspektor d. Lw.

Reymann
Ev. Oberpfarrer
bei dem Strafgefängnis Tegel
Tgb.-Nr. 123.a.Plö.

Berlin-Tegel, den 21. Juli 1944
Seidelstr. 39

Sehr geehrter Herr Schäffer!

Als Seelsorger Ihrer Frau richte ich diese Zeilen an Sie, die mir wahrlich nicht leicht werden. Sie wissen ja um das schwere Schicksal, das Ihre Frau betroffen hat. Und nun hat sich das Schwerste erfüllt. Eine Begnadigung ist abgelehnt worden und damit ihre letzte Hoffnung zerstört. Das Urteil wurde gestern mittag in Plötzensee vollstreckt. Ich war ihr für die letzte Lebensstunde als Seelsorger zugeordnet. Nachdem sie ihren Abschiedsbrief geschrieben hatte, bin ich dann dauernd bis ganz zuletzt bei ihr gewesen. Ich kann nur sagen, daß Ihre Frau von einer bewundernswerten Tapferkeit war. Wir haben miteinander der großen Ewigkeit Gottes, die ja nun vor ihr stand, ins Auge geschaut. Ich konnte ihr auf ihren Wunsch auch noch das Hl. Abendmahl reichen, was sie sichtlich gestärkt hat. Es war dann – das kann ich wohl sagen – alle irdische Bitterkeit und Härte von ihr abgefallen. Furchtlos hat sie sich ganz in die Vaterhände Gottes gegeben und ist getrost und aufrecht den letzten Weg gegangen. Daß sie mit viel Liebe auch Ihrer und Ihrer Tochter gedacht hat, brauche ich Ihnen kaum zu sagen. Wir haben auch im Gebet herzlich Ihrer gedacht. – Und nun wollen wir sie der Gnade unseres Gottes anbefohlen sein lassen, der sie innerlich so stark und getrost gemacht hat. Er sei auch Ihnen und Ihrer Tochter nahe mit seiner Kraft, das Schwere zu tragen, das Ihnen nun auferlegt ist! Das war auch ihre Sorge, ihr Wunsch für Sie! Ja, ihr letztes Gebet. – Ich grüße Sie mit dem Wort, das ihr zuletzt beim Hl. Abendmahl noch so tröstlich war: »Kommt her zu mir alle, die ihr mühselig und beladen seid, ich will euch erquicken!«

Gez. Reymann, Obpfr.

L/Kr. 21. Januar 1946
An
den K. Z. Ausschuß
Hannover
Friedrichstraße

Im Auftrage des Herrn Johannes Schäffer in Hannover, Podbielskistraße 11, teile ich ergebenst das Folgende mit:

Die Ehefrau meines Mandanten, Frau Margarete Schäffer, ist wegen Verbrechens gegen das Heimtückegesetz am 21. März 1944 vom Feldgericht z. b. V. der Luftwaffe in Berlin zum Tode verurteilt. Das Urteil ist am 20. Juli 1944 in Plötzensee vollstreckt.

Dem Urteil lag folgender Sachverhalt zu Grunde: Frau Schäffer, die überzeugte Anti-Faschistin war – genauso wie deren Ehemann –, war als Dolmetscherin zur Luftwaffe verpflichtet. Sie hat im Kreise von Kameraden Adolf Hitler und das frühere Regime mit den stärksten Worten kritisiert. Sie hat unter anderem Adolf Hitler als den »größten Verbrecher aller Zeiten« bezeichnet; die Reichsregierung mit Worten wie »Lumpengesindel« und ähnl. tituliert. Sie hat erklärt, daß Adolf Hitler den Krieg angefangen und mutwillig vom Zaune gebrochen hätte und ähnl. Sie wurde im Felde verhaftet und nach Hannover überführt. Das Verfahren war zunächst anhängig vor dem hiesigen Sondergericht. Ich habe in diesem Verfahren Frau

44. Verordnung des Reichspräsidenten zur Abwehr heimtückischer Angriffe gegen die Regierung der nationalen Erhebung
Vom 21. März 1933
Reichsgesetzblatt I S. 135

§ 2. (1) Wer eine <u>strafbare Handlung gegen Personen</u> oder Sachen <u>begeht oder androht</u> und dabei, ohne Mitglied des Verbandes zu sein, die Uniform oder ein die Mitgliedschaft kennzeichnendes Abzeichen eines Verbandes der im § 1 Abs. 1 bezeichneten Art trägt oder mit sich führt, wird mit Zuchthaus, bei mildernden Umständen mit Gefängnis nicht unter sechs Monaten bestraft.

(2) Ist die Tat <u>in der Absicht</u> begangen, <u>einen Aufruhr oder in der Bevölkerung Angst oder Schrecken zu erregen</u> oder dem Deutschen Reich außenpolitische Schwierigkeiten zu bereiten, so ist die Strafe Zuchthaus nicht unter drei Jahren oder lebenslanges Zuchthaus. <u>In besonders schweren Fällen kann auf Todesstrafe erkannt werden.</u>

Auszug aus dem sogenannten Heimtückegesetz

Schäffer vertreten. Da mir das zu erwartende Urteil bekannt war, habe ich versucht, die Sache zu verschleppen. Auf meinen Einwand der Unzuständigkeit des Sondergerichts ist die Angelegenheit vom Feldkriegsgericht übernommen. Es ist mir dann unter vielen Bemühungen gelungen, auch dort die Sache hinauszuziehen. Das Verfahren wurde dann vom Feldgericht in Hannover abgegeben an das Reichsfeldgericht in Berlin. Herr Rechtsanwalt Dr. Voss in Berlin, der die Vertretung von Frau Schäffer auf meinen Wunsch übernahm, hat sich gleichfalls die größte Mühe gegeben, das Verfahren zu verschleppen. Es war dieses aber nicht mehr möglich, so daß das Todesurteil vom 21. März 1944 erging.

Ich habe dann ein Wiederaufnahmeverfahren eingeleitet, das zunächst auch Aussicht auf Erfolg versprach. Am 20. Juli 1944, dem Tage des Attentats auf Adolf Hitler, ist aber das Urteil kurzerhand vollstreckt, ohne den Ausgang des Wiederaufnahmeverfahrens abzuwarten.

Mir sind die Eheleute Schäffer seit langen Jahren bekannt. Ich kenne die persönliche Einstellung des Herrn Schäffer genauestens. Ich bitte, die Betreuung des Herrn Schäffer, der dieses wirklich verdient, zu übernehmen. Meine eigenen Akten sind vernichtet. Ich überreiche in der Anlage zur Glaubhaftmachung meines Sachvortrages folgende Urkunden in beglaubigter Abschrift:

1. Schreiben des Feldgerichts z. b. V. der Luftwaffe an Herrn Schäffer vom 25. 7. 1944,
2. Schreiben der Ehefrau Margarete Schäffer aus dem Gefängnis Berlin-Plötzensee an ihren Mann vom 20. Juli 1944,
3. Schreiben des evangelischen Oberpfarrers bei dem Strafgefängnis Tegel, Herrn Reymann, an Herrn Schäffer vom 21. Juli 1944,
4. Schreiben des gleichen Pfarrers an Herrn Pfarrer Hustedt in Hannover vom 21. Juli 1944,
5. Schreiben des evangelischen Pfarrers im Untersuchungsgefängnis Berlin vom 25. April 1944 an Herrn Schäffer.

Hochachtungsvoll
Dr. Ralph Dieckmann
Rechtsanwalt

Mit dem Unabänderlichen abfinden

Nach dem Bericht von
Margarete S.

Ich heiße Margarete, bin 1912 in Berlin geboren und habe immer dort gelebt. Ich habe 1933 geheiratet und war in den ersten Ehejahren nicht gerade auf Rosen gebettet. Mein Mann bekam acht Mark die Woche Arbeitslosenunterstützung. Er war Kellner von Beruf und hat zwischendurch öfter bei privaten Festlichkeiten der Fa. Winter gearbeitet. Zeitweise, wenn es irgendwie ging, habe ich mitgearbeitet. Aber wir konnten die 30 Mark Monatsmiete für unsere Ausbauwohnung in Berlin-Moabit nicht mehr aufbringen und sind in eine kleinere Wohnung im Bezirk Mitte gezogen, die kostete nur 24 Mark. 1934 ist meine Tochter auf die Welt gekommen. Anschaffen konnten wir uns nichts. Wir mußten sehen, wie wir satt wurden. Einmal in der Woche sind wir zu den Schwiegereltern zum Mittagessen gegangen, ein anderes Mal zu meinem Vater (meine Mutter war gestorben, als ich neun Jahre alt war). Tante und Onkel mit Garten in Blankenburg haben uns mit Gemüse versorgt. Wir haben uns so durchgeschlaucht. Morgens haben wir immer Margarinestullen gegessen mit Marmelade, das Pfund zu 34 Pfennig, das weiß ich heute noch.

Auch 1938 hat mein Mann noch wenig verdient. Ich war zu der Zeit bei der Firma Stock in Marienfelde im Büro beschäftigt. Meine Arbeit hat uns finanziell sehr geholfen und hat mir Spaß gemacht. Ich kam unter Leute und habe etwas erlebt. Zum Beispiel habe ich einmal im Betrieb das Philharmonische Orchester gehört, unter Furtwängler. Meine Kleine ging in den Kindergarten nach Mariendorf. Als sie zur Schule kam, habe ich aufgehört zu arbeiten. Mein Mann wurde umgeschult als Lagerhalter und hat eine Stellung bei der Firma Siemens/Mariendorf bekommen. Dort hat man ihm nahegelegt, in die Partei (NSDAP) einzutreten. Das tat er dann auch.

Wie viele andere in dieser Zeit war ich der Überzeugung, daß es in Deutschland aufwärts geht. Mir ging es ja auch besser. Wir hatten ausreichend zu essen, und mein Mann bekam bessere Arbeit, hat regelmäßig verdient. Ich habe die Verhältnisse nicht als furchtbar empfunden, habe allerdings nicht viel um mich herum geschaut. Man hatte genug mit sich zu tun. Auch der Krieg war kein bedeutender Einschnitt in meinem Leben. Wir haben so weitergewirtschaftet. Wir hatten einen kleinen Garten an der Buckower Chaussee, der wurde uns weggenommen. Die Firma Daimler/Marienfelde hat auf diesem Grundstück Baracken gebaut für Fremdarbeiter. Wir bekamen als Ausgleich ein Stück Garten in der Lüdicke-Siedlung. Das bißchen Gemüse zusätzlich war für uns sehr wichtig. Große Sprünge habe ich nie machen können, konnte auch niemals verreisen.

1940 hat sich mein zweites Kind angemeldet. Wir wohnten jetzt in Marienfelde, und bei einem Fliegerangriff ist ein britisches Flugzeug ganz in der Nähe unseres Luftschutzkellers niedergegangen. Es fiel ausgerechnet auf die Fremdarbeiterbaracken, und die gerieten in Brand, da sind noch Italiener und Franzosen zu Tode gekommen. Ich war hoch in anderen Umständen, und mein Mann sorgte sich um mich. Durch die NS-Frauenschaft bekam ich einen Platz im Bunker der Reichskanzlei. Es gab Entbindungsräume, eine Hebamme und ein paar Krankenschwestern. Ungefähr 30 Frauen hielten sich dort auf. Wenn ich abends hinkam, war der Tisch schon gedeckt für das Abendbrot. Da drin hörten wir nichts vom Fliegeralarm und konnten ruhig schlafen. Der Junge ist dort im März 1941 geboren. Danach wurde ich mit dem Kind in ein behelfsmäßiges Krankenhaus, eine frühere Handelsschule in Moabit, verlegt. Mein Vater wohnte nicht weit ab. Er erhielt Pakete aus Pommern und brachte mir Marmelade und Zwieback, ich hatte so mächtigen Hunger in der Zeit. Das alles war für mich irgendwie herrlich, natürlich nicht der Alarm, aber daß ich so umsorgt wurde. Das empfand ich doch als Glück. Ich stellte ja nicht viele Ansprüche.

Die Fliegerangriffe häuften sich. Ich saß mit meinen Kindern im kleinen Keller eines Zweifamilienhauses. Einige Mieter hatten bei Voralarm immer schon Kaffee oder Tee für alle gekocht. Ich machte ein paar Brote zurecht und die Babyflasche. Was man so brauchte, war ja immer parat; Papiere, die notwendigsten Sachen, besonders für die Kinder, auch Spielzeug. Ein Leben auf gepackten Koffern. Wir gingen in einen ganz normalen Hauskeller mit zehn bis zwölf anderen Leuten, die im Haus und so drumherum wohnten. Wir hatten damals eine Souterrainwohnung, neben der auch ein Stückchen Keller war. Wir hätten ebensogut dableiben können, aber man brauchte die Gesellschaft. Unsere Gegend ist zwar nicht stark bombardiert worden, aber die Schule meiner Tochter in Marienfelde wurde aus Berlin hinaus verlegt. Es durften nur Kinder mit, die von ihren Müttern begleitet wurden. Ich entschloß mich, mitzugehen, und mein Mann war damit einverstanden. In der Nacht zum 24. August 1943 wurden wir nach Rössel, einer kleinen Stadt zwischen Allenstein und Rastenburg in Ostpreußen, evakuiert. Mein Mann blieb in Berlin, durch die Arbeit bei Siemens war er uk. (»unabkömmlich«) gestellt. Ich war mit den Kindern bei einer sehr netten Familie im Wasserwerk in einem großen Zimmer untergebracht. Gekocht haben wir meistens gemeinsam. Was das Essen und Trinken angeht, habe ich dort besser gelebt als jemals zuvor in Berlin. Ich bekam auch noch zusätzlich Unterstützung. Ich mußte nicht arbeiten, aber habe doch ein bißchen genäht oder auf dem Feld geholfen.

Nach etwa einem Jahr wurden alle Berliner Schulkinder und ihre Mütter wegen der näherrückenden Front nach Sachsen gebracht. Die Bahnfahrt war abenteuerlich. Im Zug waren wir eng zusammengepfercht, einige hingen halb draußen. Mein Junge hatte gerade Scharlach und Masern überstanden, zum Glück war er zwei Tage zuvor aus dem Krankenhaus entlassen worden. Ich traf es wieder gut mit der Familie, bei der wir untergebracht waren, habe deren Tochter ein bißchen das Nähen beigebracht und vor allem bei der Feldarbeit geholfen. Die hatten große Felder zu bestellen und wenig Arbeitskräfte. In der Not waren die Menschen darauf angewiesen, sich gegenseitig zu helfen. Man mußte sich natürlich anpassen. Berliner, die sich nur feingemacht haben und spazierengehen wollten, hatten Schwierigkeiten mit ihren Gastfamilien. Es liegt eben immer an der Einstellung des Menschen zu den Dingen. Diese Zeit auf dem Lande mit meinen beiden Kindern war meine beste Zeit, die einzige, in der ich sorgenfrei leben konnte. So sicher vor den Luftangriffen wie in Ostpreußen waren wir jetzt nicht mehr. Am Leunawerk fielen Bomben, wir mußten oft in die Gräben. Wenn sich der Luftkrieg auch entfernt von uns abspielte, haben wir doch mitbekommen, wie Dresden zerstört wurde. Das war in der Nacht vom 13. zum 14. Februar 1945.

In Sachsen waren zuerst die amerikanischen Soldaten, die gingen dann bis über die Elbe zurück, und die sowjetische Armee rückte nach. Inzwischen war Siemens in Berlin bombardiert worden. Mein Mann ist mit einigen anderen nach Sachsen gekommen und hat hier gearbeitet. Eines Tages hieß es: Alle

Berliner raus! Binnen acht Tagen mußten alle Evakuierten in ihre Heimatstädte zurück. Wir bekamen etwas Verpflegung und einen Schein, damit man uns überall passieren ließ. Also sind wir wieder zu Fuß zurück nach Berlin. Mein Mann war hier für unsere Wohngegend auch Blockwart gewesen. Die Partei hatte ihn eingesetzt. Wir waren gerade drei Tage zu Hause, da kamen Männer in Zivil und haben ihn abgeholt. Er durfte ein paar Sachen, Decke und Rasierzeug, mitnehmen. Wir haben nichts mehr von ihm gehört. Nach einiger Zeit erhielt ich eine Nachricht, daß ich zwecks Rücksprache bei der Behörde in der Jebensstraße vorsprechen solle. Das war die Vermißtenstelle. Dort wurde mir mitgeteilt, daß mein Mann verschollen sei. Was sollte ich tun? Ich mußte mich mit dem Unabänderlichen abfinden. Zeit zum Trauern hatte ich nicht. Ich mußte für mich und meine Kinder ums Überleben kämpfen. Auf dem Gelände nahe unserer Wohnung waren die russischen Soldaten stationiert. Wir deutschen Frauen haben Kartoffeln geschält und ihnen die Wäsche gewaschen. Dafür bekamen wir für unsere Kinder etwas zu essen. Dann fing ich bei Daimler an zu arbeiten. Wir haben die Werkhallen saubergemacht; zum Teil waren sie zerstört, und wir haben aufgeräumt.

Im Juli waren die westlichen Alliierten nach Berlin gekommen. Wir wohnten jetzt im amerikanischen Sektor. Das Arbeitsamt hatte seine Tätigkeit wieder aufgenommen und suchte Leute für Borsig an der Buckower Chaussee. Dort hatte die US-Armee große Lebensmitteldepots eingerichtet, die wurden von amerikanischen Soldaten verwaltet. Das war meine neue Arbeitsstelle. Ich habe gewaschen, gebügelt und in der Snackbar geputzt. Ich hatte einen ganz kurzen Weg zu meiner Wohnung, nur über die S-Bahnschienen querfeldein. Als die Lebensmitteldepots geschlossen wurden, mußte ich mir neue Arbeit suchen. Zwei Grundstücke weiter hatte »Papa« Schnell seine kleine Gärtnerei, zog auf den Markt mit Gemüse und Blumen. Meine Große kam auf die Idee, Herrn Schnell zu fragen, ob er nicht eine Arbeitskraft brauche. So kam es, daß ich bei ihm als Gartenarbeiterin anfing. Wir sind näher bekannt geworden. Nach einiger Zeit zog ich mit den Kindern zu ihm. Wir hatten in unserer Wohnung immer noch kein Wasser, die Toilette funktionierte nicht. Das erschwerte das Leben, und bei »Papa« Schnell hatten wir es gut.

Da stand im August 1947 plötzlich mein Mann vor der Tür. Er war im Internierungslager Sachsenhausen gewesen und wieder entlassen worden. Er war sehr krank, hatte offene Tbc. Er sagte: »Ich kann euch nie mehr ernähren. Das mußt du wissen.« Ich nahm ihn für eine Weile auf, dann mußte er ins Krankenhaus. Als er wiederkam, sprachen die zwei Männer miteinander. Ich sollte mich nun innerhalb von drei Tagen entscheiden, mit welchem von beiden ich weiterleben wollte. Ich bin stundenlang über die Felder gelaufen, ich mußte mir das gut überlegen. Ich habe mich dann für »Papa« Schnell entschieden. Mein erster Mann hat später auch noch mal geheiratet. Wir waren nicht böse miteinander. Wir hatten ja zwei Kinder, das verbindet. Er ist auch zur Einsegnung unseres Jungen gekommen. Ich habe nie Geld von ihm für den Jungen verlangt. Das Mädel war inzwischen schon aus der Schule. Aber er hätte auch nichts zahlen können, war Sozialhilfeempfänger. Bei seinem Tode hatte er nur Schulden zu vererben.

Mit welchem Mann war ich glücklicher?

Bei meinem ersten Mann war ich sehr jung, habe ja mit 21 geheiratet. Man ist leicht geneigt, seine Jugendjahre in der Erinnerung zu rosig zu sehen. Aber ich muß sagen: Wir waren in den ersten Ehejahren sehr glücklich, sind gut miteinander ausgekommen in einer harten Zeit, in der die große Arbeitslosigkeit herrschte. Später waren wir durch den Krieg jahrelang getrennt und haben uns entfremdet. Auch muß ich sagen, daß er ein wenig von einem Despoten hatte. Ich habe mich in meiner ersten Ehe mehr anpassen müssen, in der zweiten war meine Selbständigkeit größer. Mein zweiter Mann war wesentlich älter als ich, der war damals schon 60, aber unser Verhältnis war wunderbar. Der hat mich erst einmal das Leben gelehrt. Ein oller Friese war er, ein ganz ruhiger Bürger, und die Kinder hat er geliebt. Ich hatte auch zwei Kinder mit ihm. Die waren noch klein, als er starb. Was die Arbeit angeht, habe ich es in meiner zweiten Ehe auch schwer gehabt. Wir waren selbständig. Ich bin neuneinhalb Jahre lang mit einem zweirädrigen großen Handwagen von unserer Gärtnerei auf den Mariendorfer Markt gefahren, das war ein Weg von anderthalb Stunden. Aber was soll's, es war einfach eine glückliche Zeit. Doch was ist Glück? Es ist nicht abhängig von äußeren Dingen, sondern davon, wie man selbst zu diesen Dingen eingestellt ist. Man ist zufrieden, freut sich an irgend etwas, zum Beispiel daß die Sonne scheint. Früher habe ich das nicht so gesehen. Aber jeder muß erst durch seine Erfahrungen hindurch.

Gedanken über Margarete S.

Margarete ist ein liebenswürdiger, warmherziger Mensch. Als wir uns zum Gespräch verabreden, bietet sie gleich an, zu mir zu kommen. Ich sei doch sicher vielbeschäftigt, und sie habe Zeit. Pünktlich steht sie mit Blumen vor meiner Tür. Sie ist eine Mutter, die ihren Kindern heute noch hilft, wenn sie gebraucht wird, ohne sich einzumischen oder sie zu bevormunden. Bei unserem Gespräch sagt sie, daß Frauen, die Kinder haben, ihrer Meinung nach mehr vermögen als andere, in andern Kategorien denken. Ihr Hang zur Mütterlichkeit äußerte sich schon im Berufswunsch. Sie wollte gern Kinderpflegerin werden. Aber nach der Anmeldung, die von seiten der Volksschülerin nur mit Hemmungen erfolgte, kapitulierte sie »wegen der vielen Dinge, die man haben mußte«, und die sie eben nicht beibringen konnte. Ihr Leben ist zum größten Teil schwere Arbeit gewesen. Die paar Jahre, die leichter für sie waren, von denen sie in der Erinnerung schwärmt, fallen paradoxerweise mit den Kriegsjahren zusammen.

Nach Art der einfachen Menschen, denen die Bescheidenheit schon durch die Verhältnisse eingeimpft wurde, ist sie vor allem bestrebt, ihre in klaren Worten ausgebreitete Lebensschilderung nicht zu dramatisieren. Die Schwierigkeit, sich von einem Tag auf den anderen zwischen den beiden Männern entscheiden zu müssen, spielt sie mit einem kleinen Lachen herunter. Die gesellschaftlichen Zusammenhänge blieben ihr fremd. Wo sie direkt mit Politik konfrontiert wurde, zum Beispiel in der Parteimitgliedschaft ihres Mannes und deren Folgen, drang sie negativ in ihr Bewußtsein. Ihr Ausspruch »Die Großen läßt man laufen, die Kleinen hängt man, wird wohl immer so bleiben« zeugt davon.

Margarete ist im Heimbeirat ihres Altenwohnheims der evangelischen Kirche Marienfelde, kümmert sich um andere alleinstehende Frauen. Wenn sie jemanden längere Zeit nicht sieht, ruft sie an, fragt, ob alles in Ordnung ist. »Manchmal erntet man dafür kein Entgegenkommen«, sagt sie, aber sie läßt sich's nicht verdrießen. Sie singt mit im Kirchenchor, denn sie braucht etwas, das ihr Spaß macht. Und sie ist dankbar für alles. »In diesem Jahr war ich drei Wochen durch Caritas in einem Heim am Kleinen Wannsee und habe nur 35 Mark bezahlt für die ganze Zeit.«

Sie war stets christlich motiviert. Ich frage: Ist der Krieg für

Christen nicht eine schreckliche Belastung? »Ja, schon, denn meine Lehre sagt: Liebe deinen Nächsten! Ich habe vieles im Gebet ablegen können. Zum Glück ist um mich herum auch nicht so Schreckliches passiert. Ich wollte ja keinem etwas Schlechtes. Ich habe versucht, dem andern nur Gutes zu tun, dem, der mir erreichbar war, im Luftschutzkeller zum Beispiel. Manche Menschen waren ja doch recht verzweifelt. Das habe ich immer gewollt: helfen. Gewiß bin ich Juden begegnet mit dem Stern an der Kleidung. Was das bedeutet, darüber habe ich nicht so nachgedacht. Heute sehe ich es mit anderen Augen. Wir besuchten von unserer Kirchengemeinde aus ein Altenheim vom jüdischen Gemeindehaus, haben uns im Gemeinschaftsraum getroffen, wollen Kontakte mit diesen Menschen pflegen. Ich bin mir nicht ganz sicher, wie ich mich verhalten soll. Sicher gibt es unter ihnen welche, die das Leid, das ihnen zugefügt wurde, nicht vergessen können, weil es immer noch zu stark auf ihren Schultern lastet. Vielleicht denken sie uns gegenüber: Du hast schuld. Solche Gedanken bewegen mich oft.«

Die Betriebsbrotscheibe
Über Nadja P.

Als Nadja in die Werkhalle geführt wird, überfällt sie panische Angst vor der Maschine. Riesig und unheildrohend steht sie vor ihr. Maschinen sind ihr fremd. Ihre Welt war bisher die Schule, die gemütliche Wohnung in Warschau, ein Leben in der Obhut der Mutter. Diese Welt gibt es nicht mehr. Die Mutter ist umgekommen, als die deutschen Flieger ihre Großangriffe auf Warschau starteten. Das Geheul der Stukas (Sturzkampfflugzeuge) vergißt sie nie. Das sitzt für immer im Ohr. Nadja wurde, ein halbes Kind noch, 1942 in das Frauen-KZ Ravensbrück nach Deutschland gebracht. Diese neue Welt brach, unfaßbar für sie, über Nadja herein, eine Welt der Grausamkeit und Verlorenheit, doch auch der im verborgenen wirkenden Solidarität. Österreicherinnen sorgten dafür, daß Nadja dem Krankenrevier zugeteilt wurde. Tschechinnen wiesen sie in ihre Arbeit dort ein, zwei deutsche Frauen wurden ihre »KZ-Mütter«, kümmerten sich um sie, damit sie Kraft fand, diese Hölle zu durchstehen.

Eines Tages erschienen gutgekleidete seriöse Herren im Lager. Auch Nadja gehörte zu denen, die für die Arbeit im Zweigwerk, das die Firma Siemens bei Ravensbrück errichtet hatte, ausgesucht wurden. Dabei gab es strenge Auswahlkriterien: Nur junge, kräftige und intelligente Frauen kamen in Frage. Die Siemens-Fachleute prüften, ob der Atem rein war und die Hände nicht schwitzten, damit die empfindlichen Metall-, mitunter sogar Edelmetallteile, die sie bearbeiten sollten, keinen Schaden nähmen. Auch mußte die Eignung dadurch bewiesen werden, daß sie dünnen Draht in bestimmte Formen biegen konnten. Nadja kam zuerst in Halle 4 zur Arbeit, im Schalterbau. (Er nahm eine Hälfte der Halle ein, in der anderen wurde justiert.) Sie mußte Relaisschalter nach Zeichnung bauen. Das Lernen geht schnell, wenn die Angst hinter einem steht. Die Vorarbeiter wachen mit scharfen Augen und ohne Emotionen darüber, daß die Mädchen und jungen Frauen flinke, qualifizierte Arbeit leisten. Schließlich wird neben der üblichen KZ-Ration an Essen, dünner Suppe und einem Stückchen Brot, nach elf Stunden getaner Arbeit eine Brotscheibe extra ausgeteilt, eine dünne Scheibe trockenes Brot, die sogenannte Betriebsbrotscheibe.

Jetzt ist Nadja umgesetzt worden nach Halle 8. Sie steht vor der großen Stanze, die ihr solche Angst einflößt, daß sie weglaufen möchte. Klein werden können, unsichtbar! Immer wieder heftig gedachter närrischer Wunsch. Ihre Furcht ist nur zu sehr berechtigt. Die Stanz- und Fräsmaschinen besitzen keinerlei Sicherheitsvorkehrungen. Nadja weiß nichts von dieser Erfordernis. Sie stanzt die ihr aufgegebenen kleinen runden Teile, die wie Membranen aussehen. Mit Schrecken erlebt sie, wie einer jungen Hamburger Prostituierten die Hand von der Maschine regelrecht abgehackt wird. Die SS zwingt diese danach zu unterschreiben, daß sie schon einhändig ins Lager gekommen sei. Verstümmelungen der Hände, Verletzungen und Verlust der Finger sind an der Tagesordnung. In Halle 7 geht nicht minder der Schrecken um. Hier ist die Chemigraphie untergebracht, werden Unfälle durch scheußliche Säuren verursacht.

Wie immer nach der Arbeit müssen sich die Häftlinge im Mittelgang anstellen. Im Gang befindet sich der Schrank des Arbeitsgerätelagers. Ein leeres Schubfach steht offen, es ist mit Zeitungspapier ausgelegt. Nadja versucht ein paar Zeilen zu lesen, eine Winzigkeit an Information zu erhaschen, und wenn sie aus der Zeitung der Nazipartei, dem »Völkischen Beobachter« stammt, sie wird sie schon zu deuten wissen. Der Zivilarbeiter Konrad Klein bemerkt die leichte Neigung des Kopfes, den spähenden Blick in die Schublade und zeigt sie bei der SS-Aufseherin an, die für diese Halle zuständig ist. (In jeder Halle gibt es eine SS-Aufseherin, den Meister oder Vorarbeiter und einige Zivilarbeiter.) Nadja erhält sofort starke Schläge. Die Strafe, die über sie verhängt wird, lautet: drei Tage Essenentzug! In der Mittagspause, wenn die anderen Häftlinge ihre Steckrübensuppe löffeln, muß sie vor der Schreibstube stehen, damit ihr niemand aus Mitleid etwas von der eigenen kargen Ration abgibt. Auch die Betriebsbrotscheibe ist natürlich gestrichen. Wenn sie Glück hat, erwartet sie auf dem Block die Stubenälteste mit einer Schüssel kalter Suppe.

Nadja weiß: Es ist viel, nicht nur ans eigene Überleben zu denken, sondern auch an das der Frau neben dir. Und überleben wollen alle, die noch einigermaßen bei Kräften sind. Sie wissen, es kann nicht mehr lange dauern. Wenn die englischen und amerikanischen Bombengeschwader über sie hinwegbrummen, Richtung Reichshauptstadt Berlin, zittern die ausländischen Häftlinge vor Freude: »Es sind die unserigen, die unserigen!« Die sowjetischen Mädchen haben nach der Melodie eines russischen Fliegerliedes auf diese Flugzeuge einen Text gemacht, den sie abends ganz leise singen.

Durch die Hilfe einer tschechischen Kameradin kann Nadja der Arbeit an den Maschinen entrinnen. Von der Halle abgeteilt in der Ecke ist der Verschlag, wo die Bürohäftlinge sitzen. Dort ist nun Nadjas Arbeitsplatz. Noch auf ganz andere Weise kann sie sich nützlich machen. Sie zeichnet gern. Das spricht sich herum. Die Mädchen und Frauen bitten sie heimlich, Geburtstagskarten herzustellen, die sie einer Freundin oder Kameradin schenken wollen. Es gibt ja im KZ nichts, womit man anderen bei solchen Anlässen eine Freude machen kann. So sind die Karten sehr beliebt. Nadja zeichnet auf altem Papier, auf der Rückseite von Formularen, Lohnzetteln und ähnlichem. Oft schenken ihr die Bestellerinnen aus Dankbarkeit die Betriebsbrotscheibe. Im Winter 1944 erkrankt Nadja an Typhus und muß ins Krankenrevier. Sie wird wieder gesund und im Innendienst eingesetzt. Bis zur Befreiung kommt sie nicht mehr in die Werkhalle zu Siemens zurück.

Kein leichtes Leben
Nach dem Bericht von
Inge Maschuff

Au wei, war das eine Schule!

Als der Krieg anfing, war ich 13. Ich bin Berliner Kind. Meine Schule lag dicht am Charlottenburger Schloß. Der Lehrer trug SA-Uniform und sah fast aus wie Göring. Sein Motto war: »Lirum, larum Löffelstiel, auf dem Hintern knallt es viel!« Er hat ein ganzes Sortiment Stöckchen gehabt, kleine und große. Die pfiffen schaurig. Wenn er durch die Reihen ging, mußten wir die Hände hinhalten und dann: immer feste auf die Fingernägel! Die meiste Dresche bekam ich, ich war die kleinste und frechste. Na ja, das hatte seine Ursachen. Zu Hause durfte ich mich nicht mucksen, da habe ich eben in der Schule ein Faß aufgemacht. Zwischen meinen oberen Vorderzähnen hatte ich eine kleine Lücke, durch die konnte ich so schön Wasser auf die anderen Kinder spritzen, eine große Fontäne. Der Lehrer hat mich erwischt und meinen Kopf unter die Wasserleitung gehalten oder mich vermöbelt, daß ich nicht mehr sitzen konnte.

Beim Vorsingen bereitete ich ihm einmal eine große Überraschung. Ich war gänzlich unmusikalisch. Nun fiel mir in meiner Not nur der Text eines blöden Naziliedes ein. Natürlich habe ich das falsch runtergeschmettert, bekam aber prompt im Singen eine Eins. Allerdings kannte ich auch kaum vernünftige Lieder. Ich bin ja 1933, also schon zur Nazizeit, in die Schule gekommen. Ein Denkanstoß verhalf mir einmal, die wahnwitzige Beeinflussung durch den Nazilehrer zu erkennen. Er hatte es geschafft, daß die Klasse vor Freude über die Nachricht von Chamberlains Tod[1] tobte. Da sagte eine Klassenkameradin ganz ruhig zu mir: »Warum freust du dich eigentlich so? Was hast du denn davon?« Ich besann mich und dachte nach: Nichts habe ich davon. Dieses Mädchen kam aus einer antifaschistischen Familie. Der Vater war abgeholt worden.

---

1 Ab 1937 britischer Ministerpräsident, 1940 gestorben.

Oma und der »Verein«

Meine Eltern kannte ich nicht. Wie der Volksmund sagt, hat mich der Esel im Galopp verloren. Ich wurde als Kind ziemlich viel hin- und hergeschoben. Vorübergehend war ich im Waisenhaus, dann hat mich meine Großmutter zu sich genommen. Die war Halbjüdin, eine geborene Rosenthal. Ich habe ein paarmal vor dem Krieg und während der Kriegszeit erlebt, daß Männer mit langen Ledermänteln bei uns ein- und ausgingen und sie danach schrecklich weinte. Es war sicher ein großer Glücksfall, daß sie durchgekommen ist.

In den Schulferien mußte ich mit Oma mitgehen, um ihr bei der Arbeit zu helfen. Sie hatte mehrere Stellen, wo sie saubermachte. Bei Ritter Pelz von Felinau hatte ich die Schuhe zu putzen, er war ein bekannter Rundfunkkommentator. Seine eigenartige Stimme habe ich heute noch im Ohr. Dann arbeitete Oma noch bei einem jüdischen Ehepaar. Eines Tages bedankte sich die junge Frau – ich fand sie bildschön – bei Oma für die gute, saubere Arbeit und schenkte ihr als Andenken eine herrliche Kette mit Anhänger, der wie ein Katzenauge aussah. Dann waren sie weg. Ganz ungern ging ich zu Herrn von und zu Egloffstein mit, er trug immer Naziuniform. Wenn wir die Treppe hochkamen, ging er hinunter. So haben wir ihn zum Glück nur kurz gesehen.

Großmutter brauchte den Arbeitslohn dringend, denn Opa war beim Bau und verdiente unregelmäßig. Er war Freimaurer und gegen die Nazis. Den beiden Alten habe ich es zu verdanken, daß ich nicht im BDM war. Ich wollte gern eintreten, die anderen Mädchen in der Klasse hatten mich angesteckt, mitzumachen, und die Uniform fand ich doch so schick. Ich werde das nie vergessen: Als ich sagte, »Oma, ich möchte eigentlich auch da rein«, stand sie wie eine Galionsfigur vor mir: »In diesen Verein gehst du mir nicht!« Und gegen ihre Strenge gab es keine Widerrede.

Unser Viertel um den Friedrich-Karl-Platz (heute Klausenerplatz) war ein echter Arbeiterbezirk, und viele jüdische Geschäfte gab es. Im Schuhgeschäft Baum, wo Oma kaufte, haben die Nazis die Scheiben eingeschlagen, das klirrte und krachte. Unserem jüdischen Arzt, der uns nie Geld abnahm für die Behandlung, haben sie die ganze Praxis zerstört; er hat sich aufgehängt. Von dem Inhaber des Fischgeschäftes nebenan hieß es: »Die Judensau ist in Dachau.« Oma schärfte mir ein: »Wenn du irgendwas vom Eigentum dieser Leute anrührst und weg- nimmst, schlage ich dich tot.« Ich saß einmal mit meiner Ku- sine, einem Mädchen mit rabenschwarzem Haar und dunklen Kohleaugen, auf einer Parkbank. Kommt eine Frau, sagt zu ihr: »Steh auf, du Judengör!« Meine Kusine weinte bitterlich, weil sie dort nicht mehr sitzenbleiben sollte. Die Diskriminie- rung begriff sie gar nicht. Oma meinte trocken: »Zugegeben, sie sieht nicht gerade nordisch aus. Aber wie steht's denn mit dem Aussehen der Herren Hitler, Goebbels, Göring und Himmler?« So war sie. Die Haltung meiner Großeltern war be- stimmend für meine weitere politische Entwicklung, so daß ich mich nie mehr einfangen ließ von den Nazis – wenn ich manch- mal auch geschwankt habe.

Im Pflichtjahr bei Professors

Mit 14 kam ich aus der Schule. Da hieß es: Einen Beruf kannst du nicht lernen, dafür haben wir kein Geld. Du mußt schnell auf eigenen Füßen stehen, also in einen Haushalt gehen. Aber erst einmal hatte ich das Pflichtjahr zu absolvieren. Ich kam zu der Familie eines Professors, er hat auf dem Materialprüfungsamt in Dahlem gearbeitet. Zu ihr mußte ich nicht »Frau Professor« sagen, sondern nur Frau Hermann. Das fand ich positiv. Ich wurde sehr ausgenutzt. Der Arbeitstag war praktisch unbe- grenzt, und alle drei Wochen bekam ich einmal sonntags Aus- gang. Andererseits habe ich viel gelernt; putzen, backen, ko- chen, servieren. Einmal, als das Ehepaar abends ausgegangen war – ich mußte dann die Kinder hüten, die ich sehr mochte –, wollte ich der Frau eine Freude machen und habe mit scharfem Scheuersand die ganze Patina von einer alten Rauchgarnitur geputzt. Das freute die gar nicht, nur mir gefiel das blanke Zeug viel besser.

Zu dieser Zeit passierte es, daß Rudolf Heß, der Stellvertre- ter des Führers, angeblich in geistiger Umnachtung nach Eng- land verschwand. Als ich sonntags nach Hause kam, meinte Opa tiefsinnig: »Wer weiß, was dahintersteckt. Das ist doch bloß Theater!« Politisch unbedarft, wie ich mit meinen 15 Jah- ren war, habe ich das dann bei meiner Professorenfamilie zum besten gegeben. Auch dort kam natürlich das Gespräch auf Ru- dolf Heß. Ich stand auf und sagte ganz harmlos mit Opas Wor- ten: »Wer weiß, was dahintersteckt, das ist doch bloß Mache.«

Der Professor, 1,90 Meter groß, baute sich vor mir auf, sah mich vernichtend an – ich wurde immer kleiner – und sagte gebieterisch: »Also Inge, ich möchte sehr bitten, daß Sie über diesen Fall nicht noch einmal sprechen.« Ich habe ihn ziemlich verwirrt angesehen. »Ja, mach ich nicht mehr!« Von da ab wußte ich: Du darfst hier nichts sagen. Ich kannte nun den Unterschied zwischen denen und meinen Großeltern.

Unter Spionageverdacht

Als mein Pflichtjahr vorüber war, hieß es zusehen, wo ich bleiben konnte. Ich wurde Laufmädchen bei BMW in der Hollerith-Abteilung. Bei der Einstellung wurde ich gefragt, ob ich im BDM sei. Ich erklärte, daß wir kein Geld für die Uniform hätten. Dabei beließ man es. Meine Tätigkeit dort dauerte aber nur ein paar Wochen: Ich hatte eine alte Hollerithkarte aus dem Papierkorb gefischt, sie auseinandergerissen und mir darauf eine Adresse oder Nummer notiert, ich weiß es nicht mehr genau, jedenfalls irgend etwas für mich aufgeschrieben. Beim Verlassen des Werkes wurde ich am Tor gefilzt. Das war ein Spektakel! Es hat nicht viel gefehlt und die hätten mich von der Gestapo abholen lassen. Stundenlang haben die mich verhört wegen dieser blöden durchgerissenen Hollerithkarte in meiner Tasche. Ich hatte doch keine Ahnung, daß man die nicht mit rausnehmen durfte. Vielleicht haben sie mich für eine große Spionin gehalten.

Um acht kommt Harald

Nun wurde es ernst. Ich bin nicht mehr nach Hause zurückgekehrt, sondern in Stellung in eine Fleischerei in der Kurfürstenstraße gegangen. Dort habe ich es ganz gut getroffen. Die Frau war patent, ließ mich abends auch mal von acht bis zehn Uhr weggehen. Der Holländer, der als sogenannter Fremdarbeiter in der Fleischerei arbeiten mußte, wurde von ihr wie jeder andere behandelt. Wir aßen alle gemeinsam am Tisch. Zu der Zeit, 1943, verstärkten sich die Fliegerangriffe auf Berlin. Wenn du da schon halbangezogen im Bett lagst und dann im Radio die Luftlagemeldung kam: »Starke Bomberverbände im Anflug auf Hannover – Braunschweig«, wußtest du: aha, Berlin ist wieder dran! Ich höre immer noch dieses wahnsinnige Brummen, ganz deutlich, nach so vielen Jahren. Ich griff dann nach meiner Reisetasche mit den paar Habseligkeiten und wanderte in den Keller, manchmal mehrere Male in der Nacht hin und her. Zu verlieren hatte ich nicht viel, nur mein Leben. Und darum habe ich sehr gebangt. Mir wurde immer ganz übel vor Angst. Wer will mit 17 sterben?

Zwischen nächtlichem Alarm und der Tagesarbeit sollte es auch ein bißchen Vergnügen geben. Tanz war nicht erlaubt, also blieb das Kino. An einem Abend wollte ich mit meiner Freundin in einem Kino am Nollendorfplatz den Film »Um acht kommt Harald« ansehen. Warum der nun gerade um acht Uhr kam, ist mir ewig schleierhaft geblieben, denn genau um acht kam der Ami oder Tommy mit Bombenangriff, und wir liefen schnell hinunter in den öffentlichen Luftschutzkeller. Durch die Druckwelle einer Luftminendetonation ist ein Wasserrohr geplatzt. Ein Kinderwagen schwamm an uns vorbei. Alles schrie durcheinander. Die Tür ließ sich nicht mehr aufmachen. Von außen haben es die Leute dann geschafft. Ich hab mir bald in die Hosen gemacht vor Angst. Als ich endlich pitschnaß in meinem Zimmer angelangt war, habe ich aufgeatmet: Wieder einmal alles heil überstanden! Der Film war vergessen.

Kino als Lebensretter

Ende 1943 gingen in unserem Haus bei einem Luftangriff alle Fensterscheiben kaputt, die Bilder lagen auf dem Fußboden, nur Adolfs Bild war hängengeblieben. Für mich ganz unerwartet riß die Fleischersfrau das Bild von der Wand, warf es zu Boden und trampelte darauf herum: Du verfluchter Hund du! Diese Szene stand mir wieder vor Augen, als sie zu Tode kam. Nicht nur sie, alle in dem Haus sind umgekommen, verschüttet durch eine Luftmine, gekoppelt mit einem Brandsatz. Das Haus ist zusammengefallen und hat die Menschen im Keller unten begraben. Ich war an diesem Abend wieder mal mit meiner Freundin unterwegs ins Kino. Es wurde gleich nach Ladenschluß dunkel, muß im Herbst gewesen sein. Als die Sirene losheulte, schafften wir es gerade so in einen öffentlichen Luftschutzraum. Nach der Entwarnung lief ich gleich nach Hause. Da stand ich nun vor dem riesigen Trümmerhaufen. Ich besaß nur noch meine Handtasche mit dem Ausweis und etwas

Geld. Aber das hat mich gar nicht erschüttert, nur daß meine Leute weg waren. Vor ein paar Stunden hatte ich sie noch gesehen, mit ihnen gesprochen, jetzt lebten sie nicht mehr, auch Arne-Johann, der Holländer. Und jeder hatte die gewölbte Decke im Keller für so stabil gehalten. Die Kurfürstenstraße brannte von Phosphorbomben. Wir rasten sinnlos hin und her durch Qualm und Ruß und Staub. Ich wußte nicht, wo ich hinsollte, hatte meine Bleibe verloren.

Auf Station

Ich ging sofort von neuem in Stellung, außerhalb von Berlin in Friedrichshagen. Vor den Fliegerangriffen hatte ich erst einmal Ruhe, weil sich alles in der Stadt abspielte. Aber sonst hatte ich diesmal nicht gerade das große Los gezogen. Der Mann war ein strammer Nazi. Obwohl er im Ersten Weltkrieg beide Arme verloren hatte, schien er immer noch nicht genug vom Krieg zu haben. Außerdem versuchte er ständig, sich mir zu nähern. Als es mal wieder ganz schlimm wurde, bin ich nachts aus dem Fenster gestiegen und abgehauen. Auf einem Zettel habe ich hinterlassen, daß man mir meine Papiere nachschicken solle.

Am Bahnhof wartete ich auf die erste S-Bahn und fuhr ins Köpenicker Krankenhaus. Dort hatte ich mich schon vor einiger Zeit um eine Stelle beworben und wurde zum Glück gleich als Stationshilfe genommen. In meine neue Arbeit habe ich mich schnell reingefunden. Das war für mich die reinste Erholung. Vorher mußte ich 14 bis 15 Stunden arbeiten, und hier hatte ich nur einen Zehnstundentag. Zum ersten Mal in meinem Leben fühlte ich mich als freier Mensch. Niemand stand mehr hinter mir, der mich dauernd antrieb. Vor allem lernte ich hier Menschen kennen und war nicht immer nur allein. Mit einem Patienten habe ich mich öfter unterhalten: Er hieß Gohlke, genau wie ich. Aus seinen Reden sprach eine große Kriegsmüdigkeit. Einen Tag vor seiner Entlassung gingen auf das Krankenhaus eine Luftmine und mehrere Brandbomben nieder und zerstörten zwei Stationen. Gohlke war unter den Todesopfern, das tat mir so leid, ich wußte, wie er sich auf zu Hause gefreut hatte. Auch andere Patienten und zwei Krankenschwestern hatte es getroffen. Ich sah gleich fünf Tote, als ich zum Dienst kam. Zum Glück hatte ich in dieser Nacht keine Brandwache im Krankenhaus gehabt. Wir wurden zu Aufräumungsarbeiten eingesetzt. Der Laden mußte ja weiterlaufen. Die Patienten, die heil davongekommen waren, wurden auf andere Stationen verlegt. Mir saßen der Schrecken und die Angst in den Gliedern.

Nach 40 Jahren habe ich das immer noch in meinen Ohren: die Sirene, den auf- und abschwellenden Ton, die Flugzeuge, es hörte sich an, als wenn Tausende von Bienen summten, summ, summ, summ. Heute noch möchte ich mich am liebsten verkriechen, wenn ich schwere Flugzeuge höre. Damals kursierte unter den Frauen in den Kellern der Spruch: Lieber ein Leben lang trocken Brot essen, aber in Ruhe schlafen können. Schlaf, das war es, was uns dringend fehlte. Halb angezogen gingen wir zu Bett, zum Schluß haben wir uns nicht mal mehr richtig gewaschen, hatten Ungeziefer. Du kommst in so ein Stadium der Gleichgültigkeit, wenn du nicht mehr schlafen kannst. Bei Alarm mußten wir ja auch immer die Kranken, die nicht laufen konnten, in die Keller tragen. Im Krankenhaus war zusätzlich eine Lazarettstation eingerichtet worden. Eine Zeitlang habe ich dort gearbeitet und viel Elend unter den Verwundeten gesehen. Junge Männer ohne Arme, ohne Beine. Manche von ihnen wurden nicht fertig damit. Ich erlebte, wie sich einer im Keller erhängt hat.

Unzeitgemäße Freundschaft

Ich wünschte mir immer: Nur raus aus Berlin! Und tatsächlich: Mitte 1944 wurde unser Krankenhaus nach Karlsbad im sogenannten Protektorat Böhmen und Mähren evakuiert. Zuerst hatten wir Ruhe, dann begannen auch dort die Fliegerangriffe. Das Kurviertel war zur Lazarettstadt erklärt worden und blieb heil. Es traf die Wohnviertel.

Ich hatte ein ganz neues Erlebnis: Ich freundete mich mit tschechischen Mädchen an, die bei uns zur Arbeit verpflichtet waren, besonders mit Helanka. Sie sprach perfekt Deutsch. »Ihr werdet euch noch wundern, wenn der Krieg zu Ende ist.« – »Warum?« – »Ja, sieh mal, hier, wo du bist, ist doch unser Land. Ihr seid als Eroberer hereingekommen.« – »Mich haben sie doch auch bloß hergeschickt.« – »Ich spreche doch nicht von dir, sondern von denen, die das alles organisiert haben, die werden bestraft werden.« Solche Gespräche behielt ich natürlich für mich. Sie triumphierte ja nachher auch. Mit Recht! Und wir deutschen Mädchen schämten uns. Nur die »großen« Männer, die eigentlich Schuldigen, haben sich nicht geschämt.

Mich hat das bedrückt, daß wir nach jedem Bombenangriff ein Achtel Bohnenkaffee als Extra-Ration bekamen und die ausländischen Mädchen nicht. Ich fand es selbstverständlich, den Kaffee mit ihnen zu teilen. Ich hatte sie wirklich gern. Und Helanka, obwohl sie einen Haß auf die Deutschen hatte, sagte: »Inge, du bist meine Freundin.«

Freut euch – der Krieg ist vorbei

Das Kriegsende habe ich in Karlsbad erlebt. Hatten wir alle ein Glück, daß da nicht ein Schuß gefallen ist. Der Bürgermeister hat die Stadt kampflos übergeben, hat als Symbol die Stadtschlüssel überreicht. Die ganze Gesellschaft, Offiziere, SS-Leute, alles, was da herumlief – ich konnte die Uniformen so schlecht auseinanderhalten, es gab ja auch so viele –, alle waren auf einmal weg. Auch keine Soldaten waren mehr da. Wir hörten von weitem hin und wieder ein dumpfes Grollen. Plötzlich Totenstille. Das war ganz eigenartig. Alles lief in die Keller: Die Russen kommen! Wir hatten eine mächtige Angst. Nach dem, was so verbreitet wurde, sollten die ja wie Tod und Teufel sein. So saßen wir mucksmäuschenstill im Keller. Mit einemmal pochte es. Alle schlotterten. Wer macht die Tür auf? Das war ich. So klein, wie ich war (was heißt war, ich bin ja immer noch klein), so mutig war ich nun. Ich dachte: Was soll's, wenn sie dich abschießen, hast du Pech gehabt. Aber irgendwo in mir drin war das Gefühl, daß es gut gehen würde. Ich machte die schwere Tür auf, und vor mir stand ein junger Bursche in fremder Uniform. Er war bestimmt vom Lande, das sah ich an seinem runden rotbäckigen Gesicht; er strahlte, hielt aber immer das riesige Gewehr vor sich: »Was ist das?« Ich sage: »Hier Hospital! Alles hier nur Hospital!« (So nannten wir jetzt die Krankenhäuser.) Er winkte ab, ging weiter. Uns fiel ein Stein vom Herzen. »Kinders, das ist ja halb so wild. Kommt rauf, freut euch, der Krieg ist vorbei. Uns tut keiner mehr was.«

Und so war es auch. Friedlich! Die kleinen Panje-Pferdchen glänzten in der Sonne und liefen auf der Mühlbrunnen-Kolonnade spazieren. Ich dachte nur immer: Wenn die das Wasser saufen, kriegen sie alle Durchfall. Aus den Fenstern hingen viele weiße und tschechische Fahnen. Die Bevölkerung jubelte, und ich war niedergeschlagen. Nicht, weil wir die Verlierer waren. Nein, aber was hatten wir alles angerichtet! Ich meinte, daß ich persönlich eigentlich nichts auf dem Gewissen hatte, nichts für den Krieg getan hatte, höchstens die paar Wochen bei BMW, aber da hatte ich ja auch nichts weiter gemacht, als Karten herumgeschleppt. Aber meine Bedrückung rührte daher: Kurz zuvor, als die SS und die Truppen abgezogen waren, hatte ich das erste Mal befreite KZ-Häftlinge gesehen. Sie saßen auf den Stufen zu unserem Krankenhaus, da muß in der Nähe ein KZ gewesen sein. Ich war so entsetzt, daß ich weggerannt bin. So verhungert und abgemagert sahen diese Männer aus, wie ich es mir nie hätte vorstellen können. Von der Existenz der KZs wußte ich schon mit 13 Jahren. Mehr oder weniger haben es alle gewußt. Man hat sich's doch zugeflüstert, was da war, was mit den Menschen geschah.

Meine Scheu war so groß, daß ich nicht helfen konnte.

Hunger tut weh!

Schlafen konnten wir ja jetzt endlich. Bloß nun hatten wir nichts zu essen. Vor Hunger konnte man gar nicht mehr richtig denken, nur immer: Wann hört der Hunger auf, wann wirst du wieder was im Magen haben? Bei den Sowjettruppen standen die hungrigen Leute am Kasernentor nach Essen an. Wenn die was übrig hatten, haben sie es uns rübergereicht, jedem eine große Schöpfkelle voll in einen Blechnapf. Das war eine gute Sache. Die Kranken mußten verpflegt werden, und die Lebensmittel gingen zu Ende. Es gab bloß noch 200 Gramm Brot pro Tag und eine gehörige Portion Puderzucker. In Karlsbad gab es ein Puderzuckerwerk mit scheinbar unerschöpflichen Vorräten. Nun iß du mal ein paar Wochen lang Puderzucker. Da wird dir schlecht, du kannst das Zeug gar nicht mehr sehen. Aber der Hunger trieb es immer wieder rein. Viele unserer Kranken starben. Hungertyphus. Den habe ich auch noch bekommen. Die einigermaßen Gesunden schickten wir nach Hause. Wer weiß, wann die daheim angekommen sind.

In Karlsbad hatte sich das Bild verändert. Alles, was vorher deutsch beschriftet war, stand nun in tschechischer Sprache da. Ich konnte kein Wort Tschechisch. Bei unserer Arbeitsüberlastung im Krankenhaus hatte ich kaum Zeit, es zu lernen. Außerdem fand ich die Sprache mit diesen vielen Häkchen so schwierig, auch mit Mühe konnte ich bestimmte Laute nicht herausbringen. In den Straßen sah man Soldaten in tschechischer Uniform. Es war plötzlich eine fremde Stadt. Jetzt waren wir die Ausländer und wurden binnen weniger Tage ausgewiesen. Ich fand das richtig, verabschiedete mich von meiner Freundin Helanka, die schon auf dem Arbeitsamt tätig war, und machte mich guter Dinge auf die Heimfahrt, endlich nach Hause, zurück nach Berlin! Das ging aber nur mit vielem Umsteigen und stundenlangem Warten, und es ging immer nur so ein kleines Stück weiter. Insgesamt war ich sechs Tage unterwegs. Wenn der Zug irgendwo länger stand, bin ich betteln gegangen, ich hatte doch nichts zu essen bei mir und solchen Hunger. Einmal hat mir eine Frau ein Stück Brot gegeben. Ich war ihr so dankbar. Als wir nach Berlin kamen, haben wir gestaunt über die Rationen: 500 Gramm Brot pro Tag auf der Lebensmittelkarte für Arbeiter, das konnte ja kaum wahr sein! Ich dachte im ersten Moment, nun sei der Hunger vorbei, was natürlich nicht stimmte.

Soldatenschicksale

Es war Mai 1945, als ich wieder in Berlin war. Ich wollte weiter in der Krankenpflege arbeiten und meldete mich im Auguste-Viktoria-Krankenhaus. Von dort aus wurden die Arbeitskräfte auf die anderen Krankenhäuser verteilt. Jeder wollte möglichst in den Bezirk, in dem er früher gewohnt hatte. Mir fiel die Umzieherei nicht schwer, weil ich nichts besaß. Ich wollte nach Charlottenburg, da bin ich groß geworden. So kam ich zur Arbeit ins Westend-Krankenhaus. Da lagen die kaputtgeschossenen Männer, die nur noch halbe Gesichter hatten. Gerade als ich anfing zu arbeiten, war im Hof ein Massengrab entdeckt worden, und die Leichen der Soldaten, die noch in den allerletzten Kriegstagen umgekommen waren, wurden rausgeschaufelt. Sie waren nicht mehr zu identifizieren. Wie viele Frauen, Mütter, Verlobte haben vergebens auf diese Männer gewartet. Wir hängten die Fenster zu, damit die Patienten all das nicht sehen sollten.

Auch Günter, mein späterer Mann, lag dort als Patient. Wenn man mich fragt: »Wo hast du deinen Mann kennengelernt«, sage ich immer: »Im Bett.« Der sah ja auch aus, hatte keine Oberlippe mehr! Eine PAK-Granate (PAK = Panzerabwehrkanone) hatte ihm das Gesicht zerfetzt. Von der Schulbank weg wurde er nach vier Wochen Ausbildung an die Front geschickt. Als letztes Aufgebot. Am 3. Januar 1945 ist er in Ungarn am Plattensee verwundet worden. Mit 18 war er ein Krüppel. Er ist Jahrgang 1926, genau wie ich. Vier Monate war er im Krieg, das hat gereicht. Den Feind hat er nicht mal gesehen, hat's nur krachen hören und nicht gewußt, wo er hinschießen sollte. Die Jungen haben dann ihre Waffen weggeworfen und sind um ihr Leben gerannt. Er konnte nicht begreifen, daß sein Schulfreund plötzlich neben ihm tot umfiel. Ihn selbst rettete ein glücklicher Zufall. Als er verwundet wurde, stand ein paar Meter von ihm weg ein Rot-Kreuz-Wagen. Er hörte nur noch: »Maschuff schwer verwundet« und ist nach sechs Tagen in Bad Ischl wieder aufgewacht.

Ich arbeitete auf der Station, auf der die Gesichtsverletzten lagen. Sie bekamen plastische Operationen. Es gab Männer, die haben sich die Zigarette so über die Nase mitten ins Gesicht gesteckt. Die hatten keinen Mund mehr, da war nichts. Der ganze Oberkiefer lag frei. Ich habe Schlimmes gesehen. Und die waren alle noch blutjung, so um die 20, hatten das Leben eigentlich noch vor sich. Die sind ja regelrecht verheizt worden. Und wie sind die davongekommen, die sie hineingejagt haben?

Günters Mutter ist übrigens 1945 verhungert. Die SS hat in Königsberg in Ostpreußen vor ihrem Rückzug die Lebensmittellager in die Luft gesprengt, und die Bevölkerung hatte nichts zu essen. Der Vater war auch Soldat, ist nicht wiedergekommen. Die waren beide ganz unpolitisch, haben zu allem ja und amen gesagt. Sie hatten ein kleines Häuschen und Arbeit in einer Holzfabrik. Was um sie herum vorging, war ihnen nicht wichtig. Weil Günter überdurchschnittlich begabt war, haben sie ihn auf die Oberschule geschickt. Er war der einzige Arbeiterjunge in seiner Klasse, aber Klassenprimus. Zum Schulbesuch trug er seinen Sonntagsanzug, weil er nicht als Außenseiter auffallen wollte. Die Eltern wollten gern, daß er Beamter würde. Durch den Krieg kam dann ja alles anders.

Ein neuer Anfang

Günter war noch vier Jahre im Krankenhaus. 27 Operationen hat er durchstehen müssen, Hautverpflanzungen ins Gesicht. Ein Stück Hüftknochen haben sie herausgenommen und in den Oberkiefer eingesetzt, die Wangenschleimhaut verpflanzt, ein Stück Fleisch aus der Brust herausgeschnitten. Es waren ja immer Abstufungen nötig, lange Pausen, damit das Gesicht überhaupt wieder zusammenwachsen konnte. Dabei ist er mit den Operationen noch nicht mal ganz fertig geworden, das sollten noch ein paar mehr sein. Aber ich sagte: »Mensch, nun laß die Neese sitzen, wo sie sitzt. Fang bloß nicht noch mal an!« Wir haben 1949 geheiratet. Mir gefiel sein ruhiges, gescheites Wesen. Er hatte auch keine Bleibe, genau wie ich. Ich wohnte ja im Krankenhaus. Er hatte zufällig eine Tante in Berlin. Als sie ihn das erste Mal vor der Tür stehen sah, brach sie in bittere Tränen aus: »Junge, was haben sie denn mit dir gemacht!« Wenn er Urlaub aus dem Krankenhaus hatte, nahm sie ihn in der ersten Zeit auf.

Nach unserer Heirat bezogen wir eine Kochstube von neun Quadratmeter Größe. Die Möbel hat uns eine meiner Tanten geschenkt. Sie waren ziemlich außergewöhnlich. Der Mann, der den Umzug machte, wollte am liebsten dranschreiben: »Nicht meine!« Da fehlte das Bein vom Sessel, und der Tisch wackelte hin und her, zum Gotterbarmen. Dem Militärschrank fehlte die Hinterwand, den haben wir einfach dicht an die Wand geschoben. Eine schmale Feldbettstelle mußte für uns zwei reichen. 1950 habe ich aufgehört zu arbeiten, weil unsere Tochter kam. Später habe ich wieder im Gesundheitswesen gearbeitet, eine Zeitlang im Krankenhaus Laborarbeit gemacht. Günter mußte noch auf dem Bau arbeiten. Da gab's noch nicht die Schwerbehindertengrade, auch nicht das Versorgungsamt oder eine ähnliche Behörde, und es gab auch keine Kriegsversehrtenrente. Das war eine harte Zeit.

Bloß keinen Krieg mehr! Um keinen Preis der Erde möchte ich so etwas noch einmal erleben. Aber das würde sich sowieso nicht mehr wiederholen. Heute wäre alles anders. Die Dimensionen der Vernichtung sind gewaltig geworden. Ich glaube nicht an die Sicherheit von Atombunkern und an die Machbarkeit von begrenzten Atomkriegen. Darum will ich lieber etwas für den Frieden tun.

Meisterhausfrau
Brief von Gretel B.

Die hauswirtschaftliche Leistung ist für uns ein unersetzlicher Dienst
an Familie und Volk. (Sinnspruch auf der Diplom-Urkunde zur
Verleihung der »Ehrenbezeichnung Meisterhausfrau«)

Meine liebe Martel!   Berlin, den 28. Juli 1945
Mit großer Freude erhielten wir heute endlich ein Lebenszeichen von Dir. Vielen Dank. Wie hast Du die Haft im Lager
Mühlberg gesundheitlich überstanden? Wir haben viel an Dich
denken müssen, keiner wußte, wo Du abgeblieben warst. Nur
von Gretel hörten wir später, daß Du in St. Egidien abgeholt
wurdest, weil Du Frauenschaftsleiterin gewesen seiest. – Ein
Vetter von mir ist übrigens in demselben Lager kurz vor Kriegsende verstorben.
    Du willst nun gerne wissen, wie es uns inzwischen ergangen
ist. Laß mich an Deine Tätigkeit als Haushaltslehrerin anknüp-
fen. Du weißt ja, mit wieviel Interesse ich immer dabei war,
wenn Du uns von Deiner Ausbildung in der Frauenberufs-
schule berichtetest und wir auf unseren Wanderfahrten und im
Landheim die neuesten Rezepte ausprobierten. So will ich Dir
kurz berichten, wie ich während der Kriegsjahre meine Zeit
nutzte, um meine Haushaltskenntnisse zu vervollständigen:
Eines Tages fand ich in der Zeitung den Hinweis, daß sich
Frauen im Pestalozzi-Fröbel-Haus durch Teilnahme an einem
Zweijahreskurs, jeweils montags für die Dauer von acht Stunden, zur Meisterhausfrau ausbilden lassen könnten. Das war
was für mich, denn ich hatte es schon immer als Manko empfunden, ohne Vorbereitung nach meiner Tätigkeit im Kinderheim
zu heiraten. Also meldete ich mich. Fritz war als Soldat im
Frankreicheinsatz, und unsere beiden Kinder konnte ich während meines Schulbesuches im Kindergarten unterbringen. Bei
Gisela gab's zwar anfangs dicke Abschiedstränen, aber wenn
Mutter außer Sicht war, waren sie schnell versiegt.
    Der Kursus wurde vom Deutschen Frauenwerk, nicht von
der Frauenschaft durchgeführt, Mitgliedschaft war also nicht
erforderlich. So trafen meine anfänglichen Befürchtungen, es

Grießtörtchen mit Wurst, Abb. 1 und 1a.

½ l Milch oder halb Milch, halb Brühe, 250 g Grieß, ein wenig Salz, 1 Ei oder Eiaustauschmittel, 100 g Fleisch- oder Leberwurst, 10 g Fett.

Die nur wenig gesalzene Milch läßt man aufkochen, schüttet den Grieß hinein und läßt unter Rühren kochen, bis sich die Masse vom Topf löst. Nachdem sie etwas abgekühlt ist, fügt man das Ei bei und streicht die Grießmasse auf ein mit kaltem Wasser benetztes Brett bleistiftdick. Ist die Masse erstarrt, sticht man runde Scheiben aus. Man belegt die Taler mit dünnen Wurstscheiben, deckt eine zweite Grießscheibe darüber und drückt die Ränder zusammen. Ist der Grieß sehr weich, gibt man Brotbröseln zum Teig. Die Törtchen werden nun auf ein gefettetes Blech gelegt, mit ein wenig zerlassenem Fett beträufelt, mit Hefefloden bestreut und im Ofen bei starker Hitze kurz überbacken. Dazu reicht man Salat oder Gemüse. *F. Rotter, Berlin-Weidmannslust*

Vegetarische „Würstchen"

30 g Grieß, 2 geriebene größere Möhren, Milch, 20 g Hefe, 1 Zwiebel, 20 g Fett, Salz.

Den Grieß zu einem geschmeidigen Teig ausquellen, darunter die geriebenen Möhren und die in dem Fett zerlassene Hefe und die angebräunte Zwiebel mischen. Mit Salz abschmecken und nach Geschmack mit Würzkräutern vermengen. Würstchen formen und braun braten. Sollte der Teig sich schlecht formen lassen, da zu feucht, kann man 1 Eßlöffel ungekochten Grieß daruntermengen.
S. Schüßler, Bochum

Chemnitzer Kartoffelkuchen

750 g gekochte Kartoffeln vom Tage vorher, 100 g Mehl (kann auch Roggenmehl sein), 30 g Hefe, Prise Salz, 1—2 Teelöffel Kümmel, 25—50 g Streichwurst.

Die Kartoffeln werden geschält und durchgepreßt. Dann gibt man das Mehl (gesiebt), Salz und Kümmel hinzu und bröselt die Hefe darüber. Alles gut durcheinanderkneten, so daß ein fester Teig entsteht, den man auf das leicht gefettete Blech wellt. Der Kuchen muß bei guter Hitze etwa 45 bis 50 Minuten backen. Noch heiß wird er dünn mit der Wurst, die gut streichfähig sein muß, bestrichen. Man reicht dazu Salat oder Frischkost.

Quarkauflauf mit Gerstengrütze

250 g Gerstengrütze, ½ l Milch, 250 g Quark, Zucker nach Geschmack, ½ Päckchen Vanillezucker, etwas Margarine, 1 Ei.

Die Gerstengrütze wird mit der Flüssigkeit dick ausgequollen. Der Quark wird durchs Sieb gestrichen, mit dem Zucker, dem Vanillezucker und ein wenig zurückbehaltener Milch glattgerührt. Dann vermengt man Quark und Grütze, gibt das Eigelb daran und hebt zuletzt noch das geschlagene Eiweiß darunter. In gut gefetteter Form wird die Masse mit Margarineflöckchen belegt und in der Röhre etwa ¾ Stunde gebacken, bis sie oben goldgelb ist. *M. Beck, Bamberg*

Vollkornbrotauflauf

250 g aufgeweichtes und gut ausgedrücktes Vollkornbrot, 1 Eßlöffel Roggenmehl, 1 Päckchen Backpulver, Prise Salz, 50 g Zucker, 20 g Fett, 1 Eigelb, 1 Eischnee oder Eiaustauschmittel, 1 Eßlöffel Schokoladenpulver (kann auch wegbleiben), etwas Zimtersatz, evtl. Mandelaroma.

Alle Zutaten vermischen, zuletzt den Eierschnee daruntterziehen. In gefettete Auflaufform füllen und bei Mittelhitze baden. Kann auch kalt als Kuchen gegessen werden. *E. Schmilinsky, Rotes Luch*

Ischler-Roulade

30 g Fett, 1 Ei, 100 g Zucker, 100 g Mehl, 100 g Kartoffelmehl, 100 g gekochte Kartoffeln, ½ Päckchen Backpulver und Natron.

Man treibt das Fett mit Ei und Zucker gut ab und gibt nach und nach die anderen Zutaten hinein. Die Masse wird auf dem Brett ausgewalkt, dann bestreicht man sie sehr dünn mit Marmelade und rollt sie zusammen. Die Rolle legt man in eine Biskuitform, bäckt sehr rasch bei starker Hitze. Die Rolle muß ungefähr eine Stunde in der Form stehenbleiben, erst dann wird sie gestürzt.
Th. Schmid, Wien

Koch- und Backrezepte aus der »NS-Frauenwarte«
(die einzige parteiamtliche Frauenzeitschrift)

könne zuviel Politik getrieben werden, nicht zu. Ein Stunden-
referat über die wichtigsten Wochenereignisse wurde abwechselnd von den Kursteilnehmerinnen gehalten. Ich muß sagen,
daß es mir ungeheuren Spaß machte, da mitzutun, wenn es auch
noch viele Stunden Arbeit kostete, um die gestellten Hausauf-
gaben zu bewältigen und mich auf den Unterricht vorzuberei-
ten. Der Kursus umfaßte folgende Fächer:

1. Hauswirtschaft
2. Haushalts-Buchführung und -Planung
3. Ernährungslehre
4. Gesundheitslehre
5. Kochen für Haushalt und Großküchen, Diätküche
5. Nähen, Ausbessern und Schneidern

Hochinteressant war für mich das Fach Gesundheitslehre.
Welch ein Wunderwerk an Präzision stellen die Vorgänge in unserem Körper dar! Auf meine vielen Fragen sagte mir die Kur-
susleiterin einmal: »Frau Braune, wenn Sie es so genau wissen
wollen, müßten Sie schon Medizin studieren! Es würde unseren
gesteckten Rahmen sprengen.« Die Ernährungslehre baute auf
diesen Erkenntnissen auf, und natürlich wurden dabei die jedem auf Lebensmittelkarten zustehenden Nahrungsmittel und
Mengen berücksichtigt. Nicht nur in der Theorie, sondern auch
in der Praxis. Die Kochergebnisse wurden anschließend von
den Kursteilnehmerinnen begutachtet und verspeist. Einen
großen Rahmen nahmen die Haushaltsplanung und -führung
ein. Da wurden zum Beispiel Vorschläge für das Normengesetz
aus der Sicht der Hausfrau erarbeitet, Urteile von uns erfragt
über Formschönheit und Zweckmäßigkeit von Küchen und
Haushaltsgeräten. Wir fanden es sehr gut, daß hier endlich
einmal die Hausfrauen über ihre Ansichten, Wünsche und Erfahrungen befragt wurden. Auch der Unterricht im Nähen,
Ausbessern und Schneidern unter Leitung einer Schneidermei-
sterin brachte für mich viel Neues und Wissenswertes.

Es gab für uns nach Abschluß der Schulung die Möglichkeit,
Kurse zu leiten, zum Beispiel lautete ein Thema: »Aus alt mach
neu!« Kurse, die sehr viel Anklang bei der Bevölkerung fanden, denn inzwischen waren Bezugscheine für Bekleidung und
Schuhwerk ausgegeben worden. Es galt also, aus unmodernen
Kleidungsstücken wieder brauchbare zu machen. Meist wurden sie zu Kinderkleidung umgearbeitet. Sehr gut besucht waren auch die Kurse über Herstellung von Hausschuhen und
Pantoffeln. Weitere Kurse mit großer Beteiligung hielt ich über

Anzeigen aus der »NS-Frauenwarte«, die das eiserne Gebot des Sparens in der Kriegszeit dokumentieren

»Einwecken und Vorratswirtschaft« ab. Dabei wurden die Frauen auch auf die Verwendung von Wildfrüchten und -gemüsen hingewiesen, um den schmalen Küchenzettel zu bereichern. Zum Schluß unseres Lehrgangs erhielten wir noch Anleitungen und Rezepte für Großküchenbetriebe. Vielleicht, um uns in evtl. Krisenfällen dort einsetzen zu können. Dazu kam es aber nicht.

Meine Abschlußprüfung bestand ich mit »GUT«, und darüber habe ich mich sehr gefreut. Das Diplom als Meisterhausfrau berechtigt zur Ausbildung von Haushaltslehrlingen. Doch genug davon. Vorerst haben wir mit dem Ausbau unserer Wohnung zu tun, denn Berlin hat sehr unter dem Bombenterror gelitten, wobei wir noch glimpflich davongekommen sind. – Aber wir sind gesund aus all den Kriegswirren hervorgegangen, und das erscheint mir heute als ein rechtes Wunder. So hoffe ich sehr, daß wir es gemeinsam schaffen werden, einen neuen Anfang zu finden.

In der Hoffnung, daß Du Dich inzwischen etwas erholt hast und wir recht bald von Dir hören, grüßen Dich mit vielen guten Wünschen

Deine Gretel, Fritz und Kinder

Blitzmädelzeit

Nach dem Bericht von
Elisabeth L.

Blitzmädels wurden sie genannt, die Nachrichtenhelferinnen, wegen des Blitzes an der Mütze und auf dem Ärmel der Uniformjacke. Blitzmädel – zu dieser von der Nazi-Propaganda lancierten und in der Bevölkerung verbreiteten Bezeichnung gehörte das Bild des hübschen Mädchens in schmucker Uniform, das schiefsitzende Käppi verwegen auf dem leuchtenden Blondhaar, lächelnd bereit zu freudiger Pflichterfüllung. Gewiß gab es Mädchen und junge Frauen, die stolz darauf waren, »Schulter an Schulter mit den Männern den militärischen Dienst für das Vaterland« zu leisten. Bei vielen fruchtete eben die Ideologie der Phrasen und falschen Werte, in der sie erzogen wurden. Sicher spielte, vor allem bei denen, die sich freiwillig meldeten, die Abenteuerlust eine Rolle, der Drang, aus den durch den Krieg eingeschränkten Lebensverhältnissen herauszukommen, fremde Länder zu sehen, in denen man als Angehörige der siegreichen Nation auftreten konnte. Wie viele verlockte die Möglichkeit, der Monotonie des heimatlichen Kriegsalltags zu entfliehen, und die Aussicht, mit tollen Männern, mit schneidigen, eleganten Offizieren zusammenzukommen.

Die Wirklichkeit sah anders aus. Sie bedeutete für alle Wehrmachtshelferinnen: Unterordnung im täglichen Drill des Kasernenlebens, das keine Freiräume für die einzelne zuließ, und Fronteinsatz, der das Leben unmittelbar bedrohte. Im weiteren Verlauf des Krieges gerieten die meisten von ihnen in das Chaos der sich auflösenden Front und des Rückzugs. Im Kalkül der Nazikriegführung waren sie ein wichtiger Faktor, eingesetzt bei Heer, Luftwaffe und Marine, vor allem im Nachrichtenwesen als Telefonistin, Funkerin, Fernschreiberin, als Stabshelferin in den Büros, in der Luftverteidigung als Flugmelderin und als Flakhelferin sowohl an den Flakgeschützen als an den Scheinwerfern.

Eine ehemalige Nachrichtenhelferin berichtet über diese Zeit:

Ich war 21 Jahre alt, als ich 1941 als sogenannte Spätdienende zum Reichsarbeitsdienst mußte. Vorher bin ich Metallarbeiterin in der Rüstungsindustrie gewesen. Das RAD-Lager befand sich in der Uckermark, nördlich meiner Heimatstadt Berlin. Das war eine Umstellung, aus der Obhut und Geborgenheit der Familie in dieses kalte, ungemütliche Großlager zu kommen, mit Hunderten anderer Mädchen in einen Massenbetrieb mit genau eingeteiltem Tagesablauf und dem absoluten Zwang zum Gehorsam. Nach kurzer Zeit zog ich mir eine Unterleibsentzündung zu. Neben Schmerzen brachte sie auch etwas Gutes. Da die Verhältnisse im Lager für Kranke unzumutbar waren, schickte man mich zurück nach Berlin. Ich wurde bei der Führungsstelle des RAD im Bezirk Tiergarten eingesetzt. Mein Arbeitsdienstplatz war nun die Küche, in der für die Offiziere gekocht wurde. Von 7 bis 18 Uhr mußte ich dableiben, die übrige Zeit konnte ich zu Hause verbringen. Das empfand ich als großes Glück. Als die sechs Monate Arbeitsdienst vorüber waren, begann 1942 mein Kriegshilfsdienst. Ich wurde zu Gebrüder Monheim in Berlin-Weißensee geschickt, auch bekannt als Trumpf-Schokoladenfabrik. Mit Schokoladenherstellung war da allerdings nichts mehr. Die fabrizierten jetzt Handgranaten, und wir mußten die Zündschnüre wickeln. Wir wohnten bei der Fabrik, wie in einer Kaserne, und wurden auch dort verpflegt. Nur mittwochs und sonntags hatten wir zwei oder drei Stunden Ausgang. Die Bezahlung beim RAD betrug 25 Pfennig pro Tag, und im Kriegshilfsdienst erhielten wir täglich eine Mark Sold.

Nach den sechs Monaten bei Monheim flatterten mir an einem Tag zwei Einberufungen ins Haus. Die eine war nach Leer in Ostfriesland zur Marine und die andere nach Straßburg zum Heer. In meiner Aufregung machte ich einen Fehler. Ich entschied mich fürs Heer und fuhr nach Straßburg. Dort fiel ich aus allen Wolken. Ich hatte übersehen, daß hinter Straßburg kleingedruckt das Wort Westpreußen stand. Ich wurde sofort eingekleidet und in Richtung Osten zu dem anderen Straßburg geschickt. Das lag am Bug, an der russischen Grenze. Ich landete in einer riesengroßen Kaserne, wo ich als Fernschreiberin ausgebildet werden sollte. Die Verhältnisse waren trist. In dem ganzen Ort gab es für uns nichts außer dieser Kaserne. An unserer Unterkunft floß direkt der Bug vorbei, ein breiter Strom, und am anderen Ufer lag die Sowjetunion. Die polnische Bevölkerung war uns gegenüber verständlicherweise feindselig eingestellt. Deshalb durften wir grundsätzlich nur zu viert die Kaserne verlassen. Dann ging immer der Spruch um: »Kommt aber nicht mit Messer und Gabel im Rücken zurück!«

Die schreckliche Zeit dort dauerte viele Wochen, aber einmal hatte auch diese Ausbildung ein Ende, und der gesamte Lehrgang ging mit einem Sonderzug auf Transport zur Heeresschule nach Gießen. Diese Fahrt war eine Katastrophe. Vier Tage und vier Nächte waren wir auf der Bahn, ohne Verpflegung, Hunger und Durst plagten uns. Wir waren total verschmutzt; wenn der Zug auf Güterbahnhöfen hielt, sprangen wir schnell hinaus, säuberten uns notdürftig an kleinen Waschbecken. Auf zu engen Sitzen mußten wir zu zweit nebeneinander Platz finden, in den Gängen lagen immer einige abwechselnd auf dem Boden, nur mit Zeitungspapier zugedeckt. Die Heeresschule in Gießen war ein schmucker Bau. Dort herrschte Sauberkeit, Ordnung und Disziplin. Unsere Kenntnisse wurden jedoch als nicht ausreichend erachtet. Wir sollten noch zu Funkerinnen ausgebildet werden. Meine Gruppe wurde nach Berlin geschickt.

Berlin, welch heimatlicher Klang! Wir kamen aber in eine Kaserne nach Rauchfangswerder, einem Vorort von Berlin, und die Verhältnisse waren alles andere als schön. In einem großen Saal des Gebäudes, das direkt am See lag, schliefen wir 60 Mädchen, das heißt, wenn wir dazu kamen. Jede Nacht gab es Fliegeralarm, und wir mußten in die Splittergräben. Das Belastendste war der Aufwand, den wir mit unserer Uniform zu treiben hatten. Zu ihr gehörten Jacken, Röcke, Blusen, Käppi, Unterwäsche, Strümpfe, Schuhe, Taschen, Strickjacken, Handschuhe, Schals, Mäntel und graue Arbeitskittel. Das alles war in einem schmalen Militärschrank unterzubringen. Jeden Abend hängten wir die Kleidung ordentlich weg. Wenn nun Alarm kam, mußten wir alle Sachen aus dem Schrank fein säuberlich in den Koffer packen – das war ein Gewühle mit den 60 Personen im Saal –, dann den Koffer im Laufschritt 200 Meter weiter in die Splittergräben schleppen. Da saßen wir zitternd, oft durchfroren und durchnäßt, in diesen lächerlichen Gräben mit unserem »wertvollen« Gepäck und wußten: Berlin wird jetzt bombardiert. Ich dachte immer nur an meine Mutter und daran, daß ich sie am nächsten Mittwoch, dem sogenannten Frisörnachmittag, wieder besuchen würde. Nach der Entwarnung mußten wir alles auspacken, glatt in den Schrank hängen und legen und durften uns dann zur Ruhe begeben. Am nächsten Tag ging es pünktlich wieder in den Dienst, und das alles bei unzureichendem Essen. Nach einiger Zeit stellten unsere Ausbilder fest, daß wir ganz schlechte Funker seien, wir schafften niemals das geforderte Pensum. Das kam daher, weil keine von uns unter den gegebenen Umständen Lust dazu hatte.

Endlich war es genug der Ausbildung, nun begann der Einsatz. Mein Einsatzort war Arhus in Dänemark. Damit hatte ich unverschämtes Glück. Dänemark war die begehrte Speck- und Sahnefront. Es war gegenüber allem vorher Erlebten wirklich schön dort. Wir 24 bis 30 Mädchen wohnten in der Stadt in einer wunderbar eingerichteten Hochhausetage unter der Aufsicht einer Führerin. Unter uns gab es Sprecherinnen, Funkerinnen, Schreiberinnen. Ich wurde in der Transportkommandantur eingesetzt, und zwar entgegen meiner Ausbildung als Fernsprecherin. Nach welchen Kriterien dabei vorgegangen wurde, war mir unverständlich. In Arhus blieb ich zehn Monate. Wir sollten bald merken, daß wir uns auch hier nicht uneingeschränkt wohl fühlen konnten. Die dänische Widerstandsbewegung entwickelte viele Aktivitäten. In der Stadt knallte es an allen Ecken und Enden. Einmal explodierte nachts im Hafen ein deutsches Munitionsschiff. Überall in Arhus war die gewaltige Explosion zu spüren. Ein anderes Mal flogen 13 Lastwagen, die anderntags an die Wehrmacht übergeben werden sollten, in die Luft. Daneben erfolgten viele Anschläge auf kleinere militärische Objekte. Von der deutschen Wehrmacht wurden viele dänische Zivilisten, die des Widerstands verdächtig waren, erschossen.

Diese Erlebnisse lösten bei einigen von uns, auch bei mir, Überlegungen aus. Wir begannen, uns kritisch mit unserer Lage und damit auch unweigerlich mit dem Krieg auseinanderzusetzen. Hinzu kam die zermürbende Sorge um unsere Angehörigen in den bombardierten Städten. Auch empfanden wir unsere Tätigkeit, die wir machen mußten, aber gar nicht machen wollten, immer mehr als aufgezwungen. Im kleinen Kreis kam es zum Austausch von oppositionellen Gedanken. Dabei fielen Sätze wie: »Eigentlich sind die Dänen mit Recht gegen uns. Es wäre gut, wenn der Krieg endlich zu Ende wäre.« Ich weiß nicht, wer von uns vieren oder fünfen es sagte, aber wir dachten alle so und stimmten zu. Diese an sich politisch nicht sehr aggressive Äußerung nahm unsere Führerin, die hinter der Tür stand und uns belauschte, zum Anlaß, sofort Meldung über uns zu machen. Wir wurden zu unserem Chef, dem für uns zuständigen Offizier, gerufen. Er eröffnete uns, daß wir zum Zwecke der Bestrafung nach Gießen zurückfahren müßten. Er fragte: »Sie wissen, warum wir Sie zurückschicken?« – »Nein, das ist uns unbekannt«, sagte ich. – »Sie wissen, daß Ihre Führerin ein Gespräch von Ihnen gehört hat. Darin zeigte sich, daß Sie politisch unzuverlässig sind, Sie und Ihre Kameradinnen. Wir wollen hier jedoch nichts unternehmen. Wir schicken Sie nach Gießen zurück. Dort wird alles geklärt werden.«

Selbstverständlich plagte uns auf der Fahrt die Angst und Ungewißheit, was nun aus uns werden würde. Wer weiß, was die mit uns vorhatten! Doch als wir in der Heeresschule ankamen, standen wir fassungslos einer völlig veränderten Situation gegenüber. Das war jetzt im Herbst 1944 nicht mehr die gleiche Einrichtung, wie wir sie aus der Zeit vor einem Jahr kannten. Alles war in Auflösung, ging drunter und drüber. Wir atmeten auf, als nicht einmal mehr unsere Papiere kontrolliert wurden. Wir bekamen unsere Bude zugewiesen, warfen unsere Sachen dort hin, gaben in den nächsten Tagen schon unsere Uniformen ab und behielten nur noch die Ausgehuniform. Andere liefen schon halb in Zivil herum. Ich war ungeheuer erleichtert. Es geschah nichts weiter mit uns, als daß wir zur Arbeit eingesetzt wurden, zu einer widersinnigen Arbeit, wie mir schien. In diesem Chaos trafen auf dem schuleigenen Eisenbahngleis noch unheimlich viele Waggons mit neuer Kleidung ein, die wir verladen mußten, Kleidung, die überhaupt nicht mehr gebraucht wurde. Einmal kam ein ganzer Waggon voll schwarzer Strümpfe. Das muß alles Beutegut gewesen sein. Die Pakete waren größtenteils aufgerissen, manche waren ganz leer. Es wurde unheimlich viel gestohlen. Der Winter hatte begonnen, und jeder wollte sich mit Kleidung eindecken. Auch die Soldaten haben kräftig mitgeklaut. Wir arbeiteten immer nur etwa zwei Stunden, dann gab es Fliegeralarm, und wir krochen irgendwohin, wo wir uns unterhocken konnten. Gerade als ich beschlossen hatte, nicht mehr hinzugehen, kamen keine Waggons mehr an, und die Arbeit hörte auf.

Ein Ereignis, das mich sehr erschütterte und das ich nie vergesse, trug vollends zur Untergrabung der Disziplin in der Heeresschule bei. Eines Tages kamen, mit dem Zurückfluten des deutschen Militärs aus Frankreich, große Trupps von Wehrmachtshelferinnen. In welcher Verfassung waren diese Mädchen! Notdürftig bekleidet, ohne ausreichendes Schuhwerk, mit blutigen Füßen, waren sie bei winterlicher Kälte lange Strecken Kilometer um Kilometer gelaufen und völlig erschöpft. In höchster Erregung berichteten sie, wie sie im Stich gelassen worden waren, wie die Offiziere ihnen auf die Hände getreten hatten, als sie versuchten, beim Rückzug in die Lastkraftwagen zu klettern, wie sie von den Männern aus den Armeefahrzeugen hinausgeworfen wurden, um für deren Kameraden Platz zu schaffen, wie ihre Vorgesetzten in ihren mit Beutegut beladenen Autos an ihnen vorbeirauschten und sie kaltschnäuzig auf der Straße stehen ließen. Ihre Erbitterung ging so weit, daß sie die Offiziere nicht mehr grüßten, ja, sogar vor ihnen ausspuckten.

Es sprach sich herum, daß Entlassungspapiere ausgestellt wurden. Vor dem Büro standen lange Schlangen. Es gab aber nur eine bestimmte Anzahl Entlassungen pro Tag. Plötzlich machte die Schreckensnachricht die Runde: Die SS hebt noch einmal aus für das SS-Helferinnen-Korps. Sie nahm aber nur Mädchen, die über 1,72 Meter groß waren. Da sind alle Großen unter uns nicht mehr auf den Hof gegangen, haben sich versteckt und klein gemacht, keine Absatzschuhe mehr angezogen. Alle hatten Furcht, noch in letzter Minute bei der SS zu landen und draufzugehen. Der Tagesablauf wurde mehrmals von Fliegeralarm unterbrochen. Einmal habe ich meinen Vorsatz ausgeführt und bin trotz des Alarms vor dem Büro stehengeblieben. Nach der Entwarnung habe ich tatsächlich als erste meine Entlassungspapiere gekriegt. Endlich, endlich frei und wieder nach Hause! Auf der Rückfahrt kam ich nicht weit. Es war die reinste Höllenfahrt, der total überfüllte Zug, in dem viele verwundete Soldaten saßen, lag dauernd unter Beschuß von Tieffliegern, blieb immerzu stehen, wer konnte, sprang hinaus, lief die Böschung hinunter, um Deckung zu suchen. Mehrmals dachten wir, die Lok sei getroffen, doch der Zug ruckte wieder an und setzte sich in Bewegung, dann mußten die Leute, die es nicht mehr schafften, einzusteigen, durch die Fenster ins Abteil gezogen werden. Von Gießen bis Salzgitter war der Zug 24 Stunden unterwegs. Dort bin ich ausgestiegen, weil ich eine Tante im Ort hatte, die ich glücklicherweise antraf, und habe meine Fahrt für drei Tage unterbrochen. Mein Gepäck hatte ich eingebüßt.

In den ersten Tagen des Jahres 1945 traf ich wieder in Berlin ein. Das Herz hat mir geblutet, so zerstört und zerschunden sah die Stadt aus. Es war eine bange Minute für mich, als ich in meine Straße im Südosten Berlins einbog. Würde ich einen Trümmerhaufen vorfinden? Nein, unser Wohnhaus stand noch. Mutter öffnete auf mein ungestümes Klingeln, es gab Umarmungen und Wiedersehensfreude. Ich mußte mit meinen Entlassungspapieren zur Kommandantur Berlin und wurde aufgrund meiner vorherigen Tätigkeit als Fernsprecherin dienstverpflichtet. Ich arbeitete nun beim Fernamt Berlin in der Winterfeldstraße als Zivilangestellte im Drei-Schicht-System. Es war eine furchtbare Zeit. Allein der tägliche Weg zur Arbeitsstelle war ein Problem durch die häufigen Fliegerangriffe und ihre Auswirkungen auf die Verkehrsmittel und -wege. Wir hungerten. Von dem, was es auf Lebensmittelkarten gab, konnte man nicht satt werden. Gerüchte über die deutsche Wunderwaffe kursierten. Die sowjetische Armee stand seit Januar an der Oder. Mitte April begann die Offensive zum Sturm auf Berlin. Als ich eines Tages ein Gespräch nach Landsberg an der Warthe vermittelte, drang durch die Leitung die höchst aufgeregte Stimme meiner Kollegin: »Ich muß jetzt auflegen, eben sind hier russische Panzer vorgefahren.« In der Nacht darauf meldete sich Landsberg mit einer Männerstimme in fremder Sprache. Mir fiel vor Schreck der Hörer aus der Hand. Kurz darauf mußte ich ein Gespräch vom OKH (Oberkommando des Heeres) zu den Stellungen auf den Seelower Höhen vermitteln, wo erbittert gekämpft und die deutsche Verteidigungslinie durchbrochen wurde. Dieses Gespräch war denkwürdig. Der Offizier aus dem OKH verlangte Meldung über den Stand der Dinge und fragte: »Was brauchen Sie?« Die Antwort kam mit einer Stimme wie aus Grabestiefen: »Wir brauchen nur noch Schnaps und Särge!« Und immer wieder: »Nur noch Schnaps und Särge!« Dann legte er auf. »Der Kerl ist verrückt geworden. Verbinden Sie mich noch einmal!« tobte der Offizier. Zwecklos. Wahrscheinlich war der Soldat am anderen Ende der Leitung schon von der Front überrollt. Da beschloß ich, nicht nur ebenfalls aufzulegen, sondern auch meinen Dienst für den Krieg überhaupt zu beenden. Ich ging nicht mehr zum Fernamt, sondern wartete die kurze Zeit bis zum Ende des Krieges zu Hause ab.

Prinzessin auf der Erbse
Über Gertrud B.

In einer Wohnung in Berlin-Wedding sehe ich das Foto von
Gertrud. Es zeigt eine junge Frau von eigenem Liebreiz. Dora,
die Schwägerin, überwindet sich nur schwer, es mir für einige
Zeit zu überlassen: »Das ist meine einzige Erinnerung an sie.«

Gertrud, deine Spur ist verweht, dein Grab gibt es nicht.
Dein Schicksal berührt mich besonders stark, weil du ihm wehrlos ausgeliefert warst, denn dein Geist verirrte sich mehr und
mehr im Labyrinth der erlittenen Grausamkeiten. Als dein geliebter Mann abgeholt wurde, war dein Inneres wie versteinert.
Die Leute im Haus dachten, es ginge dir nicht sehr nahe, daß

Gertrud

die zwei Ledermantelmänner ihn die Treppe hinunterprügelten und ins Auto stießen. So still standest du oben auf dem Podest. Du dachtest nach. Hatte Werner nicht recht, wenn er gegen den Krieg sprach? Es war das Jahr 1942, in dem sich schon die Wende zur Niederlage abzeichnete. Jetzt konnte nur noch Hunger, Zerstörung, Verzweiflung und Tod über alle kommen. Darum wolltet ihr beide nicht länger glauben, daß der Krieg zu Deutschlands Größe von Nutzen sei. Den Kopf unter Decken verborgen, hörtet ihr heimlich den »Feindsender«, damit er euch die Wahrheit sage. Werner hatte nicht schweigen wollen, hatte im Betrieb Friedenspropaganda verbreitet. Du weißt nicht, woher die Machthaber ihre Informationen darüber beziehen, wer Eigenes denkt und Verbotenes ausspricht, denn der Gedanke, daß der Krieg so schnell wie möglich ein Ende haben muß, ist verboten. Wie sieht der Spitzel aus, der deinen Mann verraten hat?

Werner ist weit weg, du fürchtest dich in der leeren Wohnung ohne ihn, erschrickst vor den unheimlichen Geräuschen, die in deinen Ohren sitzen. Aus dunklen Ecken grinsen dich Fratzen an. Sind es die Fratzen der Peiniger? Was werden sie mit Werner machen? Du verrichtest die nötigen Dinge des Alltags, ohne bei der Sache zu sein. Du bist eigentlich in der Zelle im Polizeigefängnis Alexanderplatz, im Zimmer der Gestapo bei den Verhören. 19 Wochen bleibt Werner dort in Einzelhaft. Als die erste Nachricht aus dem Konzentrationslager Sachsenhausen, wohin er bis zum Prozeßbeginn verlegt worden ist, bei dir eintrifft, weicht die Versteinerung. Unruhe erfaßt dich, und die Angst verstärkt sich, Angst vor der Wohnung, wo sich die Fratzen bei Tag und Nacht so breitgemacht haben, daß für dich kein Platz mehr ist. Die seltsame Unruhe zwingt dich, etwas zu tun. Du bist unschlüssig, wie du helfen kannst. Du ziehst deine besten Kleider an. Wenn du bis zu Werner kommst, willst du schön aussehen. In deiner Phantasie stehst du schon vor dem Tor dieses schrecklichen Ortes, den du nicht kennst, von dem du Schlimmes ahnst. Da merkst du gar nicht, daß du in Wirklichkeit immer nur die Treppen deines Wohnhauses hinunter- und heraufläufst. Wieder und immer wieder. »Die ist nicht mehr richtig im Kopp«, sagen die Nachbarn, »wer weiß, was die anstellen kann, da hat man ja direkt Angst vor der!« Und sie gehen des Nachts in den Luftschutzkeller, um dort die Bomben und Luftminen abzuwarten. Alle Mieter im Haus einigen sich schnell. Sie bringen zur Anzeige, daß Frau B. auf den Treppen herumgeistert, ja selbst bei Fliegeralarm auf den Stufen sitzt und kein Wort sagt: »Neulich ist doch einer über die Frau gestolpert und hat vor Schreck seinen Koffer fallenlassen.« Dein Verhängnis beginnt, ohne daß du es erfassen kannst. Die Nervenheilanstalt, in die du eingeliefert wirst, scheint dir zunächst Zuflucht vor den furchteinflößenden Fratzen in der Wohnung zu sein.

Vielleicht könnte die ärztliche Behandlung in einer Heilstätte eine Besserung im Zustand der Schwägerin bewirken, hofft Dora. Sie besucht Gertrud an den Wochenenden. Gehetzt jagt sie, die werktags schwere Arbeit in der Fabrik und samstags die Hausarbeit verrichten muß, von der Waschküche weg zur Bahn, in der Tasche einige schwer zu beschaffende Leckerbissen, mit denen sie Gertrud eine Freude machen will. Sie schreibt beruhigende Briefe an den Bruder, damit er sich in der Haft nicht noch mehr belastet fühlt. Eines Tages legt sie den Weg nach Wittenau im Norden Berlins vergeblich zurück. Gertrud ist nicht mehr da. »Die ist weggeschafft worden in die Landesanstalt Landsberg.« Landsberg an der Warthe, da kann sie die Schwägerin kaum noch besuchen, das bedeutet stundenlanges Fahren mit der Bahn. Dora weint bitterlich. Plötzlich wird ihr bewußt, daß Gertrud in der Hand von Menschen ist, die nichts zu ihrer Gesundung tun werden, nein, viel schlimmer, denen ihr Leben nichts wert ist. »Lebensunwertes Leben«, so heißt das in der Nazisprache. Gertrud, diese liebenswerte Frau, unwertes Leben?

Du bist nun in der Hölle, Gertrud. Die Mittel deiner Peiniger sind Tabletten, Spritzen und Schläge. Die Fratzengesichter, die dich vorher unbekannt und namenlos bedrohten, gehören jetzt Personen, den Ärzten, Schwestern, Pflegern, Aufsehern, die dich nie aus dem Auge lassen. Sie zwingen dich, Medikamente zu schlucken, Injektionen zu dulden. Sie wenden Gewalt an, wenn du nicht gehorsam bist. Du bist nervenkrank, es wird dir immer wieder gesagt. Mit diesem Satz verbrämen die Ärzte und Schwestern die willkürliche Verabreichung von Mitteln, die sie an dir ausprobieren. Doch dein Gesundheitszustand ist unwichtig, wenn es darum geht, dich zur Arbeit zu treiben. Du erkennst, das ist der Punkt, wo du dich verweigern kannst. Sie sollen unfähig sein, deine Glieder für die Arbeit in Bewegung zu setzen, wenn du nicht willst. »Ich arbeite nicht«, sagst du. »Für den Irrsinn hier will ich nicht arbeiten.« Sie stecken dich in die Wäscherei, du wirst unbeweglich. Sie weisen dir einen Arbeitsplatz im Garten und auf dem Feld zu. Du setzt dich ruhig hin, legst den Kopf auf die verschränkten Arme, rührst dich nicht. Die Aufseher werfen dich mit Schlägen nieder, schleifen dich durch morastige Pfützen, durch Staub und Dreck. Doch es kann nicht immer jemand mit der Peitsche hinter dir stehen. Einer der Ärzte findet für dich den Namen, mit dem dich alle hänseln werden: »Prinzessin auf der Erbse.« Der Name dieser humorigen Märchengestalt aus ferner Kindheit könnte liebevoll klingen, aber er ist böse gemeint, bitterböse.

An einem Novembertag des Jahres 1943 kommt Bewegung in das stumpfe Einerlei deiner Tage. Werner ist aus der Untersuchungshaft, aus Gefängnis und KZ entlassen worden und sofort zu dir gefahren. Er ist erschüttert über die gespenstische Atmosphäre, in der du leben mußt. Das unwirtliche Haupthaus, umgeben von den leichten Baracken für die Kranken, macht einen niederschmetternden Eindruck auf ihn. Man gestattet ihm ausnahmsweise den Besuch außerhalb der streng festgesetzten und karg bemessenen Besuchszeit. Du wirst in den Aufenthaltsraum für Besucher geholt. Dein Mann erkennt in dir nur schwer die Frau, die er vor anderthalb Jahren verlassen mußte. Als Nacht über dich fiel, hast du dir deine herrlichen Locken, auf die du so stolz warst, abgeschnitten. Du tatest es zum Zeichen der Trauer. Ihr habt gegen den Krieg nichts ausrichten können. Jetzt wird gegen euch zwei Krieg geführt, grausam und unerbittlich. Werner ist nur eine kurze Atempause vergönnt. Er hat die Einberufung als Bewährungssoldat zum Strafbataillon 999 in der Tasche. Ihr seid schon so gut wie besiegt. Dein Mann soll sich im verhaßten Krieg bewähren, und du, verstrickt in Ängsten, Vorstellungen, Träumen und der Realität zeitweise entflohen, bist eingesperrt in einem Haus des Schreckens.

»Hol mich hier raus!« bittest du inständig deinen Mann, »du mußt doch für meinen Aufenthalt an diese Leute zahlen, die mich gegen meinen Willen festhalten.« Werner weiß um seine Ohnmacht. Schon im Sommer hatte er vom Lager aus Versuche unternommen, die Entlassung seiner Frau aus der Landesanstalt zu erwirken. Die Antwort des Direktors kennt er inzwischen auswendig: »Ihre Ehefrau Gertrud B. steht sehr unter dem Einfluß krankhafter Gedanken. Sie ist aber ruhig und beschäftigt sich regelmäßig. Die beantragte Entlassung wurde von der Polizei abgelehnt, da zu Hause nicht für genügende Aufsicht gesorgt sein würde.« Auch du, Gertrud, kennst deine Ohnmacht. Die Ärzte hier haben dir etwas genommen, was unwiederbringlich verloren ist, die Möglichkeit, ein Kind zu bekommen. Du bist sterilisiert worden. Ohne dir vorher etwas davon zu sagen, ohne dein Einverständnis. Werner ist fassungslos vor Schrecken und Zorn. Während unzählige Frauen für ihre Gebärfreudigkeit mit dem Mutterkreuz belohnt werden, nimmt man Gertrud wegen ihrer zeitweiligen Depressionen das Recht auf ein Kind und damit wohl die letzte Chance, ihre Krankheit zu überwinden. Ihr versucht, euch in der innigen Umarmung zu trösten, aus der ihr euch nicht lösen wollt. Du denkst, er geht diesmal so weit fort, daß er vielleicht nie mehr wiederkommt. Er ahnt, wie zerbrechlich dein Leben in den Händen der grausamen Wächter dieser Anstalt ist. So nehmt ihr Abschied für immer.

Dora hört nichts mehr von ihrer Schwägerin. Nach Kriegsende ist sie selbst in der Krankenpflege tätig. Welch ein Zufall! Von einer Kollegin erfährt sie im Gespräch, daß diese vorher als Röntgenassistentin in der Landesanstalt Landsberg war. Sie fragt sofort nach Gertrud. Darauf schildert die Frau mit äußerster Erregung, wie eines Tages um die Jahreswende 1944/45 ein Trupp SS-Leute die zwangsweise auf dem Hof versammelten Patienten mit MG-Garben niederschoß. »Alle, die nicht schon durch Medikamente oder medizinische Experimente umgekommen waren, wurden auf diese Weise zum Tode befördert. Ich selbst mußte mich schleunigst aus dem Staube machen, um nicht als Mitwisserin ebenfalls einfach abgeknallt zu werden.« An diesem Tag stellt Dora Blumen neben Gertruds Foto und zündet eine Kerze zu ihrem Gedenken an. Dem Bruder, der 1947 aus englischer Kriegsgefangenschaft nach Hause kommt, kann sie das Furchtbare nicht gleich sagen. Seine Wohnung ist inzwischen ausgebombt. Er zieht zur Schwester. Sie melden Gertrud als vermißt bei der Suchaktion des Roten Kreuzes und forschen nach ihrem Verbleib. Alle Bemühungen sind erfolglos.

Gertrud, deine Spur ist verweht, aber du sollst nicht vergessen sein.

Kriegsjahre in der Wohnsiedlung

Nach dem Bericht von
Hilde Auer

Hilde Auer ist 70 Jahre alt und lebt in Duisburg. Wenn sie an die
Kriegsjahre zurückdenkt, stehen zwei Erlebnisse im Vordergrund: die Verschüttung ihres Mannes im Luftschutzstollen des
Betriebs im Oktober 1944 und der Tod ihres Jungen durch Flie-
gereinwirkung im Krankenhaus im März 1945. Von all den
schrecklichen Erlebnissen des Krieges trafen die am schwersten, die Trennung von den liebsten Menschen bedeuteten oder
bedeuten konnten.

Es war der 7. Oktober 1944. Hilde lebte mit ihrer Familie in
Kassel, wo ihr Mann Ferdi in den Henschel-Flugzeugmotoren-
Werken, einem wichtigen Rüstungsbetrieb, beschäftigt war. Es
gab Fliegeralarm. In der nicht weit vom Werk liegenden Wohnsiedlung hatten die Frauen die Bombeneinschläge gehört. Wen
hatte es wohl diesmal getroffen? Als sich nach der Entwarnung
die Schreckensnachricht herumsprach, daß die Männer im
Luftschutzstollen des Betriebs verschüttet seien, strömten die
Frauen von allen Seiten der Siedlung herbei, kamen aber nur
bis ans Werktor. Das Gebäude war abgeriegelt, um, wie es hieß,
die Bergungsmaßnahmen nicht zu stören. Die 14 Werkhallen
waren mit einem Bombenteppich belegt worden, ohne daß nen-
nenswerter Schaden entstanden war. Es hatte auch den in
einem Waldgebiet eingegrabenen Stollen getroffen, der als
Luftschutzraum für die Belegschaft diente, und zwar an einem
Eingang (es gab deren mehrere) und irgendwo in der Mitte. 420
Menschen waren eingeschlossen. Hilde und die anderen wartenden Frauen empörten sich darüber, mit welch primitiven
Mitteln die Feuerwehr versuchte, an die Verschütteten heran-
zukommen. Mit Bangen fragten sie sich, wie lange den Männern
im Stollen die Luft wohl noch reiche, die Minuten schienen ihnen Ewigkeiten. Schließlich wurde Militär eingesetzt, damit die
Bemühungen von außen verstärkt werden konnten. Die Verschütteten gruben von innen, um sich selbst einen Ausgang zu
schaffen. Viele Frauen harrten die ganze Zeit am Werktor aus,
andere verließen den Unglücksort nur für kurze Augenblicke.

Alle schauten angstvoll auf die mit Stroh gefüllten Lkw, die für den Abtransport der Toten bereitstanden. Es dauerte zehn Stunden, bis der letzte Mann befreit war. Insgesamt hatte es acht Tote gegeben. Diese Männer waren beim Bombeneinschlag getroffen worden. Den noch einmal Davongekommenen wurden von einigen Nazigrößen, die selbst betrunken herumliefen, großzügig pro Person ein Schnaps und eine halbe Schachtel Zigaretten angeboten.

Hilde war froh, ihren Ferdi wieder gesund und wohlbehalten in die Arme schließen zu können. Seit 1939 arbeitete er in diesem Betrieb, nachdem er in Wittenberge seinen Arbeitsplatz verloren hatte. Er hatte sich dort geweigert, der SA beizutreten, war auch nicht wie gewünscht in die Werkschar gegangen (eine uniformierte Truppe der DAF).[1] Nach der fristlosen Entlassung hatte er in Kassel bei Henschel Arbeit gefunden, und sie waren hierher gezogen. Um Geld für den Umzug zu beschaffen, hatte Hilde in Wittenberge noch acht Wochen in einer Pulverfabrik gearbeitet. In ihrem Beruf als Verkäuferin war sie trotz Bemühungen nicht vermittelt worden, statt dessen in diese chemische Fabrik. Die kriegswichtige Produktion besaß Vorrang vor allem. Das zeigte auch folgende Tatsache: 1943 erhielt Ferdi zu ihrer großen Beunruhigung einen Gestellungsbefehl, erfuhr aber sofort im Betrieb, daß dieser nur für eine kurze Ausbildung gelten sollte. In einer großen Kaserne am Fuß des Ettersberges bei Weimar waren Arbeiter aus Rüstungsbetrieben in allen Gegenden Deutschlands, ja sogar aus Wien, zusammengezogen worden. Tatsächlich wurde die ganze Batterie nach der Ausbildung trotz des Zusammenbruchs in Stalingrad wieder entlassen und jeder Arbeiter in seinen Rüstungsbetrieb zurückgeschickt. Auch Hilde war in Kassel dienstverpflichtet: bei Fröhlich und Wolf, einer Textilfabrik, die nun Militärzelte herstellte. Aufgrund ihrer Schwangerschaft kam sie jedoch von dieser Arbeit frei. Ihr Sohn Ingo wurde im November 1940 geboren und im Juli 1942 der kleine Fredi.

Das schwerste Erlebnis für Hilde war der Tod ihres Jüngsten. Es kostet sie heute noch Überwindung, darüber zu sprechen. Zwei Jahre und acht Monate war er alt, als sie ihn verlor. Hilde sieht noch vor sich, wie sie bei den schweren Luftangriffen, den Jungen auf dem Arm haltend, in den Bunker flüchtete. Er

---

1 DAF = Deutsche Arbeitsfront trat an die Stelle der Gewerkschaften und der Arbeitgeberverbände, sie vereinigte »Gefolgschaft« mit »Betriebsführer« in einer Zwangsorganisation.

Hilde mit Mann und Kindern 1943

sträubte sich schon am Eingang des Bunkers mit Händen und Füßen gegen diesen Ort, der für die Kinder eine Qual bedeutete, denn im Bunker mußten sie sich ganz ruhig verhalten. Ein sprechendes oder gar schreiendes Kind verbrauchte zuviel Luft. Wieviel Anstrengung bedeutete diese erzwungene Ruhe auch für die Mütter. Fredi erkrankte an Lungenentzündung. Der Arzt verordnete Spaziergänge in frischer Luft. Wo gab es die? Nach den Angriffen war die Stadt voller Qualm. Der Gesundheitszustand des Jungen besserte sich nicht, und der behandelnde Arzt befand einen Krankenhausaufenthalt für dringend notwendig. Hilde mußte ihn selbst mit dem Kinderwagen hinbringen, sie mußte eine Dreiviertelstunde dorthin laufen. Ihrem Wunsch, dort bei dem kranken Kind bleiben zu dürfen, wurde nicht entsprochen. »Ich brauche ja nur einen Stuhl, oder lassen Sie mich hier in dem Krankenzimmer auf dem Boden sitzenbleiben!« bat sie. Die Antwort: »Entweder Sie gehen allein nach Hause oder nehmen auch Ihr Kind wieder mit!« Schweren Herzens mußte sie sich fügen.

In der darauffolgenden Nacht gab es einen Fliegerangriff, und Brandbomben fielen auf das Krankenhaus. Hilde machte sich am nächsten Tag sofort auf den Weg. Als sie am Krankenhaus ankam, war der obere Teil des Gebäudes abgebrannt. Die Schwestern hielten sich mit den kranken Kindern im Keller auf. Es herrschte ein großes Durcheinander. Bis zum Mittag hatten sie noch nichts zu essen und zu trinken für die kleinen Patienten, hatten auch keine Medikamente mehr. Die Krankenhausleitung beschloß, die Eltern aller leicht erkrankten Kinder aufzufordern, sie abzuholen, und die schwer erkrankten zu evakuieren. Aber das war im März 1945, und es gab kein Benzin mehr für die Krankenwagen. Hilde hatte erlebt, daß hohen Nazifunktionären noch immer genügend Benzin zur Verfügung stand, sogar so viel, um ihre Kunstgegenstände in Sicherheit zu bringen, und sie sah, wie an diesem Tag ein verzweifelter Arzt sechs kranke Kinder und eine Schwester zur Betreuung in einen VW-Käfer einlud, sich ans Steuer setzte und mit ihnen davonfuhr. Hilde fand ihren kleinen Fredi noch lebend vor, sein Zustand hatte sich aber durch die schlechte Luft im Keller, durch die Strapazen, die mangelnde Ruhe und Ernährung so verschlechtert, daß er Erstickungsanfälle bekam. Er starb noch am gleichen Tag.

Niemals vergaß Hilde den Ausspruch der Schwester von jenem Morgen: »Ach, wären Sie doch hier gewesen heute nacht. Ich habe ihn auf dem Arm gehabt, und er hat immer nach seiner Mutter gerufen.« Heute noch ist ihr weh ums Herz, wenn sie daran denkt, und immer wieder macht sie sich die bittersten Vorwürfe, sich überhaupt von dem kranken Kind getrennt zu haben. Aber hätte sie der strikten Anweisung des Arztes zuwiderhandeln können? Über 40 Jahre sind seitdem vergangen. Doch oft ist sie in Gedanken bei dem kleinen Frechdachs, der voller Lebenslust steckte und noch kurz vor Kriegsende sterben mußte.

Das viele Leid, das sie um sich herum sah, tröstete sie etwas über das eigene hinweg. Nach mehreren großen Fliegerangriffen fiel Kassel in Schutt und Asche. Fassungslos sah Hilde, was aus der Stadt, die sie gut kannte und inzwischen liebte, geworden war. Ein riesiger Trümmerhaufen, in dem sie die altbekannten Straßen nicht mehr fand. Sie wußte, unter den eingestürzten Häusern lagen Menschen. Die kleinen mit Suchmeldungen bekritzelten Zettel an den Ruinen erzählten von tragischen Schicksalen. Ferdis Kollege schilderte, wie er mit letzter Verzweiflung seine in Panik geratene Frau durch das Feuer scheuchte, mit Drohungen und Fußtritten, weil er in jedem Arm ein Kind hielt und keine Hand frei hatte, sie mit sich zu ziehen.

Hilde denkt zurück an 1939. Der Ausbruch des Krieges kam für sie nicht überraschend, weil sie sich schon in ihrer Jugend mit Politik beschäftigt hatte, vorübergehend Mitglied der SAJ

(Sozialistische Arbeiterjugend) war. Aber doch hatte sie damals den Gedanken an Krieg immer wieder weit von sich geschoben, wie man Unangenehmes eben verdrängt und sich in der Hoffnung wiegt: Na ja, das muß ja vielleicht doch nicht so kommen. Die Wirklichkeit des Krieges überstieg dann alle Befürchtungen. Sie waren nicht in den Krieg gegangen, aber er hatte sie auch in der Heimat erwischt. Hilde denkt weiter: Gibt es heute überhaupt noch eine Front im Krieg? Sie versteht die Frage junger Frauen: Sollen wir in diese Welt ein Kind setzen? Wenn sie damals kein Kind hätte haben wollen, wäre es besser, wäre es klüger gewesen? Sie erinnert sich an die Worte ihrer Schwiegermutter: »Was willst du jetzt mit einem Kind? Wenn der Ferdi nun in den Krieg muß, was dann?« Und an ihre Antwort: »Wir leben jetzt und können nicht auf später warten. Und wenn er nicht wiederkäme, dann habe ich wenigstens ein Kind. Wir können ja auch alle umkommen. Wir wissen es nicht. Ich will aber nicht freiwillig so ein eingeschränktes Leben führen. Leben heißt für mich Hoffnung. Wenn ich sie verliere, bin ich tot.«

Die Kriegsmüdigkeit der Frauen äußerte sich in kleinen Widerstandsaktionen gegen die Nazis, die mit hohlen, phrasenhaften Lügen die Bevölkerung über die wahre Lage hinwegzutäuschen versuchten. An einiges kann Hilde sich noch gut erinnern. Die Siedlungshäuser am Stadtrand, wo Hilde wohnte, wurden nicht von Fliegerbomben getroffen, doch es gab zertrümmerte Fensterscheiben, wenn in der Nähe tagsüber Bomben fielen. Einmal brach im Keller, der natürlich leicht gebaut war, eine Panik aus, Frauen fielen schreiend und um sich schlagend oder laut betend auf die Knie. Von da an gingen Hilde und ihre Schwester, die mit ihrem Säugling nach Kassel gekommen war, weil sie den Bomben auf Duisburg hatte entfliehen wollen, in den Luftschutzstollen am Berg. Sie hatten, wenn sie ganz schnell liefen, einen Weg von drei bis fünf Minuten, waren aber oftmals zu spät dran. Am Stollen herrschte das reinste Chaos. Die Leute drängten wie wild durch die schmalen Türen, denn sie hörten manchmal schon die Flugzeuge über sich brummen. In dem Luftschutzstollen führten uniformierte Amtswalter das Regiment. Sie waren den Frauen gegenüber sehr anmaßend, belegten sie mit allerlei Ausdrücken und kujonierten sie mit Befehlen. Einmal reichte es Hildes Schwester. Sie machte sich ganz groß und stark und sagte sehr laut: »Was fällt Ihnen überhaupt ein? Sie kommandieren hier in der Heimat die Frauen herum, während unsere Männer an der Front liegen. Wenn Sie sich noch einmal so benehmen, dann werde ich dafür sorgen, daß Ihr großes Maul endlich gestopft wird.« Die Reaktion auf diese Worte konnte man von den Gesichtern der Frauen ablesen: Schadenfreude gegenüber diesem Amtswalter, der plötzlich ganz leise wurde, und Freude darüber, daß sich endlich einmal eine von ihnen getraut hatte, aufzutrumpfen.

Ein anderes Beispiel: 1944 fand wie jedes Jahr die Weihnachtsfeier für die Kinder der im Werk Beschäftigten statt. Zum Schluß mußten alle Anwesenden aufstehen und mit zum Hitlergruß erhobenem Arm das Horst-Wessel-Lied[1] singen. Blitzschnell schnappte sich ein Teil der Frauen das eigene oder ein anderes Kind und nahm es auf den Arm, um die Hand nicht zum verhaßten Gruß erheben zu müssen. Ein anderes Mal, als Hilde zu einem kurzen Plausch ins Nachbarhaus gegangen war, knipsten die Kleinen das Licht in der Wohnung an, obwohl die Fenster noch nicht verdunkelt waren. Der SA-Mann aus dem Haus gegenüber wollte das gleich zur Anzeige bringen. Als er in ihr Haus kam, nannte ihm keine der Frauen Hildes Namen. Sie hatte kein Namensschild an der Tür, und die Frauen behaupteten, ihren Namen überhaupt nicht zu kennen.

Natürlich kannten sich viele Leute aus der Wohnsiedlung recht gut. Diese Siedlung war erst im Dritten Reich gegründet worden. Hauptsächlich wohnten dort die im Flugzeugwerk Beschäftigten. Aus allen Gegenden Deutschlands waren sie zusammengeholt worden, zum großen Teil dienstverpflichtet. Zuerst war es für die bunt Zusammengewürfelten sehr schwer, miteinander in Kontakt zu kommen oder sich gar vor den anderen politisch zu äußern. So wie sich mit der Zeit die Männer als Kollegen im Betrieb kennenlernten, kamen sich auch die Frauen allmählich näher. Hilde wußte, zu wem sie bestimmte Dinge sagen konnte und zu wem nicht. Sie stellte fest, daß mit Fortschreiten des Krieges viele, die zuerst Hurrapatriotismus gezeigt hatten, in ihrem Vertrauen auf den Führer schwankend wurden und sich bei einigen sogar tiefe Erbitterung breitmachte. Mit der Zeit entwickelte sich in der Siedlung ein stilles Einverständnis unter denen, die den Krieg satt hatten und nicht mehr an den Endsieg glaubten. Es gab Äußerungen wie diese: »Ach, Sie waren gestern im Kino? Haben Sie die Wochenschau

[1] War auf Anordnung der Nazi-Regierung Bestandteil der Nationalhymne und mußte stets im Anschluß an das Deutschland-Lied gesungen oder gespielt werden.

gesehen? Die war doch so schön, wir haben wieder gesiegt, gesiegt und gesiegt..., sind aber doch zurückgegangen.«

Alle Deutschen sollten noch immer Flagge zeigen, die Naziflagge. Hilde und Ferdi hatten sich vorgenommen, keine Hakenkreuzfahne aus dem Fenster zu hängen. Doch es kam der Blockwart und sagte: »Sie haben zu Führers Geburtstag nicht geflaggt.« – »Wir haben keine Fahne.« – »Ich werde Ihnen eine besorgen, und Sie werden sie bezahlen.« – Beim nächsten Anlaß fehlte an ihrem Wohnungsfenster wieder die Fahne, die ihnen inzwischen gebracht worden war. Die ganze Siedlung hatte geflaggt, und es war ein Wagnis, diesmal zu sagen: »Wir haben keinen Fahnenstock.« – »Nehmen Sie einen Besenstiel!« Hilde traute sich nicht mehr zu opponieren. Lohnte sich das? Zu groß war die Angst, daß die Nazis ihren Mann vielleicht noch einsperren würden. Sie kamen auf die Idee, die Rückwand vom Kleiderschrank etwas gegen die Zimmerwand fallen zu lassen und dahinter die Fahne mit Stock zu verstecken. – Die Nachbarin, Mitglied der NS-Frauenschaft, tauchte auf. »Sie haben doch schon wieder keine Fahne rausgehängt.« – »Sie ist hinter den Schrank gefallen, und wir dürfen ihn um Himmels willen nicht anrühren, dann fällt er vor Altersschwäche auseinander.« So blieb die Fahne dort bis zum Ende des Krieges.

In den letzten Kriegstagen sollten sich alle Männer zum Volkssturm melden. Die Bevölkerung hoffte, daß Kassel zur Offenen Stadt erklärt würde, aber nein, es sollte verteidigt werden. Um die Stadt herum wurden in aller Eile Gräben ausgehoben und Befestigungsanlagen gebaut. Hilde drängte: »Wir müssen weg hier, die holen die Männer aus den Wohnungen, warum sollst du noch am letzten Tag in den Krieg ziehen? Warum sollen wir uns jetzt noch trennen?« Ein Kollege, der 21 Kilometer von Kassel entfernt irgendwo auf dem Lande wohnte, lud sie ein, dorthin mitzukommen. Es fanden sich zehn Personen für dieses Unternehmen, Kollegen und Freunde, die immer ein bißchen zusammengehalten hatten. Mit Kind und Kegel zogen sie los. Unterwegs riefen die Gräbenbauer ihnen zu: »Wo wollt ihr denn hin? Wißt ihr nicht, daß die Amerikaner kommen? Die sind schon ganz dicht an Kassel heran.« – »Ja, eben da wollen wir auch hin.« Für ihren vierjährigen Ingo hatten Ferdi und Hilde ein kleines Wägelchen gebaut. Unterwegs hielten sie einen Lkw an, der das gesamte Gepäck und die schwächste Person, Hildes Schwester, mitnahm. Von den Leuten im Dorf wurden schließlich alle freundlich aufgenommen.

Als die amerikanischen Truppen kamen, atmete Hilde auf.
Wie alle anderen dachte sie, daß sie jetzt endlich in ihrer Wohnung friedlich mit ihrer Familie leben könnte. Da traf sie die Botschaft, daß ihre ganze Siedlung geräumt werden mußte. Die Wohnungen wurden für holländische, französische und russische ehemalige Zwangsarbeiter beschlagnahmt, die nun aus ihren Baracken dorthin übersiedelten. Die 400 deutschen Familien wurden in den Dörfern rund um Kassel untergebracht. Hilde und Ferdi mit ihrem Jungen erhielten ein Zimmer. Aus ihrer Wohnung durften sie nur so viel mitnehmen, wie sie auf einmal tragen konnten. Ehe sie gingen, kamen schon die künftigen Bewohner, sich die Räume anschauen. Einige waren sehr freundlich. Zur ersten Friedensweihnacht durften Hilde und andere Frauen ein wenig Spielzeug aus den Wohnungen holen. Wie freute sich Ingo über sein Schaukelpferdchen!

Endlich war Frieden, aber er sah anders aus, als erträumt. Es gab nichts zu essen, keine Kleidung, die Wohnung war nicht mehr zugänglich. Und doch fanden sich Frauen zusammen, die in dieser Situation nicht nur versuchten, ihre persönlichen Probleme zu lösen, sondern auch an die Not der anderen dachten. Mit einigen organisierte Hilde eine Schuh-Umtausch-Stelle für Kinder, die sie leitete. Die städtische Gemeinde stellte dafür in einem Ortsteil am Rande Kassels einen Raum zur Verfügung. Die Mütter hatten die Möglichkeit, an bestimmten Tagen die ausgewachsenen Schuhe ihrer Kinder gegen besser passende einzutauschen. Als ebenso notwendig erwies es sich, für die aus ihren Sachen herausgewachsenen Kinder Kleidung herzustellen. Aber die benötigten Nähmaschinen waren in den Wohnungen der Siedlung zurückgeblieben. Hilde und andere Frauen erwirkten von der amerikanischen Militärbehörde die Genehmigung, einige Nähmaschinen herauszuholen, und konnten nun eine Nähstube einrichten. Sie sammelten alte Kleider, nähten daraus etwas Neues für die Kinder. Von der geringen Gebühr, die die Schuh-Umtausch-Stelle als Aufwandsentschädigung einnahm, kauften sie, was sie sonst noch für die Nähstube brauchten. Die meisten der beteiligten Frauen stammten aus dem alten Ortskern, zu dem die aus der Siedlung hinzugezogenen Frauen zuerst kaum einen Bezug hatten. Aber die Not und die gemeinsamen Aktionen brachten sie enger zusammen. 1949 konnten Hilde und Ferdi, der inzwischen beim Straßenverkehrsamt arbeitete, und alle anderen wieder in ihre alte Siedlung zurück. Da die ausländischen Zwangsarbeiter aus erschreckend primitiven und unhygienischen Verhältnissen in den Baracken gekommen waren, waren die Wohnungen voll Ungeziefer. Sie wurden ausgeräuchert, die Polstermöbel alle verbrannt, die anderen Möbel zusammengestellt und desinfiziert und die Räume renoviert.

Hilde fand ein neues Tätigkeitsgebiet in den überparteilichen Frauenausschüssen. Diese machten brachliegende Grundstücke ausfindig und kümmerten sich darum, daß sie bis zu ihrer späteren Bebauung als Nutzfläche für Gemüse- und Kartoffelanbau dienten. Das waren Hildes erste Anfänge in der Frauenbewegung, die sie nie mehr losgelassen hat. Sie machte mit bei Aktionen gegen den Krieg in Korea, gegen die Remilitarisierung der Bundesrepublik, sammelte Unterschriften unter den Stockholmer Appell zur Ächtung von Atomwaffen in den 50er Jahren. Sie erkannte, daß Frauen mehr in die Politik einbezogen werden müssen, daß sie dazu aber von Frauen motiviert werden müssen. Häufig hat sie erlebt, daß Männer ihre Frauen von der politischen Arbeit zurückhalten: »Ach, das ist doch nichts für dich.« Aber sie hat auch oft die Erfahrung gemacht: Wenn eine Frau für eine bestimmte Aufgabe gewonnen ist, dann ist sie ausdauernd dabei, und die anderen können sich auf sie verlassen.

Mein lieber, guter Herzensjunge

Briefe von
Annemarie Schilling

42 Jahre alt war Annemarie Schilling, als sie diese Briefe an ihren Sohn Horst schrieb, den sie zärtlich den »Dicken« nannte. Die Tochter eines Tuchfabrikanten und Mühlenbesitzers aus Hamburg lernte vor dem Ersten Weltkrieg bei Freunden in Pirna den Berufsoffizier Walter Schilling kennen. Er war der Sproß einer 500 Jahre alten sächsischen Beamten- und Juristenfamilie, die Webereien besaß. In seinen Aufzeichnungen gesteht er, daß »ihre schönen braunen Augen, ihre freie sichere Haltung und ihr norddeutscher Tonfall« es ihm sofort angetan hätten. Die Zuneigung erwics sich als gegenseitig. Annemaries Plan, nach dem Abitur in Heidelberg Astronomie und Mathematik zu studieren, war vergessen. 70000 Mark Vermögen

Annemarie Schilling

113

mußte der junge Offizier nachweisen, um von der Militärbehörde die Heiratserlaubnis zu erhalten. Die Summe sollte die Gewähr dafür bieten, daß er in der Lage war, mit seiner Ehefrau ein standesgemäßes Leben zu führen. Erst die hohen Offizierschargen waren von dieser Nachweispflicht befreit.

Ein wohlhabender Onkel Walters und der Vater Annemaries brachten je zur Hälfte das erforderliche Geld zusammen. Im Februar 1912 konnten die beiden heiraten. Ende desselben Jahres wurde ihr Sohn Wolf geboren. Der zweite Sohn Götz sollte zum großen Kummer der Eltern mit vier Jahren an einer Erkrankung sterben. Aber da war noch der jüngste Sohn Horst, der 1917 auf die Welt kam, und Tochter Rosel, 1921 geboren, von allen mit dem Kosenamen »Hamster« bedacht. Walter Schilling war heil aus dem Ersten Weltkrieg zurückgekehrt und pachtete in der Nähe von Leipzig das Gut Güldengossa, kurz »die Gosse« genannt, auf dem die Familie ihr sicheres und beschauliches Leben führte.

Beide Söhne wurden Berufsoffiziere. Bei Ausbruch des Zweiten Weltkrieges war Wolf Hauptmann der Luftwaffe und Pilot eines Kampfflugzeuges. Im April 1940 stürzte seine Maschine im Anflug auf Norwegen ab. Während sich die anderen durch Absprung mit dem Fallschirm retteten, versuchte er, das Flugzeug notzulanden. Er wurde dabei schwer verwundet und starb nach zehnwöchigem Krankenlager im Alter von 27 Jahren. Horst war Oberleutnant und Führer einer Sturmgeschützbatterie. Er machte die Feldzüge in Polen, Frankreich, Griechenland und Rumänien mit, erhielt für sein Draufgängertum das Eiserne Kreuz II. und I. Klasse und das Sturmabzeichen. Sein größter Ehrgeiz war, das Ritterkreuz zu erringen. Im Juli 1941 fiel er an der Front im Süden der Sowjetunion. Er war 24 Jahre alt.

Wiesenthal, 18. 7. 40

Mein lieber, guter Herzensjunge,

nun hat der liebe Gott am Freitag, den 12. Juli, abends halb acht Uhr unsern lieben, so unendlich geduldigen und tapfer kämpfenden Jungen zu sich genommen, und Ekalein und ich, die wir drei Tage und Nächte nicht von seinem Bett gewichen sind und ihm bis zuletzt die Hände gehalten oder ganz liebevoll seinen Kopf umarmt haben, haben Gott aus tiefstem Herzen gedankt, daß er dem unsagbaren Leiden und unserer Herzensqual ein Ende gemacht hat. Nun bist Du, mein lieber Horst, unser

Mein lieber guter Herzensjunge,

nun hat der liebe
Gott am Freitag, den 12. Juli, abds ½ 8¹ unseren
lieben, unendlich geduldigen & tapfer kämpfenden
Jungen zu sich genommen & Ebalein & ich, die
wir 3 Tage & 3 Nächte nicht von seinem Bett gewichen
sind & ihm bis zuletzt die Hände gehalten haben
oder ganz liebevoll seinen Kopf umdreht haben,
haben Gott aus tiefstem Herzen gedankt, daß
er dem unsagbaren Leiden & unserer Herzensqual ein Ende gemacht hat. Nun bist Du, mein
lieber Horst, unser einziger Junge, unsere ganze
Hoffnung & Liebe, auf Dir allein ruht nun noch
die Zukunft unserer Familie auf die wir so stolz
waren. Wie wir heirateten war Vati auch der einzige
dann kamet Ihr 3 Jungens & wir waren so dankbar & stolz darauf. Da nahm uns Gott unser Jöh-
lein wieder & nun auch noch unseren Wolf. Du
weißt, wie viel Hoffnungen wir auf ihn als
den ältesten gesetzt haben & nun ist es jäh alles
zerstört. Da habe ich die heisse, flehentliche Bitte

einziger Junge, unsere ganze Hoffnung und Liebe, auf Dir allein ruht nun noch die Zukunft unserer Familie, auf die wir so stolz waren. Wie wir heirateten, war Vati auch der einzige, dann kamet Ihr drei Jungens, und wir waren so dankbar und stolz darauf. Da nahm uns Gott unser Götzlein wieder und nun auch noch unsern Wolf. Du weißt, wieviel Hoffnungen wir auf ihn als den Ältesten gesetzt haben, und nun ist so jäh alles zerstört. Da habe ich die heiße, flehentliche Bitte an Dich: Bleibe Du jetzt unser ganzer Stolz und unsere Hoffnung, erfülle weiter wie bisher treu und fleißig Deine Pflicht, arbeite an Dir, daß Du das wirst leisten, was Dein Vater und Bruder für unseren Namen gewesen sind, bring uns ein ebenso liebevolles, tapferes Schwiegertöchterlein wie unsere Eka, laß immer das harmonische Verhältnis und das Vertrauen zu uns bestehen und bleibe immer und immer unser geliebter, anständiger, sauberer Junge, und will's Gott, so schenke uns mal recht, recht liebe urdeutsche Enkelkinderchen.

Wie hast Du uns gefehlt, mein Horst, wie haben wir Dich herbeigesehnt, und immer sind unsere Gedanken zu Dir gegangen mit den heißesten Wünschen für Dich und uns.

Roselchen hat Dir sofort abends telegraphiert, da wir dachten, daß Du in Paris zur Ruhe lagest und vielleicht kommen konntest, aber als Vati Sonnabend kam, hat er gleich gesagt, daß es unmöglich wäre, aber vielleicht hat Dich das Telegramm erreicht und Du konntest mit Deinen Gedanken bei uns und Wolf sein. Nun wirst Du gern einiges Nähere hören wollen, und wenn es mir auch bis jetzt unmöglich schien, darüber zu schreiben, so merke ich doch jetzt, daß ich es Deinetwegen tun muß, und ich denke, daß es schon gehen wird. Später, wenn Du mal kommst, können wir Dir dann noch eingehender alles erzählen.

Da es Wolf in letzter Zeit trotz der Wunde ganz gut ging und Vati solche Sehnsucht nach mir hatte, entschloß ich mich, mal nach der Gosse zu fahren, zumal Wolf schon mehrmals gesagt hatte: Mutti, fahr mal zu Vati, er wird sonst böse auf mich. So sprach ich den Professor, und er sagte am Donnerstag, den 2. Juli, ich sollte am Dienstag fahren, aber bald wiederkommen. Wolf war sehr einverstanden. Am Freitag sagte er: Ach, Mutti, bleib noch ein paar Tage, ich möchte Dich so gern noch hierbehalten. Er war dann so lieb und auch frisch. Wir haben Quartett und Schwarzen Peter gespielt, Rätsel geraten, Radio gehört und auch mal Scherz gemacht. Am Sonntag war er früh ganz munter und fing plötzlich um drei Uhr an, ganz wirr zu reden, so daß wir gegen sechs Uhr den Professor holten. Da war der seit langem befürchtete akute Kräfteverfall eingetreten, der Puls war sehr hoch und das Fieber so gegen 39. Der Professor sagte uns gleich, daß es sehr ernst um Wolf stände, und war rührend lieb zu Wolf und uns. Montag früh ging es besser. Wolf wurde frisch verbunden, und wir gingen abends um acht Uhr ins Hotel. Nachts halb zwölf wurden wir antelefoniert, daß wir sofort kommen sollten, und fanden unseren geliebten Jungen mit schwerem Herzkollaps ganz schwer phantasierend vor. Früh um vier Uhr beruhigte sich das, und er schlief ein. Der Professor hatte noch um zwölf Uhr Vati in Leipzig angerufen, daß er sofort kommen sollte. Wir gingen um acht Uhr schnell ins Hotel zum Saubermachen, und als wir eine Stunde später wiederkamen, war Wolf wach, trank Kaffee und las noch die Zeitung. Nachmittag um vier Uhr war Vati da, und da hat er sich noch mit ihm unterhalten. Vati war erstaunt, ihn noch so anzutreffen. Ebenso hatte der Professor ein solches Aufrappeln nicht für möglich gehalten. Vati hat dann alles mit dem Professor besprochen, er meinte, daß es nach diesem Aufschwung noch länger dauern könnte. So mußte Vati Mittwoch früh fort. Eka und ich gingen allein zu Wolf. Als ich ihm Vatis Abreise erklärte (telefonisch zurückgerufen, dienstlich), sagte er: Ach Mutti, das ist ganz gut. So habe ich Dich noch ganz allein für mich. Das machte mich ja so glücklich und doch wieder so todtraurig, denn ich wußte ja nun, daß er fühlte, wie es um ihn stand, und mich bei sich haben wollte. Er war so rührend lieb und dankbar zu Eka und mir, Ekalein war einfach wonnig und so tapfer, das kann ich gar nicht beschreiben. Wir sind dann die Nacht von Mittwoch zum Donnerstag bei ihm gewesen, haben ihm früh vorm Verbinden noch mal Mut gemacht, er hat uns beide noch mal ganz lieb geküßt, und während er verbunden wurde, waren wir im Hotel zum Waschen und Umziehen. Als wir zurückkamen, schlief er noch in der Narkose, aus der er nur mit kurzen Unterbrechungen aufgewacht ist, mal etwas Suppe getrunken oder ein paar Kirschen gegessen hat oder bei den wahnsinnigen Schmerzen unsere Hände ergriffen und uns zu sich heruntergezogen hat zum Schutz. Abends wurde er bewußtlos, hat aber noch die ganze Nacht und den ganzen Freitag bis halb acht Uhr leiden müssen. Gottlob kam Vater Lemcke Freitagnachmittag und hat Eka und mir beigestanden. Der Professor war das rührendste und liebevollste, was wir nur haben konnten, und als er vier Stunden bei uns an Wolfs Bett mitgestanden hat, hat er mit uns geweint und sich nicht der Tränen geschämt. Rosel war schon Donnerstagabend gekommen, und so war ich nicht so ganz verlassen. Vati kam erst Sonnabend früh um neun Uhr.

Der Professor und Zahlmeister haben alles für uns getan, und wir können dem Professor in Worten überhaupt nicht danken. Am Donnerstag schickte er mir den Pfarrer ins Lazarett, damit ich mit ihm alles besprechen konnte, wie wir es haben wollten. So sind Ekalein und ich drei Tage ununterbrochen bei Wolf geblieben, und in unseren Armen hat er die lieben Augen geschlossen.

Vor der Tür von Wolfs Zimmer nahmen uns Mutter Lemcke, Rosel und Ibi so liebevoll in Empfang und haben uns rührend im Hotel umsorgt und umhegt. Als Vati kam, fuhr er sofort ins Lazarett und hat von seinem geliebten Jungen noch mal Abschied genommen. Er hätte so friedlich in seiner Uniform mit dem E. K. II Bändchen im Sarg gelegen, ganz umgeben von den vielen roten Rosen, die Eka und ich ihm am letzten Tag in die Arme gelegt hatten. Um halb zwölf Uhr war eine Feier dort in der Kapelle von so überwältigender Schönheit, Liebe und Feierlichkeit, daß ich es nicht ausdrücken kann. Als wir zur Kapelle kamen, empfing uns der Pastor, der Professor und dann sein Commodore mit sieben Offizieren seines Geschwaders, alle mit dem E. K. I. Wenn Wolf das erlebt hätte, dann wäre er stolz und selig gewesen. Die Musikkapelle vom Fliegerhorst aus Lübeck war gekommen und nahm Aufstellung in der Kapelle. Der Commodore mit den sieben Offizieren war in drei Maschinen Ju 88 aus Dänemark direkt zur Feier gekommen. Die Kapelle war herrlich mit Lorbeerbäumen und lauter rosa Hortensien geschmückt. Der Sarg war mit der Kriegsflagge und dem Stahlhelm geschmückt, daneben zwei hohe silberne Leuchter, und vier Soldaten standen Ehrenwache. Zu Füßen des Sarges lagen drei herrliche Kränze, einer davon vom Professor, und einen großen Kranz legte ein Offizier vom Geschwader davor. Auf Ekas und meinem Stuhl lag je ein großer Strauß roter Rosen. Vati und ich nahmen Ekalein in unsere Mitte, und als wir alle saßen (es waren Eka, Vati, ich, Eltern Lemcke, Rosel und Ibi, auf der anderen Seite der Commodore und die sieben Offiziere, der Professor und seine drei Pflegeschwestern, ein Offizier vom Fliegerhorst Neumünster und ein Offizier vom Standort), spielte die Fliegerkapelle:

1. Niederländisches Dankgebet
2. Gesang: Ein feste Burg ist unser Gott

3. Predigt und Segen
4. Wer nur den lieben Gott läßt walten
   (gesungen von den Schwestern im Lazarett)

Dann trat der Commodore vor und dankte Wolf mit sehr lieben Worten. Darauf spielte die Musik: Ich hatt' einen Kameraden. Dann Gebet vom Pfarrer. Zum Schluß das Englandlied, das in der kleinen Kapelle gewaltig klang. Darauf gingen Eka und ich hin und legten Wölflein unsere Rosen zu Füßen des Sarges und verließen mit Vati und allen die Kapelle. Draußen haben wir noch allen gedankt. Der Commodore kam dann noch mal zu Eka und war so bewegt, daß er kaum sprechen konnte. Die ganze Feier war so weihevoll, so wunderbar, daß sie so ganz im Geiste unseres Jungen war. Der Pfarrer hat sehr, sehr schön gesprochen. Auch der Dank des Commodore war so aus tiefstem Herzen.

Um ein Uhr waren wir wieder im Hotel, haben dort alle gegessen, Vati und Vater Lemcke haben noch alles Geschäftliche erledigt, Eka und ich haben für die Schwestern noch kleine Dankesgeschenke besorgt, während Mutter Lemcke, Rosel und Ibi Wölfleins ganze Sachen im Lazarett eingepackt haben. Abends waren wir todmüde von der Aufregung. Am Sonntag früh fuhren wir alle nach Berlin, wo wir um fünf Uhr ankamen und im Hospiz am Anhalter Bahnhof sehr still und schön gewohnt haben. Montag früh um sieben Uhr fuhren wir nach Großenhain, besorgten uns noch schöne Sommerblumen, nach denen Wolf immer Sehnsucht hatte, und gingen ins Hotel dort, fragten in zwei Hotels nach Dir, ob Du dort wärest, aber vergebens. Dafür war Peter Lemcke mit Maschine gekommen und hat nun Wolf als Schwager und Fliegerkamerad nach Herschwitz begleitet. Um elf Uhr fuhr der Wagen mit unserem geliebten Jungen vor und zwei Autos für uns, und so haben wir ganz langsam bei herrlichem Sonnenschein unsern Wolf auf seinem letzten Weg begleitet. Am Friedhofseingang in Herschwitz standen sechs Flieger, die seinen Sarg trugen, und an der Seite von Sachses Grabstätte stand die Fliegerkapelle von Großenhain, so wurde unser Wolfgang als Soldat und Held begraben. Vati hatte den Platz von uns so wonnig herrichten lassen, alles war grün, das Grab im Innern und rundherum Blumen, viele, viele Kränze, dazu strahlende Sonne. Als wir kamen, spielte die Musik, und unter dem Lied vom guten Kameraden sank unser Wölflein ganz langsam in die Erde, und herrliche Ruhe und Frieden, unendlich viel Liebe und Weh haben ihn begleitet. Der

Pfarrer sprach sehr gut, ganz soldatisch, dann wurden drei Ehrensalven abgeschossen, und zum Schluß spielte die Musik sein geliebtes Lied »Bomben auf Engeland«. So hatten wir alles ganz in seinem Sinne gemacht, und alles war viel, viel zu feierlich und zu sehr durchströmt von dem Gedanken, daß Gott es unendlich gut gemeint hat, indem er unsern Jungen von allen Leiden und Qualen erlöste, daß keiner von uns geweint hat, sondern treu und fest und voll Liebe bis zuletzt bei ihm und mit ihm gewesen ist.

Wir sind dann noch an die Elbe gegangen, damit Eka und Lemckes sahen, wo unser Junge seine letzte Ruhe fand, und sie haben alles so lieb und schön gefunden und sind uns von Herzen dankbar gewesen. Von Großenhain sind Vati, Eka, ich und Rosel direkt nach Wiesenthal gefahren, wo uns Großmutter und Elfchen sehr lieb in Empfang nahmen, und Lemckes gleich nach Groß-Dr. Nun wollen Eka und ich in 14 Tagen noch mal zu Wolf und sein Grab schmücken und ein bißchen bei ihm sein.

Hier sprechen wir mit Großmutter und Elfchen so viel von Wolf, aber auch von Dir, mein lieber Dicker, und Du darfst nicht denken, daß Du in dieser Zeit mit unserer Liebe und unseren Gedanken zu kurz gekommen bist. Im Gegenteil, wir haben Dich unendlich vermißt und viel, sehr viel von Dir gesprochen und uns über Deine Briefe, Deine Freude, Dein Glück von ganzem Herzen gefreut. Und was Du alles erlebt hast und daß Du gesund bist, mein Junge, macht uns so froh und dankbar. Nun rief Dein Kamerad an, hab innigen Dank dafür. Wir hoffen, daß Du recht bald gesund zu uns kommst und uns alles gewaltige, herrliche Erleben erzählen kannst.

Nun leb wohl, mein geliebter guter Dicker. Bleibe gesund und mach uns immer weiter nur Freude und gib uns Deine ganze Liebe, mein Junge, wie wir Dir die unsrige geben. Alle grüßen Dich herzlichst und einen innigen Kuß von Mutti.

Vati ist gestern wieder nach der Gosse.

Güldengossa, 3.7.41

Mein lieber, guter Junge,
die ganzen Tage in Dresden wollte ich schon an Dich schreiben, war aber abends so müde, daß es mir unmöglich war. Nun bin ich gestern abend sehr befriedigt zurückgekommen, und Vati empfing mich mit Deinem lieben Brief aus Bukarest und dem Inhalt Deiner verschiedenen Pakete. Heute kam nun noch das Päckchen mit der Blusenseide und den Filmen, so daß ich an-

nehme, daß nun alles da ist, auch der weiße Rock, der Vatis größten Neid erregte. Er probierte ihn gleich an und fand sich bildschön darin. Nun habe tausend lieben Dank für alles, mein Dicker, wir haben uns sehr gefreut, daß Du an uns gedacht hast, aber doch sind Deine Briefe unsere größte Freude. Rosel schrieb heute auch, daß sie sich so sehr über Deinen lieben Brief gefreut hätte, Du hättest so niedlich von Deinen Onkelsorgen geschrieben. Nun brennt sie auf den Kostümstoff. Ich schicke ihn ihr gleich, ebenso Deiner kleinen Freundin.

Zum Autokauf viel Glück. Was ist's denn für ein Wagen? Unsere Gedanken sind in banger Sorge um Dich. Gott behüte Dich jetzt besonders und lasse Dich gesund heimkehren. Vor den Russen graut ja allen, sie sind doch zu tierisch noch und zu roh und dazu die Massen von Menschen und Material, es ist grauenerregend. Wie lange wird es dauern, bis dieses Volk bezwungen ist trotz aller großartigen Leistungen und Siege der Truppen. Menschen und Material wachsen dort über Nacht aus der Erde, so war es 1914, und so wird es auch jetzt sein. Mit all meiner Liebe und Sorge will ich bei Dir sein, mein Junge. Vielleicht hilft Dir das auch ein bißchen.

Jetzt durchlebe ich die traurigen Tage mit unserem lieben Wolf wieder und bin froh, daß ich zu Hause bin und nun mit meinen Gedanken bei ihm sein kann. Ich fahre am 12. zu ihm und bringe ihm Blumen, auch von Ekalein, die ja nun von Brüssel nicht kommen kann. Sie schrieb heute so traurig deshalb. Es ist ja auch schwer, gerade jetzt so fern zu sein. Wie gern hätte ich sie bei mir gehabt, und wir hätten von Wölfleins letzten Tagen gesprochen. Der liebe Junge fehlt mir so sehr, und oft dünkt es mir, daß es nicht wahr ist und er doch mal wiederkommt, weil man es so glühend wünscht. Unser Ekalein wird nun auch ihre eigenen Wege gehen, was ja auch selbstverständlich ist, aber auch das tut mir weh, weil ich unseren Wolf so durch sie weiterlieben könnte. Nun will ich am 12. allein zu seinem Grabe und erzähle ihm von uns allen, vor allem von Eka und Dir und Rosel, seinem kleinen Hamster. Was er wohl gesagt hätte, wenn der Hamster eher ein Kindchen bekommen hätte als er. So ist doch alles Schicksal, und wir sind so machtlos dagegen.

Nun lebe wohl, mein Horst. Alles, alles Gute und Liebe und einen innigen Kuß von Mutti.

Horst, Kriegsweihnachten 1940

Grubenhagen, 15.7.41

Mein lieber, guter Dicker,

nun bin ich seit zwei Tagen hier bei unserm Roselchen, nachdem ich einen ganz wunderbar schönen stillen Tag mit Polli am 12. Juli bei unserm lieben Wolf verbracht habe. Da sind unsere Gedanken und Wünsche auch bei Dir gewesen und haben Dich im Südosten gesucht. Hoffentlich bist Du gesund, mein Junge, und bekommen wir recht bald nun von Dir Nachricht. Es kommt mir wie eine Ewigkeit vor, seitdem wir Deinen letzten Brief erhielten, und doch sind es erst zehn Tage her. Aber wenn man so oft in Sorge an jemand Liebes denkt, dann scheint die Zeit immer so endlos lang.

Nun will ich Dir ein wenig von uns erzählen. Am 10. brachte ich Vati früh um acht Uhr zum Zuge nach Karlsbad, und obwohl er mit geteilten Gefühlen hinfuhr, schreibt er nun sehr befriedigt von allem. Natürlich ließ er die Gosse jetzt in der Ernte nicht gern allein, aber wenn es nicht anders geht mit dem Kuraufenthalt, muß es eben gut sein. Als Vati dann fort war, hatte ich Muße zu allem und habe für meine Reise gerüstet. Am 12. früh fuhr ich im restlos überfüllten Zug nach Herschwitz, wo mich Polli gleich in Empfang nahm. Wir haben dann Wölfleins Grab ganz froh geschmückt und wohl vier Stunden bei ihm gesessen und von ihm und Euch und allem Leid und Freud erzählt. Da gingen die Stunden wie Minuten dahin. Es war ein schwerer, wehmütiger Tag für mich, aber doch so voll Ruhe und Liebe, daß ich traurig war, als ich fortmußte. Wir hatten viel Blumen und liebe Briefe zum Gedenken an Wolf bekommen, was uns sehr wohl getan hat.

Ich fuhr dann mit Polli mit dem Bus nach Dresden, eine sehr hübsche Fahrt über Meißen, aber auf der anderen Elbseite, als wir sonst fuhren mit unserem Auto. Am 13. früh fuhr ich bei großer Hitze in ebenso vollen Zügen nach hier, wo mich Roselchen selig in Empfang nahm. Um halb drei Uhr war ich schon hier, und wir haben dann nach der nötigen Reinigung auf der hübschen Veranda Kaffee getrunken. Du glaubst ja nicht, wie hübsch Grubenhagen im Sommer ist, die Gegend so lieblich und reizvoll, überall Wald zu sehen und kleine Hügel mit Wiesen oder Feldern. Das Haus jetzt mit lauter offenen Zimmertüren wirkt noch viel größer und geräumiger, und der Blick durch die Zimmer auf die Veranda ist reizend. Unser Kleines freute sich sehr, daß ich nun da war, und wir sind fleißig und faul zusammen. Es geht ihr recht gut, und sie sieht gut und anständig aus.

Auf ihr Bambinolein freut sie sich so sehr, das ist zu hübsch. Dicker, wenn's Zwillinge werden, mußt Du noch mal zwei Punkte für 'ne Gummihose opfern. Das ist Ehrensache. Bernd ist zur Zeit noch mal wieder in Oslo, obwohl sie schon Richtung Finnland verfrachtet waren. Nun warten sie wieder auf Abruf. Für Rosel ganz gut so. Er ist Gefreiter geworden, wenigstens ein Fortschritt. Na mein Dicker, laß es gut sein mit dem Ritterkreuz, bekommt man's, so ist es schön, bekommt man's nicht, ist's auch gut. Bloß nicht so was erzwingen wollen. Wo magst Du sein, mein Junge? Ekalein schrieb auch noch über Peters Tod und Jürgen, der in Rußland bei Deinem Divisionsstab ist. Sie war so traurig diese Zeit und litt, daß sie nicht zu Wölflein konnte. Nun ist über alles schon ein Jahr vergangen, ein Jahr voll schwerem tiefem Leid und auch viel Freude. Bleibe gesund, mein Dicker, alles Liebe und Gute und herzlichen Kuß von Mutti.

So gleicht sich alles doch etwas aus im Leben, man muß es nur sehen und fühlen wollen. Was würde Wolf zu allem wohl gesagt haben und daß sein Hamster nun bald eine kleine Mutti werden soll. Siehst Du, bei all solchen Sachen, bei Freud und Leid in der Familie wird er immer aufs neue uns fehlen und erst recht, wenn ich von Kameraden von ihm mal höre. Das bleibt nun wohl so bis an unser Lebensende. Hoffentlich kommt bald Post von Dir.

Bleibe gesund mein Dicker, alles Liebe und Gute und herzlichen Kuß von Mutti.

Grubenhagen, 22.7.41

Mein lieber, guter Dicker,
nun sind wir schon wieder drei Wochen ohne Nachricht von Dir, und Du kannst Dir ja denken, wie sehnsüchtig wir sie erwarten. Unsere Gedanken beschäftigen sich so oft mit Dir. Seit ich Dich in Rußland weiß, quälen mich oft die schrecklichsten Gedanken. Hätte man nicht so viel von den Grausamkeiten gelesen, wäre es vielleicht nicht so schlimm, aber so bedrückt einen der Gedanke, Dich dort zu haben, noch viel mehr. Aber ich will Dir nicht das Herz schwermachen, hast ja selber mit Dir genug zu tun, mein Junge, und will Dir nur wieder Liebes und Frohes aus der Heimat berichten. Rosel und ich warten sehnlichst auf Aufhebung der Päckchensperre, um Dir mal ein Päckchen schicken zu können. Beiliegend eine Schachtel Zigaretten aus Oehmis

Nachlaß. Die hatte sie noch kurz vor ihrem Tode für Dich ge-
kauft. Nun sollst Du sie durch mich haben.

Ich bin ja nun seit zehn Tagen hier bei unserem Roselchen,
und wir beide genießen das Zusammensein so recht von Herzen. Es ist ja so wunderhübsch hier, häuslich wie landschaftlich,
daß man sich schon wohl fühlen muß. Wie oft sagen wir:
Schade, daß der Dicke jetzt nicht hier ist. Was er nun wohl zu
Bernds Heim sagen würde, nachdem er es in so schwierigem
Zustand gesehen hatte. Und wie gern hätten wir Dich, Bernd
und Vati mal hier und wären dann so ganz schrecklich lieb hier
zusammen und machten Spaß miteinander. Wir leben hauptsächlich auf der reizenden Veranda mit dem Blick auf Einfahrt
und Park und Felder. Da kann man auch bei Regen sitzenbleiben, was so schön ist und mir in der Gosse fehlt. Unser Kleines
ist so selig, daß ich hier bin. Wir sind sehr vergnügt zusammen
und sehr fleißig. Es gibt ja jetzt im Garten so viel zu ernten,
mehr als wir bewältigen können an Arbeit und Essen. Gestern
habe ich mich regelrecht an zu vielen Himbeeren verfressen
und bin nun nach bewegter Nacht auf Haferflocken und Zwieback gesetzt. Aber ohne Sorge, ich hole es bald wieder ein. Die
Sträucher brechen unter der Last der Himbeeren und Johannis-
beeren fast zusammen. So viel habe ich in der Gosse noch nie
gesehen.

Nachmittags oder abends streuseln wir dann noch in der Gegend herum, die bei Abendsonne besonders lieblich aussieht.
Die beiden ungezogenen Hunde finden sich dann stets ein und
benutzen die Zeit zum Strolchen in Feld und Wald. Sonntag war
Mama da und hat uns nachmittags über zweieinhalb Stunden
durch den Wald gefahren, was wirklich eine Freude war. Bernd
schreibt sehr munter aus Norwegen. Nachdem sie schon mal auf
Achse gen Finnland waren, sind sie plötzlich wieder zurück
nach Oslo, wo sie nun auf Abruf warten. Er ist nun Gefreiter
geworden und sehr stolz darob.

Die Ernte hier ist recht gut und in vollem Gange. Bernd kann
sehr zufrieden sein.

So mein Dicker, nun habe ich wieder einiges erzählt. Hoffentlich hören wir bald von Dir. Bleibe gesund, mein Junge, das
ist die Hauptsache für uns. Alles Liebe und einen lieben Kuß
Mutti

Mein lieber, guter Junge,

mit unendlicher Freude begrüßte ich nach drei Wochen Wartens Deinen lieben Brief vom 12. Juli, der ja nun erst von der Gosse zu Vati nach Karlsbad und von da zu uns nach Grubenhagen kam. Ich hatte so sehnlichst drauf gewartet und danke Dir nun ganz herzlich dafür. Dieses lange Stillschweigen bei dem Bewußtsein von den vielen schweren Kämpfen war schrecklich. Gottlob rief uns drei Tage vorher Mutter Lemcke an, die von Frau von Knesebeck über Kraft erfahren hatte, daß es Dir gut ging und Du öfters mit Kraft zusammen bist. So hört man vielleicht auch mal von anderer Seite etwas, und das ist eine große Beruhigung. Was werdet ihr wieder alles durchgemacht und erlebt haben, und wieviel Höhen und Mühsal und Anstrengungen werdet Ihr hinter und vor Euch haben. Es geht bei der Weite Rußlands, bei den schwierigen Wegeverhältnissen doch alles langsamer, als man vorher denkt. Wenn es nur bald zum Schluß dort kommt, wenigstens noch, bevor der grausame Winter einsetzt. Hoffentlich geht es Dir weiter gut, mein Junge. Die traurige Nachricht, daß Dix an der Düna gefallen ist, hat Dich gewiß schon erreicht. Uns hat es furchtbar leid getan um diesen feinen, sonnigen Jungen. Wie hing der Onkel Oskar an ihm, und wie manche frohe Stunde habt Ihr und wir alle mit ihm verlebt. Nun soll man ihn nie wieder sehen. Es ist so sehr traurig alles. Rose Biegesch hat ihren Mann auch verloren, alle diese jungen Kinder haben nun schon solch Schicksal zu tragen und werden durchs Leben reifer, als es ihrem Alter entspricht. Aber nun sollst Du Frohes aus der Heimat hören, Leid und Trauer erlebst Du ja selbst zur Genüge draußen.

Meine so wunderschöne Zeit hier geht nun auch leider, leider zu Ende. Wir haben unser friedliches Zusammensein so sehr genossen, und unser Roselchen ist so lieb und glücklich, das macht solche Freude. Wir haben viel Spaß zusammen, sind aber auch sehr fleißig im Garten und bei vier Regentagen auch im Hause. Da haben wir den alten Hausboden entrümpelt, entmistet und entspinnt, ich kann Dir sagen, das war eine Freude. Er muß ja ein Paradies hier für die Kinder gewesen sein, allein vier Zimmerklosetts, zwei große Kästen haben wir ausgestöbert, einen alten Holzkoffer, wie er so hinten an alte Reisekutschen gebunden wurde. Modell 1700, leider restlos zerfallen, na und noch mehr so liebliche Sachen. Das meiste aber hatten Motten, Rost und Holzwurm gefressen. Nun ist's als Gerümpel in einen

Hofschuppen gekommen, und der Boden ist noch mal so groß und strotzt vor Weite und Reinheit, aber natürlich sehr prosaisch für die kommenden Maltzänchen. Die werden wohl eine Rollschuhbahn darauf einrichten. Bernd scheint an die Front gekommen zu sein, denn wir haben seit anderthalb Wochen nichts von ihm gehört. Ich fahre nun Mittwoch fort, bin aber beruhigt, da Rosel Besuch von »Möpschen« hat, ihre kleine Freundin aus der Schule. Vati kommt am Freitag nach Hause. Er hat fünf Pfund in Karlsbad zugenommen und sich gut erholt. Als Beweis dafür wird es ihm nun dort langweilig, und das ist immer ein gutes Zeichen. Hoffentlich hält es für das nächste Jahr an.

So, mein lieber Dicker, für heute genug. Ich will noch an Bernd schreiben. Bleibe gesund, mein Junge und alles Liebe mit innigem Kuß von Mutti.

Hast Du die weißen Röcke mal bekommen?

Von Rosel auch einen lieben Gruß. Hast Du meinen Brief mit Zigaretten erhalten?

Güldengossa, 12. Aug. 1941

Mein lieber, lieber Dicker,

ich muß Dir schreiben, mein lieber Junge, ich denke immer, daß ich Dir noch einen Brief schulde, auch auf die Möglichkeit hin, daß Du diesen Brief nie mehr bekommst. Ich möchte Dir so viel Liebes sagen und weiß nicht, wie und was. Dicker, es kann und darf nicht möglich sein, daß auch Du nie wiederkommst. Oh Gott, was soll dann werden. Wie soll dieses Leben dann mal zu Ende gehen ohne Euch beide Jungens. Wir haben Euch doch so maßlos lieb, das habt Ihr ja auch gewußt, ohne daß ich es Euch schreibe, aber sagen will ich es Euch beiden doch noch mal, vielleicht lesen Eure Seelen diese Zeilen, dann wißt Ihr es, wie unsagbar mein Herz an Euch hing und wie grenzenlos öde und leer es sein wird, wenn ihr beide nicht mehr bei uns seid. Immerzu seit Wochen wollte ich Dir ein Päckchen schicken und immer noch ist Sperre dafür. Oh Gott, mein lieber Junge, wenn Du nur nicht voll Sehnsucht darauf gewartet hast und denkst, wir hätten Dich vergessen. Seit zwei Tagen kommen Vatis Brief vom 30. 6. und mein Brief vom 4. 7. zurück, »Unbestellbar, zurück an Absender«. Mein Horst, wir wissen nicht, warum, und sind in namenloser Sorge. Was mag mit Dir sein? Wenn Du nur nicht den Russen in die Hände gefallen bist. Die Qual, das zu

Feldpost

Herrn
Oberleutnant Horst Schilling

Feldpost Nr. 09975
Zurück, unzustellbar

wissen und zu fürchten, was Du da zu erleiden hättest, ist un-
aussprechlich. Wenn ich mir meinen lieben, herzensguten Jungen vorstelle, daß er gepeinigt wird und in der Hand dieser
Scheusäler ist, nein, Dicker, nein, nur das nicht. Du bist immer
so lieb und so gut gewesen, Dein Herz so weich und liebevoll zu
mir, immer besorgt, uns keine Sorge zu machen, und nun solltest Du leiden müssen und keine Mutti könnte Dir helfen und
Deine Not lindern. Sollte solche Grausamkeit möglich sein?
Dein letzter Brief war vom 12. 7. Vati brachte ihn mit aus Karlsbad, wo er ihn am letzten Tag erhielt. Wie groß war meine
Freude darüber. Sieh, Horst, seit Anfang Juli habe ich Angst
wie noch nie um Dich. Ich habe geahnt, daß Unheil kommt und
mich doch dagegen gewehrt. Ich fühlte, wie es näher kam, und
wollte es doch nicht wahrhaben; habe es auch mal Rosel gesagt,
aber jeder tröstete mich. Und dann glaubte ich weiter an Dein
bisheriges Glück, und immer noch hoffe ich auf eine Wendung
zum Guten. Wenn doch noch mal ein Brief von Dir käme mit
einem Lebenszeichen. Vati sagt, daß Du vielleicht versetzt bist,
aber das konnten sie doch auf den Briefen vermerken. Sie müssen sich doch denken, wie man sich nun sorgt. Ach, mein Junge,
wir hatten Dir gerade so lieb geschrieben, und immer dachte ich
bei Rosel, jetzt hat der Dicke den Brief und freut sich darüber.
Aus Grubenhagen schrieb ich Dir noch drei Briefe, wenn Du
nun keinen mehr bekommen hast und nie mehr weißt, wie lieb

wir an Dich gedacht haben. Wir haben doch solche Freude immer an Dir gehabt, mein Junge, und waren so stolz auf alles, was Du im Kriege schon geleistet und erreicht hast. Nun soll bei Rosel ein Kindchen kommen. Wir sollen uns freuen, und wir, wir haben keine Jungens mehr, das, Horst, könnte ich nicht fassen vor Leid und Kummer. Nun soll es keiner merken, man soll den Alltag weiterleben und weiß vor Angst nicht wohin und ist wie gelähmt.

Für Rosels Kindchen soll ich Wäsche nähen und hatte mich so darauf gefreut und dachte daran, wie ich auch für Deine Kinder mal Wäsche nähen und alles lieb und süß machen wollte und wie Vati und ich uns so schrecklich freuen würden, wenn Du mal ein Schillingskindchen bekämest. Wie hatten wir es bei Wolf gehofft und gewünscht, wie traurig waren wir, als voriges Jahr das Unglück kam und kein Kindchen mehr zu erwarten war. Da sagte Wolf so lieb: »Sei gut, Mutsch, Dein Götzlein bekommst Du noch mal«, er meinte von sich, aber ich wußte ja schon, daß das nie der Fall sein würde, und nahm es als gute Prophezeiung für Dich, mein Horst. Nun sollte auch das mal nicht mehr sein, und unser Name erlischt mit Vati. Mein Junge, mein Herzensjunge, nun habe ich Dir mein Leid gesagt und bin etwas ruhiger geworden. Vielleicht hat Deine liebe, gute Seele schon mit hineingesehen und weiß, was ich Dir alles gesagt habe, und vielleicht bringt sie mir ein wenig Trost und Ruhe. Horstlein, lieber, lieber Junge, wo magst Du sein, was war Dein Erleben, wo ruhst Du und wer war bei Dir? Nichts, nichts wissen wir und sind Dir so fern, Wolf waren wir nah bis zuletzt, und unsere Liebe hat ihn zu Gott begleitet. Du guter Junge, bei Dir war keiner. Und doch mag ich nicht an die Wahrheit glauben und hoffe noch auf eine gute Lösung. Wirst Du noch mal an uns gedacht haben, so mit Liebe und Freude, mit dem Bewußtsein, wie lieb wir uns hatten und was Ihr Kinder in unserem Leben bedeutet habt. Wie reich wir durch Euch waren und wie grenzenlos arm wir würden ohne Euch. Ich glaube, daß ich Dir das auch mal geschrieben habe in einem der letzten Briefe, die Du vielleicht noch erhalten hast. Dann hast Du es erfahren und bist mit diesem Gefühl von uns gegangen. Wie dankbar waren Vati und ich für Eure große Gegenliebe und Euer Vertrauen zu uns, das beides war der schönste Dank von Euch Kindern an uns Eltern. Dicker, wir würden jedes Opfer gebracht haben und noch bringen für diese Liebe und dieses Vertrauen. Wolf hat es mir so wunderbar gezeigt in der langen Leidenszeit, und das hat mir die große Kraft gegeben, ihm und Eka das zu sein, was beide damals brauchten. Oh wie gern hätte ich ihm noch viel, viel mehr gegeben, und oft denke ich noch, ob ich ihm noch mehr hätte sein können, ob er auch nichts entbehrt hat und ich etwas verfehlt habe. Ich wollte alles, alles bei Dir mal nachholen, wenn Du mich mal brauchen solltest, mein Junge. Und nun sollst Du von uns gegangen sein, ohne daß wir es gewußt haben und keiner Dir mit seiner Seele und Liebe nahe war. Doch Dicker, unsere Seelen und Liebe und Wünsche und Hoffnungen, unser Glauben und Fühlen, alles war mit Dir, und eine unendliche Elternliebe gehört Dir immer weiter. Vielleicht kommt bald ein Brief von Dir oder wenigstens über Dich, daß wir wissen, wie Dein Schicksal war. Gebe es Gott, daß es gut war, Du lieber, lieber Junge. Ich schreibe doch lebe wohl, weil ich noch immer hoffe und glaube. Einmal noch laß mich so lieb und weich über Dein blondes Köpfchen mit den schönen seidenweichen Haaren streicheln, laß mich in Dein liebes Gesicht mit den guten warmen Augen sehen, noch einmal sag zu mir »komm Mama, Koffer packen«. Ich will Dir noch oft schreiben.

Deine Mutti

Ob ich's wohl geahnt habe. Seit Anfang Juli dachte ich immer, daß ich den Absender auf den Umschlag schreiben müßte, falls der Brief zurückkäme. Das habe ich früher nie gedacht. Rußland ist zu grausam.

Güldengossa, 15. 8. 41

Mein über alles geliebter, lieber, guter Dicker,
mein Junge, ich muß Dir schreiben, denn meine ganze Seele ruft nach Dir. Solange Du in Rußland warst, konnten wir Dir im Geiste folgen, jetzt, wo Du noch viel, viel ferner bist, kann nur unser ganzes Herz bei Dir sein. Oh mein Junge, laß Dir noch mal so weich und lieb die blonden Haare streicheln und sei wieder bei uns wie so oft und was so wunderbar schön für uns war. Dicker, hast Du wohl jemals gewußt, wie lieb wir Dich haben und welche große, große Freude Deine Besuche bei uns waren. Nun sollst Du nie, nie wiederkommen. Siehst Du, das fasse ich nicht, und darum muß ich Dir auch schreiben und werde Dir noch öfters schreiben, wenn das Herz so weh tut. Du wirst es ja nie lesen, aber Deine liebe, gute Seele, Dein goldiges Herz, mein Junge, wird bei mir sein und erfahren, was Deine Mutti, oder wie Du so oft und so lieb sagtest: »Mama«,

Sturm Artillerie Abteilung   Abt.Gef.Std., den 26. Juli 1941.

Kommandeur

Sehr verehrter Herr Schilling!

    Als Kommandeur der Abteilung habe ich die schmerzer-
füllte Aufgabe Jhnen, sehr verehrter Herr Schilling und
Jhrer hochverehrten Frau Gemahlin den Heldentod Jhres
Sohnes Horst mitzuteilen. Er fiel als Führer der 2. Batterie am 25.7.1941 im Kampf gegen die Russen bei Antonowka.
Jch verliere in ihm nicht nur einen hervorragenden Offizier von besonders guten militärischen Fähigkeiten, sondern
auch einen lieben sonnigen, immer freundlich gestimmten
jungen Kameraden, der stets mit größter soldatischer Pas-
sion sehr gern im Offiziers-Korps gesehen war. Jn vielen
Gefechten die voran gegangen waren hat er meisterhaft
seinen Mann gestanden und die Batterie zum Siege geführt.
Unerschrocken und stets opferbereit führte er die schwie-

Dir noch alles zu erzählen hat. So denke ich nun, daß Du noch hier auf der Welt bist und noch einmal auf Urlaub kommst. Da will ich Dir von Deinem Zimmer, das Du so liebst, nun erzählen. Heute früh habe ich es hübsch gemacht, gelüftet, Staub gewischt, den Fußboden blank gemacht, Deinen Teppich frisch geklopft, vor den Schreibtisch gelegt, Dein buntes Kissen auf den kleinen Lehnstuhl und ein gemütliches Eckchen da oben gemacht, wie Du es immer so gern hattest. Weißt Du, Horst, Dein Teppich ist noch größer als das rote Linoleum und geht bis an das Nachtschränkchen an Deinem Bett und sieht prima da aus. Auf dem Schreibtisch stehen alle Deine alten Sachen, auch der Leuchter von Herrn Fiedler steht wieder am alten Platz rechts in der Ecke, und auf der Schreibunterlage liegt Dein letzter Brief noch jetzt aus dem Felde. Daneben steht das kleine viereckige Tischchen mit einer bunten Decke und einer Vase voll rotem Phlox, der herrlich duftet. Auch Deinen alten Spiegel hast Du wieder über dem Bücherregal. Deine Sachen, die gestern aus dem Felde kamen, habe ich ausgepackt und alle fein saubergemacht, die Ledersachen mit Schuhcreme behandelt und nun alles bei Dir verstaut. Wenn Du mal kommen würdest, würdest Du alles fein wiederfinden, Deine Mütze, das E. K., Ring, Bändchen, Zigarettenetui, Notizbücher, Füller, das silberne Schälchen von 102, Dein Portemonnaie liegt alles in meinem Glasschrank links in einer Ecke, und wenn ich vorbeigehe in meinem Zimmer, kann ich es immer sehen. Dann sehe ich auch die feinen Blutspritzer von Deinem lieben, lieben Herzblut und möchte sie immerzu küssen, aber da hält mich eine tiefe Scheu zurück, und ich habe nur ein unbeschreibliches Weh im Herzen. Mein Junge, mein Junge. Hörst Du, wie ich Dich rufe, mein Dicker.

Güldengossa, 20. Aug. 41

Mein lieber, guter Dicker,
in Gedanken habe ich schon wieder so viele, viele Male Dein liebes, blondes Köpfel gestreichelt und habe eine grenzenlose Sehnsucht nach Dir, mein Junge. Ach Horst, warum kann es kein Traum sein, warum schlafe ich nicht, und wenn ich aufwache, merke ich, daß alles nur ein böser Traum war und daß Du wieder bald zu uns in die Gosse kommst. Vor mir steht Dein Bild, das kleine hübsche aus Erfurt, wo Du so in weite, weite Ferne siehst, der Ausdruck so ernst und der Mund so voll star-

Abt.Gef.Std., den 20.8.1941.

Kommandeur

Sehr verehrter Herr Schilling!

Jm Nachtrag zu meinem Schreiben vom 26. Juli 1941
darf ich Jhnen die mir heute zugegangenen Bilder von dem
Grabe Jhres Sohnes Horst, unseres unvergessenen Kameraden
übersenden. Die Bilder sind von einer Propaganda-Kompanie
nach der Beisetzung aufgenommen. Wie die Propaganda-Kompanie mitteilt, ist das Grab und das Kreuz, soweit Mittel
hierzu vorhanden waren, verschönert worden.
Jch habe gleichzeitig ein Bild für die 2. Batterie sowie
für das Offizier-Korps rahmen lassen und einen Ehrenplatz
solange die Abteilung bestehen bleibt, bestimmt.
Auf dem großen Bild ist im Hintergrund sein Sturmgeschütz
zu sehen, das er bis zu seinem Heldentod geführt hat.

                    Jhr sehr ergebener

ken Willens ist. Diesem Bildchen will ich nun wieder erzählen
und dabei nur, nur an Dich denken.

Wir waren in Wiesenthal und haben zu Großmutti und Elfe
unsern großen Kummer um Dich gebracht. Sie sind wohl die
einzigen, die genau dasselbe Leid um Dich fühlen wie wir, und
ich weiß, daß Du sie ebenso liebhattest wie uns. Von dort habe
ich herrliches Heidekraut mitgebracht. Es steht oben auf Deinem Schreibtisch zwischen Valeries Bild und Lütti, dann auf
dem Flügel zwischen Dir und Wolf und auf Vatis Schreibtisch

auch zwischen Euch beiden lieben Jungens. Abends lege ich den Brief vom Kommandeur und Briefe von Dir unter mein Kissen, damit Du auch des Nachts bei mir bist. Ich möchte so gern von Dir träumen, aber niemals bist Du zu mir gekommen. Dein Schreibtisch ist so sauber und ordentlich, so recht wie immer bei meinem Dicken, und alles oben atmet Deinen Geist und Dein Wesen. Da gehe ich öfters am Tage hinauf und bin Dir dann wieder ganz nahe. Weißt Du, Horst, alles was von Dir ist, möchte ich als Heiligtum aufheben und nur immer mal ganz lieb und zart darüber streicheln. So wonnig ist das kleine Bildchen von Dir, wo Du mit Kameraden gebadet hast und so strahlend in der Sonne sitzt, so ganz unser sonniger guter Dicker. Das liebe ich besonders. Oben in Deinem Zimmer habe ich Deine niedlichen Bilder aufgehängt, das hübsche Schachbild über Dein Bett, auch die Ackerlandschaft und den »Alten Fritz« über das zweite Bett, und in Gedanken sehe ich sie vor mir, so wie sie jahrelang dort über Deinem Bett hingen, damals, als noch Dein blonder, lieber Kopf in den Kissen lag und Mutti so oft rufen mußte: »Horst, aufstehen, runterkommen«, und Du böser Junge kamst dann doch nicht. Nun kannst Du so lange, lange schlafen, und niemand darf Deinen heiligen Schlaf stören. Vati denkt so viel an Dein stilles einsames Grab in Rußland. Er ist fast in derselben Gegend gewesen und kann sich alles vorstellen, ich aber kann es nicht und bin so traurig darüber. Ich denke nur, wenn es so regnet, daß bloß kein Regen zu Dir kommt und meinen lieben Dicken frieren läßt. Wir hoffen, daß noch mal ein Kamerad Dein liebes Grab fotografiert hat, daß wir es sehen können, und später, mein Herzensjunge, besuchen wir Dich und bringen Dir einen ganzen Arm voll Blumen. Es tut so weh, daß wir das jetzt nicht können, so wie bei unserm Wölflein, aber in Gedanken sind wir immer bei Dir. Ach, lieber Junge, das Leben hat nun keine Freude, keine Sonne mehr, und wenn auch Rosel und Bernd ihre ganze Liebe drangeben, um uns zu erfreuen, ersetzen kann Euch nichts, nichts wieder auf der Welt. Wie stolz sind wir über das schöne Urteil Deines Kommandeurs, wie hätten wir uns unbeschreiblich gefreut, das zu hören, wenn Du noch gelebt hättest. Nun ist es mir wie ein Heldenlied für Dich geworden, und ich bin so stolz auf meinen lieben, tapferen Jungen. Nur wissen will ich, was Dir Dein Leben nahm, wie Du Deine lieben blauen Augen geschlossen hast, um bis zum letzten Atemzuge bei Dir sein zu können. Sieh, Dicker, mir hast Du doch am meisten gehört, und kein

Mensch auf der Welt kann Dich so liebhaben wie Mutti. Alles, was ein Kind leidet, leidet seine Mutter mit, ob Glück und Freud, vor allem aber seine Schmerzen, seine Sorgen, seine Leiden.

So viel wie ein Kind von seiner Mutter mit ins Leben nimmt, nimmt es von niemand wieder, drum kann auch nur eine Mutter sagen, daß sie jemand liebhat mehr noch als sich selbst. Und ich habe Dich zu liebgehabt, und ich glaube auch, daß Du das gefühlt hast. Nie wieder vergesse ich Deinen Abschied voriges Jahr, als Du mich hier auf dem Korridor vorm Spiegel in den Arm nahmst und mir zum Abschied den Mund so lieb und so herbe küßtest. Damals dachte ich, daß dies ein Gruß für immer wohl sein könnte, und hatte so viel Angst um Dich. Ich war so glücklich, als wir Dich dann so voll Siegesfreude im Juli 40 in Wiesenthal wiederhatten. Jetzt habe ich nicht gedacht, als Du im Mai hier warst, daß es das letzte, letzte Mal sein könnte. Ich weiß noch nicht mal mehr, wie Du fortgekommen bist, da Du ja nach Magdeburg fuhrest und wir glaubten, daß Du noch mal wieder zu uns kämst. Da hast Du Deine kleine Freundin in Berlin getroffen, und ich will nicht traurig sein, denn Du hast Deine Freude dran gehabt. Das Kind schrieb mir heute so lieb und so traurig. Ich denke, daß sie Dich sehr liebgehabt hat, und das freut mich so für Dich. Auch Valerie schrieb, Du wärst ein Stück Jugend gewesen, das ihr doch mal so nahegestanden hätte. Und alle sagen immer, daß Du solch lieber, sonniger Kamerad gewesen wärest. Alle, alle haben Dich liebgehabt, und viele vermissen Dich im Leben.

Unser Roselchen vermißt ihren lieben Dicken so sehr und daß Du ihr Heim nun nicht gesehen hättest und ihr Bambinolein auch nicht. Wie hättest Du Dich an allem gefreut. Nun muß Deine Seele bei uns sein, und unsere beiden lieben Jungens leben mit uns weiter, nicht wahr. Nur darin finden wir Trost und Ruhe. Mein Herzensjunge, Du lieber, froher Junge Du, ich gebe Dir einen so sehr lieben, innigen Kuß und höre, wie Du nun sagst, so halb abwehrend und doch glücklich: »Na laß nur, Mama.«

Der Oberbefehlshaber des Heeres

Hauptquartier OKH
~~XXXXXXXXX~~, den 24. August 1941
~~XXXXXXXX~~
~~XXXXXXXXXXXXXX~~

(Bitte in der Antwort vorstehendes Geschäftszeichen, das Datum und kurzen Inhalt anzugeben)

Herrn

Major z.V. S c h i l l i n g ,
Sachbearbeiter beim Wehrbezirkskommando
Leipzig III

L e i p z i g .

Sehr verehrter Herr Schilling !

Mir ist gemeldet, daß Ihre beiden Söhne in treuer Pflichterfüllung vor dem Feinde gefallen sind. Seien Sie mit Ihrer sehr verehrten Frau Gemahlin meiner aufrichtigsten Anteilnahme versichert.

Wenn es in diesen schweren Stunden für Sie überhaupt einen Trost gibt, so kann es nur das Bewußtsein sein, daß Ihre tapferen Söhne im Kampf für Deutschlands Zukunft das größte geopfert haben, was ein Mann seinem Führer, Volk und Vaterland geben kann.

Mitfühlend drücke ich Ihnen kameradschaftlich die Hand.

von Brauchitsch

Generalfeldmarschall.

137

Bolle-Anna und die Mütterlichkeit
Über Anna Z.

»Kennst du die Geschichte von Bolle-Anna?« fragte mich ein Freund, als ich vom Thema meines Buches erzählte. Bolle-Anna wurde so genannt, weil sie im Krieg in der Kantine der Bolle-Meierei-Zentrale in Berlin, Alt-Moabit 99, arbeitete. Wer ihr den Namen gab, weiß man nicht. Tauchte er zuerst bei den Kolleginnen und Kollegen ihrer engeren Umgebung auf, machte er bald die Runde bei allen, die mit ihr zu tun hatten. Sie war etwa 60, klein und pummelig, hatte ein breites Gesicht mit einer runden Nase und freundlichen Augen. Die grauen Haare waren glatt gescheitelt. Jeder mußte zugeben, daß sie etwas ausstrahlte, was zur Zeit hoch im Kurs stand: Mütterlichkeit. Das Essen mundete besser, wenn Anna umsichtig das schmutzige Geschirr abgeräumt und mit dem Lappen flink die verklekkerten Reste vom Tisch gewischt hatte. Die guten Worte, die sie dabei an den Kantinengast richtete, gehörten einfach zur Mahlzeit dazu.

Eines Tages stellte sich heraus, daß die unauffällige Anna sich insgeheim eine Art von Mütterlichkeit leistete, die doch nicht von der Obrigkeit erwünscht war. Zunächst bemerkten dies nur die Betroffenen selbst. Es waren französische und russische Kriegsgefangene. In einer abgeteilten Ecke des Kantinenraums verzehrten sie unter Aufsicht des deutschen Wachpostens ihre kärgliche Mahlzeit. Sie wurden zu Aufräumungs- und Transportarbeiten eingesetzt. Eine Weile beobachtete Anna die jungen, ausgemergelten Männer mit den grauen Gesichtern ohne Hoffnung. Dann machte sie sich in ihrer Nähe zu schaffen. Überrascht und ungläubig blickten die Gefangenen auf die deutsche Frau im weißen Kittel, als sie dem Nächstsitzenden von ihnen blitzschnell einen Kanten Brot und ein Stück Käse zusteckte. Gierig nahm der die lebenserhaltende Spende zugleich mit der unerwarteten Zuwendung von Mitgefühl entgegen. Beides war hilfreich.

Anna erwies sich Tag für Tag als Wiederholungstäterin. Der Wachsoldat, der anfangs von dem Vorfall nichts zu bemerken schien, ruhig sein Essen zu sich nahm oder die Zeitung las, auch manchmal ein Schwätzchen mit der hübschen Küchenfrau machte, verwarnte Anna schließlich mit Nachdruck. »Es sind doch nur Essensreste, davon hat keiner einen Schaden«, versicherte sie treuherzig, ging aber künftig äußerst vorsichtig und listenreich bei ihrer illegalen Lebensmittelvergabe vor. Auf die Vorhaltungen der Kolleginnen, was sie eigentlich dabei denke, sich unnötig in Gefahr zu begeben, sagte Anna immer wieder geduldig dasselbe: »Ich denke mir, es könnte möglich sein, daß mein Enkel Dieter als Frontsoldat in die gleiche Lage gerät wie diese Gefangenen. Vielleicht ist er dann auch darauf angewiesen, daß ihm eine Frau ein Stück Brot oder einen Schluck Wasser gibt. Ich tue es für ihn, daran wollt ihr mich doch nicht hindern?« Und sie fügte hinzu, welch ein guter Junge ihr Enkel sei, was er seiner Großmutter bedeute, welchen Strapazen und schlimmen Dingen er jetzt an der Front ausgesetzt sei und daß sie glaube, die Großmütter dieser jungen Männer in Frankreich oder Rußland hätten ganz die gleichen Gedanken wie sie.

Das Unglaubliche geschah: Niemand fand sich, der Anna denunzierte. Es war, als ob die Selbstverständlichkeit ihres Tuns sie unangreifbar machte. – Ihr Enkel Dieter kam übrigens unbeschadet aus dem Krieg zurück. Vielleicht, so hoffe ich, erinnert sich heute noch einer von denen, die ihr damals leise »merci« oder »spaciba« sagten, gelegentlich an Bolle-Anna.

Die Konsequenz

Nach dem Bericht von
Annemarie Colberg

Ayong

Von den jungen Frauen, die ich auf der 4. Hamburger Frauenwoche treffe, wird sie liebevoll Ayong genannt. Ich frage sie nach dem Grund dafür. Sie winkt lächelnd ab. »Ach, eigentlich heiße ich Annemarie, es ist nur, weil ich in Yokohama geboren bin. Ein Buchhalter wurde von seiner Hamburger Firma dorthin geschickt, verliebte sich in ein Mädchen aus Yokohama und heiratete sie. Das waren meine Eltern. Ich bin 1911 geboren. Als ich drei Jahre alt war, mußte sich unsere Familie schon trennen. Wegen des Ersten Weltkriegs wurde mein Vater ausgewiesen und meine Mutter mit ihren Kindern – ich hatte noch eine Schwester – in Yokohama interniert. 1920 konnten wir endlich ausreisen und haben unseren Vater in Hamburg wiedergetroffen.« Annemarie erinnert sich, als Kind schon hin und wieder abfällige Bemerkungen nationalgesinnter Deutscher über ihre Abstammung gehört zu haben. Sie besuchte die Klosterschule, die sie wegen des frühen Todes des Vaters mit 14 Jahren verlassen mußte. Einen großen Eindruck machten die Ereignisse des Hamburger Aufstands auf das zwölfjährige Mädchen. Sie erfuhr, daß Frauen in ihren Körben den kämpfenden Arbeitern Lebensmittel, aber auch Waffen brachten.

Nach dem Schulbesuch nahm sie eine Stelle im Versandbuchhandel an, leitete die Filiale einer Leihbücherei in Wandsbek und gehörte dann längere Zeit zu den Millionen Arbeitslosen, die es Ende der 20er Jahre in Deutschland gab. Dann wurde Hitler Reichskanzler. In ihrem Freundeskreis hörte Annemarie immer wieder in Diskussionen: »Ach, der macht das nicht lange! So'n Verrückter, der kann sich doch nicht an der Regierung halten.« Aber sie hatte auch die warnenden Stimmen in der »Weltbühne« registriert, die sie regelmäßig las. Sie bemühte sich immer um ein realistisches Bild der gesellschaftlichen Verhältnisse. »Ich war gefühlsmäßig Antifaschistin. Aber ich war nicht organisiert und wußte nicht, was man gegen Hitler machen konnte.«

Rüstungsarbeit

Mitte der 30er Jahre bekommt Annemarie wieder Arbeit, in der Kampnagel-Fabrik. (Heute ein Hamburger Kulturzentrum.) Sie ist im Büro beschäftigt. Es ist ein offenes Geheimnis in der Belegschaft, daß im Nebenraum Tests gemacht werden, Zerreißproben an Metallgegenständen. Man munkelt, daß in einer Sonderabteilung Katapulte hergestellt werden, um von Schiffen aus Flugzeuge zum Schnellstart zu bringen. Ab 1937 kommen offizielle Rüstungsaufträge für Kampnagel. Als sich nicht genügend Arbeitskräfte finden, die freiwillig in die Rüstungsabteilung überwechseln wollen, werden laut Beschluß der Geschäftsleitung die zuletzt Eingestellten dorthin versetzt. So trifft es auch Annemarie. In dem großen Büroraum neben der neuerrichteten Riesenhalle sind Bestellung und Buchhaltung untergebracht, auch der leitende Ingenieur sitzt dort. In den Arbeitspausen äußert Annemarie ihre Meinung frei von der Leber weg. Eines Tages sagt ein Arbeiter, nachdem er seine Bestellung an Schrauben und Ersatzteilen aufgegeben hat, leise zu ihr: »Und damit Sie es wissen, Fräulein Heitmann, wir haben alle gut für Sie ausgesagt.« Es stellt sich heraus, daß jemand aus dem Büro Annemaries Äußerungen weitergemeldet hat. Der Obmann kommt und verwarnt sie streng, in Zukunft ihren Mund zu halten. Die Geschäftsleitung wolle noch einmal Gnade vor Recht ergehen lassen und sie versuchsweise behalten. Annemarie dankt für die Freundlichkeit und kündigt.

Auslandsaufenthalt

Auf keinen Fall will sie wieder in die zermürbende Arbeitslosigkeit zurück. Eine Reise nach Frankreich bietet sich als Ausweg an. Sie besucht ihre Kusine in Paris. Die will sie durchaus mit dem Sohn eines Diamantenhändlers verheiraten. Annemarie aber weiß schon einen Mann, den sie heiraten will. Er schreibt aus Deutschland, daß er den Einberufungsbefehl erhalten habe. Das Jahr 1938 geht dem Ende zu. Der gewaltsame Anschluß Österreichs an Hitlerdeutschland ist im März vollzogen worden und hatte lediglich eine Protestnote der englischen und französischen Regierung zur Folge. Hat das Münchener Abkommen vom 29. September 1938, in dem mit den Unterschriften von Chamberlain, Daladier, Hitler und Mussolini die Abtretung des bis dahin zur Tschechoslowakei gehörenden Sudetengebiets an Deutschland beschlossen wurde, den Frieden sicherer gemacht? Oder hat dieser politische und diplomatische Sieg über die Westmächte den Aggressionswillen der Naziregierung noch geschürt und die Kriegsgefahr erhöht? Die Kusine entwickelt in dieser Lage abenteuerliche Pläne. Sie schlägt vor, Annemaries Zukünftiger solle nach Frankreich kommen und in die französische Fremdenlegion eintreten, dann wäre er automatisch Franzose und hätte nichts mehr mit dem deutschen Schlamassel zu tun. Doch Annemarie kommt das vor, als würde man den Teufel mit dem Beelzebub austreiben wollen. Als sie die Absicht äußert, wieder in ihr Heimatland zurückzufahren, schlagen die französischen Freunde die Hände über dem Kopf zusammen. »Sei froh, daß du hier bist!« Doch sie erklärt hochgemut, daß es nicht nur Hitlerdeutschland gebe, sondern auch das von Kant, Goethe und Schiller und daß sie das liebe.

Familiengründung

Annemarie kehrt nach Deutschland zurück und heiratet im August 1939. Die Einberufung ihres Mannes war noch einmal zurückgestellt worden. Er ist gelernter Schiffszimmerman, ist Grafiker und Kunstmaler. Als technischen Zeichner braucht man ihn glücklicherweise bei Blohm und Voß. Durch Vermittlung von Bekannten wird er freigestellt. Am 5. Mai 1940 – an diesem Tag gibt es den ersten Fliegeralarm in Hamburg – kommt die Tochter zur Welt. Nach Annemaries Wunsch soll sie Jeanette heißen. Aber der Standesbeamte verweigert dem Vater die Anmeldung mit der Begründung, dies sei kein deutscher Name. Annemarie überlegt hin und her. Die Großeltern väterlicherseits sind Holländer, also soll ihre Tochter nach der Großmutter Antje heißen. So hat sie doch das Gefühl, den Urhebern dieser Verordnung ein Schnippchen zu schlagen. Kaum aus der Klinik, muß Annemarie auf wackligen Beinen mit ihrem Baby in den Luftschutzkeller. Noch fallen nur ganz vereinzelt Bomben. Ihr Mann ist abends bei der Niederdeutschen Bühne als Feuerwehrmann eingesetzt, so daß sie fast immer auf sich allein gestellt ist. Sie wohnen in der oberen Etage eines Hauses am Hopfenmarkt, in der Innenstadt. Als 1943 die massiven Angriffe der englischen Luftwaffe auf Hamburg beginnen und sie manchmal dreimal am Tag in die Luftschutzkeller gehen müssen, versucht der Mann für Frau und Tochter eine Unterkunft in irgendeinem kleinen Ort an der Ostsee zu finden. Vom 24. Juli bis 3. August 1943 dauern die Luftangriffe auf Hamburg an, die rund 40 000 Todesopfer fordern.

Bombennacht

Annemarie berichtet: »In der Nacht, als mein Mann unterwegs an die Ostsee war, geschah der furchtbare Angriff. Ich war mit der Kleinen allein. Wir sind immer bei ›Berthold‹ in den Keller gegangen, denn unser Hauskeller war unzureichend. Ein ganz altes Haus. Wir mußten vom Hopfenmarkt den Hahnentrab hinunter, und gegenüber war dann das große Warenhaus ›Berthold‹ mit angeblich sicheren Bunkern und Kellern. Die waren auch für nachts eingerichtet, mit mehreren Betten übereinander. Meine Nachbarn liefen ungeachtet des Alarms in dieser Nacht aus Angst um ihr Hab und Gut dauernd raus. Ich konnte es nicht wegen Antje. Da sagte meine Nachbarin: ›Wir haben jetzt das Nötigste, was wir unbedingt brauchen. Nun sehen Sie man zu, daß Sie sich auch etwas holen, wir passen inzwischen auf Antje auf.‹ Am Hahnentrab wollte mich die Feuerwehr schon gar nicht mehr durchlassen, ich bin aber trotzdem noch rauf in die Wohnung und habe, was ich so zu fassen bekam – es brannte hinten schon im Haus –, aus dem Fenster geworfen, also wenigstens unsere Wintermäntel, ein paar Wollsachen und ein von meinem Mann gemaltes Bild habe ich gerettet. Mit den Sachen auf den Armen bin ich zum Bunker zurückgerannt. Unsere Wintermäntel habe ich auf ein Bett gelegt. Es war ja Sommer. Plötzlich hieß es: Der Sauerstoff im Keller wird knapp, wir müssen alle raus. Ich hatte vorher einen Brief von einer Freundin aus Essen bekommen. Im Ruhrgebiet hatten sie schon schlimme Angriffe erlebt, und sie schrieb: ›Was du unbedingt brauchst, ist ein Bettlaken, mach es naß, wenn du raus mußt aus dem Keller, denn die werfen Phosphorbrandsätze ab.‹ Ich hatte auch ein Bettlaken bei mir.

Nachdem wir unseren Keller verlassen hatten, bin ich mit Antje gelaufen und gelaufen, vorbei an brennenden Häusern und umgestürzten Straßenbahnen, bis ich auf den Rathausmarkt kam. Auf diesem großen Platz konnte uns wenigstens nichts auf den Kopf fallen. Ein Mann mit dem NSDAP-Abzeichen veranlaßte mich, mit ihm in ein Büro mitzugehen, da wurden wir erst einmal registriert. Die Parteibonzen wirkten unsicher. Zu der Angst vor den Bomben kam die Furcht vor dem Volkszorn. Dann wurden wir in ein Geschäftshaus bei der Trostbrücke gebracht. Es machte einen sicheren Eindruck. In einem leeren Konferenzraum habe ich zwei Sessel zusammengeschoben, meine Antje daraufgelegt und mit einer Zeitung zugedeckt. Ich konnte nicht widerstehen, in den Turm hinaufzuklettern. Ein rußgeschwärzter Mann kam mir entgegen: ›Das erste, was hier von der Wand gefallen ist, war das Bild von Hitler‹, sagte er, und ich dachte bei mir: Hoffentlich ein gutes Omen, daß Krieg und Naziherrschaft bald zu Ende sind! Ich habe mir vom Turm aus das brennende Hamburg ansehen können. Ein unvergeßliches, furchtbares Bild! Ich bin dann in den proppenvollen Keller der Börse gejagt worden, in dem sich die Frauen und Kinder, schwarz von Ruß und Staub, aneinanderdrängten. Nach nochmaliger Registrierung sagte man zu mir: ›Versuchen Sie, auf schnellstem Wege aus Hamburg herauszukommen!‹ Ich wollte nach Seppensen in das Blockhäuschen einer guten Bekannten. Ziellos bin ich durch die Mönckebergstraße geirrt. Es wurde versucht zu löschen, aber die Brände waren zu gewaltig. Am Kanal, unterhalb des Berliner Tors, lagen viele Leichen, auch tote Pferde, es sah grauenhaft aus. Zahlreiche Menschen hatten sich in ihrer Not brennend in die Kanäle gestürzt.

Odyssee

Später wurden LKWs eingesetzt, um die Menschen aus Hamburg hinauszubefördern. Es war ein Drama, jeder schubste den anderen weg, wollte zuerst einsteigen. Ich hatte meine liebe Not, Antje in dem Getümmel nicht zu verlieren. Ein Kohlenwagen brachte uns nach Harburg. Dort brannte es nicht. Im brennenden Hamburg war stockfinstere Nacht, in Harburg sahen wir mit Erstaunen einen strahlenden Sonnenhimmel. Kaum waren wir dort angekommen, heulten schon wieder die

Sirenen. Wir fanden Zuflucht in einem Bunker, bis die Gefahr vorbei war. Von Harburg fuhren Züge. Ich habe einen Zug nach Bremen erwischt. In Buchholz wollte ich aussteigen, um nach Seppensen zu kommen, aber der Zug fuhr durch bis Bremen. Dort war eine Rote-Kreuz-Station. Antje hatte ein paar Brandwunden trotz des nassen Bettlakens, mit dem ich sie zu schützen versucht hatte.

Inzwischen war mein Mann zurückgekommen und fand uns nicht mehr vor, nur das, was ich auf das Bett im Keller hingelegt hatte. Er erfuhr aber, daß die Ausgebombten registriert wurden, und fragte sich bis zu der Stelle im Börsenkeller durch. Dort sah er Stöße von Zetteln durch und fand unseren Namen und die Angabe, daß wir nach Seppensen wollten. Doch wir waren ja nun in Bremen gelandet. Gleich nachdem wir verarztet worden waren, ertönten auch hier wieder die Sirenen. Ich wollte mit dem nächsten Zug, der in Richtung Hamburg fuhr, nach Seppensen zurück und habe mich mit Antje ohne Fahrkarte in ein Zugabteil der ersten Klasse gesetzt. Die vornehm aussehenden Leute rückten von uns ab und guckten uns ganz erschrocken an. Wir starrten vor Schmutz. Plötzlich empfand ich eine diabolische Freude, diesen Leuten zu erzählen, was in Hamburg geschehen war. ›Wir wohnen in Schwanenwiek und an der Elbchaussee‹, äußerten einige beunruhigt. ›Da werden Sie wohl kaum noch was wiederfinden!‹ Dabei wußte ich gar nicht, wie es an der Elbchaussee aussah. So wird man durch solche Erlebnisse.

Der Zugschaffner sagte nichts weiter, nur: ›Nein, in Buchholz halten wir nicht.‹ Neben mir saß eine junge Frau, die war schwanger und suchte auch eine Bleibe. ›Steigen Sie mit mir in Rotenburg aus‹, sagte sie. ›Ich habe dort eine Freundin im Krankenhaus.‹ Sie war im neunten Monat, jeden Augenblick konnten die Wehen einsetzen. Ich bekam mit Antje keinen Platz im Krankenhaus, aber eine junge Krankenschwester, eine Hamburgerin, hat mir, als sie die Schreckensmeldungen hörte, ihr Hotelzimmer zur Verfügung gestellt. Das haben wir über die Hintertreppe erreicht, damit bloß niemand bemerkte, wie wir aussahen. Am nächsten Morgen gingen wir notdürftig gesäubert auf die Straße. Ich hatte eine Wolldecke zusammengelegt über der Schulter hängen und Antje auf dem Arm. Gegenüber vom Hotel war das NSDAP-Büro. Einer kam herausgestürzt. ›Wohl wahnsinnig, so können Sie doch jetzt hier nicht rumlaufen!‹ – ›Warum kann ich nicht?‹ – ›Kommen Sie erst mal rein!‹ –

Da hörte ich noch – sie hatten eine Besprechung –: ›Keine Braunhemden anziehen! Jetzt darauf verzichten!‹ So schätzten sie die Stimmung unter den Flüchtlingen aus Hamburg ein, vor allem vor den Arbeitern aus den Betrieben hatten sie eine furchtbare Angst, und ich hab immer gedacht: Jetzt ist es wohl aus mit Hitler! Aber es hat doch noch zwei bittere Jahre gedauert.

Mein Mann hat uns dann auf irgendwelchen Umwegen gefunden. Ich habe nämlich die Antje in Rotenburg gelassen und bin kurz nach Hamburg zurück. Allen Bekannten, denen ich begegnete, auch einem Schauspieler der Niederdeutschen Bühne, nannte ich meinen Aufenthaltsort. Dieser Schauspieler hat wirklich meinen Mann getroffen. War das eine Freude, als wir uns wiederfanden!

Also das kann man direkt als eine Odyssee bezeichnen.

Klein-Meiking

In Rotenburg wollten die Behörden alle Flüchtlinge so schnell wie möglich los sein. Die Wohnung in Hamburg war vollständig ausgebrannt. Wo sollten wir hin? Wir wurden in uralte Züge verfrachtet, mit denen schuckelten wir Richtung Süden durch das Land. Mein Mann begleitete uns. In größeren Abständen hielt der Zug in kleinen Orten und wurde immer leerer. Das war gut organisiert. Wir gehörten zu den letzten, die aus dem Zug geholt wurden. Es war hinter Passau, Klein-Meiking hieß das Dorf. Wir erhielten einen Zettel, auf dem stand, daß wir einem Bauern mit dem romantischen Namen Tannhäuser zugeteilt waren. Als wir am Gehöft ankamen, stand der breitbeinig vor seiner Tür und sagte: ›No, i hoab kei Platz.‹ Man sah, er hatte die Hinfälligkeit seines Daches gut gepflegt, damit er niemanden aufzunehmen brauchte. Aus dem Häuschen gegenüber stürzte eine junge Frau auf mich zu. ›Der will euch nicht, der reiche Bauer, kommt's mit zu mir.‹

Es stellte sich heraus, daß sie und ihr Mann österreichische Emigranten waren. Ich weiß nicht, warum, jedenfalls waren sie von Dorf zu Dorf gezogen, um unterzutauchen. Sie hatten das Glück, daß der Ortspolizist sie jedes Mal rechtzeitig warnte, wenn es brenzlig für sie wurde. Wahrscheinlich hatten sie Mittel genug, ihn zu bestechen. Es war ein interessantes Paar. Sie war Schauspielerin und er Rittmeister, der aber etwas von Uhren verstand und den Bauern ihre Uhren heil machte, was diese mit Lebensmitteln honorierten. Die beiden hatten uns nun aufgenommen. Der Bauer Tannhäuser, der sich später wegen seines Verhaltens entschuldigte, wurde dazu verpflichtet, uns zu beköstigen. Er hatte polnische Zwangsarbeiter. Sie kamen öfter, wenn sie frei hatten, zu Gerda, der Österreicherin. Bei uns fühlten sie sich wohl und brachten als Geschenk die schönsten Steinpilze mit, die sie hatten sammeln können.

Mein Mann mußte sich bald wieder auf die Rückfahrt nach Hamburg begeben. Es waren etliche Aufrufe ergangen, daß die Beschäftigten ihrer Arbeit nicht länger fernbleiben dürften, und er war ja zu der Zeit immer noch bei Blohm und Voß angestellt. Auch mich hielt es nicht mehr lange in diesem süddeutschen Dorf, in das es mich verschlagen hatte. Entscheidend für meinen Aufbruch war die Verordnung, daß alle, die jetzt nicht nach Hamburg zurückkämen, in Zukunft keine Zuzugsgenehmigung mehr erhalten würden. Ich verabschiedete mich von meinen österreichischen Freunden und von den Bauersleuten und ging aufs Feld, um auch den Polen Lebewohl zu sagen. Diese Szene vergesse ich nie. Die sind plötzlich auf die Knie gestürzt, haben sich bekreuzigt, mir die Hände geküßt und sich tausendmal bedankt. Für ein paar gute Worte. Mir taten sie wirklich leid. Sie hatten es nicht gut, wurden geschlagen, und sie machten sich Sorgen um ihre Familienangehörigen.

Selbstverständliche Hilfe

In Hamburg war ein großer Teil des Wohnraums zerstört. Wir fanden Unterkunft bei der Schwester meines Mannes in Rahlstedt. Sie wohnte in einem kleinen Haus zur Miete. Im Erdgeschoß waren eine große Stube und die Küche und darüber zwei kleine Räume, in denen wir uns einrichten konnten. Bald darauf zog sie zu ihrem Freund, und die unteren Räume belegte der Hausbesitzer selbst. Unsere Nachbarn, mit denen wir Wand an Wand wohnten, waren immer bestens durch das Radio – ich weiß nicht, welchen Sender sie hörten – informiert, wenn feindliche Flugzeuge sich Hamburg näherten. Sie gaben uns Klopfzeichen, dann wußten wir, jetzt wird es ernst, und ich ging mit Antje in den Hauskeller. Ich hatte einen jungen Mann bei mir aufgenommen, der bei Fliegeralarm nicht in den Keller gehen und sich überhaupt nicht sehen lassen durfte. Er hatte einen

›arischen‹ Vater, aber eine jüdische Mutter. Zum Ende des Krieges hin wurden ja auch ›Halbjuden‹ verfolgt. Sie mußten sich bei Ohlsdorf auf dem Amt melden. Eine Freundin, die jüdischen Menschen half, brachte ihn mir. Sie wußte keine andere Adresse mehr. Ich sagte: ›Ist gut, Jens (so hieß er) kann bei uns bleiben.‹

Annemarie Colberg mit Mutter und Tochter
im Winter 1943/44 in Arnstadt/Thüringen,
wo sich die Frauen der Familie nach den
Bombenangriffen auf Hamburg trafen

Das war eine ziemlich schwierige Situation. Vor allen Dingen durften die Nachbarn nichts merken, von ihnen drohte die meiste Gefahr. Von denen, die uns immer vor dem Angriff warnten, wußte ich nicht, wie sie politisch eingestellt waren, hoffte aber, daß sie sich nicht als Denunzianten betätigen würden. Die Hausbesitzer waren alte Leute und schwerhörig, die bekamen, zum Glück für uns, gar nicht mit, was im Haus vorging. Aber die Nachbarn zur anderen Seite, das waren bekannte Nazis, da war äußerste Vorsicht geraten. Es war auch nicht leicht für mich, Jens mit zu ernähren. Aber ich sollte bald spüren, wie weit die Solidarität reichte. Abgesehen davon, daß uns die Freundin ab und zu etwas zu essen brachte, bekam ich Briefe ohne Absender, einmal aus Lübeck oder dem Schleswig-Holsteinischen, einmal aus Hannover oder dem Raum Niedersachsen. In den Briefen war nichts weiter drin als Lebensmittelmarken.

Es kam der Moment der Entscheidung: Sollte Hamburg den alliierten Truppen kampflos übergeben oder militärisch verteidigt werden? Der Hamburger Bürgermeister Kaufmann wurde von vielen Menschen bedrängt, sich gegen eine sinnlose militärische Verteidigung einzusetzen. Aber in der Stadt und um die Stadt herum lag viel Militär, in der Ahrensburger Straße wartete eine Kompanie Soldaten nur auf den Startschuß. Hamburg wimmelte von Nazis und SS-Leuten. Doch auch bei den Hamburger Jungen wirkte sich die jahrelange Erziehung in der Hitler-Jugend aus. Sie wollten ihre Heimatstadt mit der Waffe verteidigen. In der Bernaer Straße kamen besorgte Mütter zusammen und berieten sich. Sie beschlossen, ihre Söhne in Zimmern und Kellern einzusperren, damit sie nicht auch noch mit draufgingen. Alle Menschen atmeten auf, als der Beschluß bekannt wurde, die Stadt solle nicht militärisch verteidigt werden. Bevor die Engländer einmarschierten, wollten sie die Stadt von Militär und Nazis ›säubern‹ und haben von leichten Flugzeugen aus mit MG die Straßen freigeschossen. Ich habe es durchs Fenster beobachten können. Das war kurz vor dem 8. Mai 1945. Als alles zu Ende war, öffnete ich das Fenster und nebenan meine Nachbarin auch, und ich hörte sie laut sagen: »Gott sei Dank, daß die Nazis endlich weg sind.« Das waren also doch Antifaschisten.

Das war nun das Ende des Krieges. Ich war mit meiner Tochter, die inzwischen fünf Jahre alt war, allein. Mein Mann war Anfang 1944 noch eingezogen worden. Er ist erst in Cuxhaven, dann in Stralsund bei der Marine ausgebildet worden. Dort haben Antje und ich ihn noch besucht. Der Hauptmann, dem die Kaserne unterstand, war ein Pfarrer aus Bergen und ein Bootsnarr. Mein Mann kommt aus einer Arbeiterfamilie und ist in der sozialistischen Jugendorganisation groß geworden. Irgendwie hat dieser Pfarrer Sympathien für ihn gehabt und hat ihn freigestellt zur Wartung seiner privaten Segelyacht. Er hat uns beide abends zu einer Flasche Wein in die Kaserne eingeladen und meinte im Gespräch: »Solange ich hier bin, Frau Colberg, können Sie sicher sein, daß Ihr Mann nicht an die Front kommt.« Am nächsten Tag wurde er nach Bergen abberufen. Bei meinem Besuch am Tag darauf kam mir mein Mann mutlos entgegen: ›Es ist aus. Wir kommen alle an die Front.‹ Sein Hauptmann war nicht mehr da. Ich konnte nur noch zum Bahnhof gehen und winken.

Mein Mann wurde in Italien eingesetzt, in La Spezia, das war nicht direkt an der Front. Er mußte mit dem Motorboot oder Motorrad Kurierfahrten machen. Er hatte strenge Weisung, in den Dörfern nicht in Gastwirtschaften einzukehren, hielt sich aber nicht daran und bekam Kontakt zu den Partisanen. Mit ein paar anderen deutschen Soldaten ist er dann übergelaufen. Es erscheint mir unbegreiflich, aber sie haben bei Kriegsende auch bei den Partisanen alle Deutschen in Gefangenschaft genommen. Er kam in amerikanische Gefangenschaft und mußte sich im Lager noch von den alten Nazis was sagen lassen. Die behielten ja ihre Orden und Ränge. Dem hat er sich widersetzt: ›Ich habe schon im Krieg nicht gern gehorcht.‹ Er wurde wegen Ungehorsams bestraft. Ein schwarzer Sergeant sagte zu ihm: ›Du Antinazi – Mensch zweiter Klasse! Wir Schwarze – auch zweiter Klasse.‹ Er kam 1946 wieder. Alle Heimkehrer mußten sich in der Kunsthalle melden, dort bekamen sie ihre neuen Ausweise. Auf die Frage, wo er gefangengenommen worden sei, antwortete er: ›Ich war bei den Partisanen in den Bergen von La Spezia.‹ ›Das wollen wir nicht gehört haben‹, sagte der Mann hinter dem Schalter, ›schließen Sie sich hinten noch einmal an und überlegen Sie sich, was Sie sagen.‹ Mein Mann blieb dabei.«

Antifaschistische Frauenausschüsse

Während des Krieges hat sich Annemarie immer wieder geschworen: Wenn alles zu Ende ist, wirst du nicht mehr still zu Hause sitzen! Vom ersten Tag an stürzt sie sich in die politische Arbeit. »Mich interessierten vor allem die Frauen, die in der Hitlerzeit mundtot und dumm gemacht worden waren.« Die britische Besatzungsmacht erteilt die Erlaubnis, antifaschistische Frauenausschüsse zu gründen. Frauen aller politischer Couleur arbeiten darin. Annemarie baut den Frauenausschuß Elbgemeinde mit auf. Zunächst steht die karitative Arbeit im Vordergrund. Die Not ist groß. Den Ärmsten, zum Beispiel den Witwen, die oft mit ihren Kindern in Kellern hausen, muß schnell mit Bezugscheinen für das Allernötigste geholfen werden. Die Frauenausschüsse arbeiten mit den Behörden bei der Bezugscheinausgabe zusammen; kontrollieren, daß diese in die richtigen Hände kommen. Spielzeug und Kinderkleidung werden gesammelt und Weihnachtsfeiern veranstaltet für die Kinder, deren Väter gefallen, vermißt oder noch in Gefangenschaft sind. In Privatwohnungen richten die Frauen Nähstuben ein unter dem Motto: Aus zwei oder drei mach eins! Einige können zuschneiden, andere haben noch eine alte Nähmaschine, so entsteht aus zwei alten Kleidungsstücken oft noch ein ansehnliches Kleid. Wenn die Frauen im Winter 1945/46 zu Ausschußsitzungen zusammenkommen, bringt jede der Gastgeberin als Geschenk ein Brikett oder ein Stück Holz zum Heizen mit. Heizmaterial ist rar und kostbar.

»In den Nähstuben wurde natürlich nicht nur geschneidert, sondern auch diskutiert. In den Köpfen der Frauen geisterten noch viele Naziparolen herum. Und dabei waren das noch die mehr oder minder Ahnungslosen gewesen, die nun zu uns kamen. Diejenigen Frauen, die die Nazis bewußt unterstützt hatten, in der NS-Frauenschaft aktiv gewesen waren, blieben sowieso fern. Immer wieder mußten wir uns mit der Meinung: ›Das ist Schicksal, wir können doch nichts machen‹ auseinandersetzen. Wir wollten, daß Frauen ihr Teil dazu beitrügen, die zukünftigen gesellschaftlichen Verhältnisse mitzubestimmen. Wir führten Bildungsabende durch, zum Beispiel über das Entstehen des Faschismus, die Bedeutung des Potsdamer Abkommens, über das Leben von Frauen, die dem Hitlerregime widerstanden haben, oft ernteten wir Desinteresse: ›Ach, nun laßt doch endlich die Vergangenheit!‹ Auch die Bereitschaft, aktiv am Aufbau mitzuarbeiten, war nicht sehr stark. Wir vom Frauenausschuß haben auch noch enttrümmert, in freiwilligen Schichten. In der ersten Zeit nach Kriegsende fanden die meisten von uns noch keine Arbeit in ihrem Beruf, so daß der ganze Einsatz der Sache gelten konnte. Dann kam von der Besatzungsmacht der Erlaß, daß die Gründung von Organisationen wieder erlaubt sei. Wir dachten, wie gut und wichtig es wäre, eine einheitliche Frauenorganisation zu haben. Aber es kam dann leider anders. Als der Demokratische Frauenbund Deutschlands gegründet wurde, hatten uns die CDU- und SPD-Frauen schon verlassen.«

Internationale Frauenliga für Frieden und Freiheit

Ein großes Erlebnis nach 1945 bedeutet für Annemarie die Begegnung mit Frauen, die Widerstand geleistet, die Gefängnisse und Konzentrationslager überlebt haben. Eine dieser mutigen Frauen ist Magda Hoppstock-Huth. Als Präsidentin der Internationalen Frauenliga für Frieden und Freiheit stand sie in der Tradition des bürgerlich-radikalen Antimilitarismus von Anita Augspurg und Lida Gustava Heymann, die die Liga zur Zeit des Ersten Weltkrieges gegründet hatten. Vor 1933 hatte sie auf großen Frauenveranstaltungen gegen Nationalsozialismus und Kriegsgefahr gesprochen. Als die Nazis an die Macht kamen, emigrierte sie nach England. Sie erhielt von Freunden brieflich die Zusicherung, daß in Deutschland nichts gegen sie vorläge, und kehrte zurück. Sechs Monate später wurde sie von der Gestapo verhaftet, in das Gefängnis Fuhlsbüttel eingeliefert und zum Tode verurteilt. Das Urteil wurde nicht mehr vollstreckt, die einrückenden englischen Truppen befreiten sie. Nun bekommt Magda Hoppstock-Huth aufgrund ihrer guten Beziehung zur Besatzungsmacht sehr früh die Erlaubnis, die Frauenliga wieder aufzubauen. Sie reist umher, nimmt Kontakte mit Frauen in anderen Städten auf, nutzt jede Möglichkeit, um neue Gruppen ins Leben zu rufen.

Als sie Annemarie im Frauenausschuß kennenlernt, sagt sie: »Sie müssen in die Liga kommen!« Annemarie hat Kraft für zwei in jener Zeit. Sie hilft, den DFD aufzubauen, und arbeitet in der Internationalen Frauenliga für Frieden und Freiheit mit. Ihren Schwur, den sie sich selbst gegeben hat, hält sie bis zum heutigen Tage. In der Frauenbewegung ist sie aktiv und jung geblieben.

Arbeitssklavinnen

Rita Sprengel

Nach Hitlers Überfall auf die Sowjetunion vervielfachten sich die Menschen- und Materialverluste. Arbeitskräfte wurden in Deutschland knapp. Bisher hatte die Arbeit in den Konzentrationslagern vor allem der Einschüchterung und Vernichtung der Hitler-Gegner gedient. Unter den neuen Bedingungen bot es sich an, auch die Häftlingsarbeitskraft in den Dienst der Kriegswirtschaft zu stellen. So erließ die SS-Führung in den ersten Monaten des Jahres 1942 eine Reihe von Befehlen und Weisungen, deren Ziel es war, einen rationellen Arbeitseinsatz der KZ-Häftlinge zu erreichen. Es wurden nun in der Nähe der Rüstungsbetriebe Häftlingslager eingerichtet, aber auch Zweigwerke unweit der KZs gebaut, wie beispielsweise der Siemensbetrieb bei Ravensbrück.

Ich arbeitete dort von November 1942 bis Ende September 1944 als Bürohäftling in der Spulenwickelei (Baracke 2). Neben der Arbeitsvorgabe hatte ich die Aufgabe, den Akkordlohn für die Spulenwicklerinnen zu errechnen, und zwar exakt nach den Lohnsätzen und Akkordzeiten der Berliner Spulenwicklerinnen in der unserem Meister Lombacher ehemals unterstellten Abteilung der Siemensbetriebe. Lohnberechnung für Häftlinge, die keinen Pfennig Lohn erhielten! Zweck der Übung war es, Leistungsniveau und Leistungsentwicklung der Häftlinge über die Entwicklung ihres durchschnittlichen Akkordstundenverdienstes von Woche zu Woche zu erfassen und auf der Rückseite ihrer Karteikarte auf Millimeterpapier als Kurve darzustellen. Diese Kurven bildeten dann die Grundlage für die Beurteilung und Behandlung der Häftlinge.

Baracke 2 war ein modern eingerichteter und organisierter Betriebsteil mit exakter Planung und Abrechnung. An hochempfindlichen Maschinen wurde Präzisionsarbeit geleistet. Die Arbeit machte es erforderlich, die Baracke gut zu heizen, gut zu lüften und zu beleuchten. Die Arbeitsplätze waren arbeitswissenschaftlichen Erkenntnissen entsprechend organisiert und gestaltet. Die meisten von uns hatten vorher Außenarbeit unter schwersten Bedingungen bei Bedrohung und Mißhandlung kennengelernt. Wir atmeten also zunächst auf, als wir in die Spulenwicklerei oder eine der anderen Baracken kamen, in denen Präzisionsarbeit geleistet wurde. Die Spulenwicklerinnen strengten sich an, um Meister Lombacher zufriedenzustellen. Das fast unglaubliche Ergebnis: Nach kurzer Einarbeitungszeit erreichten die Häftlinge etwa die gleichen Durchschnittsstundenleistungen wie die Akkordarbeiterinnen in Berlin! Und das, obwohl sie – im Gegensatz zu den Berliner Spulenwicklerinnen – nicht acht, sondern elf Stunden täglich arbeiteten! Diese Auskunft entschlüpfte Meister Lombacher, der bisher die Spulenwicklerei in den Berliner Siemensbetrieben geleitet hatte. Die Arbeiterin dort erhielt allerdings 0,75 RM Stundenlohn. Bei elf Stunden Arbeitszeit hätte ihr also ein Tagesakkordverdienst von 8,25 RM zugestanden. Die Häftlingsfrau dagegen kostete nur 1 RM pro Tag (0,60 RM Verpflegung; 0,10 RM Bekleidung; 0,10 RM Unterkunft). Die Gesamtmiete, die die Betriebsleitung an die SS-Lagerleitung zu zahlen hatte, betrug für einen Häftlingsarbeitstag zunächst 2 RM, ab 1944 dann 4 RM. Konzernbetrieb sowie SS zogen aus der Arbeit jedes Häftlings einen Extraprofit von 7,25 RM pro Arbeitstag.

Worin ist die Erklärung für unsere überraschend guten Arbeitsleistungen zu suchen?

Wir waren gebildete, überwiegend junge Menschen mit Achtung vor Arbeit und Maschinen. Auch als Siemenshäftlinge waren und blieben wir Insassen des faschistischen Konzentrationslagers, also praktisch Eigentum der SS. Wenn Siemens mit uns unzufrieden war oder uns vorwarf, Material vergeudet oder gar Maschinen beschädigt zu haben, dann drohten uns Auspeitschung, Bunker und Tod. Das wußten wir, und das wußten auch die Siemensangestellten. Die Häftlinge arbeiteten um ihr Leben. In Lebensgefahr ist der Mensch – zumindest zeitweise – zu ungewöhnlichen Leistungen fähig. Unter diesen Umständen war es nicht mehr notwendig, auch noch in der Spulenwicklerei die Peitsche zu schwingen. Das hätte nur Konzentration und Arbeitsleistung der Häftlinge beeinträchtigt.

Siemens' außerordentliche Erfolge mit der Häftlingsarbeit konnten keine Dauererfolge sein. Auch der um sein Leben Kämpfende ist nur zeitweise zu extremen Leistungen in der Lage. Die Konzentration auf die rotierenden Spulen, das Anlöten hauchdünner Drähte an winzige Lötstellen wurden den Häftlingen zur unerträglichen Qual. Bei fast fett- und eiweißfreier Kost, bei elfstündiger Arbeitszeit, bei unruhigem Schlaf in überfüllten Baracken, in denen es sogar an Sauerstoff fehlte, wurden die überanstrengten Sehnerven und Gehirnpartien nicht regeneriert. Auch um die Augen ganz junger Mädchen bildeten sich Falten. Jetzt erschien den Spulenwicklerinnen (oder gar den Justiererinnen, die mit Lupen arbeiteten) jede Arbeit erträglicher als die »leichte Arbeit« bei Siemens. Die Peitschenhiebe der SS schienen weniger zu schmerzen als die gequälten Häftlingsaugen, als ihr überanstrengter Kopf. So »flohen« immer mehr Spulenwicklerinnen – wenigstens tage- oder wochenweise – in ein Außenkommando oder versteckten sich kurze Zeit im Block. Immer mehr Maschinen blieben zeitweise unbesetzt.

Nun zeigte es sich, wie wichtig es war, daß wir sieben Bürohäftlinge der Baracke 2 uns von Beginn an das Image braver »Mitarbeiterinnen« gegeben hatten. So wurden wir jetzt aufgefordert, diejenigen Häftlinge herauszuschreiben, deren Fehlen uns unbegründet erschien. Gleichzeitig bewährte es sich, daß wir für Häftlingsgruppen »Häftlinge unseres Vertrauens« gefunden hatten, die auch uns voll vertrauten. So konnten wir uns rasch über die Gründe der Abwesenheit unserer Kameradinnen informieren. Wir schrieben also nur diejenigen Kameradinnen als möglicherweise unbegründet Fehlende heraus, von denen wir wußten, daß ihre Abwesenheit durch Krankheit, Bestrafungen oder gar den Tod begründet war.

In vielen Fällen gingen Minderung der Arbeitsergebnisse und Sabotage mit gegenseitiger, solidarischer Hilfe Hand in Hand. Bei allem Vertrauen zueinander wußten von Sabotageaktionen nur die unmittelbar daran Beteiligten. Daher kann auch ich nur über weniges berichten.

Besonders wirksam waren in der Spulenwicklerei Manipulationen bei der Arbeitsvorgabe und die nachträgliche Vernichtung von bereits gewickelten Engpaßspulen. Wichtig war ferner das Manipulieren der Leistungskurven. Gegen einzelne, in ihrer Leistung stark zurückbleibende Häftlinge bzw. gegen starken Leistungsabfall weniger konnten Repressalien angewandt werden. Einem allgemeinen, langsamen Leistungsabfall gegenüber war Siemens weitgehend machtlos. Dagegen konnte nur mit Zusatzverpflegung angegangen werden. Das nützte uns, hatte aber kaum Einfluß auf die Leistungsentwicklung, zumal die Schnitte Brot und die Scheibe Wurst, die ab Mitte 1944 nach der Schicht verteilt wurden, durch uns Bürohäftlinge ausgegeben wurden. Kameradinnen, die Pakete erhielten, verzichteten auf ihre Schnitte zugunsten derjenigen Häftlinge, die durch Entzug der Ration für schlechte bzw. unzureichende Arbeitsleistung bestraft werden sollten. Das funktionierte zunächst so ausgezeichnet, daß die Bestraften, die auch noch länger arbeiten mußten, meist doppelte Rationen erhalten konnten.

Auch der Versuch, über Prämien in Gestalt von Lagergeld einen materiellen Anreiz zu schaffen, wurde von uns in ein Mittel zur Stärkung unseres Zusammenhaltes umfunktioniert. Wir Bürohäftlinge erhielten regelmäßig die wöchentliche Maximalprämie von zwei RM, also zusammen 14 RM Lagergeld. Bei dem wenigen, was es zu kaufen gab, und bei richtiger Verteilung reichte das Geld für die Maschinenarbeiterinnen unserer Baracke aus. Wöchentlich meldeten unsere Vertrauenshäftlinge den Bedarf ihrer Gruppe und erhielten von uns dann die Prämienscheine.

Eines Tages beobachtete Meister Lombacher mich bei der Brotverteilung und sah, daß die Kameradinnen, die nichts erhalten sollten, doppelt bedacht wurden. Er brüllte mich an, immer und immer wieder. Die Kameradin an der Meßbrücke, die die von mir absichtlich falsch ausgeschriebenen Aufträge bisher heimlich aussortiert und der holländischen Kameradin Neon übergeben hatte, die sie dann als Ausschuß vernichten ließ, verlor die Nerven. Sie machte nicht mehr mit. Damit war klar: Über kurz oder lang würde die Sabotage entdeckt werden. Ehe es dazu kam, war ich mit Hilfe der Kameradinnen vom Arbeitseinsatz bereits in Dresden.

Die Dresdner Firma Universelle forderte aus dem KZ Ravensbrück 700 Häftlinge an. Am 11. Oktober 1944 traf mit dem ersten Transport auch ich in der Florastraße ein. Wir kamen ohne Strümpfe, ohne Jacken oder Mäntel, ohne Unterwäsche zum Wechseln – in Zivilkleidern, durch auf Brust und Rücken eingenähte Kreuze gekennzeichnet. Viele von uns hatten eitrige Wunden, die nicht heilten. Im Januar mehrten sich die Typhusfälle. Es wurde erwogen, das Lager unter Quarantäne zu stellen.

Bei der Arbeit unterwiesen und kontrollierten uns Belegschaftsmitglieder der Universelle. Die meisten von ihnen bemühten sich ehrlich, uns das Leben nicht noch schwerer zu machen, ja, uns sogar gegenüber der SS zu verteidigen. Es gab viele Formen der persönlichen Hilfe für uns: ein heimlich zugesteckter Apfel, eine Scheibe Brot, eine Zeitung (ein Meister versorgte mich damit fast regelmäßig) oder auch die illegale Beförderung eines Briefes. Einem solchen Brief hatten wir zu verdanken, daß zwölf Paar Strümpfe ins Lager kamen!

Die größte Hilfe aber leisteten uns die Zivilarbeiter dadurch, daß sie uns bei der folgenden Aktion unterstützten: Die SS schloß uns zunächst bei Fliegeralarm in den im vierten und fünften Stockwerk liegenden Schlafräumen ein. Die Fenster waren vergittert; das Dach zusätzlich durch Stacheldraht gegen jedes Entkommen gesichert! Die Dresdner Florastraße liegt nahe der Hauptbahnlinie Prag–Berlin, die ein besonders lohnendes Ziel für Fliegerangriffe sein mußte.

Daher startete eine Gruppe von »Politischen« verschiedener Nationen folgende Aktion: Jeder dafür geeignete Häftling wurde verpflichtet, mit Universelle-Belegschaftsangehörigen, zu denen er Kontakt hatte, zu sprechen und sie zu bitten, bei der SS immer und immer wieder vorstellig zu werden, damit wir in Zukunft bei Fliegeralarm in den Keller gelassen würden. Wir entwickelten eine ganze Skala von Argumentationen: Sie reichte von der »Sorge um die Produktion« (verängstigte Menschen, Menschen, die nachts nicht schlafen können, sind außerstande, gut zu arbeiten) bis zu solchen »harten« Bemerkungen wie: Gefangene, und noch dazu Frauen, bei Fliegeralarm unter dem Dach einzuschließen, sei barbarisch!

Das Ergebnis: Unter diesem Druck mußte ab Anfang Februar die SS uns bei Alarm in den Keller lassen. Daß Hunderte von uns (Genaues ist nicht feststellbar) den Angriff vom 13. Februar überlebten, verdanken wir ausschließlich dieser erfolgreichen Gemeinschaftsaktion der Häftlinge und Zivilarbeiter.

Besonders erinnere ich mich der Kollegin Heinrich, damals etwa 25 Jahre alt, eine entschlossene Frau, die unter der Belegschaft und in ihrem Dorf gleichgesinnte Verbündete hatte. Regelmäßig versorgte sie uns mit Verbandmaterial und Medikamenten. Nicht selten nahm sie abends unsere Schuhe mit, die auseinanderzufallen drohten, und brachte sie am nächsten Morgen bereits repariert wieder mit. Als wir mit ihr über die drohende Quarantäne sprachen und dabei erwähnten, daß das für viele von uns wahrscheinlich den Hungertod bedeuten würde, war sie bereit, Häftlingen zur Flucht zu verhelfen. Sie sagte: »Wir lassen euch nicht im Stich!« Sie gab uns ihre Adresse in Possendorf bei Dresden für den Fall, daß sich unerwartet eine Gelegenheit zur Flucht ergeben sollte. Nach dem 14. Februar nahm ihre Familie zwei lettische Kameradinnen bei sich auf.

Mit dem zweiten Transport waren fünf sowjetische Frauen, Kriegsgefangene, zu uns gekommen. Sie weigerten sich, Flugzeugmotorenteile zu bearbeiten, das heißt den Krieg gegen ihre Heimat zu unterstützen. Die SS drohte: »Entweder ihr fügt euch, oder ihr kommt – bei Wasser und Brot – in den Bunker, müßt jeden vierten Tag auf dem Hof Strafe stehen und werdet abends ausgepeitscht – so lange, bis ihr nachgebt oder – verreckt!« Am 9. Februar wurden unsere Kameradinnen von uns isoliert und am 13. Februar ausgepeitscht! Als wir an diesem Abend beim ersten Alarm in den Keller drängten, sahen wir unsere fünf sowjetischen Kameradinnen wieder. Von der SS umstellt, kauerten sie auf dem Boden, die Köpfe gesenkt. Es schien, als hätten sie mit dem Leben abgeschlossen... Noch heute sehe ich die kleinen, farblosen, kauernden Gestalten vor mir.

Als die Entwarnung kam, gingen wir nach oben. Durch zersprungene Fenster sahen wir die brennende Stadt. Mir erschien es wie eine Gewißheit: Das war erst die Vorbereitung! Das Schlimmste haben wir noch vor uns! Wir gaben die Parole aus: »Nicht ausziehen! In Kleidern auf die Betten legen! Bei erneutem Alarm nimmt jeder seine Decke mit! Besser ein Hieb der SS als Funken, Phosphor oder herabfallendes Gemäuer auf Kopf und Schultern!« Als sich beim zweiten Alarm die SS der Mitnahme der Decken entgegenstellen wollte, überrannten wir sie einfach!

Kaum waren wir im Keller, erlosch das Licht. In der Dunkelheit und Stille spürte man, wie der Boden der gepeinigten Stadt bebte! Jedes Beben – eine neue, schwere Wunde! Ich hörte eine tiefe, starke Frauenstimme in einer mir fremden Sprache beten! Andere Stimmen schlossen sich ihr an. In einem vielstimmigen, vielsprachigen Kanon flehten diese Menschen in Todesangst um Rettung! Dann aber geschah so Ungeheures, daß die Sinne es wohl nicht mehr aufzunehmen in der Lage waren: Der Boden, die Wand, an die ich mich preßte, schienen sich aufzubäumen. Unerträgliche Helle zerriß das Dunkel. Das gleiche noch ein zweites Mal...

Als ich endlich die Augen zu öffnen wagte, war es um uns taghell. Die gegenüberstehende Wand, fünf Stockwerke hoch, war verschwunden. Dorthin, auf diese Seite des Kellers, hatte sich vor kurzem die Masse der Häftlinge zubewegt! Das erste, was ich wieder hörte, war das Prasseln der Flammen! Sie fraßen sich gierig in die Balken hinein, die sich wie Arme brennend in die Luft reckten. Nur noch wenige Dutzend Frauen waren im Keller zu sehen. Gemeinsam stiegen wir die unzerstörte Treppe hinauf. Wir wandten uns der Florastraße zu. Bisher war der Hof durch Tor und Stacheldraht fest abgesperrt gewesen. Nichts davon war mehr da. Wir traten auf die Straße. Wir waren frei.

Jahre später erfuhr ich: Als sich Arbeiter der Universelle – noch am 14. Februar – in der Florastraße einfanden, um unter den Trümmern nach Verletzten und Eingeschlossenen zu suchen, verweigerten SS-Leute ihnen den Zutritt. Den mit dem Totenkopfabzeichen Dekorierten reichte die Todesernte selbst jetzt noch immer nicht aus; mit der Waffe in der Hand verhinderten sie die Rettung von Menschen! Unter den Toten, die Wochen später geborgen wurden, befanden sich auch unsere fünf sowjetischen Kameradinnen. Ihre Leichen wurden unter einer Treppe in einem abgeschlossenen Verschlag gefunden. Sie waren verdurstet und verhungert.

Rita Sprengel, Jahrgang 1907, Dr. rer. oec., lebt in Dresden

Liebe im Krieg

Nach dem Bericht von
Elvira L.

Über den Krieg soll ich etwas sagen? Ich habe keine Erinnerung daran, wie er anfing. Ich befand mich sowieso seit langem im Krieg... mit meiner Umwelt, mit der Familie, mit dem Mann, den ich geheiratet hatte. Zuerst führte ich in meinem Leben Krieg gegen die dauernden, verschiedenen Krankheiten meiner Kindheit, dann überließ ich mich ihnen. 1920, als ich acht Jahre alt war, starb meine Mutter. Mein Vater war Handwerker, hatte seine Beschäftigung, alles andere interessierte ihn nicht. Ich kam in die Hände der Stiefmutter. Die war wie im Märchen. Du kannst nichts, du bist nichts, du bist eigentlich überflüssig. Das hat mich geprägt. Ich steckte voller Minderwertigkeitskomplexe. Notgedrungen fing ich früh an, für mich selbst zu sorgen. Ich hätte gern eine Lehrstelle gehabt, fand aber nur eine Arbeit als Hilfskraft in einer Textilfabrik. Ein ganz tolles Erlebnis hatte ich, als ich das erste Mal in einen Laden ging, um für mich persönlich eine größere Anschaffung zu machen. Ich kaufte mir Wäsche. Immer hatte ich nur zerrissene, brüchige oder gestopfte Wäsche getragen, mal hast du das satt. Als ich das Geschäft verließ, war ich ein Stück gewachsen.

Um von zu Hause wegzukommen, heiratete ich. Es war der eigentliche Grund. Ich hatte mich mit Eberhard eingelassen, weil er mich durchaus wollte. Ich liebte ihn nicht, aber die Tatsache, daß da jemand war, der mich, gerade mich brauchte, verdrehte mir den Kopf. Ich war dann auch gleich in anderen Umständen. 1934 wurde meine Tochter geboren, sie war mongoloid. Von da ab war ich ans Haus gefesselt. Ich empfand ungeheure Schuldgefühle, weil ich kein gesundes Kind zur Welt gebracht hatte. Ich hatte Angst vor der Neugier der Leute und rückte vor jeder Begegnung aus; ich war ganz allein. Meine Tage füllte ich neben Hausarbeit und Pflege des Kindes mit der Herstellung von Handarbeiten aus. Ich stickte, strickte und häkelte, als gelte es mein Leben.

Mit meiner Ehe war ich von einer Misere in die andere geraten. Die Selbstsicherheit und Stärke, die ich bei Eberhard be-

wundert hatte, erkannte ich nun als Angebertum und Kraft-
meierei. Das tägliche Leben mit ihm war sehr unangenehm. Er
hatte viele Frauengeschichten, blieb nächtelang weg, sprach
viel zu viel dem Alkohol zu. In diesem Zustand schlug er mich
dann auch öfter. Ich war hauptsächlich dazu da, ihm seine Sachen in Ordnung zu halten und pünktlich für gutes Essen zu
sorgen. Wenn er abends ausging, hatte ich zuvor den gut gebür-
steten Anzug und das frisch geplättete Hemd herauszulegen
und seine Schuhe blank zu putzen. Natürlich nahm ich das alles
nicht widerspruchslos hin, zog aber immer den kürzeren.

Inzwischen hatte die Hitler-Regierung den Krieg angefangen. Viele Männer mußten Soldaten werden. Mein Mann war
dienstverpflichtet und u. k.-gestellt. Er führte große Reden, hat
herumgesoffen und Liebschaften gehabt, sogar eine mit meiner
minderjährigen Stiefschwester. Wie oft hat er den Kranken
markiert und blieb von der Arbeit weg. Auf mich und das Kind
nahm er überhaupt keine Rücksicht. Ich begann ihn zu hassen.
Das war so ein Gefühl, das mich fast aufgefressen hat. Ich
konnte in seiner Gegenwart nicht mehr richtig atmen. Da habe
ich ihn beim Wehrkreiskommando (oder wie diese Stelle hieß)
angezeigt. Ich bin hingegangen und habe denen reinen Wein
eingeschenkt, was er für einer war. Nach einer Weile kam der
Gestellungsbefehl. Ich hatte kein schlechtes Gewissen. Warum
sollte gerade er sich drücken, wo so viele anständige Männer an
der Front standen?

Ab 1941 änderte sich mein Leben auch noch in anderer Hinsicht entscheidend. Beim Anstehen nach Lebensmitteln hörte
ich ein Gespräch unter Frauen, die bei der Reichsbahn arbeiteten, über den großen Arbeitskräftemangel dort. Ich wollte unbedingt raus aus meinem bisherigen Leben, so inhaltslos und
isoliert. Angeregt durch diese Frauen, habe ich mich um Arbeit
bemüht und wurde sofort angenommen. Ich sollte am Anhalter
Bahnhof Schalterdienst machen in der Auskunft und im Fahr-
kartenverkauf. Vorher mußte ich aber das Problem der Unterbringung meiner Kleinen lösen. Hannelore war nun sieben
Jahre alt, konnte nicht in die Schule gehen. Ich wollte sie in
Pflege geben, fand aber keine Stelle für sie, auch keinen Kindergarten. Der Arzt machte mir klar, daß sie in eine Anstalt
gehöre. Sie kam nach Brandenburg an der Havel. Von Berlin
aus konnte ich es in zweistündiger Bahnfahrt erreichen. Jeden
ersten Sonntag im Monat durfte ich sie besuchen. Zwischendurch habe ich ihr Päckchen geschickt. Ich zweifelte allerdings

daran, ob sie jemals irgend etwas daraus erhielt. Was soll ich von der Anstalt sagen? Sie machte einen trostlosen Eindruck auf mich. Alles war trostlos, was mit meiner kranken Tochter zusammenhing. Wenn ich mit ihr auf die Straße gegangen war, hatten die Kinder oft hinter ihr hergesungen: »Du bist verrückt, mein Kind...«, den alten Berliner Gassenhauer, kodderig, frech und nicht so bös gemeint. Aber mir hat's wehgetan. Nun tröstete ich mich damit, daß mir die Schwestern in dieser Anstalt doch ganz nett schienen und die Kleine immer ordentlich und propper aussah. Auf der Rückfahrt habe ich manchmal die ganze Zeit geweint.

Ich kann gar nicht in Worten ausdrücken, welche Wirkung die berufliche Tätigkeit auf mein Lebensgefühl hatte. Ich bin mit einem Mal ein freier Mensch geworden. Meine künstliche Zurückhaltung, meine Hemmungen, die mich am Leben hinderten, waren wie weggeblasen. »Seht her, ich bin wer!« hätte ich allen zurufen mögen. Wegen meiner flinken und guten Arbeit wurde ich nach einiger Zeit an den Schalter 1 gesetzt. Es gab zwölf Schalter insgesamt, die Nummer 1 wurde der »Sturmschalter« genannt, da war am meisten zu tun. Das paßte mir so richtig in den Kram. Ich fühlte mich wohl, wenn ich hinkam, die lange Schlange der Wartenden vor meinem Schalter sah und gleich flott loslegen konnte.

Auch sonst ließ ich mir nicht mehr alles gefallen. Meine Nachbarin war eine schlimme Nazifrau. Sie hat im Haus herumspioniert und die Leute ausgehorcht. Wenn mich die Politik auch nicht so interessierte, direkt für die Nazis war ich nicht. Mein Vater war vor '33 in der SPD gewesen, auch mein älterer Bruder; den hatte die SA sogar mal zusammengeschlagen. Ich machte eine unfreundliche Bemerkung zu dieser Naziziege, und von da an begann sie, mich zu schikanieren. Wenn ich Schichtdienst hatte und am Tage schlafen mußte, hat sie unentwegt Krach im Treppenhaus gemacht, ihre Wohnungstür auf- und zugeschlagen. Eines Tages sind bei dieser Gelegenheit die Nerven mit mir durchgegangen, ich bin aus der Wohnungstür gestürzt und habe ihr meinen Pantoffel ins Gesicht geknallt, dummerweise hat ihr gleich die Nase geblutet. Auf ihre Anzeige hin sprach ein Kriminalpolizist bei mir vor. »Heil Hitler, Frau Soundso!« – »Guten Morgen, Herr Inspektor!« Ich konnte glaubhaft machen, wie sehr mich die Störung nach neun Stunden Dienst und anschließendem Fliegeralarm in meiner Ruhe beeinträchtigt hatte. Ich holte mir den beschlagnahmten

Pantoffel von der Polizei zurück, und die Sache verlief im Sande.

Diese Begebenheit hat mein neu entwickeltes Selbstbewußtsein gefestigt. Nicht einmal die scheußlichen Fliegerangriffe machten mir viel aus. Manchmal ging ich in den Bunker in der Dresdener Straße. Aber bei nicht rechtzeitigem Erscheinen war kein Einlaß mehr, dann bin ich eben in die alte Turnhalle in der Prinzenstraße geflüchtet. Einmal habe ich mich total verspätet, 50 kleine silberne Vögel brummten über mir in der Luft. In dieser Nacht fielen Brandbomben auf die Turnhalle. Mein Glückszustand schien mir einen Schutzmantel zu verleihen. Denn glücklich war ich. Ich hatte den Kollegen, der mich in meine neue Arbeit am Schalter 1 einweisen mußte, näher kennengelernt. Er gefiel mir sehr. Zum erstenmal in meinem Leben war ein Gefühl wie ein Rausch über mich gekommen. Ich war wie verstört. Bin bei Rot über die Straße gegangen, auf der Treppe gestolpert, mit der U-Bahn zu weit gefahren, konnte nicht essen, nicht schlafen. Meine Gedanken waren bei ihm, für den ich alles Gute wollte. Es war eine Liebe ohne Eigennutz. Aber der Krieg holte uns doch ein. Hans wurde eingezogen und an die Westfront geschickt. Das Weihnachtsfest 1943 verlebte ich allein. Da wußte ich schon, daß ich ein Kind von ihm bekommen würde und viel Mut brauchte, um alles durchzustehen.

Im Juli 1944 erhielt ich ein Schreiben aus der Krankenanstalt Brandenburg/Havel, meine Tochter betreffend. Bei meinen immer noch einigermaßen regelmäßigen Besuchen hatte ich in der letzten Zeit des öfteren festgestellt, daß das Kind sich nicht wohl fühlte. Mitunter sah Hannelore rot und fiebrig aus, manchmal erschrak ich über die Blässe in ihrem Gesicht. Im Brief wurde mir nun ihr Tod mitgeteilt. Ich fuhr zur Beerdigung, sah sie im Sarg liegen. Man hatte ihr einen Blumenkranz ins Haar gesteckt. Als Todesursache gab der Arzt Tuberkulose an. Damals habe ich ohne Argwohn getrauert. Erst später sind mir Zweifel daran gekommen, daß sie eines natürlichen Todes gestorben war. Ich habe diese Gedanken aber gründlich verdrängt, weil ich sonst nicht zur Ruhe gekommen wäre. Bei der Rückfahrt von Brandenburg nach Berlin mußte ich in Werder umsteigen. In meinem Schmerz war ich nicht achtsam genug, strauchelte auf der Treppe und stürzte mehrere Stufen hinab. Ich war hochschwanger, sofort setzten Wehen ein. Ein Tag nach der Beerdigung, zehn Jahre nach dem ersten Kind, wurde mein zweites geboren. Ich war sehr erleichtert, als ich hörte, daß es ein gesunder Junge war. Nur war er zu früh gekommen und sehr klein, wog nur vier Pfund.

Die Ärzte und Schwestern im Krankenhaus, der Universitäts-Frauenklinik Ziegelstraße, merkten, daß ich auf einem seelischen Tiefpunkt angelangt war, und bearbeiteten mich heftig, ich solle meinen Jungen zur Adoption freigeben. Ich hatte schon so halb und halb zugesagt, beeinflußt von ihren Argumenten, daß es doch das Beste für das Kind sei. Da er zu schwach war, konnte ich den Kleinen nicht mit nach Hause nehmen. In den folgenden Tagen des Alleinseins kam ich wieder zur Besinnung: Ich wollte nicht auf mein Kind verzichten. Da hatten sie ihn schon in ein katholisches Kinderheim gebracht. Ich bin dorthin und habe das Kind von den Nonnen zurückverlangt. Sie taten es nicht gern, aber schließlich haben sie es mir doch gegeben. Ich verfaßte nun einen Brief an meinen Mann, der in der Tschechoslowakei stationiert war. Ich teilte ihm den Tod unserer Tochter und die Geburt meines Jungen mit. Ich nahm es als selbstverständlich an, daß wir uns trennen würden. Ich wollte später mit Hans zusammenleben, wenn mir die Verwirklichung dieses Wunsches jetzt auch fern und utopisch vorkam. Eberhard reagierte anders als erwartet. Er schrieb, daß er das Kind als das seine anerkennen würde.

Die Lage in Berlin war katastrophal durch die dauernden Luftangriffe, darum übersiedelte ich mit dem fünf Wochen alten Klaus, wie ich ihn genannt hatte, zu Verwandten aufs Land in der Nähe von Berlin. Dorthin kam mein Mann auf Urlaub. Ich tat etwas, das ich mir später nie verziehen habe. Ich habe mich nicht genügend gegen ihn zur Wehr gesetzt und mit ihm geschlafen. Ich bin gleich verfallen. Er hatte es darauf angelegt, denn er höhnte lachend: »Was andere können, kann ich auch!« Das zeigt doch, wie ihn das mit dem Kind von dem anderen gewurmt hat, wie seine Selbstsicherheit dadurch angeknackst war und er sie wieder reparieren mußte. Er hat mir Versprechungen für unser weiteres Zusammenleben gemacht. Ich hätte mir in dieser Lage vielleicht einen Neubeginn vorstellen können. Mit Hans, das schien mir plötzlich so ungewiß. Die Gefühle meines Mannes für mich sind aber nicht besser geworden. Als er weg war, erfuhr ich, daß sein Fronturlauberzug erst einen Tag später abgefahren war und er die Nacht noch mit einer anderen Frau im Ort verbracht hatte. Er hatte mich also schon wieder belogen. Während der ganzen Zeit dieser Schwangerschaft war ich sehr unglücklich. Mein zweiter Sohn, den ich Bernd nannte, ist im September 1945 geboren. Er sah genau wie sein Vater aus.

Es war nun Frieden, aber auch eine harte Zeit. Ich war immer noch auf dem Lande. Hochschwanger, dazu mit einem einjährigen Kind, hatte ich die Fahrt nach Berlin bei den schlechten Verkehrsverhältnissen nicht wagen können. Dann hieß es, daß wir bis 1.10.1945 wieder in unserer Heimatstadt sein müßten, um das Wohnrecht nicht zu verlieren. Meine Wohnung war inzwischen ausgebombt. Da meine Stiefmutter im Mai 1944 gestorben war, zog ich mit den Kindern zu meinem Vater in seine Einzimmerwohnung. Ich blieb auch dort, als mein Mann im November 1945 wiederkam. Er lebte gleich mit einer anderen Frau zusammen, hat privat geschneidert, das war eine gute Einnahmequelle. Aber für mich und die Kinder fiel nichts dabei ab. Mein Vater, der über 70 war, versuchte alles mögliche, hat gearbeitet, um uns vor dem Hunger zu bewahren. Ich bestand auf Scheidung. Als Eberhard wieder verheiratet war, brachte ich ihm seinen Jungen: »Du wirst jetzt Verantwortung übernehmen und für ihn sorgen!« Es ist mir schwergefallen, aber ich konnte mit den zwei kleinen Kindern allein nicht fertig werden.

Von Hans hatte ich kein Lebenszeichen mehr erhalten. Ich ging zum Rathaus Köpenick, das war sein Wohnbezirk gewesen, und fragte nach ihm. Man teilte mir mit, daß er am 11. Januar 1945 an der Westfront in einem Lazarett verstorben sei. Damit war meine letzte Hoffnung zerstört. Ich mußte sehen, wie ich weiter ohne ihn durchs Leben kam. Habe 18 Jahre lang im Akkord gebügelt. Das war eine schwere Arbeit. Als alleinstehende Frau ist man nur ein halber Mensch. Und wenn du auch nur ein kleines spilleriges Männlein an deiner Seite hast, bist du anerkannt. Diese Erfahrung habe ich immer wieder gemacht. Wieviel hatten die Leute im Haus zum Beispiel an meinem Klaus herumzumekkern, obwohl er nun wirklich ein freundlicher, lieber Junge war. Kam der Mann meiner Freundin und hat ein paar Takte mit ihnen gesprochen, war Ruhe.

Einmal habe ich noch das Zusammenleben mit einem Mann versucht. Er war ein Jugendfreund, ein Musiker, charmant, aber sehr labil. Es ging nicht gut. Obgleich er mich anflehte, bei ihm zu bleiben, habe ich mich getrennt. Ich wußte, er würde ohne mich verkommen. Aber ich konnte keine Kraft mehr geben, ich hätte selber welche gebraucht. Den Mann, mit dem ich allein glücklich geworden wäre, hat mir der verfluchte Krieg genommen. Daß ich den Jungen von ihm hatte, habe ich als Geschenk des Himmels betrachtet. Es hat mir über vieles hinweggeholfen.

Charlotte und Edgar

Nach dem Bericht von
Charlotte Groß

Ich sitze Charlotte gegenüber. Wieder dieses peinigende Gefühl, in ein fremdes Leben einzudringen. Ihre Worte bewegen mich, so daß ich fortan einen Teil ihrer Erinnerungen mittrage. Zwischen uns auf dem Tisch steht der kleine schwarze Kassettenrecorder. Zu Hause wartet die Schreibmaschine. Aus dem gesprochenen wird das geschriebene Wort entstehen, das sich vielen mitteilen kann. Charlotte will übermitteln, was sie erlebt und erfahren hat. So soll es vor dem Vergessensein bewahrt bleiben. Ich schaue sie an, eine kleine, zarte Frau von 80 Jahren. Wenn ich ihr auf der Straße oder beim Einkaufen begegnete, würde sie mir in keiner Weise auffallen. Erst im Gespräch spüre ich hinter ihrer stillen Bescheidenheit die große Kraft, die Liebe und Freundlichkeit, die sie besitzt. Sie hat den Tisch für

Charlotte Groß

167

mich gedeckt. Die Fahrt von Berlin nach Hamburg, meint sie, müsse mich hungrig gemacht haben. Auf der Kommode stehen die Fotografien ihrer Kinder. Mein Blick bleibt auf ihnen haften. Die Kinder...

Als 1935 Vera geboren wird, mischt sich in die Freude über die Tochter der Schmerz über die Trennung von dem geliebten Mann. Seit 1933 war ein Zusammenleben nicht mehr möglich. Er, als Redakteur der kommunistischen Hamburger Volkszeitung von den Nazis gesucht, mußte illegal leben, Charlotte wurde von der Gestapo drangsaliert und dreimal für kurze Zeit festgenommen, weil sie seinen Aufenthalt verraten sollte. Und doch gab es einige heimliche Treffen voller Sorge und Glück, dann für ihn den zwingenden Entschluß zu emigrieren. Für Charlotte war es selbstverständlich, in Hamburg zu bleiben. Ihr großer Wunsch, ein Kind zu haben, sollte in Erfüllung gehen. Die Situation ist diskriminierend für sie. Während an den Betten der anderen Frauen die glücklichen Ehemänner sitzen, steht an dem ihren ein Gestapobeamter, der sie nötigt, zuzugeben, daß sie immer noch Verbindung mit ihrem Verlobten habe. Es bleibt ihr nur, Veras Vater als »unbekannt« anzugeben. Daraufhin stellt die Jugendbehörde Nachforschungen an, schnüffelt in ihrem Privatleben herum, um ihrerseits den Kindesvater zu ermitteln. Charlotte und die Frauen anderer Verhafteter setzen gemeinsam die illegale Arbeit ihrer Männer fort. (Die Gestapo registriert sie als illegale Frauengruppe der KPD, wohl die einzige reine Frauengruppe, die es im Widerstand gab.) 1936 wird sie zum vierten Mal verhaftet. Ihre große Sorge gilt der sieben Monate alten Vera, die sie allein zurücklassen muß. Die Gestapo benutzt das Kind der Mutter gegenüber als Erpressungsmittel. Es sei ins Waisenhaus gebracht worden und werde nationalsozialistisch erzogen werden. Dieser Gedanke ruft bei Charlotte Angstzustände hervor. Das Gefühl zu ersticken bedroht sie. Als sie nach fünf Monaten wieder entlassen wird, erweisen sich die Redereien der Gestapoleute zu ihrer Erleichterung als Lüge. Vera ist von den Genossen bei einer guten Familie untergebracht worden.

Charlottes zweites Kind, der Junge, ist ihr Sorgenkind. Schon während der Schwangerschaft ist sie starken seelischen Belastungen ausgesetzt. Die erneute Verhaftung 1937 reißt sie aus einer neugeknüpften Verbindung. Sie hat einen lieben, zuverlässigen Partner gefunden, mit dem sie zusammenbleiben will, können sie sich zu zweit doch in dem gewiß nicht leichten

Kampf gegen die Naziherrschaft, den sie nicht aufgeben will, besser beistehen. Für die Gestapo geht es immer um dasselbe: Fragen nach dem Aufenthalt des ersten Mannes. Sie antwortet nicht. Sie weiß auch nicht, wo er ist. Sie hat ihn nie wiedergesehen. (Später hört sie, daß er im Spanischen Bürgerkrieg gekämpft hat und dann nach Mexiko emigriert sein soll.) Charlotte verschweigt zunächst noch etwas anderes: Sie ist wieder schwanger. Aus ihrer Einzelhaft im Konzentrationslager Fuhlsbüttel (Kolafu) wird sie zwei Wochen lang täglich zum Verhör ins Stadthaus, dem Sitz der Gestapo, geholt. Während des Verhörs schlägt man sie auf den Kopf. Schon der erste Schlag, mit Wucht ausgeführt, fegt sie vom Stuhl herunter. Der Gestapomann weiß dem abzuhelfen, setzt sie so zwischen Tisch und Wand, daß sie festen Halt hat. Nach dem fünften Schlag, als ihr fast die Sinne schwinden, denkt sie, daß sie aus Verantwortung für ihr ungeborenes Kind nicht länger schweigen kann. Es kostet sie ungeheuer viel, diesen Männern gegenüber auszusprechen, in welchem Zustand sie sich befindet. Sofort beginnen die zweideutigen Bemerkungen, die Gehässigkeiten. »Ach, und den Vater kennst du natürlich wieder nicht.« Doch, sie kann ihn nennen. Sie sagt, daß sie heiraten wollen. »Das werden wir verhindern«, ist die Antwort der Gestapoleute. Aber wenigstens mit dem Prügeln hören sie auf.

Allein sitzt Charlotte in ihrer Zelle im Kolafu, allein mit den Sorgen und trüben Gedanken. Ein Arzt hat sie untersuchen müssen, der ihre Aussage bestätigt. Sie ist im dritten Monat. Wird sie überhaupt ein gesundes Kind zur Welt bringen? Sie hat Hunger. Wie alle Häftlinge erhält sie morgens und abends nur eine Scheibe Brot. Sie wird beim Arzt vorstellig, macht geltend, daß die Kranke im Saal gegenüber, wo die Kriminellen liegen, täglich einen Viertelliter Milch bekommt. Der Lagerkommandant läßt sie rufen, um ihr mitzuteilen, sie brauche keine Milch. Er habe selbst vier Kinder und wisse Bescheid, Schwangerschaft sei keine Krankheit. Sie atmet auf, als sie in den großen Saal mit 15 anderen politischen Gefangenen verlegt wird. Die Frauen dort üben Solidarität. Wer Möglichkeit zum Einkaufen hat, gibt ihr etwas ab. Der Mangel an Sauerstoff macht ihr zu schaffen. Die winzigen Luftklappen in den Fenstern reichen nicht aus. Sie wird öfter ohnmächtig, bekommt jedoch keine zusätzliche Freistunde, der tägliche kurze Spaziergang auf dem Hof mit den anderen Häftlingen muß ihr genügen. Charlotte drängt bei der Gestapo erneut darauf, daß sie heiraten will. Ihre

Verhaftung traf sie bei den Vorbereitungen dazu. Die Beamten lachen bloß: »Jetzt kannst du erst mal im KZ schmoren. Und dein Kind übernehmen wir dann!«

Vier Wochen vor der Entbindung wird sie nach Berlin in das Frauengefängnis Barnimstraße gebracht und kommt, als die Wehen einsetzen, auf die Entbindungsstation des Gefängnislazaretts. Plötzlich ist sie in einer nun schon ungewohnten Umgebung, die Verhältnisse sind hygienisch einwandfrei, die Kost ist angemessen. Unter der Obhut einer sachlich freundlichen Hebamme verläuft die Geburt normal, nur ist der Junge außergewöhnlich schwach und klein. Immer wieder Freude und Kummer dicht beieinander. Ob er durchkommen wird? Die Bettchen der Babys stehen neben denen der Mütter. Charlotte beobachtet ihren Sohn mit Zärtlichkeit. Sie will ihn Edgar nennen, nach dem Genossen Etkar André, den die Nazis 1936 hingerichtet haben, und sie hofft, daß ihr Sohn so stark und auch so mutig wird wie er. Ihre Gedanken gehen zu den anderen Frauen in diesem Zimmer: zwei Kindesmörderinnen mit Todesurteil, für die die Geburt einen Aufschub von einem Vierteljahr bedeutet, eine Kriminelle mit Gefängnishaftstrafe und eine Politische namens Milda, die ihren vier Wochen alten Säugling bei sich hatte, als man sie verhaftete. Sie ist angeklagt wegen Landesverrats und von der Todesstrafe bedroht. Charlotte ist nur kurze Zeit mit ihr zusammen, aber die beiden Frauen fassen sofort Vertrauen zueinander. Später werden sie sich im Zuchthaus Jauer wiedertreffen.

Charlotte hat das unerwartet große Glück, ihren Jungen elf Monate bei sich behalten zu dürfen, weil sie stillt. Auf die monatliche Anfrage der Hamburger Gestapo, die ihren Häftling zurückhaben will, entgegnet der verständnisvolle Arzt stets mit der Feststellung: »Das Kind ist zu schwach und braucht die Mutter dringend.« Als Edgar ein Vierteljahr alt ist, kommt Charlotte mit ihm wieder in die Einzelzelle. Wegen des Stillens erhält sie noch etwas besseres Essen, Milch und Suppe. Der Junge bekommt schon einmal am Tag feste Kost. Sie kann ihn täglich baden, warmes Wasser und Puder werden gebracht. Das ist einigermaßen normal. Anomal ist das sonstige Leben; so eingeschränkt und ohne jede Bewegungsfreiheit. Die langen Stunden des Alleinseins zu zweit in der kargen Zelle, der Blick auf den Gefängnishof mit dem einsamen Baum. In der Freistunde stehen hier die Kinderwagen mit den Kleinen. Wenn es nicht regnet, dürfen sie bis zu zwei Stunden draußen bleiben.

Edgar ist nur an seine Mutter gewöhnt. Wenn er sie nicht mehr sieht, fängt er fürchterlich zu schreien an. In der Zelle beobachtet er jede ihrer Bewegungen von seinem Bettchen aus. Es ist eben alles andere als ein Leben in der Familie.

Schwer lastet auf Charlotte die Ungewißheit über ihre Zukunft. Noch ist sie beruhigt, im Gefängnis zu sein, wo die Gestapo nicht hinkommt. Aber eines Tages wird sie deren Macht wieder ausgeliefert sein. Ihre Absicht haben die ja klar geäußert: Charlotte »schmoren zu lassen«. Auch der Briefkontakt nach draußen war im Kolafu von der Willkür der Gestapo abhängig. Nur einmal hat sie dorthin Post von ihrem Mann bekommen. Im Gefängnis erreicht sie regelmäßig monatlich ein Brief, und sie kann antworten. Es gibt ihr Sicherheit und Kraft, daß er zu ihr hält, obwohl die Gestapo ihn unter Druck gesetzt hat: »Diese Frau können Sie doch nicht heiraten. Was die schon alles hinter sich hat!« Edgar ist elf Monate alt, da muß sich Charlotte von ihm trennen. Die Schwiegermutter bekommt die Erlaubnis, ihn zu holen, und wird ihn bei einer Familie im Freundeskreis in Pflege geben, weil sie dienstverpflichtet ist und sich nicht täglich um das Kind kümmern kann. Charlotte ist es weh ums Herz, wenn sie sich vorstellt, was es für den Kleinen bedeutet, zu ihm fremden Menschen zu kommen. Sie selbst wird in ein KZ, das sogenannte Reichsfrauenlager Lichtenburg, übergeführt. Im April 1939 wird sie entlassen. Endlich wieder frei! Doch das Zusammensein mit ihrem Mann ist kurz. Er wird im Sommer zu einer militärischen Übung eingezogen und muß bei Kriegsausbruch gleich an die Front.

Charlotte findet eine Beschäftigung bei der Firma Promonta in Wandsbek. Sie arbeitet in einem Saal mit 20 anderen Frauen. An den Maschinen werden pharmazeutische Artikel abgefüllt. Als nach drei Wochen Polenfeldzug der Sieg verkündet wird, gibt es ein großes Hallo in der Fabrikhalle. Die Maschinen stehen still, keine arbeitet weiter, alle jubeln: »Sieg, Sieg, Sieg!« Lauter Frauen, die sich über den Krieg freuen. Charlotte ist es, als habe sie einen überraschenden Schlag auf den Kopf bekommen. Einigen fällt auf, daß sie in dem allgemeinen Siegestaumel still dasitzt. »Na, Kollegin, Sie freuen sich wohl gar nicht über den Sieg?« – »Nein«, sagt sie, »ich denke an die Toten, vielleicht ist mein Mann dabei.« So also hat die Nazipropaganda, haben die schönen Führerreden auf die Mehrzahl der Frauen gewirkt. Sie glauben den Versprechungen, daß sie herrlichen Zeiten entgegengehen. Charlotte denkt zwei Jahre zurück, als sie vom

Arbeitsplatz weg verhaftet wurde. Wie erschrocken die Kolleginnen da waren, sich erkundigten, wo die kleine Vera sei, um sie zu besuchen. Es erschütterte sie, daß einer so »ruhigen und anständigen Kollegin« dermaßen Schreckliches widerfuhr. Aber jetzt im September 1939 geht jeder kritische Gedanke in der Begeisterung für Krieg und Sieg verloren.

Einige Jahre später, als pausenlos Bomben auf deutsche Städte fallen, hat sich die Stimmung unter den Frauen geändert, herrschen Angst und Unzufriedenheit, wachsen Überdruß am Krieg und die Sehnsucht nach dem Frieden. Davon zeugt ein Erlebnis auf Charlottes letzter Fahrt als Kurier der illegalen Widerstandsgruppe Saefkow-Jacob-Bästlein im Juni 1944. Sie kommt aus Berlin und hat Flugblätter bei sich, eines in der Handtasche, die übrigen zwischen den Sachen im Koffer. Der Inhalt der Blätter bezieht sich auf die Verfolgung und Ermordung von Hamburger Antifaschisten. Die Informationen hierüber hat Charlotte nach Berlin geliefert. An jenem Tag steigt sie am Hauptbahnhof in die Straßenbahn, die nach einiger Zeit mitten auf der Strecke anhält. Fliegeralarm! Sie ist in Bramfeld. Alles, was laufen kann, strömt in den großen Bunker, der sich dort befindet. Sie beobachtet die Frauen mit ihren Kindern, mit ihrem schweren Gepäck, hört das Jammern: »Wenn das alles bloß bald ein Ende hätte!« Unter den vielen fällt ihr eine weißhaarige alte Dame auf. Sie findet einen Platz neben ihr, kommt mit ihr über ein gutes Buch, das die andere gerade liest, ins Gespräch. Mit behutsamen Worten tastet sie sich an die Frau heran. Plötzlich beginnt diese zu erzählen, von ihrem Sohn, der beim OKW (Oberkommando der Wehrmacht) ist, von sich selbst und anderen. Sie wählt ihre Worte zwar vorsichtig, aber Charlotte hört deutlich genug, daß sie den Krieg für verloren hält. Auch kann sie im Gesicht der anderen ablesen, was diese nicht äußern will. Sie sehen sich in die Augen und erkennen sich als Kriegs- und Nazigegnerinnen. Sie merken nicht, wie die Zeit vergeht. Als nach einer Stunde die Entwarnung kommt, holt Charlotte wie selbstverständlich ihr Flugblatt aus der Tasche und drückt es der alten Frau schnell und bestimmt in die Hand. »Wissen Sie, was darauf steht?« – »Ja, das weiß ich.« Abseits vom allgemeinen Aufbruch liest die Frau in Eile den Text mit den verbotenen Gedanken, die auch die ihren sind. »Daß ich das erleben kann, daß es Menschen gibt, die sich dem widersetzen!« Sie ist gerührt und glücklich. Behalten will sie das Flugblatt nicht. »Nein, nein, nehmen Sie es wieder mit!«

Charlotte hat ebenfalls Kraft aus dieser Begegnung gewonnen: Unter der Menschenmenge im Bunker eine Frau zu finden, der sie vertrauen kann.

Ihre Leute schimpfen später mit ihr, das hätte sie nicht tun sollen, die wird es vielleicht ihrem Sohn erzählt haben. Eben an den muß Charlotte am 20. Juli 1944 denken. Ob er wohl unter den Verhafteten ist? Sie selbst befindet sich zu dieser Zeit seit 14 Tagen wieder im Gefängnis. Ihre Gruppe ist in Berlin aufgeflogen. Sie sitzt in Einzelhaft im Untersuchungsgefängnis Berlin-Moabit, wo sie ein erschütterndes Erlebnis hat. In der Zelle ihr gegenüber ist eine Landarbeiterin, ein schmales, verhärmt aussehendes Persönchen, etwa Anfang 50. Sie muß den ganzen Tag in Handschellen herumlaufen, das Zeichen dafür, daß sie in ihrem Prozeß das Todesurteil erhalten hat. Wenn die Tür ihrer Zelle aufgeschlossen wird, hört Charlotte, wie sie krampfhaft versucht, die Aufseherin festzuhalten und mit ihr ein paar Worte zu sprechen. Es schneidet ins Herz, wie sie immer wieder beteuert: »Ich hab doch bloß so was dahingesagt, ich hab das doch gar nicht so gemeint.« Was war? Sie hat gesagt: »Der Krieg ist verloren.« Die Wahrheit zu sagen, über die Ziele der Nazis aufzuklären, ist das Gefährlichste, was man tun kann, ist aber auch die wichtigste Waffe im Widerstand. Dieser Aufklärung dienen die Flugblätter, die Charlotte befördert hat und die andere gezielt weitergegeben haben, an Arbeiter in den Betrieben, an Leute, die zweifeln.

Wie hoch werten die Machthaber die Herstellung, Beförderung und Weitergabe von Flugblättern? Im September 1944 wird Charlotte im Prozeß vor dem Volksgerichtshof zu zehn Jahren Zuchthaus verurteilt. Sie empfindet das Urteil als Lebensrettung, hat doch über ihr das Damoklesschwert der Todesstrafe geschwebt. Es ist nicht klar, in welches Frauenzuchthaus sie übergeführt werden soll. Die Berliner Behörde ist der Meinung, daß sie als Hamburgerin nach Lübeck gehört. Dort sagt man: »Was, zehn Jahre? Dann ab nach Jauer!« Da sind die langjährig Bestraften. Erst einmal landet sie auf einem Transport, der ins Zuchthaus Kottbus geht. Dort trifft sie in der Freistunde eine Frau, eine Medizinstudentin, wieder, die sie gleich nach ihrer Verhaftung im Gestapogefängnis Potsdam kennengelernt hatte. Die überfällt sie mit der Nachricht: »Stell dir vor, Elli Voigt haben sie hingerichtet!« Elli war eine Berliner Arbeiterfrau, 32 Jahre alt, mit zwei schulpflichtigen Kindern. Charlotte war ihr im Untersuchungsgefängnis Berlin-Moabit begegnet. Sie denkt zurück an die »besondere Sprechstunde« dort, die sich die Häftlinge durch die Umstände selbst verschafften. Wenn bei Fliegeralarm die Zellen im dritten und vierten Stock geräumt waren, auch das Aufsichtspersonal im Keller saß, begann im zweiten Stock, wo Charlotte war, eine merkwürdige Unterhaltung mit erheblichem Stimmaufwand aus den geschlossenen Zellen heraus. In diesem allgemeinen Geschrei äußerte Elli immer wieder ihre große Angst vor dem, was auf sie zukommen konnte. Die Frauen redeten ihr aufmunternd zu: »Ach, Elli, mit dir kann's doch gar nicht schlimm werden!« Aber dann hatte jemand sie unvorhergesehen belastet, und die Gestapo nahm sie sich noch einmal vor. So wurde sie trotz der beiden Kinder hingerichtet. Da sagt diese Studentin nun: »Du, wenn wir das hier überleben, müssen wir dafür sorgen, daß die Schuldigen bestraft werden. Aber nicht einfach aufhängen...« Und in ihrer Erbitterung und ihrem Schmerz ersinnt sie eine angemessene Todesart. Später, da alles ganz anders kommt, wird Charlotte noch oft an diese Begegnung denken.

Als sie schließlich im Zuchthaus Jauer ankommt, trifft sie die Freundin und Genossin Milda wieder, mit der sie 1937 im Berliner Frauengefängnis zusammen war. Milda, gebürtige Lettländerin, hat nach dem Ersten Weltkrieg einen deutschen Soldaten geheiratet und hat außer dem kleinen Kind, das sie bei der Verhaftung bei sich hatte, noch eine erwachsene Tochter. Ihr Mann ist auch inhaftiert. Schon bei der Ankunft winkt sie Charlotte zu. »Da bist du ja!« – »Ach, die Milda.« Die ist nun schon sieben Jahre eingesperrt, hatte damals das Todesurteil befürchtet, aber die Höchststrafe von 15 Jahren Zuchthaus bekommen. Es dauert nicht lange und Milda schafft es, daß Charlotte als dritte zu ihr in die Zelle einquartiert wird. Die Einzelzellen in den alten Zuchthäusern sind relativ geräumig, die drei können sich gut miteinander einrichten. Ihre tägliche Arbeit ist das Stricken. Charlotte und Milda freuen sich, zusammenzusein.

Von den Kalfaktorinnen, die auch politische Häftlinge sind, erfahren sie ein bißchen, was draußen vorgeht, und hören von dem Führerbefehl: Keine Gefangene wird dem Feind lebend überlassen. Es wird gemunkelt, daß sie evakuiert werden sollen. Am Morgen des 29. Januar 1945 – sie hören bereits den näherkommenden Kanonendonner – ist es soweit. Die Evakuierung beginnt. Sie erfolgt unter strengster SS-Bewachung mit der Androhung: »Wer unterwegs liegenbleibt, wird erschossen!« Der Elendszug setzt sich in Bewegung, manche Frauen sind nur in Holzpantoffeln mit Wollsocken. Es ist Winter, es hat geschneit. Viele brechen gleich am ersten Tag zusammen. Von 5 Uhr 30 früh bis abends 18 Uhr müssen sie über die Landstraßen laufen. Nur zwei kurze Pausen werden eingelegt, damit sie auf offener Straße ihre Notdurft verrichten können. Die Bewacher scheinen selbst nicht zu wissen, wohin sie mit ihnen ziehen sollen. Die Devise heißt: Nur weg von der Ostfront! Charlotte und Milda sind schlecht dran. Die eine ist durch die Quälereien in der Gestapohaft körperlich heruntergekommen, bei der anderen hat die lange Zeit des Eingesperrtseins an den Kräften gezehrt. Der Lebenswille treibt sie vorwärts. Ab und zu hören sie hinter sich die Schüsse der SS-Bewacher. Bloß nicht umsehen! Abends werden sie in eine Ziegelei oder in eine Scheune hineingescheucht. Es sind luftige und kalte Übernachtungsorte. Sie frieren sehr, oft durchnäßt von Schnee und Regen. So geht es weiter, Tag für Tag, bis sie ins Frauengefängnis nach Görlitz kommen. Die sie dort in Empfang nehmen, schlagen die Hände über dem Kopf zusammen: »Mein Gott, wie seht ihr denn aus?« Sie sind völlig verschmutzt.

Eine Woche dürfen sie in Görlitz bleiben. Zu zwölft sitzen sie in einer Zweier-Zelle, sechs Frauen an einer Wand, sechs gegenüber. Zum Schlafen können sie sich unter dünnen Wolldecken nur ein wenig ausstrecken. Wenn sich eine Frau bewegt, werden alle wach. Viele haben erfrorene Hände und Füße. Am dritten Tag sagt eine: »Tut mir leid, aber ich muß meine Schuhe ausziehen, ich habe so furchtbare Schmerzen.« Der ekelhafte Geruch des erfrorenen Fleisches ist fast nicht zu ertragen. Das kleine Zellenfenster genügt nicht, um frische Luft hereinzulassen. Als endlich der Arzt erscheint, weicht er entsetzt an der Tür zurück. Und doch sind sie froh, daß sie ein Dach über sich haben, daß sie regelmäßig Essen erhalten, täglich morgens und abends eine Scheibe Brot und ein warmes Mittagessen, eine Woche lang. Dann geht es weiter auf den Marsch. Die beiden Frauen besprechen sich. Ihnen ist klar, daß sie das nicht lange durchhalten werden. Sie beschließen, bei passender Gelegenheit zu fliehen. Diese ergibt sich schon am nächsten Tag. Es ist Anfang Februar, in der frühen Dunkelheit des Abends entsteht vorn im Zug plötzlich großer Tumult. Alle Bewacher laufen dorthin. Die Frauen haben am Weg liegende Baracken gestürmt und sich darin verkrochen. Charlotte und Milda bleiben zurück, finden einen Seitenweg. Auf einmal hören sie Männerschritte hinter sich. »Wo wollt ihr denn hin? Macht keinen

Quatsch, bleibt beim großen Haufen!« Charlotte sagt geistesge-
genwärtig: »Wir wollen uns nur für eine Nacht Quartier suchen,
und morgen stellen wir uns der Polizei.« – »Wie denkt ihr euch
das denn? Die Polizei hat jetzt doch keine Zeit für euch.« Der
letztc Satz des Bewachers beruhigt sie über die Maßen, und sie
müssen lachen. Als in der Nähe weitere Frauenstimmen zu hören sind, ruft er: »Ach, da sind ja auch noch welche!« und ist
weg.

Charlotte und Milda wandern den schmalen Feldweg entlang, der von der Hauptstraße wegführt. In der Ferne sehen sie
Licht aus einem Bauernhaus. Sie haben sich überlegt, wie sie
ihr plötzliches Auftauchen erklären wollen. Sie seien mit ihrem
Betrieb evakuiert gewesen, nun auf dem Weg nach Hause und
ohne Unterkunft. Glücklicherweise hatten sie vor dem Ab-
marsch in Jauer entsprechend der Zuchthausbürokratie ihren
Koffer mit der Privatkleidung ausgehändigt bekommen, die sie
schon der Wärme wegen über die Zuchthauskleider gezogen
haben. Das Haus erweist sich als eine Kate, bewohnt von einem
Tagelöhnerehepaar und seinen alten Eltern. Ohne große Worte
setzt ihnen die Frau eine Schüssel Pellkartoffeln mit Salz vor,
ein wahres Festessen für die beiden. Es gibt eine Couch, auf der
sie schlafen können, jede drückt sich in eine Ecke. Der Bauer
meint, daß sie ohnehin nur halbe Portionen seien, und schlägt
ihnen vor, ein paar Tage zu bleiben, sich auszuruhen, um Kräfte
zu sammeln. Diesen herzensguten Leuten gegenüber wollen sie
mit offenen Karten spielen. Sie sagen, woher sie kommen und
wer sie sind. Es ändert nichts daran, sie können bleiben. Milda
gelingt es in den nächsten Wochen, auf Umwegen Verbindung
mit ihrer Tochter in Berlin anzuknüpfen, und sie wird von ihr
abgeholt. Vor ihrer Abfahrt schreibt sie, die Kluge, Voraus-
schauende, in russischer Sprache auf ein Stück Stoff die Mitteilung, daß der Bauer sie trotz der damit für ihn verbundenen
Lebensgefahr aufgenommen habe, und auch für Charlotte
schreibt sie auf, daß sie ein politischer Häftling sei. Diese
Schreiben sollen sich noch als sehr nützlich erweisen.

Anfang Mai wird Reichenbach evakuiert. Eines Tages finden
zwei deutsche Soldaten den Weg zu dem kleinen Haus. »Nanu,
hier sind ja noch junge Frauen«, und sie erzählen allerlei Greu-
elpropaganda von abgeschnittenen Brüsten und aufgeschlitzten
Bäuchen. Als die Frauen sagen, sie hätten keine Angst und
würden bleiben, drohen die Soldaten: »Die Deutschen, die
jetzt nach uns kommen, machen kurzen Prozeß mit euch.«

Charlotte denkt: Ja, vielleicht würden die uns umlegen und es dann den Russen in die Schuhe schieben. Alle atmen auf, als die beiden sich wieder aus dem Staube machen. Die alten Eltern haben Furcht bekommen, spannen die Kuh vor den Leiterwagen und zuckeln los. Es dauert nur noch eine Nacht, und die sowjetische Armee ist da, Der Heereszug füllt die Landstraße, soweit man blicken kann. Am Ende reitet die Kavallerie. Die Soldaten schwärmen zu den leerstehenden Häusern aus. Plötzlich herrscht Lärm in der vorher toten Gegend. Zwei Rotarmisten betreten den Keller. »Krieg aus! Nach Hause!« Charlotte rennt mit den anderen nach oben. Voller Freude fängt sie sofort an, ihre Sachen zu packen. Mit einemmal kommt Mariechen, die Bäuerin, gelaufen. »Lotte, schnell, die wollen den Max erschießen!« Vor dem Haus liegt ein toter Rotarmist, er ist hinterrücks erschossen worden. Die Soldaten sind dabei zu prüfen, ob das vom Kellerfenster aus hätte passiert sein können. Max ist verkrüppelt, was ihn davor bewahrte, Soldat zu werden. In den letzten Tagen hat sich noch ein Kriegsversehrter bei ihnen eingefunden. Die beiden sollen nun zum Erschießen abgeführt werden. Max, der Bauer, hat schon sein Schreiben herausgeholt, aber die Sowjetsoldaten sind nicht so ganz überzeugt von seiner Echtheit. Daß Charlotte jedoch auch ihr Schreiben vorzeigt, gibt den Ausschlag, die zwei Männer wieder laufen zu lassen. Das ist ihre Rettung.

Auf Mildas Initiative hin haben die beiden Frauen aus dem Zuchthaus den Zettel mitgenommen, der im Schrank der Zelle angebracht war und worauf steht, wer sie sind und warum und wozu sie verurteilt wurden. Bei Charlotte steht: Vorbereitung zum Hochverrat, zehn Jahre Zuchthaus, ab 18. 8. 44. Das ist jetzt ihr kostbarster Ausweis. Sie hat ihn behalten, auch als bekannt wurde, daß die Russen ihn zerreißen würden, weil Gestapoleute sich zur rechten Zeit ebensolche Zettel beschafft haben, um sich zu tarnen und zu retten. Sie geht vertrauensvoll zum sowjetischen Kommandeur und zeigt ihm ihren Zettel vor. Er verwickelt sie in ein politisches Gespräch, um sie zu prüfen, und glaubt ihr. Sie bekommt auch gleich seine Fürsorge zu spüren. Auf keinen Fall solle sie jetzt hier weg, sondern erst einmal abwarten. Es seien zu viele unterwegs, die durch den Krieg verwildert seien, das beträfe auch Soldaten der Roten Armee. Nach vier Wochen hält Charlotte es nicht länger aus. Sie will unbedingt heim zu ihren Kindern. Da läßt er sie ziehen. Eine andere Politische, ebenfalls aus Jauer geflüchtet, schließt sich ihr an. Unterwegs sollen sie sich zu ihrer Sicherheit an bestimmten Stellen melden, auch um dort Verpflegung zu erhalten. Sie reihen sich ein in die großen Trecks von Flüchtlingen und Heimkehrern und kommen bis zum Spreewald nach Lübbenau. Dort hören sie, daß ein Güterzug nach Berlin fahren soll, laufen zum Bahnhof, quetschen sich in einen übervollen Waggon, und nach drei Tagen fährt der Zug auch schon. Aber wie froh sind sie, daß sie nicht mehr zu laufen brauchen.

In Berlin trifft Charlotte ihre Hamburger Freundin Käthe Jacob wieder, die aus dem KZ Ravensbrück befreit wurde. Noch immer heißt es warten. Wenn sie nach Hamburg wollen, müssen sie von der Sowjetischen in die Britische Besatzungszone überwechseln. Mit allerhand Schwierigkeiten gelingt es ihnen, Ende Juli 1945 die Demarkationslinie zu überschreiten. Auch in Jauer stand Charlotte mit ihrer Schwiegermutter schriftlich in Verbindung. So wußte sie immer, wo ihre Kinder waren und wie es ihnen ging. In Hamburg angekommen, führt der erste Weg zu ihr. Dann holt sie sich ihre beiden Kinder. Vera ist inzwischen neun und Edgar sieben Jahre alt. Er ist noch immer klein und zart. Charlottes schwere Zeit der Schwangerschaft, die Gefängnishaft, die plötzliche Trennung von der Mutter, das Verhältnis zu den ersten Pflegeeltern, die kein Interesse für das Kind zeigten, die Anpassung an die zweiten Pflegeeltern, das alles hat Edgar schwer belastet und in seiner Entwicklung gehemmt. Für die Pflegemütter ist es auch nicht leicht, die Kinder wieder herzugeben. Sie sind die Mamas, und Charlotte ist die Mutti, von der ihnen gesagt wurde: »Sie ist krank, sie ist verschickt.« Die beiden Frauen fordern: »Jetzt mußt du dich entscheiden, entweder du läßt uns die Kinder und verschwindest aus ihrem Leben, oder du nimmst sie für immer zu dir, dann müssen wir damit fertig werden.« Charlotte aber will endlich mit ihren Kindern leben, befreit von der Angst, sich wieder von ihnen trennen zu müssen.

Die Kinder werden ohne Vater aufwachsen. Charlottes Mann ist aus dem Krieg nicht zurückgekommen. Sie denkt daran, wie er nach ihrer Verhaftung 1937 zu ihr hielt, wie glücklich sie waren, als er nach dem Polenfeldzug auf Urlaub kam und sie im Oktober 1939 endlich heiraten konnten, wie einverstanden er war mit ihrer illegalen Arbeit und wie er dafür büßen mußte. Bei seinen Militärpapieren lag zusätzlich die Akte über seine Frau als politisch Vorbestrafte, dadurch kam er ins Strafbataillon »Dirlewanger«. Er wurde dort an der Front eingesetzt, wo die wenigsten Überlebenschancen waren. Charlotte denkt an den letzten Brief, den er an seine Mutter schrieb und der so trostlos klang. Seine Truppe war eingekesselt, er hatte die Hoffnung aufgegeben, lebend herauszukommen. Vielleicht ist er übergelaufen, vielleicht ist er in Gefangenschaft geraten, vielleicht kann er aus irgendeinem Grund nicht schreiben. Zwei, drei Jahre hofft Charlotte noch immer auf seine Rückkehr und erkundigt sich bei allen in Frage kommenden Stellen nach ihm. Nach fünf Jahren erhält sie eine Nachricht vom Deutschen Roten Kreuz. Ihr Mann ist am 16. Oktober 1944 als vermißt gemeldet worden. Bei Großkönigsrück in Ostpreußen soll er geblieben sein. Wer weiß, wo die Papiere in den Wirren nach dem Krieg so lange unentdeckt gelagert waren. Selbst jetzt zweifelt sie mitunter noch an seinem Tod, aber die weitere Zeit belehrt sie: Da ist keine Spur mehr von ihm.

Charlottes erstes Paßfoto
nach dem Krieg

Nach Kriegsende lebt Charlotte mit ihren Kindern abseits der Stadt auf dem Sophienhof, einem zerstörten Fabrikgelände, in Schwiegermutters kleiner Wohnung. Diese geht arbeiten, Charlotte bleibt erst einmal zu Hause. Anfang 1946 muß sie neuen großen Kummer erfahren. Edgar wird krank, bekommt Hautausschläge, große eiternde Stellen, zuerst an Armen und Beinen, dann am ganzen Körper. Nach zwei bis drei Monaten verschwinden sie für einige Zeit, erscheinen aber immer wieder. Sie geht mit ihm zu vielen Untersuchungen. Die Diagnose lautet: eine Nervensache als Folge der nicht verkrafteten Umstellungen. Die Therapie: unbedingte Ruhe. Bei der Wiedergutmachungsstelle hat Charlotte einen Antrag für Edgar gestellt. Er erhält für elf Monate Haftentschädigung, pro Tag fünf Mark. In dieser Lage will sie auch einen Gesundheitsschaden für ihn geltend machen. Sie wird an die Universitätskammer Eppendorf verwiesen. Der Professor befindet negativ: Es habe für das Kind keine Störungen während der Schwanger-

180

schaft gegeben, für die Mutter schon, aber der Embryo nehme sich alles, was er brauche, von der Mutter.

Bis hierhin hat Charlotte ruhig erzählt. Plötzlich bemerke ich, daß Tränen aus ihren Augen auf das Tischtuch fallen. Große klare Tropfen, die sie nicht abwischt, liegen auf der bunten Decke. Sie sitzt still da. Ich schalte den Kassettenrecorder ab. Wir schweigen. Was soll ich sagen? Die ganze Zeit hat sie ohne Stockungen über ihr eigenes Leid gesprochen, mit ihrer hellen, immer freundlich bleibenden Stimme, die sich ins Ohr schmeichelt. Jetzt, wo es darum geht, was ihrem Jungen angetan wurde, weint sie. Ich schalte das Gerät nicht mehr an, frage aber, wie es mit Edgar weiterging. Ein Heilpraktiker entwickelte eine langwierige, aber wirkungsvolle Therapie für ihn. Als er 15 Jahre alt war, tauchten die Hautausschläge in immer größeren Abständen auf. Mit 18 hatte er die Krankheit überwunden. Er fuhr ein Jahr zur See und kehrte als kräftiger junger Mann zurück. Er engagierte sich politisch in der Geschwister-Scholl-Jugend. Eine lebenslustige Spanierin wurde seine Frau, sie haben zwei Kinder, doch ist er immer ein verschlossener, ernster Mensch geblieben.

Auf der Rückfahrt nach Berlin bin ich mit meinen Gedanken noch bei Charlotte. Welche schmerzlichen Konflikte barg ihr Leben in sich, weil sie nicht nur Mutter sein wollte, sondern eine nach eigenem Ermessen politisch handelnde Frau. Dafür sollte ihr nach dem Gebot der Naziobrigkeit das so vielfältig propagierte Mutterglück versagt bleiben. Hatte sie nicht bei der Bekämpfung dieses unmenschlichen Systems die Zukunft ihrer Kinder im Auge? Hat sie sich nicht für die Zukunft aller Kinder eingesetzt? War sie darum eine schlechtere oder nicht eher die bessere Mutter? – Ich schaue aus dem Zugfenster, ohne die schnell vorbeiziehende Landschaft zu sehen. Ich träume von einer Zeit, in der gesellschaftliche Belange und persönlicher Glücksanspruch eine Einheit bilden.

Weimar – Rastenberg – Schafau
Gisela Kraft

Am Vormittag des 9. Februar 1945 ging meine Mutter mit mir in der Weimarer Innenstadt einkaufen. Plötzlich heulte die Sirene. Tagesalarm. So schnell wir laufen konnten, meine Mutter hochschwanger und ich mit meinen Kinderbeinen, suchten wir im Keller des nahen Sophienhauses Schutz. Meine Tante lebte dort, als Oberin des Thüringischen Roten Kreuzes. Erst wenige Tage zuvor hatte sie uns von Berlin herreisen lassen, damit im ruhigen Weimar, unter ihrer Fürsorge, mein Geschwisterchen geboren würde. Wir saßen verstört, vielleicht eine Stunde lang, unter einem Höllengetöse von Bombeneinschlägen, Fliegerdonner und dem Krachen einstürzender Häuser. Dann wurden die ersten Verletzten hereingetragen. Man nahm mich beiseite, aber ich hatte doch etwas gesehen, blutige verbundene Gesichter. Bald war der Krankenhauskeller überfüllt von Tragen, auf denen verzweifelt wimmernde oder ganz und gar stumme Menschen lagen. Gegen Mittag gab es Entwarnung. Am Abend des nächsten Tages kam meine Schwester zur Welt, beim Schein einer Petroleumlampe, in Goethes Weimar, dessen Altstadt seit gestern zur Hälfte in Trümmern lag.

Als das Baby kaum einen Monat alt war, suchte meine Tante uns ein Quartier im Kleinstädtchen Rastenberg, 25 Kilometer nördlich von Weimar. Damit wir es nun wirklich ruhiger hätten! Frühjahr 1945. Wir wohnten in der Ludendorffstraße Nr. 5, in einem kleinen Zimmer im ersten Stock. Im Nachbarzimmer Frau Schulz aus Düsseldorf mit dem dreijährigen Helmut. Zusammen hatten wir ein Badezimmer als Küche. Über die riesige Zinkwanne waren Bretter gelegt. Das Haus nebenan war die Vollmersche Schmiede. Frau Vollmer schenkte mir drei Eier, damit wir einen Kuchen backen konnten. Die Rastenbergerinnen trugen ihre Kuchen auf riesigen runden Blechen, schräg auf der Schulter, zum Bäcker und ließen sie dort ausbacken. Eines Tages fragte meine Mutter einen alten Nachbarn über den Gartenzaun, ob er meine, daß es schiefgehe mit diesem Krieg. Auf keinen Fall, sagte der Alte, der Führer wird den Krieg gewinnen.

Der Führer, dessen gellende Stimme ich aus dem Lautsprecher kannte, lebte aber nicht mehr lange. An einem Morgen saßen wir zu fünft in der Badezimmer-Küche, die beiden Mütter mit den Kleinen auf dem Schoß und ich daneben. Da kam die Meldung im Radio: Der Führer ist tot. Ich habe ihn bewundert, sagte die eine Mutter nach einer Pause. Ich habe ihn nicht bewundert, ich habe ihn geliebt, sagte die andere Mutter.

Am schwierigsten war das Betteln um Milch für mein Schwesterchen. Wir gingen zu den Bauern, meine Mutter mit mir oder ich allein. Es war mir schrecklich, mit der Milchkanne zu den hochnäsigen Bauern zu müssen. Nur das Stroh gefiel mir, das meterhoch in den Höfen lag, ein Meer von Wonne, um darin herumzutoben. Meine Mutter gab auch Schreibunterricht an Bauernkinder, gegen Milch, Eier und Mehl. Wann ich selber schreiben geübt habe, weiß ich nicht mehr. Im Sommer 1942 war ich eingeschult worden, in der Südschule zu Berlin-Zehlendorf. Wir hatten auf dem Hof gestanden, Hunderte Eltern und Kinder. Mit dem linken Arm umklammerte ich die Schultüte, den rechten hielt ich steif zum Heil-Hitler-Gruß hoch. Die Einschulungsfeier dauerte lange, und ich legte die rechten Fingerspitzen ganz vorsichtig der vor mir stehenden Frau auf den Mantelgürtel, damit mein Arm nicht herunterklappte. Danach hatten wir ein paar Monate schreiben und rechnen gelernt, ab und zu mit einem Klaps von Fräulein Krienkes Lineal auf die Finger. Heil Hitler habe ich auch noch einige Zeit in der Dorfschule von Unkeroda bei Eisenach machen dürfen. Der Lehrer, der in zwei Schulräumen acht Klassen gleichzeitig beschäftigte, war freundlich und klapste nicht. Das alles war in diesem Rastenberger Frühling lange her. Doch konnte meine Mutter schon meines naseweisen Mitgefühls sicher sein, wenn ihre Zöglinge im Diktat »gleine Pröge« statt »kleine Brücke« schrieben.

Unsere Wirtin, Frau Wagner, mochten wir nicht besonders. Sie war barsch und hielt uns kurz. Zu Ostern kam ihr jüngster Sohn auf Kurzurlaub von der Front. Zwei Stunden, nachdem er wieder eingerückt war – ich sehe noch, wie er im Garten die Mütze schief über die braunen Haare stülpte und fröhlich davonrannte –, hörten wir Frau Wagner unten laut schreien. Ihr Sohn war nur sechs Kilometer vor Rastenberg neben der Landstraße erschossen worden. Meine Mutter und Frau Schulz gingen zu ihr herunter. Mich überfiel ein Grauen, das schon ein Jahr vorher in Berlin beim Anblick einer brennenden Straße in mich eingebrochen war, das seitdem in mir lauert, mich in Schüben verfinstert und für das ich nie Worte finden werde.

Unser Baby war sehr schmächtig, es bekam eine Darmkrankheit. Ein Arzt verordnete einen Schleim aus Apfelmehl, aber es wurde immer elender. Von der Verzweiflung inspiriert, kochte meine Mutter einen Brei aus Kartoffeln und Mohrrüben – und heute ist mein Schwesterchen eine riesengroße, starke Frau.

Eines Abends schlug Rastenbergs apokalyptische Kleinstadtruhe in Panik um. Das nur wenige Kilometer waldeinwärts gelegene Munitionslager Muna war von einer Bombe getroffen worden. Giftgas strömte aus. Sofort hatten alle Rastenberger auf den Beinen zu sein: 30 Kilometer in westlicher Richtung! hieß der erste Befehl, von Haus zu Haus weitergerufen. 30 Kilometer, das haben wir nie geschafft und hätten es auch nicht. Es war ein stockdunkler Abend, die Silhouetten der kahlen Obstbäume neben der Landstraße hoben sich kaum vom Himmel ab. Zweitausend schoben sich voran, die Alten auf Karren, die Babys in Kinderwagen. Auch unseres. Meine Mutter hinter dem Wagen, ich mit der einen Hand seitlich den Wagengriff festhaltend. Ich hatte einen grauen Kindermantel an, dessen rechte Tasche zugenäht war. Hinter der Naht baumelte etwas Schweres gegen meine Hüfte. Ich wußte, das war ein Silberkännchen, das ich früher einmal in unserem Geschirr gesehen hatte. Was da drin sei und was das bedeute, wollte ich immer wissen. Meine Mutter sagte, ich solle erst fragen, wenn ich groß sei. Nach dem Krieg sagte mein Vater zu mir: Da war Zyankali drin.

Das Dunkel wurde stoßweise grell erleuchtet durch niedersausende Tiefflieger. Ihr Heulen und das auf und ab fahrende Schußgeknatter sind mir noch in den Ohren. Anfangs warf sich der Zug bei jedem Nahen eines Tieffliegers zu Boden, auf den Asphalt oder seitlich in den Straßengraben. Mit einem Kinderwagen kann man sich nicht hinwerfen. Allmählich wurden die Leute gleichgültiger oder an die Gefahr gewöhnt oder auch ängstlicher, denn das Gas kroch uns ja im Rücken nach. Die gleißenden, kreischenden Kurven der Flieger wurden zur monotonen Kulisse zwischen dem hellschwarzen Himmel und dem tiefer schwarzen Geäst der Straßenbäume. O diese Holzfreunde, sperrig und nestuntauglich, wie sie trotzdem uns zur Rettung zu einem langgestreckten löchrigen Nest zusammenstanden! Ihr Nest ist bis heute in meinem Gefühl aufgeschlagen.

Das Dorf Schafau, sieben Kilometer westlich Rastenberg.

Eine Pause war überfällig. Zweitausend suchten Zuflucht in einer Handvoll Gehöfte. Die Meldung lief durch: Hier die Nacht abwarten, bis neue Anweisungen kommen. Möglicherweise ist die Gefahr gebannt. Ich erinnere mich an eine enge Küche mit altem, verrußten Kohlenherd, vollgestopft mit Menschen. Immerhin hatten meine Mutter und ich jede einen Holzstuhl, dicht beim Herd, wo die Bauersfrau mit den eisernen Ringen und einem Kessel hantierte. Meine Mutter saß sehr gerade da. Sitzend versuchten wir einzuschlafen. Ich weiß auch noch, daß meine Schwester ihr Fläschchen bekam, ich glaube, mit Schafauer Milch. Plötzlich sprang eine Katze auf die Herdplatte, sie hatte drei Beine. Diese Katze wurde für mich zum Problem dieser Nacht. Was war ihr geschehen? Sie ist in eine Fuchsfalle geraten, gab die Bauersfrau zur Auskunft. Ich erinnere mich an das Morgendämmern, an eisige Luft draußen auf dem Hof. Es muß die Meldung gekommen sein: Gasalarm aufgehoben. Wie wir zurückmarschiert sind bis Rastenberg, sehe ich nicht mehr vor mir. Nur Tageslicht, dunstig weiß, ohne Sonne, erfüllt von Flakschüssen, Explosionen und dem Jaulen der Tiefflieger.

Unter Rastenbergs Kindern war ich ein Außenseiter, sie hänselten mich. Die Mädchen maßen sich Tag um Tag in einem Ballspiel: zwei oder drei Bälle gegen die Wand oder in die Luft werfen und wieder auffangen, hintereinander, ohne abzusetzen oder je einen Ball fallenzulassen. Ein Mädchen mit Zöpfen konnte vier Bälle wie die Tropfen eines Springquells gegen den braungrauen Putz des gegenüberliegenden Häuserblocks spritzen lassen, minutenlang, fast ohne die Hände zu bewegen. Hätte ich doch wenigstens in diesem Ballspiel etwas geleistet! Mit Mühe und viel Zappelei hielt ich zwei Bälle in Bewegung. Davon, den anderen zu imponieren, konnte keine Rede sein. Meiner Mutter entging der Grund meines Kummers, aber sie nähte mir ein paar Bälle und stopfte sie mit Holzwolle. Jahre später habe ich erfahren, daß keinen Tagesmarsch von dem Ort entfernt, wo ich mich mit Spielbällen plagte, Tausende Menschen, ein Vielfaches des Trecks nach Schafau, ganz andere, unermeßliche Plagen durchlitten: die Häftlinge von Buchenwald. Zugegeben, ich war ein Kind. Aber die Scham, neben Buchenwald gespielt zu haben, quält mich noch immer, gegen alle Vernunft.

Die Amerikaner besetzten Thüringen. Dorf um Dorf rückten die Panzer vor. In einem Hügel am Rande Rastenbergs gab es einen »Felsenkeller«, einen tief ins Gestein getriebenen Stollen. Dort drängte sich täglich die Bevölkerung zusammen. Nach Einbruch der Dunkelheit stahl sich jeder wieder in seine Behausung. Auch wir. Kinderwagen, Fläschchen, mein Teddybär, die zugenähte Manteltasche. Schließlich waren die Amerikaner einfach da. Schießerei hatte es kaum gegeben. Eine Familie nach der anderen hängte ein weißes Tuch aus dem Fenster. Die Amerikaner: Männer mit Uniform und Gewehr, die fortan einen Schuppen an der Ecke Ludendorffstraße bewachten. Bald trauten wir Kinder uns keß in ihre Nähe und sagten METSCH oder TSCHUINGGAM. Wer hat uns diese Wörter beigebracht? Sie flogen durch die Luft. Manchmal bekamen wir die dazugehörigen Gegenstände wirklich geschenkt und rannten stolz nach Hause. Am »8. Mai« lag eine feierliche Angst und Stille über den Straßen. Wir hatten den Krieg verloren. An den kleinen runden Lindenbäumen vor dem Haus sproßten samtige hellgrüne Blätter. Das Milchbetteln ging weiter. In einer Fleischerei wurde jeden Spätnachmittag Wurstbrühe ausgeteilt. Neben dem Gelände der Fleischerei wuchsen Kletten, die wir sammelten und zu langen Ketten zusammenklebten. Dann zogen die Amerikaner wieder weg. Am 28. Juni – ich weiß noch den Tag, weil es mein neunter Geburtstag war – kamen die »Russen« auf ihren Lastwagen und in Fußtrupps über die Wiesen. Kein Unterschied in den Sorgen und Freuden dieses Sommers. Saubohnenstehlen im Feld: ich gebückt zwischen den Staudenreihen, meine Mutter wie spazierengehend am Feldrain und Warnrufe ausstoßend, wenn ein Bauer in Sicht war. Jede Saubohne wie eine Kastanie groß. Kremplinge suchen. Kirschen und Bauchschmerzen. Sich in Wollgras wälzen. Mohnernte, die Kapseln zerknacken. Es gibt sogar Kinderbilder von damals. Auf einem Foto halte ich das Baby im Schoß, man ließ mich die Zunge herausstrecken, damit mein Schwesterchen niedlich lachte. Aber noch keine Nachricht vom Vater. Im September dann die Postkarte. Er ist in Berlin, Nachbarn pflegen ihn.

Und ehe es herbstlich wurde, war da ein schnaufender, überfüllter Zug, einer der ersten, die wieder nach Norden rollten, Meter um Meter Richtung Berlin. Im Gepäckwaggon, über Kisten, Paketen, Bündeln und Motorrädern, ganz dicht unter der Decke, der Kinderwagen und wir.

Gisela Kraft, Jahrgang 1936, Schriftstellerin,
lebt in Berlin / DDR

Ich gehöre zur Generation der verstummten Frauen

Nach dem Bericht von Hanna R.

Verdutzt schaue ich die Frau an, die mir die Tür zu ihrer Wohnung in dem vornehm und heimelig wirkenden Wohnstift in Bremen öffnet. Sie hat mir geschrieben, daß sie 86 Jahre alt sei, und so sieht sie nicht aus. Schnell sind wir in ein Gespräch vertieft, das ihre vielseitigen Interessen zeigt. Wir sprechen über Literatur – noch immer hat sie nicht verwunden, daß ihr Briefwechsel mit Hermann Hesse bei Kriegsende vernichtet wurde –, dann über Politik, über die Stellung der Frau. Durch die intensive Beschäftigung mit diesen Fragen ist sie in den letzten Jahrzehnten zu neuen Erkenntnissen gelangt. Deshalb auch hat sie bei der Bremer Frauenwoche schon zweimal ein Referat gehalten und ist 1985 wieder dazu aufgefordert worden. Ich stelle mir die 86jährige unter den vielen jungen Frauen an der Uni vor, und diese Vorstellung freut mich. »Die zornigen alten Männer«, sagt sie, haben sich geäußert. Gibt es keine zornigen alten Frauen. Und daß sie zu der Generation der verstummten Frauen gehört, der sprachlosen Frauen, die viel zu berichten hätten, es aber nicht können, weil viele Barrieren davorstehen. Ich erkläre noch einmal mein Anliegen, etwas über ihr Leben im Krieg zu erfahren. Sie erzählt:

»Ich war fasziniert von Hitler. Es ging eine Suggestivkraft von ihm aus, der ich mich nicht entziehen konnte. Der Krieg hatte für mein persönliches Leben zunächst keine Bedeutung. Meine Familie war beisammen, wir hatten ein entzückendes Haus in Bremen. Ich bin eigentlich Hamburgerin, erst durch meine Heirat 1926 Bremerin geworden. Die Familie meines Mannes ist urbremisch, das, was man hier ›Tagenbaren‹ nennt. Mein Mann war Arzt, vielleicht noch mehr Philosoph als Arzt, ein äußerst gebildeter und geistig reger Mensch. Auch er hat Hitler bewundert, das ist für mich ein Beweis dafür, daß nicht nur meine Begeisterungsfähigkeit mich dazu gebracht hat, denn mein Mann war ja nun viel zu objektiv und sachlich. Wir haben einfach die Sache, die Hitler uns darlegte, anerkannt. Die erste Zeit in der Hitlerära fand ich ausgesprochen glücklich. Die Straßen waren sauber, die Menschen rücksichtsvoll miteinander, es gab eine Volksgemeinschaft. Einen Fehler habe ich gemacht: ich habe das Buch ›Mein Kampf‹ nicht gelesen. Das hätte ich tun sollen, gründlich. Aber ich fand den Stil so verheerend, daß ich es nach ein paar Zeilen zur Seite gelegt habe. Ich habe gedacht: Du hörst ihn ja nun fast jeden Tag, warum sollst du das Buch lesen. Er sagt ja, was er will. Was nicht stimmte, denn was er wirklich wollte, hat er eben nicht gesagt, sondern es wurde alles idealisiert dargestellt, war aber – wie wir jetzt wissen – gelogen.

Als der Krieg ausbrach, habe ich gedacht: ›Mein Gott, das ist natürlich schlimm, daß wir zu den Waffen greifen, aber das hilft wohl alles nichts, denn Deutschland muß nun wieder mal auf sein Recht pochen.‹ Dann kamen diese wunderbaren Siegesnachrichten vom Polenfeldzug, vom Frankreichfeldzug, wir fühlten uns irgendwie beglückt, daß die Schande von Versailles, unter der wir sehr gelitten haben, nun getilgt werden sollte. Daß dies bereinigt wurde, das muß ich sagen, habe ich als ein großes Plus empfunden und eine schöne und gute Sache. Ich habe auch geglaubt: In einem halben Jahr ist alles vorbei. Da hat man sich natürlich geirrt und war auch viel zu idealistisch und weltfremd.

So habe ich den Kriegsanfang als gar nichts Schreckliches empfunden. Dann geschah es aber bald, daß mein Mann eingezogen und als Arzt nach Frankreich geschickt wurde. Er hat es dort wunderbar gehabt. Für mich wurde die Sache erst schlimm, als der Bombenkrieg anfing. Ich hatte drei Töchter, die älteste, 1926 geboren, war in einem Alter, wo sie schon etwas von dem allen mitgekriegt hat, die anderen waren relativ klein. Die Situation wurde allmählich untragbar: Jede Nacht in den Keller, wir bekamen alle keinen Schlaf mehr, und ich war wieder schwanger, im achten Monat schwanger. Mein Mann wollte absolut viele Kinder haben, am liebsten sechs, das hat jedoch mein Gesundheitszustand verboten. Ich habe nämlich nicht nur vier Kinder geboren, sondern insgesamt sieben Schwangerschaften durchgemacht, also ziemlich viel in dieser Hinsicht erlebt, hatte nach einer Eileiterschwangerschaft eine sehr schwere Operation überstanden. Um dieses, das vierte Kind, überhaupt zu bekommen, mußte ich unentwegt Spritzen erhalten, Hormonspritzen. Nicht aus eigenem Wunsch, sondern nur meinem Mann zuliebe habe ich mit 42 Jahren diese mühevolle Schwangerschaft auf mich genommen.

Der Keller unseres Einfamilienhäuschens war natürlich alles andere als sicher. Als mein Mann dann schon in Frankreich war, sagte mein Schwager, auch ein Arzt, es sei unhaltbar, daß ich als Hochschwangere mit den Kindern in diesem Keller allein bliebe, daß wir überhaupt keinen Schlaf mehr bekämen. Die Kinder müßten weg, evakuiert werden. Die älteste Tochter konnten wir in einem phantastischen Internat unterbringen, und da muß ich mal wieder darauf hinweisen, was die Hitlerzeit für uns auch an Gutem gebracht hat. Das war ein Internat, wie man es sich schöner nicht vorstellen konnte, eine SS-Heimschule mit Schwimmbassin, Reitunterricht und den besten Lehrern, die es überhaupt in Deutschland zu dieser Zeit gab. Das war in Achim bei Baden-Baden. Die beiden mittleren Kinder haben wir bei einem befreundeten Pastoren-Ehepaar auf einem Dorf in Hessen unterbringen können. Dort sind sie bis zum Ende des Krieges geblieben. Denn nach Bremen konnten sie ja nicht zurück zu mir, die ich mit meinem Baby in der Welt herumirrte. Nachdem die Kinder alle drei evakuiert waren, war ich zunächst allein in Bremen. Im Bunker konnte ich das Stehen – Sitzgelegenheit gab's nicht – nicht mehr aushalten, und da hat wiederum mein Schwager die Initiative ergriffen. Ich müsse nun auch weg, es helfe nichts, ich müsse an das Kind in meinem Leib denken.

Da ich in Darmstadt Geschwister hatte, bot es sich an, daß ich dorthin zog. Sie haben mir eine Wohnung im Zentrum der Stadt besorgt, das ging ganz gut. Natürlich habe ich grausam unter Einsamkeit gelitten, so getrennt von der Familie. Ende 1942 ist in einer Risikogeburt meine jüngste Tochter geboren worden. Obwohl ich ein kleines Kind hatte, wurde ich bald zur Arbeit dienstverpflichtet, weil ich noch eine Hilfe hatte, die sowohl in der Praxis meines Mannes als auch in meinem Haushalt tätig gewesen war, eine phantastisch tüchtige Person. Sie konnte bei mir bleiben, bis es hieß: ›Entweder Sie müssen Ihre Hilfe hergeben oder arbeiten gehen.‹ Ich habe letzteres gewählt. Sie hat dann auch bei meinen Geschwistern geholfen. Bei mir war außer der Betreuung meiner kleinen Tochter nicht viel zu tun. Ich wurde im physikalisch-chemischen Institut eingesetzt. Da habe ich sehr bald gemerkt, daß in Darmstadt irgend etwas Kriegswichtiges produziert wurde, denn die Geheimnistuerei war geradezu verrückt. Man durfte nicht über die

Tätigkeit und alles, was damit zusammenhing, sprechen. Tatsächlich handelte es sich um die V-Waffen. Meinen Geschwistern gegenüber äußerte ich die Besorgnis: ›Hier wird es einen schweren Bombenangriff geben.‹ Die haben mich nur ausgelacht, denn Darmstadt galt als weitab von der Geschichte. Was sollte da passieren? Bis wirklich der erste Angriff kam. Wir saßen im Keller eines Hauses, das sehr solide gebaut war. Es ging eine Luftmine herunter, und meine Wohnung im ersten Stock wurde zerstört. Meine Geschwister haben mir eine andere Unterkunft besorgen können am Rande der Stadt, dicht am Odenwald. Das war so 1943/44.

Dann kam der ganz schlimme Luftangriff, und zwar soll es einer der schwersten in Deutschland überhaupt gewesen sein, der allerschwerste war auf Dresden, der zweitschwerste auf Würzburg, danach folgt wohl Darmstadt. Ich habe es einmal in einem Artikel eines Amerikaners über die Bombennacht in Darmstadt gelesen. Ich kann nur sagen, wir waren froh, daß wir danach noch lebten. Die Bomben prasselten pausenlos in allen Kalibern auf uns herunter. Bei dem Donnergetöse schrien die Leute im Keller, ich natürlich nicht, das hatte ich gelernt, mich zu beherrschen. Als es vorüber war, ertönte in die plötzliche Stille hinein das Stimmchen meines Babys: »Da... da... dada!« Da haben alle geweint. Die Kleine hatte ja keinen Begriff davon, was dieser Krach und das Schreien der Mitbewohner bedeutete.

Darmstadt war ein einziger Trümmerhaufen. Meine älteste Tochter war inzwischen zu mir gestoßen, weil es bei Baden-Baden auch brenzlig wurde und die Heimschule aufgelöst worden war. Sie sagte, wir müßten hier weg, wir müßten am besten in mein Heimatdorf bei Hamburg. Da lebten zwei alte Tanten von mir, die uns aufnehmen konnten. Als wir mit unserem Köfferchen zur Bahn wollten, mußten wir über die Toten klettern. Es sollen an die 30 000 gewesen sein. Beim Adolf-Hitler-Platz (Ludwigsplatz) lagen die Leichen buchstäblich kreuzweise übereinandergeschichtet. Auf Lastwagen wurden sie schnell abtransportiert. Es bestand Seuchengefahr, weil es furchtbar heiß war in diesen Tagen. Die Straßen brannten, die Flugzeuge hatten Phosphorbomben geworfen. Wenn die Leute aus ihren Kellern herauskamen, sind sie auf der Straße im Stehen verbrannt. Ich sagte zu meiner Tochter zuerst: ›Du, hör mal, hier muß ein Textilgeschäft gewesen sein, hier sind doch lauter Schaufensterpuppen.‹ – ›Mutti, siehst du es denn nicht, das sind tote Menschen.‹ Die waren im Stehen verbrannt, zum Teil mit erhobenen Händen, in Sekundenschnelle, so daß sie gar nicht umfielen, und außerdem brannte der Fußboden, die Füße steckten darin fest, sie hatten nicht weitergehen können. Ich kann dieses Bild des Grauens nicht schildern. Vor allem die vielen Kinderleichen! Es war so, daß ich dachte, bloß raus, bloß raus, bloß raus!

Wir fanden einen Zug und sind mit dem Baby glücklich in mein Heimatdorf gekommen, nach drei Tagen Reise, auf der man nie wußte, wann man Verpflegung bekam, wo man aufs Klo konnte, denn es war so voll, daß man kaum einen Fuß vor den anderen setzen konnte. Die Fahrt wurde von Luftangriffen unterbrochen. Immer wieder mußten wir uns auf die Erde legen. Die Fensterscheiben waren kaputt, es war kühl und windig geworden und regnete. Als wir endlich in meiner Heimat gelandet waren, fühlten wir uns gerettet. Mein Köfferchen mit den wertvollsten Sachen, das ich auf der Fahrt so gehütet hatte – man besaß ja kaum noch etwas –, habe ich dann dort eingebüßt. Englische Soldaten haben nach ihrem Einmarsch die Häuser des kleinen Ortes durchgekämmt. Einer hat mein Köfferchen mit dem Rasiermesser aufgeschnitten, erst einmal den Schmuck herausgeholt, das fand ich nicht so schlimm, aber meine jahrelange Korrespondenz mit Hermann Hesse war darin, auch die mit dem Philosophen Graf Keyserling, der mich zu seiner Mitarbeiterin machen wollte. Die Soldaten haben alle Briefe herausgeworfen und ein kleines Feuerchen damit gemacht und Scheibenschießen nach den Zeichnungen und Aquarellen von Hesse, die er mir geschickt hatte. Auch ein Gedicht, das er nur für mich schrieb, alles ist unwiederbringlich verloren.

Im Frühjahr 1945 war meine Familie in Bremen wieder vollzählig beisammen. Wir mußten allerdings zwei Räume in unserem Haus abgeben, so daß wir wie die Schafe zusammengepfercht lebten. Mein Mann hatte den Krieg überstanden. Die letzten Jahre war er noch an der Ostfront als Arzt eingesetzt. Wenn er auch nicht am direkten Kampfgeschehen teilnehmen mußte, war er doch oft in Lebensgefahr bei seinen weiten Reisen zu den verschiedenen Verbandsplätzen. Als Arzt hatte er einen Wagen und Fahrer. Den haben ihm die Partisanen einmal auf nächtlicher Fahrt von seiner Seite weggeschossen. Schon in Rußland hatte mein Mann einen leichten Verdacht auf Krebs bei sich festgestellt, es bestand aber keine Möglichkeit, irgendwelche Untersuchungen vornehmen zu lassen. Er hat es dann auch verdrängt. Als er nach Hause kam, war er krebskrank. Nun wurde er von den Kollegen operiert, aber sein Körper war schon von Metastasen durchsetzt. Hoffnungslos! Da er einen unheimlichen Lebenswillen besaß, hat er es immerhin noch fünf Jahre, bis 1950, geschafft. Er hat noch das Glück unserer ältesten Tochter erlebt. Sie war eine Beziehung zu einem jungen Amerikaner eingegangen, mit dem sie einen Sohn hatte. Es war eine echte und große Liebe. Sie hat ihn geheiratet, hat jetzt vier Söhne und führt eine sehr glückliche Ehe. Sie lebt in den USA, wollte damals so schnell wie möglich nach Amerika, hatte Deutschland bis obenhin satt, das konnte ich gut verstehen. Hier gab es nur Leid, nur Grauen, nur Elend, Hunger und Kälte, Jammer und Tränen.

Der Tod von Hitler hat mich merkwürdigerweise noch erschüttert, denn er war ›der Führer‹, und man hatte ihn geliebt und verehrt. Aber dann allmählich sickerten so die Nachrichten durch, die die echte Wahrheit enthielten. Und da habe ich dann am Ende gedacht: Das geschieht ihm recht, er ist gerichtet. Und daß es wohl das beste für ihn war, sich selbst zu richten. Ich weiß gar nicht, wie wir das verkraftet haben, daß unser Weltbild zerstört war. Zu der äußeren Zerstörung kam die in unserem Inneren. Damit mußten wir fertig werden.

Was ich offensichtlich versäumt habe, ist meine – viel zu späte – Besinnung und Einsicht in unser aller Schuld an der Möglichkeit Hitlers, zu dieser gigantischen Macht zu gelangen. Zwar ›wußte‹ ich nichts von dem grausigen Geschehen hinter den Kulissen der nationalsozialistischen Regierung, von all den KZs und der Judenverfolgung, zumal ich in Bremen keine Juden kannte, und in meinem Heimatdorf erfuhr man nichts dergleichen. Aber ganz allmählich mußte man doch erkennen, welch einem Verbrecher man erlegen war, wenn auch infolge der darniederliegenden Presse und mangelnder anderer Medieninformationen viel zu wenig wirkliche Kenntnisse vorhanden waren. So holte ich das später nach und gelangte zu dem deutschen Schuldbewußtsein, das unser geschichtliches Erbe für alle Zeit bleibt.

Nach dem Tod meines Mannes begann eine große Umstellung für mich. Eine ältere Frau bedeutet in der Gesellschaft nicht viel, wird einfach nicht respektiert, nicht mehr angehört; eine Witwe noch weniger. Plötzlich warst du ein Nichts ohne Mann. Mein Mann war zudem ein gut aussehender und sehr angesehener Mann. Ich habe ihn sehr geliebt, wenn ich auch herzlich wenig zu sagen hatte. Wir haben gelebt wie in einem Patriarchat. Er hat mich im Geistigen respektiert, aber über alle Lebensfragen bestimmte er. Es geschah, und ich mußte mich fügen. Ich hatte kein Selbstbewußtsein. Das habe ich in meiner Jugend nicht gelernt. Meine zwei Schwestern wählten den Beruf, den sie gern wollten. Ich war das vielgeliebte, verwöhnte Nesthäkchen, aber auf meine eigene Entwicklung wurde nicht geachtet. Ich habe in der Jugend Säuglingspflege gelernt, war aber an sich nur musisch interessiert, habe immer viel geschrieben, Betrachtungen, Essays, Artikel, meine Stärke sind Aphorismen. Mit Philosophie habe ich mich jahrelang intensiv beschäftigt, auch meine ganz persönliche kleine Philosophie entwickelt.

Zu all diesen schönen Dingen hatte ich Zeit, als meine jüngste Tochter aus dem Haus war und ich allein lebte. Nun konnte ich mich auch meiner Liebhaberei, der Musik, mehr widmen. Das waren glückliche Jahre. Ich habe mich in der Gemeinde betätigt und politisch engagiert. Ich bin in den Vorstand des Seniorenrats gewählt worden, als einzige Frau unter sieben Männern – wir hätten mindestens drei sein müssen –, aber die konnten mich nicht schnell genug wieder loswerden. Ich bin heute eine leidenschaftlich emanzipierte Frau und für eine vollkommene Gleichstellung der Geschlechter. Es gibt Unterschiede zwischen Mann und Frau, schon aufgrund der biologischen Tatsache, daß wir die Kinder kriegen können, aber es darf keine Rangunterschiede geben. Die Welt ist verkehrt, wenn nur ein Geschlecht bestimmt, so kann sie nicht in Ordnung kommen. Ich gehöre der geprüften Frauengeneration an, die zwei Kriege überstehen mußte, als ganz junges Mädchen und als Frau. Zweiter Weltkrieg – um auf unseren Ausgangspunkt zurückzukommen – bedeutete: Angst um Mann und Kinder, tägliche Sorgen, wie man den Alltag bewältigen und der äußeren handfesten Not, vor allem dem Hunger, beikommen konnte, die dauernde Ungewißheit, wie man den nächsten Tag überstehen würde.«

Ich sitze in einem Zimmer mit erlesenen Möbeln, lasse mich mit gutem Cherry verwöhnen und habe die dunkle Vergangenheit im Kopf. Meine Gesprächspartnerin liest mir ihre treffenden Aphorismen vor. Als sie schweigt, springen meine Gedanken in die Zukunft. Plötzlich sagt sie: »Dauerhaften Frieden wird es nur geben, wenn die Frauen mehr zu Worte kommen, davon bin ich fest überzeugt.«

Mit viel Charme und noch mehr Glück

Nach dem Bericht von
Ingrid Rabe

Tänzerin zu sein war mein Lebensberuf. Eigentlich kam ich auf höchst originelle Weise dazu. Als ich fünf Jahre alt war, meldete mich Mama in einem Ballettstudio an, weil sie sich über meinen ungeschickten Gang ärgerte. Ich entpuppte mich zu aller Verblüffung als großes Talent. Nach einem halben Jahr Unterricht stand ich auf der Bühne und tanzte solo, einen Matrosentanz und den Frühlingsstimmen-Walzer. Letzterer sollte stark gekürzt sein, aber der Dirigent machte unverdrossen weiter. Ich tanzte fast bis zum Umfallen. Das war meine Feuerprobe. Ich habe später jeden Auftritt durchgestanden, auch nie wieder Lampenfieber gehabt. Als ich 15 war, wollte mich meine Ballettmeisterin der berühmten russischen Tänzerin Anna Pawlowa vorstellen und mich ihr als Elevin empfehlen. Diese starb kurz vorher. Sonst wäre meine berufliche Karriere, mein ganzer Lebensweg vielleicht anders verlaufen. So wechselte ich vom klassischen zum Filmballett. Ab 1937 war ich an der Berliner Scala engagiert.

1938 empfand ich die Kriegsgefahr schon ganz stark, zum Beispiel als Chamberlain nach München kam. Da war die Situation sehr brenzlig. Alle ausländischen Artisten waren Ende September nicht mehr zu den Nachtproben erschienen, weil sie annahmen, der Kriegsausbruch stehe kurz bevor. Aber dann kam es zur Einigung im Münchener Abkommen und damit noch einmal zu einem Aufschub. Die ausländischen Kollegen fanden sich wieder ein, und die Show wurde einstudiert, sie hieß »Scala verrückt«. Wir hatten einen amerikanischen Ballettmeister, Mister Nelle. Er traute dem Frieden nicht und ging Anfang März 1939 in die Staaten zurück, desgleichen ein Gitarrist und ein Ballettgirl, wohlweislich begaben sie sich im Sommer mit dem Frachter auf die Reise über den großen Teich.

Gleich nach Nelles Weggang bin ich zum Metropol-Theater gewechselt. In mein Bewußtsein war fest eingegraben, daß die Entwicklung unaufhaltsam zum Krieg führte. Hitler hatte es

Tänzerinnen sammeln vor der Scala für die Winterhilfe (rechts Ingrid)

doch deutlich ausgesprochen: Heute gehört uns Deutschland und morgen die ganze Welt! Deutschland muß wieder groß gemacht werden! Wie sollte das vor sich gehen, wenn nicht mit Krieg? Schon seit Mitte der 30er Jahre flüsterte man hinter vorgehaltener Hand von der anlaufenden Rüstungsproduktion. Von meinem Vater, der als Ingenieur in einer automatischen Druckmaschinenfabrik arbeitete, wußte ich, daß er vereidigt worden war, Stillschweigen über die Art der Produktion zu bewahren. Seine Devise war, sich am besten nicht mit der Politik zu befassen. Ich habe mich auch immer mit meinen Äußerungen vorgesehen. Es gab viele, die das nicht wahrhaben wollten, daß die Naziregierung Krieg anfangen würde, darunter auch Juden. Hat denn die Mehrzahl der Menschen daraus gelernt, heute wachsam zu sein? Vielleicht die Jugend, aber die hat das ja gar nicht erlebt. Insofern glaube ich, daß die meisten nicht einmal aus Erfahrung klug werden.

An dem Tag, als der Krieg begann, waren wir mitten in den Proben für ein neues Stück mit Clara Tabody in der Hauptrolle. Die hat sich, als sie das hörte, sofort in ihr Auto gesetzt und ist zu ihrem Freund nach Italien losgebraust. Nachher mußte sie aber wieder zurückkommen. Die Probe wurde unterbrochen, wir saßen alle wie erstarrt im Zuschauerraum und mußten die Hitlerrede aus dem Reichstag anhören. Nachmittags um fünf gab's schon Probealarm. Wie die alle in den Keller gerannt sind, die sahen ganz blaß und grün aus, unsere Männer! Nach der Entwarnung hatte keiner mehr Lust, die Probe fortzusetzen. Herr Hentschke, unser Chef, sagte: »Schluß, Kinder, geht alle nach Hause!« Am Theater waren wir mehrere Cliquen. Es gab die, die für Hitler waren, dann die Nazigegner, und die, denen alles Wurscht war. In meiner Garderobe saßen zwei, die für die Nazis waren, aber Angst vor dem Krieg hatten sie auch. Die Freunde verschiedener Mädchen waren als Soldaten beim Polenfeldzug. Als sich da nun der Blitzsieg anbahnte, war Hochstimmung. Die haben vielleicht angegeben. Wir Anti-Leute tauschten nur Blicke: Jetzt siegt ihr, aber wer weiß, was noch kommt.

Wegen der Fliegergefahr mußten jede Nacht zwei Mädchen vom Chor oder Ballett im Theater Nachtwache halten und zusammen mit dem Nachtportier im Falle eines Angriffs für Ordnung im Keller sorgen. Es wurde ausgiebig darüber gewitzelt, daß die zwei das Theater im Ernstfall schon retten würden. Da das Metropol in der Behrenstraße im Vergnügungsviertel von

Berlin lag und der Theaterkeller zugleich öffentlicher Luftschutzraum war, kamen oft betrunkene Männer in den Keller, die uns stark belästigten. Darüber regten wir uns so auf, daß schließlich nur noch das männliche Personal die Wachen übernehmen mußte. Wir Mädchen sind in einem Roten-Kreuz-Kursus für Erste Hilfe und im Luftschutzdienst ausgebildet worden. Wir erhielten feste Stiefel, einen blauen Overall, Stahlhelm und Feuerpatsche. Wir haben auch gelernt, richtig zu löschen, mußten den Unterschied in der Behandlung der einzelnen Bomben kennen, zum Beispiel zwischen normalen Brandbomben und Phosphorbomben. Dieser Lehrgang war in der Großen Hamburger Straße und dauerte ein paar Tage. Erst war theoretischer Unterricht, dann folgte die praktische Übung. Ich bin noch belobigt worden, weil ich immer richtig gelöscht habe. Manche haben da, wo mit Sand gelöscht werden mußte, Wasser raufgegossen. Ich habe gut aufgepaßt, weil ich dachte, vielleicht hilft mir das Wissen mal dazu, daß uns in unserem Wohnhaus nicht das Dach überm Kopf abbrennt. Wir waren zwar unerhört albern bei dieser ganzen Geschichte. Mein Gott, waren wir jung und amüsierten uns über jedes bißchen! Nach und nach mußten alle von uns diese Lehrgänge mitmachen. Diejenigen, die sich am unerschrockensten und umsichtigsten zeigten, bekamen Funktionen.

Meine Freundin und ich waren für den Löschdienst eingeteilt. Während der Vorstellung war oft Fliegeralarm. Wir hatten unsere Luftschutzklamotten immer griffbereit. Bei Voralarm bewegte uns die bange Frage: Na, reicht die Zeit noch für einen Tanz? Nee, also Kostüm aus, den komischen Anzug und die Stiefel an und los ging's. Wir mußten die Zuschauer in den Keller führen und kontrollieren, ob alles in Ordnung war. Manchmal dauerte der Alarm nur 20 Minuten, manchmal sind auch irgendwo Bomben gefallen, manchmal mußten wir die Vorstellung zweimal unterbrechen, aber immer haben wir hinterher weitergespielt.

Im Juni/Juli 1942 habe ich im Metropol-Theater gekündigt. Ich wollte auf Wehrmachtstournee gehen. Dabei konnte man eine Menge Geld verdienen. Natürlich war auch Unternehmungslust im Spiel. Ich fand das interessant, in andere Länder zu reisen, und vor allem wollte ich weit weg sein von den Bombenangriffen auf Berlin. Egon Palm, der bekannte Schlagerkomponist (»Regentropfen«), hat eine Tournee für Marinesoldaten zusammengestellt. Stationiert waren wir in Zoppot. Wir haben auf den großen Schiffen gearbeitet – die KdF[1]-Urlauber-schiffe waren längst zu Truppentransportern umgerüstet –, auch auf kleineren Stützpunkten um Danzig herum, haben für U-Boot- und Torpedoboot-Besatzungen gespielt. Wir hatten ein gutes Kleinkunstprogramm mit Kabarett, Gesang und Tanz. Danach bin ich wieder nach Deutschland zurück zur Gastspieldirektion Bitterfeld – die Frau kannte ich –, und wir sind so auf die Dörfer um Berlin getingelt.

Eines Tages im Dezember 1942 rief mich die Susta an. Sie war so eine Art Captain Girl, hat auch zum Film vermittelt bei Bedarf, es gab ja dort kein festes Ballett wie heute. Für einen Einsatz in Frankreich werde eine Solotänzerin gebraucht. Ich sagte zu. Die Kollegen schienen mir sehr nett zu sein, bis ich merkte, die waren ganz schön nazistisch angehaucht. Ich versuchte noch abzuspringen: »Ach, ich kann doch nicht mitkommen, mein Kostüm für den Walzer ist noch nicht fertig.« Schon wurde mir ein Kostüm besorgt. Ich wußte immer noch nicht genau, was es mit diesem Einsatz auf sich hatte. Am Bahnhof, als wir gerade abfahren sollten, sagt plötzlich eine Kollegin: »Nun müssen wir ja aufpassen, daß wir uns nicht alle in die SS-Männer verlieben.« – »Wieso SS?« – »Na, wir haben doch einen Sondereinsatz für die Leibstandarte Adolf Hitler.« – »Ihr seid wohl wahnsinnig!« Ich wollte noch schnell aus dem Zugfenster springen, aber die anderen haben mich zurückgehalten. In diesem Sondereinsatz war ich nur acht Wochen. Ende Januar 1943 bin ich mit Glück dort raus, ich hatte schon vorher für die Zeit ab Februar einen Vertrag für die Tschechoslowakei, für die besetzten Gebiete, abgeschlossen. Mit Charlott Daudert, Bruni Löbel, Ika Timm und Marlies Ludwig, der bekannten Schauspiellehrerin, waren wir mit einem bunten Programm in Gablonz und anderen Städten. Die Sondereinsatztruppe ist weiter in die Sowjetunion gereist. Beim Rückzug sind sie mit der letzten Maschine aus Charkow rausgekommen. Und die Chefin in Berlin hat sich noch aufgeregt, daß sie die Dekorationen dort gelassen und nicht gerettet haben. Denen war wohl mehr daran gelegen, ihr nacktes Leben zu retten.

Mit meiner Freundin Helga, die Schauspielerin war, habe ich auch versucht, eine eigene Tournee auf die Beine zu stellen, aber leider hat sie denen, die die Tournee abnehmen mußten, nicht gefallen. Ich landete dann bei Hans Heinrich van Hoven.

1 KdF: »Kraft durch Freude«, Urlaubs- und Freizeitorganisation mit der Aufgabe der ideologischen Beeinflussung im Sinne der Nazis.

Auf Wehrmachtstournee (v. l. n. r. der Conférencier, Ingrid, Charlott Daudert, Bruni Löbel, Marlies Ludwig, Ika Timm)

Zusammen mit Hans Wölffer hatte er die Direktion der Komödie und des Theaters am Kurfürstendamm. Er leitete die Wehrmachtseinsätze und hatte mindestens 20 bis 30 KdF-Truppen unter sich. Diese Truppen waren für die Wehrmachtsbetreuung dienstverpflichtet. Das war nun nicht mehr freiwillig. Unsere Truppe spielte vorwiegend beim Heer und bei der Luftwaffe. Wir waren – zwar selten – auch mal drei und vier Tage bei der SS, aber als normaler Wehrmachtseinsatz, nicht als Sondereinsatz. Ich habe van Hoven viel zu verdanken, er hat mich großzügig unterstützt, als ich durch die Verfolgung meiner Mutter Erna Lugebiel[1] in familiäre Schwierigkeiten geriet. Ich habe zeitweilig Gage bekommen, ohne zu arbeiten. Die Gefahr bei diesen Truppeneinsätzen war natürlich, daß wir ins Frontgeschehen geraten konnten. So ging es uns in Holland. Während wir mit dem Autobus zu unseren Auftritten fuhren, lieferten sich über uns die englischen Jagdflieger Duelle mit den deutschen. Wir sind dann raus aus dem Bus und hinein in den Graben. Aber was nützte das schon!

Als seine Lieblingstruppe schickte uns van Hoven nach Südfrankreich. Bordeaux wurde unser Standquartier. Die Soldaten haben sich mächtig gefreut, wenn wir kamen. Das war für die

1 Siehe Gerda Szepansky, »Frauen leisten Widerstand: 1933–1945«, Fischer Taschenbuch, Band 3741, Frankfurt am Main 1983.

eine willkommene Abwechslung. In Bayonne haben wir in einem schönen Theater gespielt, nahe dabei, in Biarritz, wohnten wir in einem vornehmen Hotel. Öfter haben wir in kleinen Theatern oder einfachen Sälen gespielt, auch auf improvisierten Bühnen, zum Beispiel auf zusammengebundenen Tischen. Ostern 1944 hatten wir einen Einsatz in Cambo in einem kleineren Theater bei einem General Badinski. Beim Generalstab arbeiteten wir nicht gern, die waren so vornehm, da kam keine Stimmung auf. Wir hatten schon vorher durch den Vorhang gesehen: »Au wei, wat da so allet sitzt!« Vorne die Rotstreifen, hinten die Mannschaften. Die Vorstellung war dann auch furchtbar. Wenn man sich das überlegt. Da sitzen 1000 Mann, und keiner traut sich zu klatschen, ehe der Alte nicht klatscht. Der hat nur zweimal die Handflächen kurz aneinandergeschlagen und aus. Wir waren böse. Und hier sollten wir noch über Ostern bleiben?

Nach der Vorstellung brachte uns ein Generalstäbler Blumen und eine Einladung des Generals zum Abendessen. Erst wollten wir nicht hingehen, aber im Lokal hätten wir unsere Lebensmittelmarken abgeben müssen. Die habe ich doch, soweit ich sie übrig hatte, heimlich an die Franzosen verschenkt. Das war natürlich verboten. Als wir zum Essen kamen, war der ganze Stab versammelt, nur der General fehlte. Wir haben eine Unterhaltung angefangen und uns dabei hingesetzt. Ich war ja auch vom Tanzen müde. Schließlich haben alle gesessen. Jede hatte schon einen Tischherren. Meiner war Oberleutnant und im Zivilberuf Pfarrer. Später haben sie uns erzählt, wir hätten eigentlich alle stehenbleiben müssen, bis der General da war und sich eine Tischdame ausgesucht hatte. Kommt er und sagt: »Ach, Sie haben es sich ja schon gemütlich gemacht.« Dann war er sauer, weil für ihn als Tischdame nur unsere nicht mehr ganz junge Chefin übriggeblieben war. »Ja«, meinte ich, »die Bossin dem Boß!« Da sagte der doch zu mir: »Kinder dürfen erst reden, wenn sie gefragt werden.« – »Ach, wissen Sie, Herr General, ich bin schon ein bißchen über sieben, ich kann schon reden, wann ich will.« Ich habe ihn dann gleich kritisiert: »Sie haben im Theater da vorne gesessen wie ein Donnergott. Für uns ist das nicht schön, ohne Beifall zu arbeiten.« Er hat meine Worte nicht übelgenommen. In unsere dicke Lotte hat er sich verliebt. Sie war Sängerin, eine Berolina von Gestalt. Er ging ihr nur bis zur Brust. Wenn sie tanzten, hatte er den Kopf bei ihr auf dem Busen liegen.

General Badinski war nicht nur ein lieber alter Herr, er war auch kein Nazi, das machte ihn mir sympathisch. Als Editha alte Berliner Lieder sang, äußerte er: »Na, so viele Berliner gibt's jetzt gar nicht mehr. Die Bomben haben ja schon einen großen Teil totgeschlagen.« Er hat für uns Mädchen Eier färben

Ingrid vor dem Autobus mit der Aufschrift:
KdF WM Betreuung Frontbühne

lassen und sie am Ostersonntag in den Bergen versteckt. Bei der Suche ging der ganze Generalstab vor uns, er mit seinen hohen Stiefeln und den schrecklichen O-Beinen, der winzige Knirps. In dem riesigen Theater von Bayonne saß er wieder in der ersten Reihe. Ich tanzte eine Polka und tat so, als ob ich mit einem Mann tanzte. Da ist er auf die Bühne gekommen und hat mit mir einen Walzer getanzt. Das Publikum hat gerast.

Dieser General erwies sich als unser rettender Engel. Durch ihn konnten wir in dem vornehmen Hotel in Biarritz weiter logieren. Er hat uns einen Autobus besorgt. Die umständlichen Fahrten mit der Bahn, manchmal sogar im Viehwagen, fielen weg. Auch die Unterbringung unseres umfangreichen Gepäcks, das wir zu den Auftritten mitschleppen mußten, war natürlich im Bus leichter zu bewerkstelligen. Wir haben in der Regel jeden Tag gespielt, mitunter auch zweimal am Tag, wenn der Bedarf groß war. Es kam auch vor, daß wir ein paar Tage frei hatten. Der Zusammenhalt in unserer Truppe war gut. Das hat vieles leichter gemacht. Allein wäre man ja verloren gewesen, jede war auf die anderen angewiesen. Wir bekamen eine anständige Gage, die ging in der Heimat aufs Konto. Außerdem erhielten wir Tantiemen in französischer Währung. Ich konnte dafür Butter und Kaffee kaufen und nach Hause schicken.

Als am 6. Juni 1944 die Alliierten in Nordfrankreich landeten, sind wir zu unserem Standquartier nach Bordeaux zurückgekehrt, mußten dort aber immer noch in den kleineren Stützpunkten arbeiten. Dann stiegen wir endlich in einen Sonderzug nach Paris. Unser hilfreicher Badinski hatte uns als letzten Liebesdienst durch eine Ordonnanz ein Abteil reservieren lassen. Der Zug war total überfüllt. Die Fahrt hat vier Tage gedauert und fand unter heftigem Tieffliegerbeschuß statt. In Paris angekommen, haben wir gehofft: Jetzt geht's nach Berlin, nach Hause. Haste gedacht. Auch da haben sie uns noch ein paar Wochen eingesetzt. Der Badinski ist übrigens in englische Kriegsgefangenschaft gekommen. Lotte hat noch länger mit ihm Kontakt gehabt.

Ende Juli sind wir endlich wieder in Berlin gewesen. Wir, das waren außer mir Edith Horn, Annemarie Schramm, Käthe Werg und unsere dicke Lotte. Nun saß ich in dem zerbombten Berlin und dachte: Erst mal abwarten, was weiter kommt. Es kam die nächste Dienstverpflichtung. Jetzt nicht mehr Arbeitsort Bühne, sondern Fabrikhalle. Laut Anweisung des Nazipropagandaministers Goebbels, dem die Kultur unterstand, wurden alle in künstlerischen Berufen Tätigen zur Arbeit in der Rüstungsindustrie dienstverpflichtet. Ich wurde mit fünf oder sechs anderen Künstlern, darunter auch Edith von meiner alten Truppe, zur Firma Kreisel verpflichtet. Diese Firma lag in Berlin-Zehlendorf, hatte aber eine kleine Niederlassung auf dem Hof von Daimler-Benz in Marienfelde, wo wir arbeiteten. Wenn wir spät dran waren, sind wir schnell durch das Tor und eine Fabrikhalle von Daimler zu unserer Arbeitsstelle gelaufen. Und Verspätungen kamen öfter vor, bedingt durch den häufigen Fliegeralarm, da waren ja schon die großen nächtlichen Luftangriffe, und am Morgen fuhren dann streckenweise keine öffentlichen Verkehrsmittel, vor allem Bus- und Straßenbahnverbindungen waren beeinträchtigt. Wir mußten große Strecken zur Arbeit laufen. Meine Freundin Edith wohnte am S-Bahnhof Tempelhof und wartete dort auf mich. Dann sind wir zusammen losgetigert. Wir haben von der Firma genau den Durchschnittslohn der Arbeiter bekommen. Ich habe 137 Mark die Woche verdient. Wir haben aber einen Ausgleich bis zur Höhe unseres alten Gehalts, das so um 1000 Mark monatlich lag, erhalten. Diese Ausgleichszahlung holten wir uns von einem Amt für Künstler – den genauen Namen weiß ich nicht mehr – irgendwo am Alexanderplatz ab.

Unser erster Tag bei Kreisel war für die Firma bestimmt ein denkwürdiges Datum. Wie zwei bunte Papageien kamen wir dort hineingeflattert und erregten allgemeines Erstaunen, bühnenreif geschminkt, die Nägel ganz dunkelrot lackiert, auf dem Kopf die tollen Samtschleifen mit Flitter, die wir uns aus Paris mitgebracht hatten. Die Männer der Geschäftsleitung mit ihren »Bonbons« und der Meister erschienen, um uns umherzuführen. Die große Maschinenhalle sah genauso aus, wie wir es uns gedacht hatten. Meine Freundin, die die Neigung hatte, immer alles pessimistisch zu sehen, verfiel sofort in Panik. »Siehst du, ich habe es ja gewußt.« – »Beruhige dich!« trompetete ich lautstark dagegen, »der Minister hat gesagt, wir dürfen nur solche Arbeit bekommen, die es uns erlaubt, jederzeit für unseren Beruf wieder einsatzfähig zu sein. Wie der Minister angeordnet hat, müssen die uns doch hier…« und immer so weiter. Nie in meinem Leben hatte ich so oft das Wort »Minister« gebraucht. Als die uns dann die verschiedenen Maschinen und Arbeitsgänge zeigten, wurde meine Verweigerungshaltung noch stärker: »Nein, das mache ich auf keinen Fall, da reinfassen, dann ist vielleicht mein Finger lädiert, und diese eklige schwarze Soße, da kriegt man ja direkt Angst…« – und dabei immer die Hände krampfhaft auf dem Rücken. Ein Arbeiter, der uns Verschiedenes zeigen mußte, sagte plötzlich leise: »Keine Arbeit für Frauen hier. Richtig so!« Das war eine Sympathieerklärung.

Außer uns beiden hatte sich noch eine dritte Frau eingefunden, so vom Typ Scholtz-Klink (Führerin der NS-Frauenschaft), Haare streng hochgesteckt, eine Nazisse, wie aus ihren Äußerungen zu entnehmen war. Aber Lust zur Rüstungsarbeit hatte sie auch nicht. Als sie kleine Blechteile auf Nägel stecken mußte, hat sie nach einer Weile gesagt: »Ich kann nicht mehr!« Der rechte Arm ist ihr quasi in der Luft stehengeblieben, dann hat sie den linken genommen. Hat aber weiter gestöhnt: »Ach, ich kann nicht mehr.« Nach drei Tagen war sie nicht mehr da, wir erfuhren, daß sie nun Heimarbeit machte. In dieser Firma waren viele Frauen beschäftigt. Das meiste war Maschinenarbeit: fräsen, bohren, stanzen. Ich habe mich zum Schein entsetzlich abgemüht, aber ganz dumm angestellt. Nach den ersten Stunden tauchte plötzlich ein kleiner Mann an meinem Arbeitsplatz auf. »Kommen Sie mal mit, bei mir wird Ihnen das schon gefallen.« Er war Meister, brachte mich in seine Abteilung, die lag äußerst günstig. Das war so eine Ecke, in der du vor lauter Maschinen nicht zu sehen warst. Der kleine Meister stellte mir die anderen in der Abteilung vor: »Ein belgischer Fremdarbeiter, Diamantenschleifer, hier, wo die Maschine frei ist, der fehlt, mußte zur Flak, das hier ist Frau Else Sowieso, eigentlich Schneiderin, jetzt dienstverpflichtet, unsere Oma, hat noch nie gearbeitet, ist auch dienstverpflichtet, was die beiden machen, können Sie auch«, und mit ganz leiser Stimme, »vor dem da müssen Sie sich vorsehen, das ist ein Nazi...«, um wieder laut fortzufahren: »Hier als letzter unser Maurermeister, auch dienstverpflichtet, der wird Ihnen helfen.«–»Ja, ja, hier bleib' ich.« Ich hatte jetzt schon das Gefühl, in der Abteilung zu Hause zu sein.

Leider war ich wirklich doof, ich konnte gar nichts. Da mußtest du so kleine Metallteile in der Maschine festdrehen, dann die Maschine einstellen, die machte knack, wenn das Teil fertig war, und du konntest es wieder rausholen. Und das immer wieder von vorn. Während das Teil in der Maschine war, mußtest du die Nippel an dem Werkstück mit dem Messer entgraten. Durch die Akrobatik habe ich so harte Hände bekommen, denn wenn wir gearbeitet haben, mußte ich den anderen doch halten und fest zupacken. Und so habe ich es auch mit diesen kleinen Teilen gemacht. Zu stark festgehalten und die kleinen Nippel abgebrochen. »Ich werde das schon lernen!« Wollte ich mich oder die anderen damit vertrösten. Edith kam mit ihrer Arbeit auch nicht zurecht. Nach ein paar Stunden schrie sie entsetzt: »Die Maschine steht still!« Die sagte keinen Ton mehr. Ich ließ meine Maschine ebenfalls stehen und lief zu ihr. Wie ich's schon vermutet hatte, verfiel Edith sofort in Panik. Die

andere indessen schlief fast ein mit ihren Armen in der Luft.
Die in der Firma müssen auch gedacht haben: Na, da haben wir
uns ja drei Vögel eingefangen.

Edith bekam eine andere Maschine, eine Bohrmaschine. Mit
der stand sie sehr gut plaziert mitten in der Halle. Zudem war
sie eine große Frau, fiel jedem gleich auf. Sie konnte nicht mal
aufs Klo gehen, ohne daß es bemerkt wurde. Ich in meiner Ecke
war unbeobachtet, bin herumscharwenzelt. Um zehn Uhr sagte
ich immer: »Jetzt muß ich erst mal aussetzen, muß Training machen.« Dann turnte ich ein bißchen. Ich hatte mir auch Handschuhe für die Arbeit mitgebracht. »Sonst werden meine
Hände schlecht.« Damit verblüffte ich die anderen offensichtlich, zum Teil haben sie meine Arbeit mitgemacht. Vor allem
dem Nazikollegen bin ich immer um den Bart gegangen. »Ach,
zeigen Sie mir das doch mal! Sie haben so schön große und kräftige Hände. Meine sind so klein, da habe ich ja immer Angst,
ich schneide mich.« – »Na, gucken Sie mal, Kindchen, das ist
doch ganz leicht.« Und schon hatte er mindestens die Hälfte
meiner Arbeit gemacht. Und das war dann auch ausnahmsweise richtig. Das Werkstück mußte eine ganz gerade Fläche
haben, und bei mir war immer eine Delle drin. Anfangs bin ich
verzweifelt, daß ich es nicht geschafft habe, und nachher habe
ich mich richtig darüber gefreut. Mein Kollege Willi fragte mich
einmal: »Weißt du denn überhaupt, was du hier machst?« –
»Ja«, sagte ich, »ulkige Eier.« – »Mensch, das ist doch für die
V_2.«[1]

Ich hatte einen Stein im Brett bei meinen Kollegen, so daß
die früh um sechs Uhr für mich gestempelt haben, ich bin aber
erst um acht Uhr gekommen. Wenn das die falschen Leute gemerkt hätten, wären wir vielleicht alle eingesperrt worden, hätten sie es uns als Sabotage ausgelegt. Aber die meisten sahen
das alles schon lockerer. An den Endsieg glaubte in dieser Halle
kaum noch ein Mensch. Ein bestimmtes Soll mußte ja in der
Produktion erfüllt werden. Im Interesse aller lag es, bloß nicht
mehr zu machen. Da Edith der Kontakt fehlte, den ich zu den
Arbeitern hatte, passierte es, daß sie einmal mit ihrer Maschine
an einem Tag so viel schaffte wie die anderen in der ganzen
Woche. Meine Leute hatten mich instruiert, soundsoviel mußt
du machen, mehr darfst du nicht. Aber ich habe das sowieso
nicht geschafft, und als es einmal doch der Fall war, hatte ich

1 V_1 und V_2 (»Vergeltungswaffe«): Raketengeschosse, die vom Festland aus
England treffen sollten.

Ausschuß produziert. Mein Meister mußte hoch zur Geschäftsleitung. Ich bin mitgegangen und habe denen was vorgeweint. Zum erstenmal hätte ich mein Pensum geschafft, und nun sollten die Werkstücke alle falsch sein, das könne ich gar nicht verstehen, ich sei doch so stolz gewesen, und ich zerdrückte noch ein paar Tränen. Die Herren in der Geschäftsleitung haben mich tatsächlich getröstet: Ich solle man den Kopf nicht hängenlassen, es werde schon noch werden, Ausschuß machten andere auch. Es war sagenhaft! Dann wurde die Oma krank, und ich übernahm ihre Arbeit. Das war nun wirklich eine Idiotenarbeit: Du mußtest drei Ringe nehmen, die drehtest du auf, drücktest auf den Knopf und nahmst sie wieder raus. Da konnte ich nichts falsch machen. Um elf Uhr war ich mit dem Tagespensum fertig. Ich habe nur pro forma ab und zu auf den Knopf gedrückt, damit die Maschine nicht solange stillstand.

Von Zeit zu Zeit erschien so eine Sozialtante im Betrieb. Die kümmerte sich um alles. Wie ich mich denn eingelebt hätte, ich sei immer so lustig nach Aussagen der Kollegen. »Nein, mir geht es gar nicht gut, kann hier nur nicht stehen und heulen.« Ich hatte wirklich Sorgen und wollte die Gelegenheit beim Schopfe packen, vielleicht konnte sie mir helfen. Ich bat sie, mir jemanden zur Betreuung meiner Großmutter zu schicken, die den ganzen Tag allein sei und mich eigentlich brauchte. Wir mußten doch zwölf Stunden arbeiten, bekamen allerdings auch Langarbeiterzulage. Diese Dame gab mir den Tip, zum Betriebsarzt zu gehen, um irgendwie eine Verkürzung der Arbeitszeit zu erreichen. Sie wollte mich selbst dort anmelden. »Ach ja, bitte meine Freundin auch gleich!« Edith mit ihrer Schwarzseherei hatte wieder Bedenken: »Aber das geht doch nicht!« Na, wir haben uns geschminkt, daß wir aussahen, als wenn wir schon gestorben seien, schneebleich im Gesicht und mit schwarzen Augenrändern, dabei waren wir das blühende Leben.

Als wir in das Wartezimmer kamen, packte uns der Schreck. Da saßen Gestalten, die sahen ungeschminkt noch sehr viel elender aus als wir. »Edith, tu mir einen Gefallen, halt die Klappe und geh nach mir rein zum Arzt. Sonst wird das auch mit mir nichts«, sagte ich zu meiner Freundin. Eine jämmerlich aussehende Frau kam aus dem Sprechzimmer: »Nur noch zehn Stunden arbeiten!« Zwischendurch wurden Unfälle verarztet. Endlich war die Reihe an mir. »Na, Fräulein Lugebiel, wie fühlen Sie sich denn? Aha, dienstverpflichtet.« – »Sehr nette Kollegen hier, aber die Arbeit... die Arbeit ist ja so schwer. Ich halte das nicht aus, zwölf Stunden stehen, sehen Sie sich doch mal meine Füße an, wie die geschwollen sind. Die müßten Sie erst mal abends sehen, da sind die sooo dick, da kann ich nicht mehr in die Schuhe.« So habe ich ihm allerhand eingeredet, und er hat's geglaubt. Dazwischen auch von Großmutter erzählt, die allein zu Hause liege und solche Angst vor Fliegeralarm habe, die manchmal morgens gleich im Bunker bleibe, die Bunkerfrau kümmere sich dann ein bißchen um sie, aber sie sehe ja nie das Tageslicht. Und dann ganz vertrauensvoll: »Herr Doktor, ich bin extra zu Ihnen gekommen, Sie können mir doch bestimmt helfen.« Er war beeindruckt. Nach der Untersuchung meinte er: » Das hier alles kann man ja so einem zarten Persönchen gar nicht zumuten. Auf halbtags kann ich Sie nun nicht schreiben, aber auf acht Stunden. Sind Sie mit acht Stunden Arbeitszeit zufrieden?« Natürlich war ich das. Ich hätte ihn vor Freude küssen können. Acht Stunden! Dank Willi und der anderen Kollegen würden es in der Praxis für mich nicht einmal acht Stunden sein. Ich ging strahlend zu Edith hinaus. Bei ihr klappte es leider nicht. Trotz ihres Berufs als Schauspielerin muß sie nicht glaubwürdig genug gewesen sein. Da ließ sie sich doch einen Eisenträger auf den Fuß fallen und hat sich den Zeh gebrochen. Für eine Tänzerin eine etwas zu riskante Methode, aber sie war ja Schauspielerin.

Der Arzt war wirklich nett, verschrieb mir laufend etwas zum Kühlen für meine Beine. So aus der Luft gegriffen war das nicht mit meinen Beschwerden, wenn auch sehr übertrieben. Selbstverständlich haben mir die Füße wehgetan, nach zehn oder zwölf Stunden auf den Beinen, und dann ging die Arbeit ja zu Hause weiter, mußten Großmutter und der Haushalt versorgt werden. Wichtiger vielleicht noch war meine innere Ablehnung. Ich wollte diese Arbeit, die nur sinnlos den Krieg verlängerte, nicht machen. So legte ich mir etwas später eine Kehlkopfentzündung zu. Ich konnte schon immer ganz heiser sprechen. Außerdem hatte ich, seitdem unser jüdischer Arzt weg war, nur noch einen Hals-Nasen-Ohren-Arzt. Und bei dem konnte ich mich ja schlecht wegen meiner geschwollenen Füße behandeln lassen. 1945 war ich bis zum Kriegsende mehr krankgeschrieben als im Betrieb. Ich habe dann sitzende Arbeit bekommen und nur noch halbtags. Ich mußte löten. Die Werkstücke sahen aus wie Töpfe.

Die Frau neben mir hat gesagt: »Wenn Sie krankgeschrieben werden wollen, halten Sie sich mal den Lötkolben in die Hand.« Davor hatte ich Angst. Diese Äußerung zeigt aber, daß es Leute gab, die das machten.

Silvester 1944 hatten wir einen großen Spaß in dieser allgemein trostlosen Lage. Herr van Hoven war inzwischen als Soldat in Rathenow. Er hat die dicke Lotte angerufen und sie uns, wir haben eine kleine Truppe zusammengetrommelt und ein Programm für seine Kompanie gemacht. Wir haben es geschafft, nach Rathenow zu kommen. Edith mit ihrem Gipsbein haben wir auf dem Schlitten gezogen, aber auf der Bühne hat sie gestanden und ihre Sachen vorgetragen. Das ganze Unternehmen war ausgesprochen leichtsinnig und nur durch unsere Jugend erklärbar. Überhaupt haben wir der aussichtslosen Situation zum Trotz noch vieles mit Humor getragen.

Meine Devise war immer, alles mit Charme zu meistern. Auch zu den Frauen in der Firma hatte ich ein gutes Verhältnis. Ich tat ihnen allen leid: eine Tänzerin und muß da nun solche Arbeit machen. Ich war auch eine ganz Zarte. Mama hatte mir von jeher eingeimpft, vor jedem arbeitenden Menschen Hochachtung zu haben. Das hat mein Verhalten zu den Leuten in der Fabrik geprägt. Ich habe auch mit Fremdarbeitern gesprochen, angeblich wegen der Arbeit. Wir Kollegen aus der Abteilung haben nach Feierabend freundschaftlich verkehrt. Wir waren eine richtige Clique, haben ein paar Lebensmittelmarken zusammengelegt, uns in einer Wohnung zum Essen getroffen, und ich habe Kartoffelpuffer gebacken. Der Belgier und die deutsche Kollegin haben nach Kriegsende geheiratet. Sein Bruder und dessen Frau waren auch hier zwangsverpflichtet, wohnten in den Baracken im Fremdarbeiterlager Marienfelde. Die gehörten ebenfalls dazu. Unser kleiner Meister, dieser prächtige Mensch, ist während der letzten Monate noch eingezogen und, wie ich später hörte, beim Versuch, überzulaufen, von der SS erschossen worden.

Nach Kriegsende habe ich gleich wieder als Tänzerin gearbeitet. In den Berliner Bezirken wurden Kulturämter eingerichtet. Als ich mich auf dem Kulturamt Wilmersdorf meldete, traf ich den Schauspieler Eduard Wesener. Er stellte jetzt Programme zusammen. Alte Kollegen fanden sich wieder. In ungeheizten, heilgebliebenen Kinosälen spielten wir im Winter 1945/46 vor einem dankbaren Publikum. Auch durch die Lande sind wir getingelt und vor den Soldaten aufgetreten, jetzt waren es Russen, Franzosen, Engländer und Amerikaner. Wenn ich diese ganze Geschichte zurückblickend überdenke, muß ich sagen, daß ich mich mit Geschick so durchgemogelt habe, aber das Glück hat mich auch nicht verlassen.

Beim Lumpensortierer und anderswo

Nach dem Bericht von
Eva Kemlein

Eva Kemlein, 75 Jahre alt, bekannte Theaterfotografin, denkt nicht gern zurück an die Zeit, nach der ich sie befrage. Erst danach, ab 1945 begannen ihr zweites Leben, ihre glücklichen Jahre, erfüllt mit sinnvoller Arbeit und einer sehr guten Partnerschaft. Sie ist heute noch vielbeschäftigt. Endlich haben wir einen Gesprächstermin gefunden. Zögernd nur beginnt sie zu erzählen, holt das bewußt Vergessene auf meine Fragen hin aus ihrem Gedächtnis.

»Die Tatsache, daß ich Jüdin bin und verurteilt war, von 1933 bis 1945 in Deutschland zu leben, hat mein Geschick weitgehend bestimmt. Ich hatte ursprünglich mein Staatsexamen als MTA (Medizinisch-technische Assistentin) gemacht, bin aber durch die Ehe mit dem Schauspieler Kemlein zur Bildjournalistin umgesattelt. Mein Mann war sogenannter Arier. Er war keine kämpferische Natur und den Schwierigkeiten unserer ›Mischehe‹ nicht gewachsen. Wir ließen uns 1937 scheiden. Ich habe später einen anderen Mann, Werner Stein, kennengelernt, mit dem ich eine wunderbare Gemeinschaft hatte. Mit ihm war alles durchzukämpfen. Ich hatte zur Zeit meiner Scheidung keine Möglichkeit mehr, für die Presse zu arbeiten, und bin noch einige Zeit als Fotolaborantin irgendwo untergekommen. 1938/39 wurde ich in eine jüdische Abteilung zu Siemens zwangsverpflichtet. Das war im Werk Berlin-Jungfernheide. Ich habe kleine Teile gelötet. Wir wußten überhaupt nicht, wofür die benötigt wurden oder in welchen Zusammenhang die gehörten. Die jüdischen Abteilungen waren streng getrennt von den anderen. Wir mußten uns an einer bestimmten Stelle beim Fabriktor sammeln, wurden geschlossen in die große Halle gebracht und nachher wieder hinausgeführt. Wir waren nur Frauen, haben in Schichten gearbeitet, Frühschicht von 6 bis 14 und Spätschicht von 14 bis 22 Uhr. Die Meister waren Männer. Mein Meister war nicht bösartig, ganz freundlich. Im Grunde durfte er ja keinen Kontakt mit uns haben. Gespräche, die nicht die Arbeit betrafen, waren verboten.

Da ich gern handwerklich tätig bin, abgesehen vom Häkeln, Stricken, Stopfen, Nähen, habe ich das alles nicht als so furchtbar empfunden. Ob die Arbeit gut oder schlecht war, hat mich persönlich überhaupt nicht interessiert. Es gab für mich nur eine Perspektive: zusammen mit meinem Partner durch die Zeit hindurchzukommen. Ich zweifelte keinen Moment daran, daß der Krieg mit einer Niederlage der Nazis enden würde. Die einzige Frage war, ob wir es erleben würden. Um meinen kleinen Teil beizusteuern, die Naziherrschaft zu verkürzen, habe ich, wo ich konnte, sabotiert. Wir mußten den Akkord schaffen. In gewissen Zeitabständen wurde die Arbeitsleistung mit der Stoppuhr gemessen, und zwar bei den besten Arbeiterinnen. Nach ihrer Leistung wurde der Akkordsatz festgelegt. Natürlich gab es Frauen, die das nicht geschafft haben. Sie waren immer in Gefahr, zum Abtransport herausgegriffen zu werden. Wenn ich gestoppt wurde, was öfter der Fall war, habe ich selbstverständlich das Arbeitstempo verlangsamt.

Irgendwie ist es mir gelungen, mich aus dieser Zwangsverpflichtung herauszuwinden. Ich konnte mir ein Attest von einem Privatarzt beschaffen über Arbeitsunfähigkeit wegen einer Augenkrankheit. Das bedeutete jedoch nur eine Atempause, ich wurde wieder vermittelt. Zu der Zeit war Herr Eichmann Leiter des jüdischen Arbeitsamtes. Er hat darüber bestimmt, wer Arbeit bekam und wer abtransportiert wurde. Später wurde er Leiter des Judenreferats bei der Gestapo. Auch für die Fabrikaktion im Februar 1943, wo viele Juden gleich von der Arbeit weg deportiert wurden, ist er verantwortlich gewesen. Ich habe Eichmann auf dem Arbeitsamt gesehen und bin durch ihn zur Firma Rose und Co. vermittelt worden. Der Rose war Lumpensortierer, ein Nazi. Er hatte klein angefangen mit dem Einkauf von Lumpen, Knochen, Papier, war mit einem Ziehhund vor dem Wagen durch die Straßen gezogen und inzwischen Grossist und Millionär geworden. Er hatte seinen Lagerschuppen und -platz in der Kolonnen- oder Monumentenstraße in Schöneberg. Von den anderen Nazibonzen bekam er waggonweise Beuteware zugeschanzt. Mit allem, was er daraus machte, verdiente er viel Geld. Die Tuchstoffe, alte Uniformen aus den eroberten Ländern, mußten wir reißen und zu wunderschönen Bündeln stapeln. Die wurden verkauft als Futterstoff für Pantoffeln oder andere Sachen, weiß der Teufel wofür alles. Einmal habe ich unter diesen Stoffsachen ein Abzeichen von einem Soldaten der Roten Armee gefunden, das habe ich bis heute als Talisman aufgehoben.

Die Arbeit dort, für die wir ganze 37 Pfennige Stundenlohn bekamen, war wirklich das letzte, was man einem Menschen zumuten kann. Rose hat riesige Mengen Papier aufgekauft. In großen Bottichen mußten wir das trockene Papier mit unseren bloßen Füßen zerstampfen. Dann wurde es in Ballen mit Eisenbändern zusammengehalten. Die Stampferei mußte im Freien vor sich gehen und die Bündelarbeit in einem offenen Schuppen mit Tischen, an denen etwa 20 Leute beschäftigt waren. Wissen Sie, was das für Temperaturen waren, bei denen wir im tiefsten Winter gearbeitet haben? Da waren natürlich Menschen dabei, die das nicht durchgehalten haben, krank wurden. Schlecht ernährt waren wir ja auch. Aber jede Krankschreibung bedeutete bei Rose Abtransport. Er hat dem Arbeitsamt sofort Meldung gemacht. Ich erinnere mich an eine bestimmte Szene. Die Ballen waren hoch gestapelt bis an die Decke, und er trieb einen ganz hinfälligen alten Mann die Leiter hoch, doch der schaffte es nicht bis oben. Da riß er ihn mit solcher Brutalität herunter, daß er hinfiel und liegenblieb. Das werde ich nie vergessen. Als alles vorbei war, habe ich ihn angezeigt. Ich weiß nicht, ob er überhaupt irgendeine Strafe bekommen hat. Ich habe ihn Jahre später getroffen, da hatte er die Stirn zu behaupten: Na, so schlimm war's doch gar nicht. Er war also gut davongekommen.

Eichmann und seinesgleichen haben auch meine Mutter auf dem Gewissen. Meine Mutter war eine bürgerliche Frau. In ihrem ganzen Leben hatte sie nur im Kreis der Familie gewirkt. Sie war inzwischen 65 – heute ist das für mich gar kein Alter mehr –, aber sie war unheimlich gebrechlich. Wir waren seit Generationen eine so in Deutschland integrierte Familie, daß sie gar nicht begreifen konnte, was sich um sie herum abspielte. Schon die Auswanderung meiner Brüder hatte sie nicht verkraftet. Ich habe trotzdem versucht, sie noch irgendwie in einen Arbeitsprozeß hineinzubekommen, um sie zu schützen. Das endete beim Kartoffelschälen für eine Großküche. Dann ging auch das nicht mehr. Es war fürchterlich. Sie bekam die Aufforderung zur Deportation. Ich war noch unterwegs, um in letzter Minute etwas für sie zu arrangieren. Als ich zurückkam, war die Wohnung schon versiegelt. Der Transport ging nach Riga. Ich habe sie nie wiedergesehen.

August 1942 ging ich mit meinem Mann in die Illegalität.

Nr.	Datum	von - bis	Std.	Min.	Gesamtdauer
	1940				
	Oktober				
28	30/1.10.	23,18- 4,28	5	10	
29	1/2.	22,48- 1,02	2	14	
30	2/3.	2,33- 3,45	1	12	
31	7/8.	08,10- 3	4	44	
4	12/13.	22,20- 0,38	2	18	
33	14/15.	23,07- 0.13	1	06	
34		1,21- 4,51	3	30	
35	15/16.	22,33- 0,20	1	47	
36	20/21.	0,13- 2,45	2	32	
37		3,27- 6,06	2	39	
38	23/24.	2,42- 5,52	3	10	
39	24/25.	0,56- 5,29	4	33	
40	26/27.	23, 08 0,22	1	14	
41		3,44- 5,17	1	33	
42	27/28.	22,41-23,32	-	51	
	November				
43	31/2.11.	21,09- 1,	3	51	
44		3,05- 4,42	1	37	
45	2/3.	2,25- 3,43	1,18		
46	6/7.	4,03- 5,27	1	24	
47	10/11.	21,26-23,59	2	33	
48	13/14.	20,37-22,32	1,	55	
49	14/15.	20,54- 1,02			
50		2.53- 4,34	5	44	

Oktober 40
38 Sdt. 33 Min.

Aufzeichnung der Hausfrau Elisabeth K. von 1940
über Fliegerangriffe in Berlin

Das zerstörte Berlin (Gegend um den Alexanderplatz 1945)

Freunde halfen uns, nahmen uns auf, doch blieben wir nicht länger als zwei bis drei Nächte, um nicht bekannt zu werden, und gingen bei Fliegeralarm nie in den Keller, um unsere Quartiergeber nicht zu gefährden. Wir haben von Riesenschüsseln von Krautsalat gelebt. Einen Kohlkopf konnte man kaufen, den gab's. Der wurde geschnitzelt und ein bißchen mit Essig gewürzt. Wir hatten nur den Willen, durchzukommen, ganz egal wie. Ich muß sagen, daß ich auch von dieser schrecklichen Arbeit bei dem Lumpensortierer in meinem tiefsten Innern nicht betroffen war. Ich habe immer gedacht: Diese Menschen können mich doch nicht kaputtmachen. Für mich war es bei Ausbruch des Krieges Gewißheit, daß Hitler ihn nicht gewinnen würde. Ich sah das als Anfang vom Ende dieses ganzen Nazispuks. Bei jedem Bombenangriff auf Berlin dachten wir: Wieder ein Stück dem Kriegsende nähergerückt! So furchtbar das alles war, wir mußten es überstehen. Als die Hitlertruppen vor Moskau ihre erste entscheidende Niederlage erlitten, wußten wir, nun kann es nicht mehr lange dauern. Wir haben auch Flugblätter gegen die Naziherrschaft, gegen den Krieg gemacht. Wir waren nur eine Gruppe von drei Leuten, weil wir fanden, je größer die Gruppe, desto größer die Gefahr der Entdeckung.

Von meinem Mann kann ich eine herrliche Geschichte erzählen. Wir hatten in den allerletzten Kriegstagen ein Flugblatt gemacht mit der Aufforderung an die Arbeiterinnen und Arbeiter im Rüstungsbetrieb, die Produktion einzustellen, weil es keinen Sinn mehr hatte. Diese Flugblätter hat er per Rad zur Fabrik gefahren. Berlin lag schon unter Beschuß, auf den Straßen gingen SS-Posten. Einer hat ihn vom Rad gerissen: ›Mann, wollen Sie nicht Ihre Pflicht im Volkssturm tun?‹ Da hat er das Kuvert mit den Flugblättern vorgezeigt, darauf stand: ›Kurierdienst. Auf Befehl des Führers.‹ – ›Wollen Sie mich hindern, das zu befördern?‹ Die beiden SS-Männer haben Haltung angenommen und ihn durchgelassen. Er hat die Flugblätter in den Betrieb gebracht. Einige Arbeiter haben sie an bestimmten Stellen für ihre Kolleginnen und Kollegen hingelegt. Mut und Phantasie mußte man haben.

Das Kriegsende war für uns eine wirkliche Befreiung, es bedeutete: wieder da sein dürfen, wieder leben, wieder arbeiten dürfen! So wie ich damals nur vorwärts gelebt habe, so bin ich bis heute geblieben. Ich denke gar nicht zurück. Ich bin heute noch mit Freude aktiv, um etwas für die Zukunft zu tun.«

Vom Ende, das ein Anfang wurde

*Aus dem Tagebuch von
Herta Sch.*

Die Verfasserin des vorliegenden Tagebuches hat ihre persönlichen Erlebnisse bei Kriegsende nach losen Notizen im Februar 1947 aufgeschrieben und 35 Jahre später aus dem Dunkel der Schublade ans Licht geholt und geordnet. Die Leserin, den Leser bewegt die Unmittelbarkeit des Geschehens, die Ehrlichkeit der Schilderung. Eine junge Frau, die es sich nicht leicht gemacht hat; begabt mit Organisationstalent und Tatkraft, getragen von Verantwortungsbewußtsein und nie erlahmender Einsatzbereitschaft, mußte sie schließlich erkennen, daß ihr Idealismus von den Machthabern für eine schlechte Sache mißbraucht worden war. Sie wurde im Juli 1914 geboren. Ihr Vater starb im November 1914 als Soldat in Frankreich. Worte wie »Heldentod«, »Heldentum«, »Ehre des deutschen Soldaten« gehörten zu den frühen Begriffen ihrer Kindheit. Ein Jahr vor dem Abitur brach sie die Schule ab und ging zur praktischen Arbeit aufs Land. Über den Bund »Artam e. V.« (Bündische Gemeinden für Landarbeit und Siedlung) wollte sie Bäuerin oder Siedlersfrau werden. Nach Auflösung dieses letzten selbständigen Bundes der Jugendbewegung durch die Reichsjugendführung wurde sie am 1. Januar 1936 als Gruppenführerin in den Landdienst übernommen. Infolge zu schwerer körperlicher Arbeit erkrankte sie für längere Zeit. Kurz nach Kriegsbeginn meldete sie sich für die Ausbildung zur Fabrikfürsorgerin und arbeitete dann als »Soziale Betriebsarbeiterin« in einem Industriebetrieb. Den Kriegsbeginn empfand sie so: »Er wurde allgemein als Schicksal angesehen, an dem man nichts ändern konnte. ›Kriegsbegeisterte‹ habe ich nicht kennengelernt, doch war man davon überzeugt, gerade jetzt seine Pflicht tun zu müssen.«

Das Tagebuch

Warthegau – Hoffnung der Enttäuschten

Es ist der Vorabend meiner Reise nach Poscn. Was treibt mich eigentlich – im April 1944 –, in den Warthegau zu gehen? Meine Freunde meinen ironisch, ich solle mich nur beeilen, um noch rechtzeitig vor den Russen an die Weichsel zu kommen – der Zweifel am guten Ausgang des Krieges ist schon groß.

Seit Jahren hatte ich meine Freistellung für den Osten beantragt. Wieder und wieder war mein Gesuch abgelehnt worden mit dem Vermerk, gerade Mitteldeutschland als Industriegebiet brauche notwendig tüchtige Kräfte in der Frauenbetreuung, es sei hier niemand zu entbehren. Grundsätzlich fand ich durchaus Befriedigung in meiner Arbeit als Soziale Betriebsarbeiterin, hatte aber im Lauf der Jahre erkannt, daß jede soziale Maßnahme eines Großbetriebes nur Mittel zum Zweck war. Sozialismus um des Sozialismus willen gab es in der Wirklichkeit nicht. Die sozialen Maßnahmen eines Betriebes beruhten auf zwei Grundsätzen: 1. Man muß die Arbeitskraft des Betriebsangehörigen pflegen, da nur gesunde Menschen genügende Leistungen zeigen. Man muß sich auch um die Familien des Arbeiters kümmern, da sich zur Gesundheit die Zufriedenheit gesellen muß. 2. Jede soziale Neuerung im Betrieb, jede Verbesserung am Arbeitsplatz, Neueinrichtung sanitärer Anlagen, regelmäßig durchgeführte ärztliche Kontrollen, Verbesserung von Arbeitszeit und Arbeitslohn – es wurde doch alles in den von der DAF geforderten Berichten angeführt. Je besser nun ein Betrieb aufgrund günstiger Berichte oder auch Fürsprache bei der Gauwaltung angesehen war, um so eher winkte nicht nur für den Betrieb als Gemeinschaft, sondern auch für die Betriebsführung die höchste Auszeichnung! Auf diese nüchternen Tatsachen hatten wir uns einzustellen. Wir, die unverbesserlichen Idealisten, die an einen Sozialismus glaubten! Und wir stellten uns darauf ein. Was scherte es mich im Grunde, ob der Betrieb die »Goldene Fahne« hatte oder nicht! Mir war wichtig, daß ich Mittel und Wege fand, den Frauen ihr Leben etwas zu erleichtern, daß ich recht viele Freiplätze für Erholungsverschickungen bekam, daß ich recht viele und möglichst nicht so geringe finanzielle Sonderunterstützungen durchfocht, daß ich vielen Menschen einen Trost und eine Freude geben konnte.

Ach, und ich bekam Dämpfer auf Dämpfer in meinem jugendlichen Eifer!

Sprach nicht bei der Auswahl zur Erholungsverschickung statt Gesundheitszustand und häuslicher Not das letzte Wort die politische Einstellung? Reichten bei der knappen Lebensmittelzuteilung die Bestände auch nicht zu Krankenpaketen, so reichten sie doch für markenfreie Sonderessen! Wurde seit Jahr und Tag von nichts öfter gesprochen als »Leistungssteigerung durch neue Lohnordnung«, so zeigte sich bei ihrer endlichen Einführung die neue Lohnordnung als leistungshemmend. In der Realität durfte nicht mehr verdient werden als der vorgeschriebene Satz, andernfalls kam der Zeitnehmer und stufte die Stückarbeit neu ein – nicht zugunsten des Arbeiters! Zur gleichen Zeit erschienen neue Richtlinien für Alters- und Invalidenversorgung mit geringeren Leistungen –, war das unser Sozialismus?

Einen Fall – Anspruch auf Zusatzrente von der DAF – focht ich zum Exempel durch alle Instanzen durch – ohne Erfolg! Eine andere Parole war »Gleichberechtigung der Frau«, zusätzlich zum Mitspracherecht in allen Gremien im Arbeitsrecht, vor allem »gleicher Lohn für gleiche Leistung«. Zu einer durchgreifenden Verfügung aber kam es bis Ende des Krieges nicht. »Jedem deutschen Arbeiter gesunde Wohnung« – wo waren die Wohnungen primitiver und gesundheitsschädlicher als in den alten Vierteln unserer Industriestädte? War während des Krieges für Wohnungsbau weder Zeit noch Material vorhanden, so erstanden doch auch in dieser Zeit noch Prachtbauten. Ach, die Beispiele ließen sich beliebig vermehren! Dazu kam die ungeheure Verlogenheit eines Verwaltungsapparates von unten an bis in die höchsten Stellen. Schrieben wir aus der Praxis des Alltags heraus die ungeschminkte Wahrheit, so kam der Bericht schon vom Obmann zurück: »So kann der Bericht nicht weitergegeben werden!« Dann ging das »Frisieren« an.

Und nun hatte ich die Freistellung für den Osten in der Tasche. Was ließ mich trotz der bedrückenden Erfahrungen noch einmal aufglühen in Hoffnung und Schaffenseifer? Was erwartete mich? Ich freute mich auf die freie Welt nach den Stadtjahren, auf Sonne und Wind und grüne Felder! Es ging darum, Umsiedler aus Rußland zu betreuen, die zunächst in Sammellagern untergebracht waren. Ich wurde von der NS-Frauenschaft eingesetzt, hatte aber mit allen Dienststellen zusammenzuarbeiten und war im Praktischen weitgehend vom Bürgermeister abhängig. Ich hatte während meiner Tätigkeit als Soziale Betriebsarbeiterin in unterschiedlichen Betrieben die DAF in den verschiedenen Kreisgebieten sehr genau kennengelernt. Mit den übrigen NS-Organisationen hatte ich manche Kontakte gehabt. Überall aber hatte ich das gleiche feststellen müssen: Immer standen wenige Idealisten in unbedingter Ehrlichkeit, oft bis zur letzten Konsequenz, gegen eine Übermacht von Postenjägern und anmaßenden, unmoralischen Nichtskönnern, die jede soziale Forderung in ihr genaues Gegenteil verkehrten. Ich war neugierig, ob all dieses auf den Warthegau auch zuträfe? Oder ob hier endlich, als letzte Hoffnung der Enttäuschten, die aufbauenden Kräfte die Oberhand hätten und eines Tages von dieser Außenstelle des Reiches eine Überprüfung des Ganzen ausgehen könne.

Ansiedlerbetreuung

Was war es nur, das uns Reichsdeutsche im Warthegau so über alles Maß fesselte? War es landschaftliche Schönheit? Der Hauch von Abenteuer? Vorteil und Wohlleben? Für die zahlreichen Vertreter *dieser* Anschauung hatten wir nur Verachtung! Nach morgendlichen Besprechungen im Bürgermeisteramt war ich die meisten Tage bis Dunkelwerden mit dem Fahrrad unterwegs, um dann noch Stunden am Schreibtisch zu sitzen. Mein Monatsgehalt war bedeutend niedriger als in meiner freiwillig aufgegebenen Stellung in Dessau. Und Schönheit des östlichen Warthegaus? Endlose baumarme Weite, die das Herz nicht frei macht, sondern etwas Schwermütiges hat. Die Dörfer fast durchweg als Streusiedlungen angelegt, strohgedeckte, niedrige Lehmkaten, ungepflegt dem Verfall preisgegeben. Zerfahrene, nicht befestigte Wege, im Sommer vor Staub und Sand, im Frühjahr und Herbst vor Schlamm nicht passierbar. Nur im Winter, hartgefroren, sind sie erträglich. Wie ein Trost ob soviel Traurigkeit ist bei jedem größeren Landsitz ein Park mit herrlichen alten Bäumen. Das Gutshaus selbst meist ein einfacher Fassadenbau. Herrschaftliche Auffahrt, von Säulen gerahmter Eingang, bröckelnder Stuck, undichte Dächer, die es nicht selten bis ins untere Stockwerk durchregnen lassen. Von irgendeiner Licht- und Wasserversorgung ganz zu schweigen. Hat doch nicht einmal die Riesenstadt Litzmannstadt (Lodz) Kanalisation! Um so mehr ist man überrascht über die großaufragenden neuen Schulbauten außerhalb der Städte, die so einsam und fremd in der Landschaft stehen. Bei der Unterbringung der neu angekommenen Umsiedler aus Rußland disponierte ich wie jeder Anfänger dort mit vielen Räumen in den Schulen. Doch Irrtum – ausgebaut waren durchweg nur Erdgeschoß und erster Stock, manchmal auch dies nicht ganz, im zweiten Stock und Dachgeschoß dagegen befand sich nur ein großer ungedielter Raum mit rohem Balkenwerk. Bei neueren Bauten in den Städten hatte man oft den Eindruck, als sollte die Vorderfront schon langsam wieder verfallen, ehe die Rückseite zu Ende gebaut war.

Als ich am 1. April 1944 in Posen auf der Gaudienststelle eintraf, erfuhr ich, daß ich im Kreis Leslau, Ortsgruppe Lubenstadt, eingesetzt werden sollte. Ich freute mich über den Bescheid – Leslau, einer der östlichsten Kreise unmittelbar an der Weichsel! In Lubenstadt erwartete mich umfangreiche und schwierige Arbeit. Neben vielen baltischen Edelleuten auf den Gutshöfen waren die Siedler auf den Bauernhöfen fast durchweg wolhynischer Herkunft, außer einigen eingesessenen volksdeutschen Bauernfamilien. Dazu kamen für das Jahr 1944 rund 170 rußlanddeutsche Familien. Es war vor mir schon eine Ansiedlerbetreuerin in der Ortsgruppe gewesen, sie hatte im Ort geheiratet und war mit allerlei kleinlichem Ärger aus dem Amt ausgeschieden. Eine Betreuung der Siedler hatte seit Jahr und Tag nicht stattgefunden.

Wohnung für mich war zunächst nicht vorhanden, Arbeitsmaterial auch nicht. Als endlich nach einigem Umherziehen ein passendes Zimmer gefunden war, fehlten die Möbel. Über die ersten Anfangsschwierigkeiten half die stets gütige und überaus gastfreie Baronin von Campenhausen hinweg. Am Tag nach meiner Ankunft kam grad ein neuer Schub rußlanddeutscher Rücksiedler aus dem Lager an. Am gleichen Tag war Verteilung von Hausrat an die bereits vor Wochen angesiedelten Familien. So war ich also gleich mittendrin. Einmal in der Woche war festgesetzter Sprechtag in Lubenstadt selbst, wozu die Siedler von weit und breit mit tausenderlei Anliegen kamen. Sehr bald hatte ich den Eindruck, daß diese Arbeit für mich zweitrangig wichtig war, den ärgsten Mangel konnte ich nur an Ort und Stelle sehen und erfahren. Zudem waren einige Damen der Frauenschaft ängstlich darauf bedacht, an den Sprechtagen ja genügend in Erscheinung zu treten. Sollte mir nur lieb sein – Anträge auf Bezugscheine und Suchadressen ausfüllen konnte schließlich auch jemand anderes! Ich machte mich nun in den folgenden Wochen systematisch daran, die einzelnen Familien durch Hausbesuche kennenzulernen. Bei den bereits angesiedelten rußlanddeutschen Familien handelte es sich beim ersten Schub um stammesmäßige Wolhynier aus dem Schwarzmeergebiet, beim zweiten Schub um Wolhynier aus der Gegend von Schitomir. Erschreckend bei diesen ersten Besuchen war die Zahl der kranken Kinder; Masern und Lungenentzündung war zumeist die Diagnose. Erschreckender jedoch die Haltung der betreffenden Mütter! Es schien unmöglich für sie zu sein, rechtzeitig Arzt oder Schwester zu rufen. Schwester Helga war von früh bis spät tätig, ich tat mein möglichstes und machte Helga auf ihr noch nicht bekannte Fälle aufmerksam, dennoch starben in einer Woche oft fünf Kleinkinder. Die Mütter sagten schicksalsergeben: »Wenn Gott die Krankheit schickt, dann ist es auch Gottes Wille, ob das Kind wieder gesund wird. Ich kann nichts tun.« Oder beim Tode eines Kindes, echt wolhynisch: »Nun habe ich ein Engelchen mehr, das für mich betet.«

Schier unmöglich war es, die halbwüchsigen Jungen und Mädchen zu einer positiven Arbeit zu bringen. »Mein Kind braucht nicht Magd zu sein.« Was hatte es für Sinn, daß wir ihnen vom neuen deutschen Bauerntum erzählten, das im Osten heranwachsen sollte. Sobald wir die Jugend in die landwirtschaftliche Schule schicken wollten, hieß es: »Arbeiten können sie auch so, das brauchen sie nicht erst zu lernen.« Und wenn wir sagten, aber nur Leute mit Abschlußprüfung der Landwirtschaftsschule könnten einmal einen Bauernhof bekommen, kam meist die Antwort: »Wir werden hier schon nicht bleiben.« Im Mai kam dann der dritte Schub Rücksiedler zur Ansiedlung. Bäuerliche Bevölkerung aus Transnistrien, prächtige bodenständige Menschen schwäbischer Abstammung, äußerlich ebenso arm wie die anderen. Es waren durchweg Menschen, die eine Hoffnung bedeuteten, fleißig, ehrlich, sauber – was man von den Wolhyniern leider oft nicht sagen konnte. (Die Angaben hier betreffen immer nur den Durchschnitt, wobei sich einzelne durchaus gegensätzlich verhalten konnten.) Außerdem zeigten die Leute aus Wiesengrund einen erfreulichen Stolz. »Habt ihr uns nur deswegen hierher gerufen, daß wir Knechtsarbeit leisten? Gebt doch jedem von uns ein paar Morgen Land von den großen Gütern, wir werden schon wirtschaften!« Dann erzählte ich ihnen von unsern Bauern in Deutschland, in Holstein, in Niedersachsen, in Hessen und Schwaben, die alle ihren eigenen Hof bewirtschaften. Dies hier, der Warthegau, ist ja aber noch nicht Deutschland! Sie dürften nicht enttäuscht sein, sondern jeder müsse mit Hand anlegen, damit sich auch hier deutsches Bauerntum entwickeln könne!

Was die praktische Hilfestellung für die Umsiedler betraf, so galt es nun vor allem, Hausrat und Kleidung zu beschaffen. Warum war ich nur Angestellte der NS-Frauenschaft? Ich sollte Frauenabende organisieren, Jugendgruppe und Kindergruppe leiten – schön und gut, aber erst mußte ich mir doch das Vertrauen der Menschen erringen, indem ich ihnen in den wichtigsten Dingen des Alltags half! So tat ich mich denn eng mit Schwester Helga zusammen, machte fleißig Besuch bei der Kreisamtsleitung der NSV und erreichte auch manche Sonderzuwendung an Kleidungsstücken für unsere Ortsgruppe. Der Kreisleitung der NS-Frauenschaft war ich von Anfang an ein Dorn im Auge. Wie kann man nur mit den Leuten von der NS-Volkswohlfahrt so eng zusammenarbeiten! »Kleidung und Wäsche verteilen ist Sache der NSV-Schwester, Sie sollten sich mehr um die Frauenschaftsarbeit kümmern.« Was konnte aber unseren Siedlern mehr zum Vorteil sein, als wenn wir beide, Schwester und Ansiedlerbetreuerin, unsere Erfahrungen zusammentaten und zum Wohle aller auswerteten?

Schanzeinsatz

Bis zum äußersten hatte ich mich dagegen gewehrt, die Leitung einer Großverpflegungsstelle für Schanzarbeiter zu übernehmen! Bedeutete es doch, die Umsiedler meiner Ortsgruppe im Stich zu lassen. Aber alles Sträuben half nicht, auch nicht der Einwand, daß ich keine Erfahrung in Massenverpflegung habe. »Wir brauchen Sie! Sie können das! Und die Entscheidung über Ihren Einsatz treffen wir. Im übrigen bekommen Sie zunächst eine kleine Kochstelle mit 1600 Mann Verpflegungsstärke. Betrachten Sie sich als dienstverpflichtet!« So mußte ich mich der Anordnung fügen.

Als ich in den Vormittagsstunden eines schönen Augusttages mit meinem Fahrrad in Windingen ankam, neugierig natürlich, wie eine »kleine« Verpflegungsstelle wohl aussehen mochte, bot sich mir doch ein überraschender Anblick! Auf dem freien Platz vor der Dorfkirche vier große Dampfkessel, in der Kirche auf dem Boden kauernd eine Gruppe Kartoffeln schälender polnischer Frauen, im vorderen Kirchenschiff nebeneinander aufgeschüttet ein Berg Tomaten, eine Ladung Kartoffeln, ein kleinerer Berg Suppengrün und Zwiebeln, ein Stapel Brot. In der Sakristei Butter, Wurst, Margarine, Marmelade, Zucker, Nudeln – alles dicht an dicht auf dem feuchten Boden. Ich war gerade bis ins mittlere Kirchenschiff gekommen, immer in Sorge um mein ungesichertes Fahrrad, als eine jüngere Dame auf mich losstürzte: »Also Sie sind die neue Küchenleiterin? Wir haben eben die Tomaten in den Kessel getan, was soll nun geschehen? Und in zwei Stunden muß ich zu Haus sein.« – »Verzeihung«, sagte ich, »darf ich mich eben mal umsehen, ehe ich antworte?« Die junge Dame gehörte zu einem der umliegenden Güter und war halbe Tage zur Aushilfe da.

Im Verlauf der nächsten Tage war unsere Verpflegungsstärke auf 3000 Mann angewachsen, nach einer Woche auf 4000. Zu den vier Kesseln waren weitere vier dazugekommen, jeder mit 300 Liter Inhalt. Ein Kessel blieb ständiger Wasser- und Kaffeekessel, mit den anderen sieben Kesseln kochten wir in zwei Gängen das warme Essen, da bei einem Liter Essen pro Kopf ein Gang nur rund 2000 Liter Essen ergab. Der zweite Gang mußte spätestens um 14 Uhr ausgegeben werden, also hieß es früh um vier Uhr mit dem Heizen und Vorbereiten beginnen, damit wir gegen zehn Uhr den ersten Gang ausgeben konnten. Das Kochen des zweiten Ganges ging etwas schneller, weil die Kessel ja nun heiß waren. Alles Wasser wurde in pausenlosem Einsatz durch ein Heeresfiltergerät gepumpt und war dennoch trübe. Ungekochtes Wasser durfte wegen Seuchengefahr nicht mal zum Zähneputzen gebraucht werden, also standen immer einige Kannen Tee oder Kaffee in Reserve. Nach dem alten Wahlspruch: »Verlange als Vorgesetzter nie mehr, als du selbst zu leisten bereit bist« war ich morgens die erste und abends die letzte an den Kesseln. In den ersten Tagen mußte ich mich heftig gegen das Gefühl der Pietätlosigkeit wehren: Also die Kirchen werden von uns Deutschen als Lager- und Arbeitsräume genutzt! Komisches Gefühl auch für einen Ketzer wie mich! Doch das Gefühl eines verletzten Tabus abwehrend, dachten wir bald nur noch an die harten Erfordernisse des Tages. Wichtig war, den Mädchen zum Schälen und Gemüseputzen Sitzgelegenheiten zu beschaffen, gab es besseres Material dazu als die Kirchenbänke? Ebenfalls wichtig war, Regale und Gestelle zum Lagern der Lebensmittel zu schaffen, auch einen verschließbaren Lagerraum brauchten wir. Der gute alte Tischler aus Krotoschin hatte viel zu tun, um all unsere Wünsche zu verwirklichen, die Verwandlungsmöglichkeit von Kirchenbänken war unerschöpflich!

Die erste Woche verlief in bester Arbeitskameradschaft. Anstelle der polnischen Frauen arbeiteten jetzt schwarzmeerdeutsche Mädchen in der Küche, die Polinnen waren nach Haus entlassen oder zur Außenarbeit eingeteilt.

Ich hatte nur die Verantwortung für die »Warme Küche«, als »Kalte Mamsell« war aus Leslau eine Dame der Frauenschaft da, zur Buchführung kam von einem benachbarten Gut die Tochter herüber. Abends um zehn krochen die »Warme« und die »Kalte« Mamsell einträchtig auf einen gemeinsamen Strohsack, wälzten noch stundenlang Probleme, wie dies und jenes zu verbessern wäre, und waren zum Entsetzen der beiden weiteren Zimmerbewohner, zweier Hilfslehrerinnen, lange vor vier Uhr in der Frühe schon wieder auf den Beinen. Fast zu gleicher Zeit mit der Buchführungskraft wurde unsere »Kalte Mamsell« von ihrer Familie zurückgerufen. Ersatz aus der Kreisstadt kam nicht, nur leere Versprechen.

An den Kesseln hatte ich die Mädel inzwischen gut eingearbeitet, dafür saß ich nun täglich Stunden am Telefon, um Kartoffeln und Gemüse heranzubekommen, wenn ich nicht sogar mit dem Abschnittsleiter gemeinsam die Güter abfuhr, um neue Lieferverträge abzuschließen. Brauchten wir doch für einen Tag einen ganzen Wagen voll Kohl oder anderer Gemüse. Um die Vorräte zu strecken, kam fast an jedes Eintopfessen ein Teil roter Rüben. Rote Bete waren reichlich zu haben. Dadurch schmeckte alles Essen ein wenig süßlich. Die Ausgabe der Kaltverpflegung vereinfachte ich insofern, als ich gleich für drei Tage ausgab und kolonnenweise zuteilte, statt in Einzelportionen. Die Ausgabe des warmen Essens zweimal am Tag, um zehn und um 14 Uhr, führte ich selbst durch. Sie erfolgte in 20-Liter-Kannen, ebenfalls kolonnenweise. Zwischendurch Prüfung von Wareneingängen und Kampf gegen die Mäuse. Nachts saß ich dann bei Kerzenlicht über den Büchern, elektrisches Licht gab es so wenig, wie es Wasserleitungen gab.

In diese Zeit fiel die denkwürdige Kreisstabsitzung. Ich hatte mich telefonisch entschuldigt, da ich ohne Vertretung nicht den ganzen Tag abkommen konnte. »Sie haben zu erscheinen!« In letzter Minute mit einem Brotauto mitfahrend, nahm ich an der Sitzung doch noch teil. Es wurde das erste Mal von der Möglichkeit eines Trecks gesprochen, mit einer Großspurigkeit von seiten der Frauenschaft, der ihr späterer tatsächlicher Einsatz nur hohnsprach! Zum Schluß bekam ich vor versammelter Mannschaft eine Standpauke, deren Maßlosigkeit mir die Sprache verschlug! »Sie halten es also für wichtiger, die Polen zu versorgen, als an einer von mir befohlenen Sitzung teilzunehmen!« – »Insofern die Polen für uns Deutsche schanzen, halte ich ihre Verpflegung für äußerst wichtig.« Was kamen nun aber erst für ungereimte Vorwürfe, nachdem ich gewagt hatte, zu widersprechen. Die gute Zusammenarbeit zwischen Küche und Bauleitung wurde mir als »Hörigkeit« vorgeworfen! »Polenfreundlich« sei ich, weil ich einmal wöchentlich abends eine zusätzliche Milchsuppe ausgab! In Grund und Boden wollten sie mich donnern, es war so schrecklich, daß ich mir zuletzt nur noch den Ton verbat. Dabei wußte ich doch, daß ich meine Pflicht und nur meine Pflicht tat! Am Tag danach reichte ich mein Kündigungsgesuch bei der Gaudienststelle in Posen ein. Gleichzeitig lief eine Beschwerde vom Kreis ein über mich wegen »Unzuverlässigkeit und Disziplinlosigkeit«. Nun wurde eine ganz schlimme Sache daraus, deretwegen ich extra nach Posen beordert wurde. Wie ein solches Dienstbeschwerdeverfahren ausgehen konnte, war mir nur zu klar. Stundenlang zogen sich die Besprechungen in der Gaudienststelle hin und steuerten immer wieder auf den Punkt zu, ich solle der Einfachheit halber in eine Versetzung einwilligen. Ich beharrte darauf, daß ich in einer Versetzung unter diesen Umständen eine Strafversetzung sehen müsse, mir aber keiner Verfehlung bewußt sei! Meine Gauvorgesetzte, Grenzlanddeutsche mit langer Tradition, zeigte Verständnis und fand anerkennende Worte für meine »ausgeprägt preußische Pflichtauffassung«. Dann kam der Nachsatz: »Aber die Belange der Frauenschaft müssen stärker gewahrt werden.« Das wiederum war *mir* unverständlich, fand ich es doch völlig nebensächlich, ob die Verpflegungsstelle den Namen der Frauenschaft oder der NSV oder sonst einer Organisation trug – wichtig war doch nur, daß die Sache klappte! Doch es schien Methode dahinterzustecken; die Zusammenarbeit der unterschiedlichen Dienststellen sollte nicht klappen. Die Damen der Kreisfrauenschaft hatten kein mitmenschliches Gefühl, keine frauliche Regung, nur Machtstreben und Geltungsbedürfnis! Mein Eintreten für eine schwarzmeerdeutsche Kollegin, die 40 Kilometer weit entfernt von ihren schulpflichtigen Kindern eingesetzt werden sollte, war mit den Worten abgetan worden: »Darauf können wir jetzt in ernster Stunde nicht Rücksicht nehmen, wir sind alle Soldaten des Führers. Außerdem verbitte ich mir jede Einmischung in meine Entscheidungen!«

Neben Arbeit, Ärger und Angst vor den möglichen Konsequenzen waren die Augenblicke der selbstlosen Anteilnahme der Kameraden um so schöner. Als ich später voller Empörung berichtete, daß man mich an den unbedingten Gehorsam gemahnt habe, sagte unser Abschnittsleiter Hans nur ruhig: »Laß gut sein, dafür kann ich dir von der letzten Sitzung beim Kreisleiter verraten, daß er nur einen Vorschlag für die nächste Auszeichnung bewilligt hat, und der betrifft dich!« Die Anerkennung, die daraus sprach, tat mir gut – auch ohne Auszeichnung!

Am 12. Januar 1945 begann die Winteroffensive an der Ostfront. Hans kam von der Abschnittsleitersitzung in Leslau und berichtete uns davon. »Mögen sie nur kommen«, hatte der Kreisleiter gesagt, »wir werden sie würdig empfangen.« Und dann kam alles ganz anders.

(Herta Sch. erzählt in ihrem Tagebuch weiter, wie sie auf den Treck gen Westen gingen, immer vor den russischen Panzern her; in ihrer Obhut hatte sie vier Mädchen aus ihrer Arbeitsgruppe, für die sie sich verantwortlich fühlte. Sie berichtet von den Strapazen, denen die Menschen während dieser ungeordneten, kopflosen Flucht ausgesetzt waren.)

Als wir Freitag, den 2. Februar, abends in meiner kleinen Wohnung in Dessau landeten, waren wir genau 14 Tage unterwegs. 14 Tage – davon kaum drei Nächte richtig geschlafen! Ach, nur erst mal schlafen, schlafen, essen und wieder schlafen! Nun folgten drei Wochen, die ausgefüllt waren mit endlosen Wegen von einer Dienststelle zur anderen, vom Suchen nach Angehörigen und Fragen nach der Leslauer Dienststelle. Wenn nur die vielen Fliegeralarme nicht gewesen wären, die alles so erschwerten und den Menschen jegliche Ruhe nahmen!

Im übrigen gehe ich, Reichsdeutsche aus dem Warthegau, mit ebenso großen Augen durch die Tage wie die Auslandsdeutschen. Ist *das* das Volk, das über fünf Jahre einer Welt von Feinden standhielt?

Flüchtlingsbetreuung

Der Winter rüstet zum Abzug, die ersten Frühlingsstürme brausen durchs Land. Deutschland ist nur noch eine Insel. Krieg im eigenen Land! Die Westfront steht fast am Harz, die Ostfront kurz vor Berlin. Im Süden ist Wien bereits gefallen. Und mitten auf dieser Insel, da schon alles der Auflösung entgegensteuert, gibt es eine Handvoll Menschen, die sich unbeirrt bemüht, den heimatlos umherziehenden Menschen diese Wochen ein wenig leichter zu machen.

Irgendwie war es mir geglückt, meine Mädchen Ende Februar bei ihren Eltern im Kreis Kyritz gesund abzuliefern. Noch am gleichen Tag suchte ich in Zechlin den Kreisamtsleiter aus Leslau auf, um mir eine Arbeitsbescheinigung zu holen. Nach dem Zerwürfnis mit der Frauenschaft im Herbst 1944 war ich Angestellte der NSV, hatte aber keine Arbeitspapiere mehr. Nun wollte ich nur noch die Arbeitsbescheinigung und dann irgendwo in der Landwirtschaft arbeiten. »Gut, daß Sie da sind«, begrüßte mich der Kreisamtsleiter S., »wir warten schon auf Sie, damit Sie die Verpflegungsstelle für die Leslauer einrichten!« Ich wollte nicht! Ließ mir aber von S. die Unterkunft der Flüchtlinge im großen Saal zeigen, was natürlich ein Fehler von mir war! Rund 200 Menschen dicht an dicht mit ein wenig Stroh auf dem Boden, Familie neben Familie, keine Kochgelegenheit, kaum Waschgelegenheit, der Raum nicht gelüftet, kaum geheizt, kranke Kinder, verzweifelte Mütter. *Konnte* ich überhaupt meine Hilfe verweigern? Ich wollte weg von hier, aber ich konnte es nicht.

In den ersten Tagen hatte ich nur damit zu tun, Bäcker und Kaufleute zu beruhigen. Sie weigerten sich, weiter zu liefern, da sie in vier Wochen noch keinen einzigen Bezugschein für die gelieferten Waren erhalten hatten. Die freiwilligen Helferinnen der Frauenschaft wechselten sich bei der Essensausgabe ab, eine Küchenleiterin gab es nicht, außer einer Handvoll Zettel waren keine Unterlagen da. Der Kreisamtsleiter schimpfte und drohte, die Kaufleute begannen zu streiken, es war chaotisch! Als ich versprach, selbst zum Landratsamt in der Kreisstadt zu fahren, schauten sie mich ungläubig an, willigten dann aber ein, weitere drei Tage zu liefern. Also fuhr ich nach Kyritz bei fast schon eingestelltem öffentlichen Verkehr, einen Tag hin, einen Tag her, brachte die Tasche voller Bezugscheine mit, und die Situation war gerettet.

Was ist noch viel zu berichten von dieser Zeit? Täglich 150 bis 200 Tischgäste zu drei Mahlzeiten aus dem Lager. Dazu die Verpflegung durchziehender Trecks mit warmem Essen, Brot und Butter. Heißt es schon tagsüber, sich nur nicht aus der Ruhe bringen zu lassen, so erst recht in den Abendstunden, wenn immer noch ein Treck nach dem andern ankommt. Planmäßig können wir für 100 bis 150 Treckleute kochen. Es sind aber oft 300, 400, einmal über 600. Wie wir das im einzelnen gemacht haben, wissen wir selbst nicht. Es waren ja nur zwei Kessel mit je 90 Liter vorhanden, von denen mindestens der eine für die Lagerverpflegung gebraucht wurde. Außerdem gab es noch einen rußenden Küchenherd mit kleinen Töpfen, der nur mit nassem Holz geheizt wurde. Es war auch jeden Tag wieder anders, und nichts ließ sich vorhersehen. Gleich blieb nur unser gerüttelt Maß an Arbeit bis weit in die Nacht. Doch wir taten es gern, die Dankbarkeit der Treckleute ließ alle Mühe vergessen. Nur die absolute Verständnislosigkeit des Kreisamtsleiters S. belastete uns.

Allem Alltagsärger wurde aber an einem der letzten Abende weit nach 23 Uhr die Krone aufgesetzt. Ich saß noch über der Buchführung, während das Arbeitszimmer schon für vier Verwundete mit Decken hergerichtet war, als der Kreisamtsleiter mit seinem Major kam, den ich vorher aus Platzmangel abgewiesen hatte. In Begleitung des Majors seien lauter schwangere Frauen, für die doch wohl zuerst Platz sein müsse – und gleichzeitig drängten auch so etwa ein Dutzend »Damen« ins Zimmer. »Entschuldigen Sie, Kreisamtsleiter, ich kann nicht annehmen, daß diese alle werdende Mütter sind. Und wie ich zuvor schon sagte, ist dies Zimmer an vier Verwundete bereits vergeben.« Ich bekam aber erst mal die zornige Antwort: »Ich verbiete Ihnen nochmals ausdrücklich, daß hier irgendwelche Wehrmachtsangehörigen ein- und ausgehen! Auch keine Verwundeten! Wir sind NSV und keine Wehrmachtsverpflegungsstelle.« – »Haben wir nicht auf der Flucht oft genug Hilfe von der Wehrmacht gehabt? Wenn Sie bei diesem Verbot bleiben, bitte ich um meine Ablösung als Küchenleiterin.« Meine Entlassung bekam ich schon am nächsten Tag, gerade zeitig genug, um noch einiges für die »große Reise« zu richten. Wie schwer mir trotzdem dieser Entschluß wurde, kann ich niemand sagen!

Diese letzten Tage sind unvergeßlich. Die grauen, staubigen Soldaten, einzeln, in Gruppen, in Kolonnen, fahl und müde und hoffnungslos, die Rücken gebeugt unter dem Gepäck, viele ohne Waffe, so ziehen sie Tag und Nacht: die einst so stolze Wehrmacht, nun planlos zurückflutend. Wenn es dunkel wird, hört man das Rollen der Fahrzeuge lauter. Lastwagen und Panzer, Geschütze und Melderäder und wieder schwere Panzer. Die Straßen dröhnen, und die Häuser beben. Wir gehen spät ins Haus, denn wer kann schlafen in diesen Nächten? Machen noch einen Gang durch die Frühlingslandschaft, die in ihrer Lieblichkeit den Schrecken der Tage noch unterstreicht. Oder stehen noch lange oben an der Kreuzung, um den Fahrzeugen den Weg zu zeigen. Nachts endlich eingeschlafen, fährt man bald wieder aus dem Schlaf auf, und das Grauen steigt bis zum Hals. Die Luft dröhnt – man möchte zu einem guten Menschen gehen, der sagt: »Nein – es ist nicht wahr!«

Es sind die Tage der Auflösung. Der Kreisamtsleiter beschimpft weiter die durchziehenden Soldaten, »sind alles Leute, die sich herumdrücken, sollen machen, daß sie nach vorn kommen«, und macht gleichzeitig Pläne, wann und mit wem er in seinem Wagen Richtung Elbbrücke bei Wittenberge abfährt. Ich bin nicht dabei.

Kriegsende

Nun beim Ordnen der losen Notizblätter kommt wieder das ganze Entsetzen des Frühjahrs 1945 über mich!

Strahlend blauer Maihimmel! Weißleuchtende Blütenbäume! Und darunter ein ganzes Volk in Not und Schande auf der Landstraße.

Den Einmarsch der Russen am 1. Mai hatten wir zu dritt in einem Waldversteck abgewartet, zwei volksdeutsche Männer aus Leslau und ich. Die Männer hatte ich mit andern die Wochen zuvor in der Küche ein wenig betreut, jetzt in auswegloser Lage boten sie mir einen ungewissen Schutz an. Alter Parteigenosse der eine, mit guten polnischen und russischen Sprachkenntnissen der andere, unheimlich waren sie mir beide. Fünf Tage halten wir uns im Wald versteckt, dann wagen wir uns vorsichtig nach Zechlin zurück, um von dort die Wanderung in östlicher Richtung anzutreten. Am Ortseingang die ersten russischen Fahrzeuge. Die Soldaten lachen, rauchen, spielen Harmonika, singen. Panschkowski unterhält sich mit ihnen eine lange Zeit in ihrer Sprache, später wird das neue Einvernehmen mit Schnaps begossen. Im Ort sind die Geschäfte geschlossen, die NSV-Küche verwüstet, das Textillager in der Straße wird gerade geplündert. Bei meinen Quartierleuten deutliche Zurückhaltung, auch die wenigen andern Bekannten, die wir treffen, möchten nicht mit uns gesehen werden. Jeder hat Angst. Wir erfahren, daß schon am ersten Tag fast alle jungen Frauen und Mädchen vergewaltigt wurden. Meine beiden Männer bewahren mich durch ihr Verbrüderungsverhalten vor dem Schicksal der andern Frauen. Die beiden haben sich Fahrräder besorgt, mir steht das alte Luftschutzrad zur Verfügung. Am Freitag, dem 4. Mai, sind wir erneut auf der Landstraße, Richtung Leslau.

Vor Rheinsberg sehen wir den ersten Zug deutscher Gefangener. Mit starren Augen muß ich schauen, wie ein Zwang kommt es jetzt über mich: Alles will ich sehen, alles, um es nie wieder zu vergessen! An der nächsten Wegkreuzung sitzen zwei alte Frauen in gestreifter KZ-Kleidung. In Rheinsberg aufgerissene Straßen, zerstörte Häuserblocks, Parkanlagen in frischem Grün, spazierende Russen, blühende Obstbäume in den Gärten. Wie denn? Gelten noch die alten Gesetze, daß in jedem Frühjahr neu die Welt in Blüte steht? »Bolschewismus über Deutschland« – hat das nicht alle Naturgesetze aufgehoben? Wir fahren in den lachenden Frühlingstag, ich kann vor Tränen die Lenkstange nicht sehen. Die Straße von Rheinsberg nach Menz ist eine sandige Landstraße der Mark, nun aber völlig zerfahren von unzähligen Rädern. Der Wegrand ist gesäumt von all den tausend Dingen, die ein Flüchtlingsstrom mit sich führt, umgekippte Pferdewagen mit Berliner Anschrift, ausgebrannte Wehrmachtswagen, abgezogene Panzerfäuste, beschmutzte Kleidungsstücke, aufgeschnittene Federbetten. Das ist nun das immerwiederkehrende Bild der nächsten Tage: die Waldränder dick beschneit von Bettfedern! Einmal liegen Hunderte neuer Bleistifte vor uns im Staub, ein Stück weiter ist die Straße besät mit neuen Hundertmarkscheinen. Zwei Bleistifte nehme ich mit, das Geld bleibt unberührt liegen, die Dinge haben ihren Wert gewechselt. Am Straßenrand unbestattet ein toter deutscher Soldat. Mir scheint jedes Gefühl für mein eigenes Geschick erstorben, in meinem Kopf kreist nur ein Gedanke: »Bolschewismus über Deutschland«, in mir brennen Scham und Verzweiflung. Alles Leid der Tage geht durch mich hindurch, jedes Schicksal, das uns am Weg begegnet, empfinde ich mit.

Kurz hinter Menz müssen wir es uns gefallen lassen, daß ein

russischer Offizier unsere guten Räder nimmt und uns dafür seine schlechten läßt. Nach einer Weile das gleiche Manöver mit Zivilpolen, die nun gemeinsam mit den KZlern in ihren blauweiß gestreiften Anzügen die Straße beherrschen. Die kaputten Räder schiebend, kommen wir zu Fuß nach Gransee. Die Einwohner brüsten sich damit, die Stadt kampflos übergeben zu haben, für uns Wanderer der Landstraße aber haben sie weder Nachtquartier noch ein Stück Brot. Gut, ziehen wir weiter! Im nächsten Dorf gehen die Männer auf gut Glück in einen Bauernhof, um Quartier zu machen. Wir haben Glück, in dem Hof liegt ein kranker russischer Offizier. Deutsche Leute scheinen im ganzen Dorf nicht zu sein. Panschkowski hat als junger Mann in der russischen Armee gedient und kennt Rußland bis weit nach Asien hinein. Nun unterhält er sich mit dem kranken Offizier, einem ruhigen, kultivierten Menschen, der uns einen Raum anweisen läßt. Tatjana, eine junge »Ostarbeiterin«, bringt uns auf Anweisung des Russen frisches Fleisch und fragt freundlich, ob wir noch mehr haben möchten. Der Pan habe schlachten lassen, es sei genug da. Gegen die ärgste Not der nächsten Tage ist vorgesorgt.

Am andern Morgen sagt Panschkowski dem Offizier unseren Dank und läßt sich die Erlaubnis geben, mit Pferd und Wagen weiterzureisen. Was tut's, daß die Mähre lahm ist, unser Gepäck zieht sie jedenfalls. Die Männer beginnen, sich zu »assimilieren«, das heißt, sie stecken einen rotweißen Fetzen an den Rockaufschlag, um nicht mehr von den Polen abzustechen, die mehr und mehr zu Wagen und zu Rad die Straßen füllen. Im nächsten Quartier in Liebenwalde tauschen meine beiden ihr Fuhrwerk wieder gegen Fahrräder ein, obgleich sie wissen, daß in der Umgebung Berlins schon alle Räder beschlagnahmt sind. Wir halten nun Richtung auf Eberswalde. Vor uns liegt die gesprengte Autobahnbrücke über den Finowkanal, die umeinandergedrehten Stahlstreben bieten den Anblick sinnloser Zerstörung. Wir turnen mit unsern Rädern über die Trümmer zur anderen Seite des Kanals und sind nach einiger Zeit in Eberswalde. Hier fahren wir dem Unheil direkt in die Arme, denn vor uns liegt die Kommandantur. Weil man in uns Deutsche vermutet, werden uns kurzerhand die Räder abgenommen. Da stehen wir nun mit unserem viel zu schweren Gepäck! Wir schleppen es durch Eberswalde, durch schier endlose, zerstörte Straßen. Da sehe ich in einem Trümmerhaus eine gut erhaltene Schubkarre, stelle mein Gepäck darauf, und weiter geht es mit der Karre! Nur die beiden Männer machen ein Gesicht, als ob sie beißen wollten. – In Tornow finden wir in einem leeren Haus Unterschlupf. Noch besitze ich einige Kerzenreste, noch haben wir von dem Schweinefleisch, das nun für Tage unsere einzige Nahrung ist, auch einen heißen Kaffee kann ich noch zaubern. Heute ist Sonntag, eine Woche lang dauert schon unser Zigeunerleben.

7. Mai 1945. Seit dem Morgengrauen ist Panschkowski vor dem Haus sehr aktiv. Er hat alle möglichen Ersatzteile gefunden und baut daraus drei Räder zusammen, ohne Reifen, ohne Kette, aber zum Gepäckauflegen reicht es. Unser Weg geht über Falkenberg – Freienwalde zur Oder. Bei Altküstrinchen überqueren wir auf einer Notbrücke die Oder, ohne angehalten zu werden. Es ist schon gegen Abend. Die Sonne ist kurz vorm Untergehen und vergoldet mit ihren letzten Strahlen die wunde deutsche Erde im Oderbruch.

Als wir am Mittwoch, dem 9. Mai, nach Neudamm kommen, hören wir Glockenläuten: Die Russen feiern Waffenstillstand! So also sieht das Ende dieses Krieges aus!

Die zehn Witwen von Lichtenberg
Über Lenchen A.

Die Geschichte ereignete sich in den allerletzten Kriegstagen in Berlin. Erzählt wurde sie mir von Else, der Schwester einer jener zehn Frauen, die in der gleichen Stunde zu Witwen wurden. Sie selbst hat erst einige Zeit nach dem Kriegsende davon erfahren, da ihre Schwester Lenchen auf der anderen Seite der Spree wohnte und die Stralauer Brücke, die die Bezirke Treptow und Lichtenberg verbindet, von der SS vor ihrem Abzug gesprengt worden war. Als Else über die von den fremden Truppen notdürftig errichtete Behelfsbrücke zu ihrer Schwester eilte, fand sie diese schmal und abgehärmt in Trauerkleidern vor. Auf die bestürzte Frage, was vorgefallen sei, schilderte Lenchen den Tod ihres Ehemannes Willi.

Wie viele Berliner in diesen letzten Apriltagen saßen Lenchen und Willi die meiste Zeit im Keller und erwarteten das Kriegsende. Lenchen meinte, daß das Unheil seinen Lauf nahm, als ihre Kreuzschmerzen ihr das Sitzen im Keller unerträglich machten und Willi deshalb zur Nachbarsfamilie ging, um den Liegestuhl für seine Frau zurückzuholen, den sie den Nachbarn geborgt hatten. Der kriegsversehrte Nachbar und sein 15jähriger Sohn waren gerade dabei, sich einem Trupp von Männern auf der Straße anzuschließen. Sie wollten in ein nahe gelegenes Lebensmittellager, das von der Bevölkerung geplündert wurde. Mit Windeseile hatte sich herumgesprochen, daß es dort allerhand zu holen gab. Die ersten, die mit Säcken voll Zucker und Nudeln, Kartons mit Dauerbackwaren oder Obst- und Gemüsekonserven zurückkamen, wurden neidvoll betrachtet und spornten andere an, es ihnen gleichzutun, denn der Hunger war so groß wie die Ungewißheit, wann wohl wieder eine normale Versorgung der Bevölkerung einsetzen würde. Willi brachte seinem Lenchen fürsorglich den Liegestuhl und schloß sich der Gruppe von Männern an, die ihm fast alle aus der Nachbarschaft bekannt waren.

Als die im Keller zurückgebliebenen Frauen nach einer Stunde noch immer vergeblich und in höchster Unruhe auf die Rückkehr der Männer warteten, tauchte der 15jährige Sohn der Nachbarin wieder auf, allerdings ohne Beutegut. Noch blaß vom ausgestandenen Schrecken berichtete er stockend, was geschehen war. Sein Vater und die übrigen zehn Männer waren, als sie beladen mit den schwer erkämpften Lebensmitteln die kleine Straße an dem Betrieb Knorrbremse passierten, von SS-Männern angehalten und gezwungen worden, das Werkgelände zu betreten. Die Uniformierten mußten hinter dem Pförtnerhaus des Werkes gewartet haben, denn plötzlich sprangen sie hervor und bedrohten die ahnungslosen Männer mit ihren Pistolen. Alle elf wurden in einem großen Raum zusammengetrieben. An der Tür nahm man ihnen die Lebensmittel ab. Sie versuchten sich zu wehren, aber sie hatten es bestimmt mit mehr als zehn SS-Männern zu tun, meinte der Junge aufgeregt. Drei von denen hatten die Pistole gezogen und sie auf die Männer gerichtet, die sich mit dem Gesicht zur Wand in einer Reihe aufstellen mußten, meist Kriegsversehrte und ältere Männer. Nur ihn, den Jungen, hatte ein SS-Mann zum Ausgang gestoßen und hinausgelassen. Wie ein Hase war er nach Hause gerannt.

Die Mutter schloß den Jungen in ihre Arme. Wenigstens ihn hatten sie ihr zurückgeschickt. Im ersten Moment waren die Frauen fassungslos, dann begann ein lautes Weinen, Jammern und Wehklagen. Lenchen war wie versteinert. Was würde mit ihrem Willi und den anderen geschehen? Wollten die SS-Banditen sie noch in den Volkssturm zwingen? Sollten sie für ein Himmelfahrtskommando in letzter Minute geopfert werden? Oder wollten die Verlierer einfach ihr Mütchen an ihnen kühlen? Mehrere Frauen äußerten ihre verzweifelten Vermutungen, dann schwiegen alle, von düsteren Ahnungen niedergedrückt. Die Nachbarsfrau, die die Rückkehr ihres Sohnes für sich als gutes Omen betrachtete, machte sich trotz angebrochener Nacht und ungewisser Lage auf den Weg zur Unglücksstätte. Sie kam bald zurück. Die Eingangstore des Werkes waren verschlossen. Sie hatte den Pförtner in seiner Loge angetroffen, der ihr lediglich erklärte, daß die Männer alle noch da seien und fest und gut schliefen. Doch diese Nachricht löste bei den Frauen keinerlei Beruhigung aus.

Die Ereignisse der nächsten Tage waren turbulent. Sie brachten auch für die Marktstraße in Berlin-Lichtenberg das Kriegsende. Die zehn Frauen hatten sich fest vorgenommen, nicht zu ruhen, bis sie Kenntnis über das Schicksal ihrer vermißten Männer hätten. Die Nachbarin und Lenchen wählten sie zu ihren

Sprecherinnen. Diesmal gingen sie gemeinsam zu der Fabrik, in der ihre Männer unbegreiflicherweise spurlos verschwunden waren. Anstelle des Werkpförtners bewachten jetzt zwei Rotarmisten den Eingang. Die Angst vor der fremden Uniform, die Unmöglichkeit, sich in der fremden Sprache auszudrücken, schnürten Lenchen die Kehle zu. Ihre resolute Nachbarin kam ihr zu Hilfe. In einer merkwürdigen Sprache mit allerlei Zeichen versuchte sie ihr Anliegen deutlich zu machen. Die Soldaten betrachteten eine Weile erstaunt den aufgeregten Frauenschwarm, rührten sich aber nicht. Dann riefen sie barsch klingende Worte herüber und begannen, mit ihren Gewehren herumzufuchteln, so daß sich die Frauen resigniert zurückzogen.

Am anderen Tag standen sie alle fest untergehakt zur verabredeten Stunde wieder vor dem Fabriktor. Und dieses Mal wollten sie sich nicht verscheuchen lassen. Nach 30 Minuten erschien der sowjetische Offizier, der jetzt hier das Kommando führte. Er konnte etwas Deutsch. Auf die Worte der Frauen erklärte er in unbeholfenen Sätzen, doch mit bestimmtem Ton, daß sich keinesfalls deutsche Männer in der stillgelegten Fabrik aufhielten. Die Frauen aber, in der Gewißheit, daß an diesem Ort der Schlüssel zum Verbleib ihrer Männer lag, wichen stundenlang nicht von der Stelle, bis sie dem herbeigerufenen Dolmetscher ihre Geschichte ausführlich erzählen konnten. Daraufhin beorderte der Kommandant einen Trupp Soldaten, der das durch Kriegseinwirkung unübersichtliche Gelände systematisch durchsuchte. Es dauerte nicht allzu lange und die mit stummem Bangen wartenden Frauen erreichte die Schreckensnachricht: In der äußersten Ecke des Geländes hatte man elf lose im Sand verscharrte Männerleichen gefunden.

Die Toten wurden herausgeholt und in demselben Raum aufgebahrt, in dem sie höchstwahrscheinlich erschlagen worden waren. Die Frauen bekamen Gelegenheit, von ihren Männern Abschied zu nehmen. Da diese vor ihrem gewaltsamen Tod so übel zugerichtet worden waren, hatte man den größten Teil ihrer Körper mit Tüchern bedeckt. Jede der zehn Frauen erkannte ihren Mann an einem Kleidungsstück, den Schuhen, der Hose, dem Hemd, der Nachbar hatte noch seine Schaffnerjacke an. Lenchen wollte ihren Willi, mit dem sie jahrzehntelang glücklich verheiratet gewesen war, mit dem sie Pläne für die Zeit nach dem Krieg geschmiedet hatte, noch einmal sehen. Sie widerstand der Versuchung nicht, das Tuch ein wenig anzuheben, und schrie laut auf vor Schreck und Entsetzen. Willis Kopf war eine blutige Masse. Nur um das linke Auge war noch die Spur eines menschlichen Gesichts zu erkennen.

Es stellte sich heraus, daß sich die Mörder zum Teil der Kleidungsstücke ihrer Opfer, vor allem aber ihrer Ausweise bedient hatten. Keiner der Toten hatte mehr seinen Ausweis bei sich. Der elfte Mann, zu dem keine Frau gehörte, konnte somit nicht identifiziert werden. Die SS-Bestien hatten sich die fremden unverfänglichen Ausweise und zivilen Kleidungsstücke angeeignet, um sich damit als scheinbar harmlose Personen auf die Flucht zu begeben; das war jetzt ersichtlich. Aber darum hätten sie doch unsere Männer nicht viehisch umbringen müssen, klagten die Frauen einander ihr Leid. Nach welchen Maßstäben handeln die, die sich an tausendfachen Mord gewöhnt haben, was sind da elf Männer, dachte Lenchen und betrachtete Willis verarbeitete Hände, die merkwürdig schwarz unter dem weißen Tuch hervorsahen.

Die Erschlagenen wurden in schmalen, platten Särgen eilig auf einem Parkstück vor dem Friedhof an der Frankfurter Allee in die Erde gelegt. Einige Zeit später brachte Lenchen ihrer Schwester Else die Nachricht, daß Willi und die anderen Männer ihre letzte Ruhestätte nun doch auf dem Friedhof finden müßten, weil der Park wieder hergerichtet werden und der Allgemeinheit zugänglich sein sollte. Die Särge wurden ausgegraben und die Toten im Krematorium eingeäschert. Nach der gemeinsamen Trauerfeier bewegte sich der Zug über den Friedhof. An der Spitze gingen elf Frauen, jede trug die Urne ihres Mannes zu seiner Grabstelle, Else hatte sich bereit erklärt, die des Unbekannten zu übernehmen. Zehn Frauen waren zu Witwen geworden und litten ein Leben lang unter dem sinnlosen Tod ihrer Männer, die starben, als der Krieg eigentlich schon zu Ende war. Der elffache Mord blieb ungesühnt.

Im Kriegshilfsdienst

*Nach dem Bericht von
Herta P.*

Ich war mit meiner Schule durch die Kinderlandverschickung
von Berlin nach Osterode/Ostpreußen gekommen. Dort habe
ich im Februar 1944 das Abitur gemacht. In den Monaten davor
waren wir Mädchen schon für den Arbeitsdienst erfaßt worden.
Ich wurde bei der Untersuchung für tauglich befunden. Als
ich zwei Wochen zu Hause war, erhielt ich den Einberufungsbefehl zum Reichsarbeitsdienst für den 1. März 1944 in einen
Ort an der Grenze zu Polen, dem damaligen Generalgouvernement, im Kreis Schröttersburg, heute Plock. Dieser Ort hieß

Arbeitsmaiden

Mlozycin. Meine Mutter war, obwohl sie sich andererseits Sorgen um mich machte, doch recht froh, daß ich aus den Bombenangriffen auf Berlin herauskam. Mit viel Abenteuerlust im Herzen fuhr ich an den befohlenen Ort. Es schien mir, als ob er am Ende der Welt läge. Fast bei Nacht mußte ich in Kutno in einen anderen Zug umsteigen. Es war einsam und dunkel am Bahnhof, nur der Schnee glänzte hell.

Die Arbeitsmaiden mußten die verschiedensten Arbeiten ausführen. Ich hatte Glück und konnte als Lehrerin für eine kleine Gruppe von Bauernkindern tätig sein, das waren die Kinder der Volksdeutschen. Manchmal mußte ich wie die meisten anderen beim Ernteeinsatz helfen. Die Lage in diesem Gebiet war nicht ungefährlich. Unser Arbeitsdienstlager, das in Weichselnähe lag, war schon von Partisanen überfallen worden. Eigentlich war es unverantwortlich, uns noch dort zu belassen, aber man dachte wohl, solange die Maiden und einige offizielle Stellen bleiben, werden auch die Bauern nicht an Flucht denken. Die Arbeit als Lehrerin gefiel mir gut, ich hätte sie gern fortgesetzt, aber schon wegen meiner Mutter war ich entschlossen, nach meiner Entlassung sofort zurückzukehren. Eines Tages sagte die Lagerführerin beim Appell: »Es wird Ihnen vielleicht nicht gefallen, aber ich habe Ihnen mitzuteilen, daß Sie zum 1. September angefordert worden sind vom 1. Scheinwerferregiment Berlin zum Kriegsdienst in der deutschen Wehrmacht.« Das Regiment lag bei Oranienburg. Es ging also wieder Richtung Berlin.

Nach vierwöchentlicher Ausbildung bezogen wir Stellung im Krämerpfuhl bei Velten. Wir hatten Dienst an den Scheinwerfern. Unsere Aufgabe war, die feindlichen Flugzeuge im Lichtkegel einzufangen und zu führen, um den Flakgeschützen, die in einiger Entfernung postiert waren, die Möglichkeit zum Abschuß zu geben. Es kam darauf an, sich nicht durch die Schießerei rundum irritieren zu lassen, sondern das Flugzeug stetig zu führen und nicht aus dem Lichtkegel zu verlieren. Dazu diente uns das Richtgerät, das durch elektrische Kontakte mit dem Scheinwerfer gekoppelt war, und, wenn dieses ausfiel, das Horchgerät mit seiner Skala. Wir waren die, von denen der Kabarettist Werner Finck schrieb: »... und einige warfen Scheine nach ihnen...« Die Scheinwerfer hatten zwei Meter und anderthalb Meter Durchmesser und eine selbstregelnde Invert-Hochleistungs-Gleichstrombogenlampe. Die hatte ich zu betreuen, weil ich die Kleinste war und am besten in den

Scheinwerfer hineinklettern konnte. Zu unserer Gruppe gehörten acht bis zwölf Maiden (so nannten wir uns immer noch und erhielten auch weiter die Arbeitsdienstlöhnung) und ein Scheinwerferführer, ein Gefreiter. Er lag in einer Extrabaracke. Der Scheinwerferführer wurde nach einer Weile abgelöst. Sein Nachfolger war etwas energischer. Aber beide Gefreiten waren nett und sind nie einer von uns zu nahe getreten. Uns als Abiturientinnen erschienen diese Männer zu einfach. Da spielte sich nichts ab.

Eigentlich lebten wir nicht so schlecht in unserer Baracke im Wald. Bei warmem Herbstwetter suchten wir Pilze, von denen es reichlich gab, und labten uns daran. Nach Mädchenart machten wir uns unsere Behausung schön, schmückten sie mit Blumen, Bildern und allerlei Krimskrams. Es hatten sich kleine Gruppen von Freundinnen herausgebildet. Mit 19 findet man immer einen Grund zum Lachen. Der Tagesablauf war natürlich streng militärisch eingeteilt. Morgens Frühsport, Waldlauf bei jedem Wetter, Geräteputzen, Ausbildung an den Geräten, Baracken säubern und Küchendienst. Unsere Küche war als gut bekannt. Die meisten aus unserer Gruppe waren ostpreußische Mädchen, darunter eine Bäckermeisterstochter, die Pakete aus ihrer Heimat erhielt. Eine Kameradin backte mit diesen Zutaten herrliche Torten in Töpfen. So kam es, daß wir manchmal einige forsche Offiziere zu Besuch hatten, die sich an unserem Essen gütlich taten. Wir mußten auch Übungen machen. Eine alte Ju diente als Übungsflugzeug. Für minutenlanges Führen des Flugzeuges im Scheinwerfer gab es Punkte. Das war eine Art Wettbewerb. Dann hatten wir Flugzeugerkennungsdienst. Wir mußten die Lancaster und andere feindliche Flugzeugtypen kennen. Es soll vorgekommen sein, daß aus Unwissenheit und im Übereifer die eigenen Flugzeuge ins Lichtkreuz genommen wurden. Das Material der Scheinwerferlampe wurde übrigens später immer schlechter. Es lag an der

In viel zu großem Mantel

unzureichenden Qualität der Kohle. Oft setzte der Lichtbogen aus. Dann mußte ich in den Scheinwerfer klettern und mit Asbesthandschuhen die unterbrochenen Kohlestäbe wieder zusammenführen. Da wurde einem ganz schön heiß.

Natürlich war ich froh, wieder in der Nähe von Berlin zu sein. Jedes zweite Wochenende konnte ich meine Mutter besuchen. Aber diese Fahrten wurden durch die Bombenangriffe immer abenteuerlicher. Ein Mädchen aus unserer Gruppe war zu Weihnachten auf Urlaub in ihre Heimatstadt Neidenburg nach Ostpreußen gefahren. Sie traf ihre Eltern und die anderen Bewohner, wie sie sich gerade auf den Flüchtlingstreck machten, und geriet in das reinste Chaos. Jedoch eines Nachts im Februar kam sie wieder zurück. Wir haben unsere Einsatzbereitschaft nie in Frage gestellt. Es war selbstverständlich für jede von uns, daß wir dort, wo wir hingestellt waren, unsere Pflicht zu tun und auf unserem Posten zu bleiben hatten. Ich war ja schon Jungmädel-Führerin im BDM gewesen und hatte große Ideale. Eines davon war, als Frontbibliothekarin tätig zu sein.

Im Monat April 1945 zeichnete sich das Ende ab. Die Verpflegung wurde knapp. Auch an Sprit fehlte es allenthalben. Die deutschen Jäger stiegen schon lange nicht mehr auf. Ich habe nie ein feindliches Flugzeug abstürzen sehen. Wir beobachteten den großen Luftangriff der Alliierten auf Potsdam. Das Bild vergesse ich nie. Bei strahlendblauem Himmel blinkten die Bomben silbern in der Sonne. Nachher sahen wir die graue Rauchwand den Himmel verdunkeln.

Ganz zuletzt erhielten wir noch eine Ausbildung am Maschinengewehr. Ich fiel fast um von dem Rückstoß. Ich glaube, ich hätte das im Ernstfall nicht bedienen können. Unsere KÄ (Kameradschaftsälteste) hatten sie mit einer 08/15 ausstaffiert. Für das Ende gab es drei Stichworte: Kolberg, Gneisenau, Nettelbeck. Sie bedeuteten Vorbereitung – Durchführung – Auflösung. Das erste Stichwort war schon gefallen. Wir saßen bereits auf gepackten Koffern. In dieser Situation fuhr ich am 14. April noch einmal nach Berlin. Heute wundere ich mich, daß ich nicht einfach dageblieben bin. Aber ich hatte Angst, den Fahneneid zu brechen, es konnte schlimme Folgen haben. Am 20. April (Führers Geburtstag) wurden alle Bahngleise zerbombt. Danach war eine Fahrt nach Hause nicht mehr möglich. Von Süden her hörten wir den Kanonendonner. Das Stichwort Auflösung trat nun in Aktion. Die Scheinwerfer wurden gesprengt, damit sie dem Feind nicht in die Hände fielen.

Meine Freundin und ich wollten versuchen, mit den Fahrrädern, die wir glücklicherweise beide noch besaßen, nach Berlin durchzukommen. Aber die Brücken waren gesperrt, die Falkenseer Brücke hatte die SS wohl schon gesprengt. Wir fuhren darauf zurück zum Forsthaus. Im Wald hörten wir schon MG-Feuer. Die Förstersleute erzählten uns später schlimme Geschichten von geflüchteten Nachrichtenhelferinnen, die von

Russen gefangengenommen worden waren. Das trug nicht dazu bei, uns Mut zu machen. Einige der anderen Mädchen sind von Lastwagen der AEG, die ihre Arbeiter Richtung Westen beförderte, mitgenommen worden. Wir beide fuhren in der Nacht mit unseren Rädern los. Da wir die ganze Zeit noch im Besitz unserer Arbeitsdienstkleidung gewesen waren, flüchteten wir in dieser, ließen den Overall und die andere Kleidung, die wir bekommen hatten, den blaugrauen Flanellmantel mit Schirmmütze, zurück. Wir hatten Glück, daß wir uns in einer Gegend befanden, wo wir über Nauen hinauskonnten. Das war noch die einzige Lücke im Ring um Berlin. Unsere erste Station hieß Friesack. Dort haben wir bei der Technischen Nothilfe übernachtet, die ebenfalls gerade im Begriff war, sich aufzulösen. In Neustadt an der Dosse konnten wir auf einen Nachrichtenzug aufsteigen. Die Nachrichtenabteilung wurde von Osten nach Westen verlegt. Viele Flüchtlinge, alte Männer, Frauen, Kinder, hockten auf dem Rand der offenen Loren. Auch Lagerführerinnen aus dem Arbeitsdienst, eine von ihnen leicht verwundet, stießen dazu. Sie wollten nach Waren/Müritz in Mecklenburg, wo die sagenhafte Armee Wenck operieren sollte. Sie haben erstaunlicherweise noch immer daran geglaubt. Wir fuhren durch Wittenberge, hatten uns in einem Nachrichtenwagen hingelegt. Da traf uns bei Karstedt ein furchtbarer Tieffliegerangriff. Der gesamte Transport wurde aufgerieben, der Zug zerstört, die Menschen wurden getötet und verwundet. Wir beiden Mädchen verhielten uns so, wie wir es im Unterricht bei der Wehrmacht für diesen Fall gelernt hatten: Weg vom Angriffsziel in ein kleines Waldstück, auch dort wurden wir noch beschossen.

Nach diesem furchtbaren Erlebnis beschlossen wir, nur noch nachts mit dem Rad weiterzufahren. An den Straßenrändern lagen tote Pferde, zerbrochene Fuhrwerke. In der ersten Nacht übernachteten wir in Ludwigslust in einer Kaserne, in den nächsten zwei Nächten in Schwerin und Schönberg bei Privatleuten. Am 30. April erreichten wir unser Ziel: die Stadt Lübeck. Wir hatten dort die Adresse einer Arbeitsdienstkameradin, bei der wir wohnen konnten. Das hatten wir schon vorher abgesprochen. Lübeck wurde Gott sei Dank kampflos übergeben. Vorher wurden die Lebensmittellager geöffnet, und wir bekamen Butter, Zucker, Brot. Dann zogen die englischen Truppen ein. Ich hatte mein Postsparbuch mit, davon habe ich gelebt. Meine Freundin nahm eine Arbeit bei einem Arzt auf. Im Sommer gab es Bekanntmachungen mit der Aufforderung an alle ehemaligen Wehrmachtsangehörigen, sich zur Entlassung zu melden. Nur wer schon im Arbeitsverhältnis stand oder Angehörige in Lübeck hatte, durfte frei in der Stadt bleiben, alle anderen sollten in ein Lager kommen. Ich besorgte mir sofort eine Stelle als Zahnarzthelferin. Der Arzt mußte noch vorsintflutlich arbeiten, mit Handbohrer, weil dauernd der Strom ausfiel. Doch ich bekam gutes Gehalt. Die Arbeitsdienstkleidung arbeitete ich zu einem schicken Kostüm um.

Als wir unterwegs waren, hatte meine Freundin gesagt: »Irgendwann in meinem Leben möchte ich noch einmal nach Berlin zurück.« Dieser Satz ließ mich nicht los. Ich hatte Sehnsucht nach Hause. Fernfahrern gab ich Briefe mit, schenkte ihnen Brotmarken und Zigaretten für die Gefälligkeit, sie zu befördern. Im September endlich erhielt ich Nachricht von meiner Mutter. Ein Brief hatte sie erreicht. Sie schrieb, daß ich meine Rückführung einreichen sollte. Als die ersten Züge wieder fuhren, machte ich mich auf den Weg. Es war inzwischen Dezember. Mit meiner Reiseverpflegung, einem Brot unterm Arm, kam ich am Lehrter Bahnhof an und fuhr mit der U-Bahn nach Hause zu meiner Mutter. Sie war ganz schmal geworden und sah gealtert aus. Wir freuten uns sehr. Erst jetzt war dieses Kapitel meines Lebens, das Krieg hieß, zu Ende.

In der darauffolgenden Zeit begann für mich ein Prozeß des Umdenkens. Ich informierte mich durch Filme und Bücher über alles, was geschehen war, was ich nicht wußte, über Verfolgungen von Menschen, über Konzentrationslager und erkannte, wie sehr wir mit unseren Idealen mißbraucht worden waren.

Lebenszeichen aus der Kälte

Brief von Paula Bloch
aus dem Jüdischen Altersheim,
Berlin, Große Hamburger Straße

25.1.1942

Lieber Louis, wenn es auch ziemlich 14 Tage bis zu Deinem Geburtstage sind, so will ich der Vorsicht halber schon heut schreiben, damit Du den Glückwunsch bestimmt zum 7.2. erhältst. Ich wünsche Dir vor allem Gesundheit für Dich und Fanni und alles das, was ich von ganzem Herzen uns allen wünsche. Aus Eurem Briefe an Lenchen erseh ich, daß Ihr gesund seid und es Euch verhältnismäßig gut, sicher besser als uns geht, trotz der Kälte, die aber sicher nicht so groß ist wie hier bei uns. Leider sind die Räumlichkeiten hier nichts weniger als schön und haben wir es hundekalt, so kalt, daß wir uns erst im Bett erwärmen. Auch vieles andere läßt sehr zu wünschen übrig, be-

Paula Bloch 1940. Sie kehrte nicht aus Theresienstadt zurück

sonders die entsetzliche Leiterin, die bei uns allen verhaßt ist. Aber trotzdem müssen wir noch zufrieden sein und wünschen, daß es uns nicht so geht wie vielen anderen von uns, die sicher nicht auf Rosen gebettet sind. Du, liebe Fanni, kannst Dich mit mir trösten, die ich es oft vor Rückenschmerzen nicht aushalten kann, und mit eiskalten Händen und Füßen nebst beginnendem Schnupfen kann ich auch aufwarten, da ich mich von meiner Zimmerpartnerin, die schon drei Tage liegt, sicher angesteckt habe. Heut hatten wir am Tage 16° Kälte, die jetzt abends und zur Nacht sicher noch zunimmt. Bei allem Elend auch das noch. Alice besucht mich in jeder Woche, und sie hat es wie ihr Mann recht schwer, da sie unglaublich viel zu tun haben, was sie in ihrer Herzensgüte für ihre Menschenpflicht halten. Der Junge ist jetzt sieben Jahr geworden, ein hübscher, sehr geschickter Junge, der ihre ganze Freude ist. Gesundheitlich geht es Alice, leider, nicht gut, und sie ist der vielen Arbeit, die sie sich aufgeladen, und der Hausarbeit ganz ohne Hilfe nicht gewachsen. Erich ist ziemlich verzweifelt, und daß Selmas Stimmung auch nicht gut ist, könnt Ihr Euch wohl denken. Scherers und Hilda sind schon seit dem Oktober nicht mehr hier, und wir haben erst eine kurze Karte von ihnen vor einiger Zeit bekommen, so daß wir gar nichts von ihnen wissen. Hoffentlich läßt nun auch bei Euch die Kälte nach, so daß Ihr am 7. Februar Louis Geburtstag in Italiens schöner Sonne festlich begehen könnt. Denkt dabei an uns, die wir hoffentlich dann noch hier sind, denn was auch uns bestimmt ist, das mögen die Götter wissen. Und nun muß ich schließen, denn ich habe eisige Hände und friere zum Gott Erbarmen, so daß ich ins Bett muß. Laßt wieder einmal von Euch hören und seid beide herzlichst gegrüßt

von Eurer Paula.

Hoffentlich läßt bald die Kälte nach, damit ich den Brief auf die Post, die ziemlich weit von hier ist, bringen kann, denn in den Kasten darf ich ihn nicht stecken, und bei der Kälte wage ich mich nicht hinaus.

Gesundheitlich geht es Alice leider nicht gut, und sie ist bei der verbannten Arbeit, die sie sich schwer halten, und der Handarbeit ganz ohne Hilfe nicht gewachsen. Erich ist ziemlich vergrämelt, und dass Helmut Krümmung auch nicht gut ist, könnt Ihr Euch wohl denken. Scherers und Hilda sind schon seit dem Oktober nicht mehr hier und haben wir erst eine kurze Karte von ihnen vor einiger Zeit bekommen, so dass wir gar nichts von ihnen wissen. Auch hoffentlich lässt mein auch Euch die Kälte nach, so dass Ihr am 7. Februar Louis' Geburtstag in Ruhe in schöner Runde festlich begehen könnt. Denkt dabei an uns, die wir hoffentlich dann nach hier sind, denn was uns bestimmt ist, das wissen die Götter wissen. Und nun muss ich schließen, denn ich habe einige Gänge noch heute zum Fall Zuckermann, so dass ich nur halt muss Lass weiter einmal von Euch hören und seid beide herzlichst gegrüsst

von Eurer Paula

Hoffentlich reist bald das 5 Alice nach, soweit ich den Kampf auf die Kost, die ziemlich rauh von hier ist, hin Kar kann, denn in den Füssen darf ich ihn nicht stecken, und bei der Kälte wage ich mich nicht hinaus.

Auf dem Wege nach Auschwitz

Briefe von
Alice Bönicke geb. Bloch

Freitag, im Zuge, 1 Uhr
D. 15. 10. 43

Geliebter,
auf dem Wege nach Auschwitz! Ganz zeitig aus Berlin mit anderem Transport. Ich einzige Jüdin. Heute nacht sollen wir in Görlitz sein, morgen in Breslau! Und Du läufst überall herum, mich suchen, ach, Du Ärmster! Wenn nur Deine Kräfte ausreichen, auch die seelischen, alles zu tragen. Und mein geliebter Junge, was willst Du ihm nun sagen? Auschwitz ist das oberschlesische K.Lager für Juden und Ausländer! Ich werde viele treffen. Es ist alles unsagbar schwer und fuchtbar. Der Hölderlin geht mir durch den Kopf:

> Schönes Leben – Du liegst krank
> und das Herz ist mir müd vom Weinen –
> doch kann ich nicht glauben – du sterbest
> solange ich liebe. –

Und ich liebe Euch und kann alles noch nicht fassen trotz aller Realitäten. Von einem ins andere Gefängnis und was dazugehört. Aber ich gebe die Hoffnung nicht auf. Nur durch einen sehr einflußreichen Mann müßte hier *schnell* gehandelt werden. Es geht um alles, tatsächlich es geht wohl ums Leben. – Jetzt sitze ich mit noch sechs anderen Häftlingen hier in einem sehr kläglichen Haftraum – morgen früh geht's weiter. Die wievielte Nacht werde ich heute wieder nicht schlafen! Mein Guter, wenn ich so unser Leben überdenke – es war doch schön, und daran will ich denken und Dich nur immer wieder bitten, Dich für den Jungen zu erhalten und Dich in keiner Weise in Gefahr zu bringen. Wenigstens den Vater muß unser Bussi haben, einen lieben, warmen, guten Vati, der trotzdem das Kind konsequent erziehen kann, ohne Schläge! Aber ich werde weiter tapfer sein, ich verspreche es Euch – um Euretwillen! An H. denke ich auch, ich verlebte so viel Schönes auch mit ihr. Ach, Gott schütze uns – wir wollen Vertrauen haben, der Mensch so allein ist ein Armes, Hilfsbedürftiges. Du wirst sicher alles für mich tun – aber *gefährde* Dich um des Jungen und um Deinetwillen nicht, ich bitte Dich von ganzem Herzen darum! Ich dachte immer, daß Gotthold Schn. die richtigen Leute in Bewegung setzen könnte, und Ferd? Aber es eilt, glaube mir. Ich grüble viel nach über die Probleme, die E. beschäftigen, seine und meine müssen Hand in Hand gehen, und alles muß vom Menschlich-Brüderlichen kommen, ohne das Herz geht es nicht. Vielleicht kann man andern noch etwas sein, vorläufig sehe ich in allem noch keinen Sinn – aber vielleicht komme ich noch dahinter. Dies wird wohl das letzte Mal sein, daß ich Dir schreiben kann – ob Du es wohl erhältst? Gestern schrieb ich auch, der Brief wird Dich wohl erreicht haben, vielleicht auch abends noch ein Telefongespräch, falls es die Betreffende noch konnte, ehe ihr Zug ging. Ich wußte seit Dienstag, worum es geht, und habe alles getan, um Dich sprechen zu können – wen habe ich nicht alles in meiner Herzensangst gebeten – alles umsonst. Auch hier wieder mit dem Herrn, der alles aufnimmt. Aber er darf nichts tun. In Breslau bleiben wir auch Sonntag. Montag früh geht's weiter, wie weit, weiß ich nicht. Sie haben mich wohl absichtlich nicht über die Gr. Hamburger Straße transportiert, damit Du nichts mehr tun kannst und ich auch nicht. Dich und mich hat man auf den Freitag vertröstet, und ich wußte, daß das ein Unglückstag wurde. Wenn Du mir Sachen schicken darfst, dann vergiß die Schuhe nicht, die Wanderschuhe, Papier, Seife, gegen Ungeziefer etwas, irgendeinen verschließbaren Behälter, Taschentücher, Handtücher. Aber ich glaube kaum, daß man schicken darf! Seifenpulver ist wichtig und Strümpfe! Es wird hier soviel geredet, und dunkel wird's. Behüte Euch und mich Gott! Möge das Wunder werden, daß wir uns gesund wiedersehen – ach, ich darf nicht jetzt nach Hause denken, gleich fünf Uhr ist's, da kommt Ihr wohl von draußen rein. Buzzilein soll fleißig werden und ein guter Junge – ach, mein über alles geliebtes Kind, ich sehne mich so nach Euch. Wär's ein böser Traum! Vergiß nicht, Edith und Tante Emmi – jetzt Zürich. Aber erspare ihr das von mir. Und grüße Erich, und er soll sich nicht so grämen, und Selma und Beyers. Und alles Gute Euch allen.

Ich umarme Euch, ich küsse Dich und den Jungen immer wieder. Lebt wohl, lebt wohl, auch Du, Freundin meines Herzens – vergeßt mich nicht.

Eure A.

Mein Guter –

ach – nur der Gedanke, daß Du das liest und dem Jungen vielleicht irgend etwas von seiner Mutti erzählen kannst, geht mir so nah, aber ich will weiter stark und tapfer sein und voller Hoffnung. Ich mache mir Sorgen um Dich, Liebster. Du kommst mir jetzt wie ein Kind gegen mich vor, denke an *alles,* worum ich Dich gebeten habe, lebe still und ruhig Euch, für den Jungen, für Dich und mich. Wenn Ihr nur gesund seid! Ich hätte Dich so liebend gern noch einmal gesehen, das Kind besser nicht, das kann man nicht schaffen. Sieh, daß er sich nicht erkältet, man muß so viel bei ihm auf alles achten, aber Du mußt es tun, laß lieber manches andere! Seit gestern Breslau, ich weiß nicht, wann es weitergeht. Hier sind sehr viele, alles durcheinander, ein merkwürdiges Leben. Wäre es nicht so bitter ernst, gäbe es viel zu lernen, zu sehen und zu beobachten! Ich bin gesund, und das ist viel. Sei versichert, daß mein Wille sehr stark ist und ich mich nicht so leicht unterkriegen lasse. Ich lebe in der Hoffnung, daß einmal noch alles gut wird, und wenn Du mir nicht helfen kannst, so lasse Dich nicht davon runterdrücken, ich weiß schon, daß Du das Mögliche tust. Sprich selber mit Gotth. Schn. Davon halte ich viel. Schreibe an Wally Poier, ich bin seit gestern mit ihr zusammen. Nettes, junges Mädchen, Liegnitz, Glogauerstr. 54. Schicke ihr etwas Nettes. An E. und S. denke ich auch viel. Hoffentlich geht es ihnen und B.s und Hilde gut. Ich fühle jetzt sehr stark, mit wem ich mich wirklich verbunden fühle. Neben allem Ernsten und allem Leid erlebt man auch viel Schönes und Menschliches. Wie stark ist gleich die Brüderlichkeit und Hilfsbereitschaft in der Not. Und man selbst vergißt auch auf Momente sein Leid, wenn man helfen kann! Da bedarf es gar keiner Worte, nur *fühlen* muß man und sich in den andern hineindenken. Die Freiburger Kur hat mich gelehrt, daß man vor manchem keine Angst zu haben braucht. Und bisher habe ich auch nicht gefroren. Ich habe da innen meinen reichen Schatz, von dem ich in manchen stillen Nachtstunden zehre. Und um jeden Vers, den ich auswendig weiß, bin ich froh. Hoffentlich wird Dir geholfen, liebster großer Junge. Sei gut und stark, nicht hart! Alles wird wieder gut! Ich lege Dir den Jungen ans Herz, daß er nicht so viel entbehrt, auch an Frohsinn. Er darf nicht traurig sein, es ist ein Kind. Sein ganzes Leben lebt man aus der Kindheit heraus. Mein ganzes Herz ist bei Euch. Ich umarme Euch und bin bei Euch

Eure A.

Alice Boenicke mit ihrer Mutter Paula Bloch und ihrem Sohn 1939.
Sie wurde im November 1943 im KZ Auschwitz getötet.

Wie haßte ich nun den Krieg!

Nach dem Bericht von
Erika Rudolph

1913 wurde ich in einem kleinen Ort in Schlesien geboren. Ich stamme aus einer bürgerlichen Familie. Mein Großvater besaß eine Leinenweberei, mein Vater ein Versand-Wäschegeschäft. Ich besuchte in der nächsten Stadt die Mädchenschule bis zur Mittleren Reife und erlernte auf dem Gut meines Onkels die Hauswirtschaft. Mein Berufswunsch, Lehrerin oder Kindergärtnerin zu werden, ließ sich nicht erfüllen, da nach dem frühen Tod meines Vaters die Familie durch die Inflation mittellos dastand. Mit 17 ging ich nach Berlin und übte zwei Jahre lang eine pflegerische Tätigkeit in einem Heim aus, in dem viele Kranke und Alte, besonders Juden, untergebracht waren. Ich

Erika Rudolph März 1948

erhielt keinen Urlaub, hatte keine Freizeit, war aber erfüllt davon, die armen Menschen mit meinem ganzen Einsatz zu pflegen. Als mein älterer Bruder, der in Schlesien auf dem Lande eine Weberei betrieb, Witwer wurde, ging ich zu ihm und kümmerte mich um seine zwei Kinder bis zu meiner Heirat im Jahr 1936. Mein Mann arbeitete als Diplom-Ingenieur bei verschiedenen Firmen, erst in Rostock, ab 1938 in Berlin. Ich war nicht mehr berufstätig. Zwei Jahre nach der Eheschließung wurde unsere Tochter geboren, dann dicht nacheinander die anderen drei Kinder. Vom Schicksal meines vierten Kindes will ich später erzählen.

Als 1939 der Krieg begann, empfand ich das schon als etwas Furchtbares. Aber da ich nur auf meine Familie bezogen war, habe ich zunächst nicht begriffen, was es in allen Konsequenzen bedeutete. Ich war geprägt durch mein unpolitisches Elternhaus, vor allem durch meine Mutter. Sie blieb in ihrem Glauben fest und hat in ihrem Dorf die politische Entwicklung unberührt an sich vorübergehen lassen. Zumindest kann ich von mir sagen, daß ich stark sozial engagiert war. Immer habe ich mich mit den Arbeitern im väterlichen Geschäft und den Hausangestellten besser verstanden als mit den entfernteren Verwandten. Der Schwiegervater meines Onkels zum Beispiel betrog seine Frau und behandelte sie schlecht. Er glaubte, er könne es sich erlauben, weil er sehr reich war. Mich hat das angeekelt.

Mit fortlaufender Zeit bekam jeder direkt mit dem Krieg zu tun. Ich bin wegen der Bombennächte in Berlin mit meinen drei kleinen Kindern für die letzten zwei Kriegsjahre nach Schlesien in meine Heimat gegangen. Mein Mann war zum Schluß als Soldat an der Westfront eingezogen. Ich habe im Pfarrhaus bei meiner um 14 Jahre älteren Schwester gelebt. Mein Schwager war eigentlich Direktor eines Predigerseminars, aber da die jungen Leute alle beim Militär waren, war er Ortspfarrer geworden. Er gehörte zur Bekennenden Kirche, hat sich zuerst geweigert, von der Kanzel ein Gebet für den Führer zu sprechen. Aber man setzte ihn unter Druck, die Gestapo sperrte ihn sogar ein paar Tage ein. Wegen seiner Frau und seiner neun Kinder hat er sich gefügt. Er war jedoch nach wie vor gegen Hitler, wir haben viele Gespräche geführt. Kritisch war ich nicht, das konnte ich auch gar nicht sein, so eingespannt in diese gut bürgerliche Maxime: »Mach mal deinen Frauenkram und versorg deine Kinder, sonst hast du nichts zu melden.« Meine Erziehung war so, daß immer andere, auch der liebe Gott, alles für mich machten. Durch diese Unterhaltungen erhielt ich aber doch viele Denkanstöße.

Im Januar 1945 – wir hörten schon die Front – wurde mein viertes Kind geboren; ich hatte eine Sturzgeburt. Eigentlich habe ich zu der Zeit kein Kind in die Welt bringen wollen. Vielleicht, wenn ich nicht im Pfarrhaus gewesen wäre... Mein Schwager sagte: Das mußt du! Es war ein Junge, und ich nannte ihn Frieder. Ein paar Wochen habe ich ihn nähren können, dann versiegte meine Milch. Ich war vollkommen ausgetrocknet, war wie eine ausgequetschte Zitrone, selbst ungenügend ernährt. Viele Säuglinge starben damals. Die, die von den Müttern gestillt wurden, hatten natürlich bessere Überlebenschancen. Ich mußte mich gleich vom Wochenbett aus mit ihm, den anderen drei Kindern, von denen das älteste sieben Jahre alt war, und meiner Mutter auf die Flucht vor der näherrückenden Front machen. Ich habe eingepackt, soviel ich konnte, mit dem unwahrscheinlich sicheren Gefühl: Das alles hier wirst du nie wiedersehen. Mein Schwager war ein solches Kind in diesen Dingen, ist mit einem kleinen Köfferchen losgezogen: Wir kommen zurück.

Wir sind von Schlesien mit dem Zug nach Mittweida in Sachsen gefahren, mit Bündeln und Koffern und Kinderwagen. Meine Nichte mit ihrem Kind war auch noch bei uns. Dort wurden wir als Evakuierte bei einer Frau eingewiesen und haben zu zehn Personen in zwei Zimmern gewohnt. Diese Frau regte sich darüber auf, daß wir keine Tassen und Teller mitgebracht hatten. Was haben wir in der ersten Zeit unter Hunger und Kälte zu leiden gehabt. Wir hatten kein Heizmaterial, suchten in den Wäldern etwas Holz zusammen. Im Dunkeln haben wir auch mal heimlich einen kleinen Baum gefällt. Jeder neue Tag war ein Kampf ums Überleben. Der Krieg saß uns dicht auf den Fersen. In Mittweida haben wir am 13. Februar 1945 den schrecklichen Luftangriff auf Dresden erlebt. Wir liefen hinaus, als wir das Brummen vieler Flugzeuge hörten. Der Himmel über uns war schwarz von ihnen. Ich dachte daran, daß meine Schwester mit ihrer Familie über Dresden zu einem Freund dort in der Nähe gehen wollte und daß sie diese Nacht in Dresden waren. Wie haßte ich nun den Krieg!

Der heißersehnte Frieden kam mit Hunger, Mangel und Seuchen. Ich war sehr glücklich, daß die Menschen sich nicht mehr gegenseitig umbringen mußten, daß Ruhe herrschte. Bald war ich jedoch voll neuer großer Sorge. Das zarte Lebensflämmchen meines kleinen Frieders war am Verlöschen. Er war zu schwach und den schlimmen Krankheiten dieser Tage wehrlos ausgesetzt. Die Ruhr überfiel ihn, er mußte ins Krankenhaus. Dort kam der normale Betrieb gerade erst wieder in Gang, die Ärztin bemühte sich sehr um ihn, nahm Blutübertragungen vor, aber wenn ich zur Besuchszeit kam, sah ich die bedenklichen Gesichter der Schwestern. Auf dem Nachhauseweg hatte ich so ein Gefühl, als ob mir das Herz herausgeschraubt würde. Vier Wochen hat Frieder dort noch gelegen. Ende August ist er gestorben. Ein Opfer des Krieges, dessen Schrecken noch in den Frieden hineinwirkten. Unter normalen Verhältnissen hätte er leben können. Als ich an dem kleinen Sarg stand und in das Gesicht des toten Kindes blickte, da sah es plötzlich aus wie das meines Mannes, genauso. Ich wußte gar nicht, ob er noch lebte. Die schreckliche Angst um ihn gestand ich mir nur des Nachts zu. Am Tage verdrängte ich sie. Nun lag da also mein Kleiner mit dem Gesicht meines Mannes. Sollte auch der tot sein? Ich fiel um neben dem Sarg und wachte wochenlang nicht mehr auf. Ich war ganz weit weg.

Endlich kam ich wieder zur Besinnung, aber irgend etwas stimmte nicht mit mir. Mit der Bibel in der Hand lief ich durch die Straßen und sprach die Leute an: »Das ist alles Lüge, was hier drinsteht. Es gibt keinen Gott, sonst würde er nicht so etwas über die Menschheit schicken wie diesen Krieg.« Dann habe ich mir eingebildet, in Mittweida überall Bekannte aus meinem Heimatort zu treffen. »Ach, du bist doch der oder die...« In Wirklichkeit waren es Fremde. Ich habe auch sehr an meinem Heimatort gehangen und darunter gelitten, daß er nun nicht mehr deutsch war. Nach solchen Auftritten wurde ich natürlich mehrmals als Verrückte abgeführt. Ein guter Arzt verordnete mir schließlich einen Aufenthalt in der Nervenklinik Waldheim. Dort habe ich gesehen, wie viele Frauen der Krieg krank gemacht hat, Frauen, die in ihrer Verzweiflung ins Wasser gehen wollten. Eine, die ihre drei Söhne verloren hatte, umarmte jeden jungen Mann: »Ach schön, daß du wieder da bist!«

Es war ein Glück, daß ich meine Mutter hatte, die zusammen mit der Nichte meine Kinder betreut hat, bis ich aus der Nervenklinik entlassen wurde. Sie war es auch, die mir eines Tages die wichtige Nachricht in die Klinik brachte, daß mein Mann lebte und sich in englischer Kriegsgefangenschaft befand. Ein Kamerad, der schon entlassen war, hatte es im Auftrag meines Mannes mitgeteilt. Auch aus Berlin war Post von Freunden ge-

kommen, unsere Wohnung hatte den Bombenkrieg heil überstanden. Damit war diese furchtbare Ungewißheit von mir genommen. Die Schwester, die mich bei meiner Entlassung aus
der Klinik nach Hause begleitete, sagte zu meiner Mutter:
»Lassen Sie Ihre Tochter machen, was sie will. Sie wird sich
irgendwie wieder zurechtfinden und die Krankheit ganz verlieren.« Und zu mir: »Achten Sie darauf, wenn Sie einen süßen
Geschmack im Munde spüren, sich sofort hinzulegen!« Das
habe ich auch gemacht. (Das Gehirn war also angegriffen.)

Wir hatten zu dem einen Zimmer, das meine Mutter, die drei
Kinder und ich bewohnten, noch eine kleine Dachkammer da-
zubekommen. Dorthin zog ich mich mit meiner Bücherkiste zurück. Die ersten Buchhandlungen waren inzwischen eröffnet,
im SWA-Verlag[1] gab es deutschsprachige Literatur, ich las Ro-
mane von Gorki und anderen Autoren, die ich bisher nicht
kannte, ich las zum ersten Mal Karl Marx. Die Lektüre holte
mich wieder ins Leben zurück, in ein neues Leben, in dem ich
fähig war, mir gesellschaftliche Zusammenhänge zu erklären.
Ich habe plötzlich den roten Faden gefunden. Habe erkannt,
was die Welt zusammenhält, erkannt, wie die Welt beschaffen
ist, durchschaute die Lügen, die man uns erzählt hatte, wußte,
warum sie dem Volk aufgetischt wurden. Die Bibel war nicht
mehr mein Buch. Während meine Familie bei ihrem streng
christlichen Glauben blieb, einer meiner Brüder, der ebenfalls
zu den Enttäuschten gehörte, zur Kirche zurückfand, später sogar Prediger wurde, verlief mein Weg fortan in anderen Bahnen, ich wurde Marxistin.

Zwei Jahre noch blieb ich nach Kriegsende in Mittweida,
zwei entscheidende Jahre. Ich mußte ja nun den Lebensunter-
halt für mich und meine Kinder verdienen. Ich fand eine Arbeit
in der Kinderbetreuung, die mir viel Spaß machte. Wir – außer
mir noch ein paar Frauen – haben die Flüchtlingskinder – Kinder ohne Eltern, ohne Vater – und andere von der Straße geholt
und sie nachmittags regelmäßig beschäftigt, haben gebastelt,
gesungen, gespielt und sind mit ihnen ins Kino in die herrlichen
Märchenfilme aus der Sowjetunion gegangen, die uns alle be-
geisterten. Überhaupt habe ich mir damals viele Filme angesehen, die sich mit der Vergangenheit auseinandersetzten und
mich klüger machten. In meiner Arbeit unterstand ich der sowjetischen Kommandantur. Mich hat tief beeindruckt, wie

1 Verlag der Sowjetischen Militärverwaltung in Deutschland.

Erika mit Mutter und Kindern nach Kriegsende (1946)

großherzig der Kommandant selbst mit den Kindern umging. Es gab öfter Sonderzuteilungen an Essen. Einige der deutschen Antifaschisten wollten die Kinder früherer aktiver Nazis davon ausschließen. Da konnte er richtig böse werden: »Was können denn die Kinder dafür? Kinder sind unschuldig. Sie empfinden den Hunger genauso. Gebt allen gleichermaßen!« Man muß aber auch die andere Haltung verstehen. Was haben die Nazis mit den Kindern von Antifaschisten gemacht, mit Kindern im KZ! Ich habe noch eine ehrenamtliche Funktion bekommen, und zwar in der Flüchtlingswohnungsbetreuung bei der Stadt Mittweida. Und dann war ich natürlich sehr schnell auf die Frauenarbeit eingeschworen. Es bildeten sich Frauenausschüsse, wo Frauen zusammenkamen, um sich für ihre Belange einzusetzen und, wie es stets Frauenart ist, ihre Hilfe bei der Linderung der schlimmsten Not zu leisten. Da machte ich mit.

Ende 1947 kam mein Mann aus der Kriegsgefangenschaft zurück. In unsere Wohnung in Berlin-Frohnau hatten wir während des Krieges zwei ausgebombte Lehrerinnen aufgenommen. Nach dem Einzug der Alliierten wurde die Wohnung von der französischen Besatzungsmacht beschlagnahmt. Als wir nach Berlin zurückkehrten, mußten wir auf dem Dachboden Quartier beziehen. Der Platz reichte natürlich nicht aus, und mir blieb nichts anderes übrig, als meine zwei älteren Kinder zu meiner Mutter zu schicken, die inzwischen bei Stuttgart lebte. Sie hat die beiden dann in einem Kinderheim untergebracht. Mein Mann und ich sind mit dem jüngsten Sohn in die Dachkammer unserer eigenen Wohnung gezogen. Das war notwendig, denn wer bis zu einem bestimmten Zeitpunkt nicht wieder in Berlin Wohnsitz genommen hatte, erhielt hier keine Lebensmittelkarten. Mein Mann war zunächst eine ganze Weile arbeitslos, bekam dann eine Anstellung als Ingenieur und hat noch lange in seinem Beruf gearbeitet und gut verdient. Aber unsere drei Kinder haben studiert, und es hat uns viel Geld gekostet, bis sie auf eigenen Füßen standen, so daß uns die Bäume nicht in den Himmel wuchsen. Mein Mann hat akzeptiert, daß ich mich so verändert hatte. Zuerst eigentlich viel mehr als später. Das war ja auch eine Zeit, wo alles noch offen war: Wie würde die neue Demokratie aussehen? Später haben sich die Verhältnisse wieder verfestigt. Viele Deutsche waren unpolitisch, viele sind es wieder geworden. Da tauchten Ängste und Zweifel auf, ob man sich überhaupt politisch engagieren sollte. Für mich war und blieb schwer, daß meine ganze Verwandtschaft sich nicht verändert hatte und auch nicht so tolerant war, mich als Außenseiterin zu akzeptieren. Aber ich habe es durchgestanden.

Ich kann das nicht verstehen, daß heute viele Menschen so tun, als sei der Zweite Weltkrieg gar nichts weiter gewesen, und daß sie bei neuer Kriegsgefahr abseits stehen, heute, wo uns wieder die Unfehlbarkeit neuer Wunderwaffen suggeriert wird. Das Wichtigste ist doch jetzt, dafür einzustehen, daß die Erde nicht verschwindet. All das andere, ob der Haushalt in Ordnung ist, die silbernen Löffel geputzt sind, all das, wozu wir Frauen erzogen sind, sollte uns doch nicht als einziges kümmern. Natürlich habe ich manchmal Angst, daß meine Kräfte nachlassen, bin ja über 70. Aber ich war mit in Brüssel, als es gegen die Stationierung der NATO-Raketen ging, ich habe das große Treffen beim Marsch der Frauen nach Paris mitgemacht.

Bin mit einer Gruppe von Pfarrerinnen, Lehrerinnen, vielen jungen Frauen dorthin gefahren. Und wenn du dann mit ihnen im Bus fährst, den Tag gemeinsam verlebst, dann erzählst du mal, daß du schon so lange etwas für den Frieden tust, schon Mahnwache gestanden hast zum Stockholmer Appell in den 50er und 60er Jahren, in der Bewegung »Ächtet die Atombombe!«. Die jungen Frauen wissen oft nichts davon, diese Traditionen der Frauenfriedensbewegung müssen doch weitergegeben werden. Und es ist so wichtig, wenn es eine erzählt, die das erlebt hat. Ich schaffe es auch noch, jeden Sonnabend eine Stunde lang am Friedens-Infostand in meinem Bezirk teilzunehmen. Manchmal stärken mich die Gespräche mit den anderen Menschen, manchmal trifft mich fast der Schlag, so daß ich tief durchatmen muß. Aber weiter geht's trotzdem!

Im Wirrwarr der letzten Kriegstage
Brief von Gretel B.

Den 25. 4. 1945

Mein lieber Fritz!

Noch weiß ich nicht, ob Dich mein Brief erreichen wird, ich sehe keine andere Möglichkeit. Ob Du meine beiden letzten Briefe erhalten haben wirst? Ich will lieber noch einmal von vorn beginnen.

Am 18. 4. begannen die Amerikaner, ihre schon tagelang geführten Angriffe aufs Eisenbahngelände auch auf Wohnhäuser auszudehnen. Die Häuser an der Straße nach Schmerkendorf hinaus wurden durch Sprengbomben schwer getroffen. Am Donnerstag gegen 10.30 Uhr ging der Zauber los. Wir konnten gar nicht schnell genug in den Keller kommen. Ganz niedrig über unsere Dächer weg brausten sie mit ihren Flugzeugen, und dann ging's Schlag auf Schlag! Der Keller hat nur so gebebt! Meine einzige Sorge war: Wird die Absteifung standhalten? Wie gut, daß Du sie noch einmal verstärkt hattest! Sie hielt. Auf einmal ein Prasseln, ein Brechen, ein Bersten, daß wir alle meinten, unser letztes Stündlein habe geschlagen. Der Kellerboden hob und senkte sich. – Als eine kleine Pause eintrat, gingen wir nach oben und haben uns erst mal den Schaden angesehen. Vom Stall- und Hausdach war ein großer Teil der Ziegel runter, die Haustür zersplittert, ebenso die Veranda- und die beiden Waschhaustüren. Von den Fenstern war fast keines mehr heil. Es zog wahnsinnig. In der Wohnung eine heillose Verwüstung, Sand und Mörtel, aber die Möbel waren heil. Schon ging's wieder los, und wir mußten in den Keller. Diesmal war's nicht ganz so schlimm.

Kurz danach kam Wehrmachtskontrolle, und wir mußten, weil vier Zeitzünder in der Nähe lagen, sofort das Haus räumen. Schnell das Allernotwendigste auf den Handwagen geladen und raus auf die Wiese hinter dem Fliegerheim. Wir lagen dann, fest an die Erde gepreßt, im trocknen Graben, und schon nahte eine neue Welle von Tieffliegern. Sechs Stunden haben sie uns so in Schach gehalten, es konnte niemand aus dem Graben raus. Es wehte ein scharfer Wind, so daß wir trotz unserer

Mäntel und Decken ganz steif gefroren waren. Wir haben wieder viel Angst ausgestanden, und unser Glück war es, daß der Graben so eng und schmal war und der Gartenzaun daneben Schatten warf. Gemein, wie sie so herunterstießen und auf wehrlose Frauen und Kinder schossen! Gegen 8 Uhr sind wir dann nach Hause, durften die Häuser aber immer noch nicht betreten. Den größten Teil der Zeitzünder hatte man entschärft, der auf dem Nachbargrundstück aber lag so tief, daß sie ihn erst am nächsten Tag freilegen wollten. So blieb uns denn nichts anderes übrig, als die nötigsten Sachen auf den Handwagen zu laden, und ab ging's in Richtung Grassau. Türen und Fenster, alles stand offen, es wäre für Einbrecher ein leichtes gewesen, auszuräumen.

Tante Berta und Ruth hängten sich an, Anni mit den vier Kindern ebenfalls. Mutter meinte, es sei herzlos, in einem solchen Falle nein zu sagen. Wir lebten im selben Haus unter einem ziemlichen Spannungsverhältnis. Außerdem war Tante Ida am selben Tag mit Sack und Pack angekommen, weil die Innenstadt ziemlich mitgenommen war. Zum Teil brannte es noch immer. Sie nahmen wir natürlich auch noch mit, also insgesamt 14 Personen. Unterwegs gab es Schauerliches zu sehen. Einige Volltreffer auf kleine Siedlungshäuschen, alle umliegenden natürlich ebenfalls zerstört. Auf der Straße viel Schutt und Steine, einige Häuschen brannten noch. Onkel Peschels Haus hatte einen Volltreffer abbekommen. Wie durch ein Wunder blieben sie in ihrem Bunker im Garten verschont. Uns gegenüber hatten sich mehrere Familien Splitterschutzbunker gebaut. In einen von diesen war ein Volltreffer hineingegangen: Mann, Frau und zwei Kinder tot. Die anderen vier Bunker alle verschüttet. Nur durch rasches Zugreifen war es möglich, die Menschen zu retten. Die Innenstadt brannte am Abend, als wir durchzogen, noch immer lichterloh. Der Güterbahnhof bis zur Wittenberger Brücke war ein Flammenmeer, auch der Holzhof von Erler brannte noch immer. Ein schauerliches Bild gegen den schwarzen Abendhimmel! Unterwegs mußten wir oft haltmachen, weil unsere Fuhre ins Rutschen kam. Gegen 11 Uhr langten wir in Rössen an. Weiter ging's nicht. Die Kinder waren hundemüde nach dem langen Marsch, und die Aufregungen dazu! Auch Oma mit ihren 70 Jahren war fix und fertig. So blieben wir in der Scheune vom Bürgermeister, der uns freundlicherweise aufnahm.

Früh gegen 4 Uhr wieder auf. Kalt war's in der Scheune im

Stroh, ich hab vor Aufregung nicht schlafen können. Weiter ging's in Richtung Grassau. In Herzberg hielt mich auf einmal die Frauenschaftsleiterin an und sagt, der Russe stehe schon vor Luckau. Wir sind dann noch bis ins nächste Dorf, damit wir von der Landstraße runterkamen. Da herrschte Hochbetrieb: ein Militärfahrzeug nach dem anderen auf dem Rückzug. Wir waren froh, als wir endlich in einem kleinen Gasthof landeten und uns ein bißchen aufwärmen konnten. Nach dem Essen wurde es uns dann ein bißchen wohler. – Dicht neben dem Dorf stand der Deutschlandsender und wurde dauernd von Tieffliegern und Bombern angeflogen. Um 3 Uhr wurden auf einmal die Panzersperren abgeriegelt und die Brücken zur Sprengung vorbereitet. Der Russe, so wurde bekanntgegeben, stünde bereits 16 Kilometer von hier entfernt. Wir luden rasch unsere Sachen auf, und im Trab ging es zurück nach Herzberg. Über uns kreisten die Tiefflieger, aber wir mußten weiter. Oma haben wir noch aufladen müssen, weil sie sonst schlappgemacht hätte. Hinter Herzberg haben wir dann noch ein paarmal Deckung im Straßengraben gesucht, kurz vor Rössen noch etwa zwei Stunden im Wald. Deutlich waren aus Richtung Berlin die Bombeneinschläge zu hören. Es muß wieder ein sehr schwerer Angriff gewesen sein. Wir blieben eine Nacht in der Rössener Scheune, und am nächsten Tag ging es weiter. Der Güterbahnhof brannte noch immer.

Zu Hause fanden wir alles genauso vor, wie wir es verlassen hatten, niemand hatte das Haus betreten. Wir waren sehr froh, wieder daheim zu sein. Tante Ida hatten wir in Herzberg bei einer Cousine abgesetzt, weil sie sehr schlecht zu Fuß war. Der angebliche Zeitzünder nebenan hatte sich als Falschmeldung erwiesen, so daß wir wenigstens in dieser Hinsicht beruhigt sein konnten. Alle anderen waren entschärft worden. Wir machten uns nun erst mal daran, die Fenster mit Pappe und Packpapier zu vernageln. Wie sehr habe ich mir dabei gewünscht, Du möchtest da sein, um uns zu helfen! Dann ging's ans Saubermachen. Am Nachmittag kam ein Blockwalter und sagte, alle Frauen müßten raus aus Falkenberg über die Elbe weg. Es sollten dafür drei Züge nach Klitschen eingesetzt werden. Wir fielen aus allen Wolken! Zu unfaßbar war wohl der Gedanke, wieder ins Ungewisse hinaus zu müssen. Da nicht alle der Aufforderung folgten, blieben auch wir noch eine unruhige Nacht. Ich war sehr froh über diese kleine Verschnaufpause, denn ich war fast am Ende meiner Kräfte. Erst mal die ungewöhnliche körperliche Anstrengung in meinem Zustand, dazu die seelische Belastung und all die ausgestandenen Ängste. Das Verantwortungsgefühl für alle lastete schwer auf mir und ließ mich lange nicht zur Ruhe kommen. Am nächsten Morgen ging die Arbeit weiter. Wir mußten das Dach wieder decken, soweit die Ziegel noch heil waren. Alle, auch die Kinder mußten fleißig dabei helfen. Es war häßliches kaltes Wetter, und Regenschauer machten das Ganze noch schwieriger. Am Nachmittag beobachteten wir, wie drei Soldaten mit Panzerfäusten in den Händen an der nächsten Straßenecke Aufstellung nahmen. In dem Straßengraben vorm Haus lagen Hitlerjungen, ebenfalls mit Panzerfäusten ausgerüstet. –

Ab 4 Uhr setzte die reinste Völkerwanderung ein. Menschen mit Handwagen, Kinderwagen, Koffern und Rucksäcken treckten die Mühlberger Straße in Richtung Flugplatz hinaus. Es hieß, der Russe sei bei Liebenwerda durchgedrückt, und nun versuchte jeder, bei Belgern noch über die Elbe zu kommen. Ich schickte sofort Dieter los und erfuhr, daß drei Züge in dieser Sonntagnacht vom Bahnwärterhäuschen aus abfahren würden. Der erste sollte um 9 Uhr fahren. So transportierten wir unsere Sachen, Koffer, Decken und das Allernotwendigste mit dem Handwagen bis zum Zug und stellten den Handwagen dann wieder bei Oma im Schuppen unter. Am Zug waren 6 Soldaten, die uns beim Einsteigen behilflich waren. In Klitzschen wurden wir bzw. unser Gepäck von Fuhrwerken abgeholt. Der Gasthaussaal war bereits überfüllt, so daß wir in einer Scheune unterkamen. Nur Anni hatte mit ihren Kindern bleiben können. Das Stroh in der Scheune war nur über eine hohe Leiter zu erreichen. Tante Berta stürzte beim Hinaufklettern zum Nachtlager mitsamt der Leiter, die ins Rutschen gekommen war, ab. Sie lag da und wimmerte kläglich, ihre Tochter bekam einen Schreikrampf. Wie gut, daß ich eine große Taschenlampe bei mir hatte! Tante Berta hatte sich den Kopf blutig geschlagen, sich auf die Zunge gebissen, die ebenfalls stark blutete, und hatte starke Prellungen an Händen, Beinen und Rippen. Anscheinend aber keine innerlichen Verletzungen. Ich verband sie, wie es unter den Umständen möglich war, und war sehr froh, daß es noch mal so glimpflich abgelaufen war. Über die riesigen blauen Flecken, die sich erst nach Tagen zeigten, waren wir freilich sehr entsetzt!

Am nächsten Morgen kümmerte sich zunächst kein Mensch um uns. Es hieß, wir sollten in Langenreichenbach untergebracht werden, fünf Kilometer entfernt. Fuhrwerke könnten nicht gestellt werden, es sollte jeder versuchen, dorthin zu kommen. Ich konnte auch keines auftreiben, aber einen großen Handwagen mit Hundegespann und einen ohne, so daß wir unser Gepäck unterbrachten. Auf der Straße nach dort lagen vier von Tieffliegern beschossene, ausgebrannte Autos und Lastwagen. Heute ließen die Tiefflieger uns gottlob in Frieden. In Langenreichenbach lagen wir bei sehr kaltem, nassem Wetter auf dem Marktplatz, es hieß, der Bürgermeister sei dabei, für uns Zwangseinweisungen vorzunehmen. Abends um acht Uhr war es dann soweit, daß wir unsere Quartiere angewiesen bekamen. Nichts Warmes zu essen oder zu trinken den ganzen Tag. Es war schlimm! Wir hatten leider Pech! Unser Bauer erwartete noch Zuzug von Verwandten aus Falkenberg, so daß wir zum Schlafen nur im Heustall unterkamen. Unser Gepäck durften wir im Haus unterstellen.

Tante Berta und Ruth mit den Kindern hatten woanders Quartier gefunden, Anni blieb mit den Kindern im Gasthof. Na, wir hatten wenigstens ein Dach über dem Kopf, und hundemüde, wie wir waren, haben wir im Heu sehr gut geschlafen. 35 Evakuierte und Soldaten schliefen mit uns dort, 62 Menschen hatte der Bauer in dieser Nacht insgesamt unter seinem Dach! Beunruhigend war die Fliegertätigkeit und das Schießen der Artillerie, was sich recht unangenehm anhörte. Aber die Nacht ging auch herum, und ich bemühte mich wieder, ein Quartier für uns zu finden. Mittags hatte die Bauersfrau uns unser mitgebrachtes geschlachtetes Kaninchen gebraten, und ein paar Pellkartoffeln fielen auch noch ab. Um neun Uhr abends bekamen wir ein Zimmer in einem Bauernhaus zugewiesen, leer, mit Stroh ausgelegt. In der einen Ecke stand ein großer Kleiderschrank, der aber von der Familie benutzt wurde. In der anderen Ecke zwei Stühle. Sehr einfach – primitiv! Licht gab es im Dorf schon seit Tagen nicht. So packten wir denn im Dunkeln unsere Decken und Betten aus und hofften sehr, daß wir uns endlich erwärmen könnten. Wir schliefen sehr unruhig, denn die Schießerei war wieder arg zu hören.

Frühmorgens um halb acht Uhr wurden wir von der Bäuerin unsanft mit den Worten geweckt: »Langenreichenbach hat Räumungsbefehl bekommen, wir müssen alle weg!« Unseren Schrecken kannst Du Dir wohl vorstellen. Mein erster Gedanke war: Wie kommen wir mit unserem Gepäck weg? Am Gasthof stand Anni schon abmarschbereit. Sie hatte sich in

Klitzschen einen Handwagen organisiert. Tante Berta hatte sich mit einer anderen Familie vom Rittergut einen leichten Kutschwagen besorgt. Ich war ziemlich ratlos. Da wir am Ende des Dorfes wohnten, hatten wir als die letzten von dem Befehl erfahren. Keiner der Bauern wollte uns mitnehmen, nirgends war ein Handwagen aufzutreiben. Mein großes Glück war dann, daß ich einen Bruder von Onkel Walter aus Graditz traf, der mir zu einem Tafelwagen verhalf, mit denen morgens die Milchkannen zur Molkerei gefahren wurden. Ein Pole half mir dann noch, den schweren Wagen vom Hof bis auf die Dorfstraße zu fahren. Ich war nahe daran, die Sache aufzugeben, aber es war wirklich die letzte Möglichkeit, wegzukommen. Ich kriegte dann Tante Berta und Anni herum, daß sie ihr Gepäck dazuluden und wir mit vereinten Kräften zogen und schoben. Es war ja ein Pferdewagen! Da wir leider keines hatten, spannten wir die drei größten der Kinder mit einer Wäscheleine davor. Oma hielt schon nach den ersten 100 Metern ihr Herz, so daß wir sie aufluden und den Kinderwagen mit dem kleinen Günther dazu.

Nun erst konnte der Treck losgehen. Vor uns und hinter uns Pferdefuhrwerke, Ochsen- und Kuhgespanne, die wir zum Teil überholten, denn die Angst saß uns im Nacken. Manch Kinderwagen blieb da mit gebrochenen Rädern am Wegrand liegen. Auch Handwagenfahrer blieben zum Teil auf der Strecke. Die Feldwege waren sehr schlecht, außerdem war das Gelände hügelig. Keiner wußte eigentlich recht, wohin. Es hieß, weiter in Richtung Eilenburg oder Wurzen. Vor uns brannten einige Ortschaften, Kanonendonner war vor und hinter uns zu hören. Wir sollten auf den Tommy stoßen, so hoffte man. Über uns kreuzten zwei feindliche Aufklärungsflugzeuge. Plötzlich waren wir auf einen ganz morastigen Feldweg geraten, wo wir fast steckenblieben und nur mit äußerster Kraftanstrengung die nächste Straße erreichten. Nun rollte der Wagen wieder besser. Inzwischen war es Mittag geworden, und wir legten erst mal eine Rast ein. Ein bunter Troß zog an uns vorbei. Viel führerloses Militär, ein Hauptmann und ein Oberleutnant ließen sich ihr Gepäck von ihren Burschen nachfahren. Weiter ging's. Am Waldrand stand eine lange Wagenreihe des Trecks. Die Dörfer vor uns hatten weiße Flaggen gehißt, vor uns und hinter uns starke Schießerei. Wir hörten, daß der Amerikaner im Anrücken sei. Wir zwischen den beiden Fronten!

Zeitweilig stiegen dicke Rauchwolken auf. Wir hockten auf

einer Decke, die Kinder waren von der langen Anstrengung müde und schliefen sofort ein. Von hier aus wollten wir versuchen, nach Röcknitz zu kommen, in der Hoffnung, die alte Mutter lebe noch, die dort ein kleines Häuschen besaß. Der Weg ging viel bergab, so daß wir es denn auch schafften. Oma Henze war leider tot, aber eine Enkeltochter hatte das kleine Häusel geerbt und wohnte darin. Sie hatte noch eine Frau bei sich wohnen und an einige Soldaten vermietet. Sie meinte, sie habe keinen Platz, aber ich mochte nicht einen Schritt weitergehen, und schließlich gab sie meinem Bitten und Betteln nach und nahm uns auf. Wir schoben unseren Wagen auf den Hof und legten die alten Matratzen und Aufleger auf den Fußboden der Dachkammer, und mit unserem mitgebrachten Bettzeug hatten wir für alle eine Schlafstatt geschaffen. Da die Rotkreuzsoldaten am Abend noch Abmarschbefehl bekamen, wurde für Oma und mich sogar noch ein Bett frei. Sehr ruhig haben wir uns allerdings nicht hinlegen können, weil das Gerücht umging, der Werwolf[1] wolle den Ort in Brand setzen, weil sie die weiße Fahne gehißt hätten. Aber es tat sich nichts in dieser Nacht, man ließ uns unsere wohlverdiente Ruhe. Am nächsten Tag war herrliches Wetter, so daß wir uns den ganzen Tag im Hof aufhalten konnten. Eier und Milch, auch Brot, hatten wir zu kaufen bekommen. Da gab's mittags Milchreis. Einige Amerikaner kamen durch den Ort, aber sonst tat sich nichts. Am nächsten Morgen haben wir erst mal Erkundigungen eingezogen, was wir weiterhin unternehmen könnten. Wurzen, Eilenburg oder Leipzig schieden aus, weil Brücken und Notbrücken nur für deutsche Soldaten, die sich in Gefangenschaft begeben wollten, und für Kriegsgefangene freigegeben waren. Die französischen Kriegsgefangenen und auch Polen waren z. T. schon auf dem Marsch nach dem Westen.

Wir waren in Langenreichenbach polizeilich gemeldet und hätten in Röcknitz keine Lebensmittelkarten bekommen, die in den nächsten Tagen ausgegeben werden sollten. Wir waren also gezwungen, wieder nach L. zurückzukehren. Russen waren keine im Ort, wie wir erfuhren. So machten wir uns mittags 11 Uhr wieder auf den Rückweg. Ohne Pause und Unterbrechung waren wir um 4 Uhr wieder in Langenreichenbach. Wir waren so geschafft und hatten's gründlich satt! Der Rückweg war allerdings viel leichter, weil wir statt der Feldwege die Stra-

1 In den letzten Kriegswochen meist von fanatischen SS-Männern und Hitler-Jungen gebildete Banden.

ßen benutzen konnten. Unsere Bauersfrau war schon am Vorabend zurückgekehrt, und unser Zimmer war frei. Wir waren froh und fühlten uns geborgen. Im Ort hatten wir eine Gemeinschaftsküche in einem Waschhaus eingerichtet, die Lebensmittelzuteilung erfolgte über die Gemeinde. Wir Frauen waren somit vormittags mit Gemüseputzen und Kartoffelschälen sowie mit dem Kochen im Waschkessel beschäftigt, kamen aber so zu einer warmen Mahlzeit. Die unglaublichsten Gerüchte machten die Runde. Da wir weder Zeitung noch Rundfunk hatten, war die Woche ziemlich unruhig. Die Ungewißheit machte mürbe! Freitag früh hörten wir, die Russen seien auf dem Vormarsch und schon in Schilda und Klitzschen. Da packte uns ein panischer Schrecken, und wir standen wieder vor der Frage: Was tun? Die Frage war müßig, denn kurz darauf fuhren auch schon die ersten Russen ins Dorf ein (4.5.). Da es bei dem Vorkommando blieb und sich weiter nichts tat, blieben wir. Das ganze Dorf blieb, nur der amerikanische Verwaltungsbeamte war verschwunden.

Am nächsten Tag rückten die Russen ein. In wildem Tempo, auf Motorrädern, Autos und Fuhrwerken. Eine Plünderei begann. Erst jetzt merkten wir, wie ernst es wurde. Unsere Sachen wurden durchwühlt, von einer Flasche Wein, die sie fanden, mußte ich erst ein Glas trinken, ehe sie sie mitnahmen. Ein Paar Stiefel ließen sie auch mitgehen. Am Abend und dann jeden Abend wieder gegen 10 Uhr schwirrten sie aus, um nach Frauen zu suchen. Sobald die Hunde am Dorfeingang zu kläffen begannen, verschwanden wir durch die Ställe und Scheune hindurch in den Garten und lagen dort oft stundenlang unter den Stachelbeersträuchern. So blieben wir verschont. Oma lag neben den Kindern im Stroh und sagte nur: »Alte Frau und Kinder«, und man ließ sie in Ruhe. Aber nicht alle hatten das Glück. »Mach dir nicht vor Angst in die Hosen!« sagt man. Heute verstehe ich das gut, weil es mir selbst passierte. –

Am 16. Mai, dem 15. Hochzeitstag von uns, erhielt ich endlich das seit Wochen erwartete Lebenszeichen von Dir. Eine Zentnerlast ist mir von der Seele genommen. Du kamst zu Fuß von Berlin nach Falkenberg, um uns abzuholen. So kann ich Frau A. diesen Brief mitgeben, der schon seit Tagen fast fertig war. Aber ich wußte nicht, wie ich ihn Dir zustellen sollte. Ich hoffte, auch wenn wir uns nicht wiedersehen würden, daß wenigstens dieser Brief Dir Nachricht über uns geben könne.

Nun kann ich es kaum erwarten, daß wir uns wiedersehen werden. Sobald die Elbbrücke in Torgau für uns freigegeben wird, kommen wir.

Bis dahin paß gut auf Dich auf!

> Bis zum gesunden Wiedersehen viele Grüße
> und Küsse, auch von Oma,
> Deine Gretel und Kinder

Mutti, die Gestapo und der Krieg
Ursel Hochmuth

Bericht einer Fünfzehnjährigen

Meine kleine Schwester und ich wurden am 20. 6. 1946 vom Komitee ehemaliger politischer Gefangener aus ins Kindererholungsheim Steinbek geschickt. Die Eltern von allen Jungen und Mädchen hier sind von den Nazis verfolgt worden. Nur Julius, der ein Jahr jünger ist als ich, war selbst im KZ, in Auschwitz. Lotti, unsere Heimleiterin hat gesagt, daß alle Schulkinder ihren Lebenslauf aufschreiben sollen. [1]

Ich, Ursel Hochmuth, wurde am 19. Februar 1931 in einer Hamburger Klinik geboren. Wir, meine Eltern, Walter und Käthe Hochmuth, [2] wohnten damals in der Meerweinstraße. Mein Vater war Buchhalter bei der Tuchfirma Peiniger. Dann wurde er Mitglied der Hamburger Bürgerschaft (KPD). Meine Mutter hatte bis zu meiner Geburt auch als Angestellte bei Peiniger gearbeitet. Ich bin nicht getauft worden. Als Adolf Hitler 1933 an die Macht kam, mußte mein Vater flüchten. Er war Redakteur bei der Hamburger Volkszeitung und daher ziemlich bekannt. Er hielt sich zuerst noch in Hamburg auf. Ab und zu traf er sich mit meiner Mutter. Daraufhin wurde sie verhaftet. Da die Gestapo ihr aber nichts nachweisen konnte, wurde sie schon nach kurzer Zeit wieder freigelassen. Mein Vater verdiente kein Geld mehr. Nachdem wir zwei Monate lang keine Miete gezahlt hatten, zogen wir eines Morgens ganz früh heimlich aus. Wir zogen zu einer Familie Griegert nach Barmbek. Der Vater war auch im Gefängnis und deshalb war in der Wohnung Platz für uns. Als meine Mutter zum zweitenmal verhaftet wurde, kam ich zu einer älteren Frau. Ich nannte sie Omi Möller. Nach ein paar Monaten war Mutti wieder frei. Wir zogen nun auf ein Zimmer. Das lag in der Jarrestraße. Mutti war arbeitslos und mußte stempeln gehen. Ich ging vormittags in einen Kindergarten. Ich war sehr gern dort, aber ich freute

---

1 Auszüge aus den Kinderbiographien siehe: Gertrud Meyer-Plock, »Es geht um ein Kinderheim«, Hamburg 1947
2 Siehe Gerda Szepansky, a. a. O.

Mein Lebenslauf

Ich, Ursel Hochmuth. Bin am 19. Februar 1931 in einer Hamburger Klinik geboren. Wir, mein Vater Walter Hochmuth und meine Mutter Käthe Hochmuth, geborene Emmermann, und ich wohnten damals in einer Wohnung in der Meerweinstraße. Als 1933 Adolf Hitler an die Macht kam, mußte mein Vater, da er als Redakteur bei der Hamburger Volkszeitung ziemlich bekannt war, flüchten. Er hielt sich zuerst noch in Hamburg auf. Ab und zu traf er sich noch mit meiner Mutter. Daraufhin wurde sie verhaftet. Da die Gestapo meiner Mutter aber nichts Positives nachsagen konnte, wurde sie schon nach sehr kurzer Zeit wieder freigelassen. Mein Vater verdiente kein Geld mehr, darum mußten wir aus unserer Wohnung ausziehen. Nachdem wir 2 Monate lang keine Miete mehr gezahlt hatten, und der Hauswirt immer energischer auf sein Geld drängte, beschloß meine Mutter

mich stets auf den Nachmittag, wenn ich mit Mutti zusammensein konnte.

Mutti mußte zum drittenmal zur Gestapo aufs Stadthaus. Dann bekam sie wegen »Vorbereitung zum Hochverrat« ein Jahr Gefängnis und saß diese Zeit im Frauengefängnis Lübeck ab. Ich kam zu Käthe Braun. Ich war sehr gern bei ihr, obgleich sie so ganz anders als Mutti war. Bei Tante Käthe feierte ich meinen vierten Geburtstag. Einmal sind wir mit dem Motorrad nach Lübeck-Lauerhof gefahren und haben Mutti im Gefängnis besucht, obwohl es für Kinder eigentlich verboten war. Als

Mutti Weihnachten 1935 wiederkam, hatten die Vermieter uns gekündigt. Wir zogen wieder auf ein Zimmer, diesmal im Knickweg. Das Zimmer war ziemlich dunkel, und es gab da noch Gaslicht, auch kein Bad. Mutti sah sich nach einer anderen Wohnung um. In der Jarrestraße war eine Neubauwohnung frei. Obwohl meine Mutter der Vermietergenossenschaft versicherte, daß sie von den drei Zimmern zwei vermieten würde, wollte man ihr die Wohnung nicht geben. Erst als Rudolf Gieselmann, ein Bekannter von uns, der ein Kohlengeschäft besaß und deshalb etwas mehr Geld hatte als wir, die Bürgschaft übernahm, bewilligte man ihr den Antrag. In das eine Zimmer zog der Graphiker Walter Scharnweber, in das andere ein Herr Benndorf. Mutti und ich wohnten im Kinderzimmer und in der Küche. Als die beiden Männer auszogen, richtete Mutti sich das Balkonzimmer ein. Mutti hatte wieder Arbeit bekommen. Die Firma Blembel Gebrüder nahm sie als Kontoristin. Ich mußte wieder in den Kindergarten. 1937 wurde ich in die Volksschule Meerweinstraße eingeschult. Meine Lehrerin Gertrud Klempau war auch Antifaschistin. Darum verstanden wir uns besonders gut. Sie hat auch später zu uns gehalten. Mutti hatte mir immer gesagt, was sie von der Hitler-Regierung dachte, und auch, warum mein Vater nicht bei uns leben konnte.

Bald nach meinem siebten Geburtstag zog die Familie Suhling bei uns ein. Carl und Lucie Suhling hatten ein kleines Mädchen, das auch Ursel hieß. Wir beide teilten uns das Kinderzimmer. Eines Tages, Mutti war gerade nicht zu Haus und auch nicht die Frau Grapengeter, die bei uns und Suhlings saubermachte, klingelte es, und ich öffnete. Es war ein fremder Mann, der sich als Herr Griegert und Freund von Mutti und Suhlings vorstellte. Ich ließ ihn rein, und wir spielten zusammen, bis Mutti kam. Ich fand ihn sehr nett. Mutti und ihre Freunde freuten sich, ihn nach seiner Haftentlassung wiederzusehen. Sie konnten ja nicht wissen, daß er sich inzwischen zum Spitzel der Gestapo hatte dingen lassen. Er ging auch zu anderen Freunden und machte es da genauso.

Einen Tag vor Silvester 1938, mitten in der Nacht, wurden Ursel Suhling und ich plötzlich geweckt und von einer fremden Frau angezogen. Dann brachte man uns in ein Auto, mit dem wir in das Waisenhaus am Winterhuder Weg gefahren wurden. Dort erfuhren wir, daß unsere Eltern verhaftet worden waren. Ursel Suhling wurde schon nach einer Woche wieder von einer Tante abgeholt. Ich blieb bis Mitte Januar im Waisenhaus. Ich durfte nicht an Mutti schreiben. Frau Grapengeter holte mich wieder ab. Sie sagte mir, wenn nach Mutti gefragt würde, sollte ich sagen, sie sei im Krankenhaus. In Wirklichkeit war sie im KZ Fuhlsbüttel. Familie Suhling hatte ausziehen müssen. Dafür zogen Herr und Frau Grapengeter in das Zimmer und erhielten uns so die Wohnung. Mutti konnte ja keine Miete zahlen. Ich konnte in unserer Wohnung bleiben, wieder zur Schule gehen und endlich an Mutti schreiben. Zu meinem achten Geburtstag schickte sie mir zwei Puppenkleider, die sie in ihrer Zelle genäht hatte. Nach einem Vierteljahr kam Mutti zurück. Sie arbeitete wieder bei Blembel, die ihr den Platz freigehalten hatten.

Dann kam der Krieg. Wir mußten einen Eimer mit Wasser und eine Feuerpatsche vor die Wohnungstür stellen, Verdunklungsrollos vor den Fenstern anbringen, und wir kriegten Lebensmittelkarten. Einige Keller in unserm Haus wurden als Luftschutzräume eingerichtet, aber zuerst gab es noch nicht so oft Fliegeralarm. Wenn Mutti sonntags bei Blembel mit Luftschutzdienst dran war, durfte ich sie dort besuchen. Im Frühjahr 1940 bekamen wir plötzlich Post von meinem Vater aus Merxplas. Er war über Dänemark nach Holland und Belgien geflüchtet. An meine Mutter schrieb er, daß er wieder eine Frau und zwei Kinder habe und sie um Scheidung bitte. Für mich war auch ein Brief dabei. Ich war sehr glücklich und schrieb gleich wieder. Als die Wehrmacht Belgien besetzte, hatte der Briefwechsel mit Papa ein Ende.

In der Schule wurde für die Kinderlandverschickung geworben. Da ich noch nicht zehn war, kam ich nicht in ein KLV-Lager, sondern zu einer Familie aufs Land. Unser Kindertransport fuhr im Herbst 1940 nach Sachsen. In Grimma wurden wir aufgeteilt, und ich kam auf das Dorf Kaditsch zur Bauernfamilie Kahle, wo ich es sehr gut hatte. Jeden Morgen mußte ich mit den anderen Kindern zwei Kilometer zur Schule ins Nachbardorf Höfgen laufen. Die Schule hatte nur zwei Räume. Ich saß mit drei Mädchen und vier Jungs in der letzten Reihe, das war die ganze vierte Klasse. Als der Krieg gegen die Sowjetunion begann, wurde alles viel ernster. Wir hatten in der Erdkundestunde gerade Rußland durchgenommen, und unser Lehrer hatte uns von der Sauna und von der Sauberkeit der Russen erzählt. Eine Woche später hörten wir genau das Gegenteil, und in den Nazizeitungen stand ganz Schreckliches.

Als ich nach einem Jahr wieder nach Hause kam, lernte ich

Muttis neuen Mann, Franz Jacob, kennen. Er war Schlosser und dachte so wie Mutti. Am 20. Dezember 1941 heirateten sie (sie hatten damit so lange gewartet, bis ich wieder in Hamburg war). Franz, wie ich ihn nannte, baute mit anderen Genossen eine Widerstandsgruppe gegen Hitler auf. Das wußte ich damals natürlich noch nicht, aber ich kannte einige von ihnen als Gesinnungsfreunde von Mutti und Franz. Ich wunderte mich nur, daß ich auf einmal »Tante« Lotte (Groß), »Onkel« Gustav (Bruhn) zu ihnen sagen sollte, aber Mutti erklärte mir dann, daß nur Kinder von Leuten wie wir Erwachsene mit dem Vornamen anreden, und ich sollte nicht auffallen. Damals lernte ich auch Hans Christoffers kennen, der als Soldat zur Bewachung von sowjetischen Kriegsgefangenen in Wietzendorf eingesetzt war. Er brachte mir russisches Holzspielzeug mit, das die Gefangenen gegen Brot eintauschten. Wir sammelten auch Lebensmittel für sie. Zu Weihnachten schickte mir Hans ein Kaleidoskop mit einem Gedicht: »... ein kluger Mann erdachte es, gefangene Hände machten es...« Als im Lager Typhus ausbrach, steckte er sich an und starb. In unserer Wohnung war eine Trauerfeier für ihn.

Mutti sagte mir, daß ich bald, im November, einen Bruder oder eine Schwester bekommen würde. Wir freuten uns schon alle drei auf die Zeit. Ich wollte gern mit der KLV für ein halbes Jahr nach Ungarn fahren, aber Mutti erlaubte es nicht. Im Frühjahr kriegten viele Kinder unserer Schule Scharlach. Ich auch. Mutti und Franz brachten mich ins Krankenhaus und besuchten mich jede Woche. Als Franz mal nicht mitkommen konnte, weil er bei BOCo Luftschutzdienst hatte, schrieb er mir einen langen Brief mit einem selbstausgedachten Rätsel. Im Sommer fuhren wir für zwei Wochen an die Ostsee. Ich lernte schwimmen. Franz hatte da Geburtstag, und wir machten ihm eine Uhr aus Pappe, weil Mutti ihm keine kaufen konnte und das sein größter Wunsch war. Auf dem Rückweg fuhren wir über Lübeck. Franz wollte in Lübeck Freunde aufsuchen, und ich sah zum ersten Mal eine vom Bombenkrieg zerstörte Stadt.

Eines Tages kam Franz viel früher als sonst nach Haus. Das war am 18. Oktober 1942. Er ging mit Mutti ins Kinderzimmer, wo er anscheinend viel, sehr viel mit ihr zu besprechen hatte. Ich saß im Wohnzimmer und malte. Plötzlich kam Franz herein, verabschiedete sich hastig von mir und verließ die Wohnung. Mutti sagte mir dann, daß die Gestapo zwei seiner Freunde verhaftet habe. Es sei wieder so wie damals, als mein Papa sich vor den Nazis verstecken mußte. Aber für Franz sei es noch viel schlimmer, denn wenn sie ihn erwischten, könnte es sein Leben kosten. Er wollte jetzt seine Kameraden warnen und dann flüchten. Wohin, das wisse er noch nicht. »Und«, fügte sie noch hinzu, »du darfst keinem Menschen sagen, daß Franz noch mal hier war, denn nach dem Nazirecht müßte ich ihn anzeigen. Und darum könnten sie auch mich holen.« Abends kam die Gestapo und suchte alles durch. Einer kam ins Kinderzimmer und guckte am Fenster hinter das Verdunklungsrollo. Als er meine Mutter fragte, wo Jacob sei, sagte sie: »Ich denke doch, daß er im Betrieb ist.« Nein, da habe er nur angerufen und mitgeteilt, daß seine Frau eine Frühgeburt gehabt habe und er deshalb nicht kommen könne. Fluchend gingen die drei Männer wieder raus zu ihrem Auto. Mutti setzte sich einen Augenblick zu mir aufs Bett, so zitterten ihr die Knie. Am nächsten Morgen schickte sie mich noch vor der Schule zu ihrer Freundin Lotte Groß. Ich sollte ausrichten, daß die Polizei bei uns war und Franz verhaften wollte.

Das war drei Wochen vor Ilses Geburt. Als sie geboren wurde, war gerade ein Luftangriff auf Hamburg. Ilse kam im Luftschutzkeller zur Welt. Als Mutti aus der Klinik zurückkam, begann sie gleich für Franz ein Tagebuch über Ilse zu schreiben, und ich machte die Bilder dazu. (Franz konnte es später auch lesen, Lotte hat es ihm gebracht.) Einige Tage nach der Flucht von Franz lag ein Brief im Kasten, der nicht abgestempelt war. Es stand nur »Frau Jacob« darauf, und ich brachte ihn nach oben. Mutti erzählte mir, daß er von Franz war, und las mir auch Teile aus dem Inhalt vor. Ich war sehr glücklich über dieses Vertrauen. Nach der Befreiung hat sie mir dann gesagt, daß Franz in Hamburg noch ein paar Tage im Hafen und im Kohlenkeller von Rudolf Gieselmann versteckt wurde und daß Lotte Groß seine Flucht nach Berlin organisierte. In Berlin hätten Franz, Anton Saefkow, Bernhard Bästlein und andere Antifaschisten eine neue große Widerstandsbewegung aufgebaut, die sich »Nationalkomitee Freies Deutschland« nannte.

Im Februar 1943 wurde ich mit der KLV nach Beching ins »Protektorat Böhmen und Mähren« verschickt. Es war ein Großlager mit 300 Mädeln. Nach ungefähr vier Monaten schrieb Mutti mir, daß mein Vater Walter Hochmuth wieder in Hamburg sei. Die Gestapo hatte ihn in Südfrankreich geschnappt und nach Fuhlsbüttel gebracht. Als ich im Sommer

wieder nach Hause fuhr, besuchte ich ihn gleich auf dem Stadthaus. Die Gestapobeamten Helms und Anhänger waren natürlich immer zugegen. Ich konnte meinen Vater zuerst fast jede
Woche besuchen. Dafür holte die Gestapo ihn von Fuhlsbüttel
immer extra aufs Stadthaus. Sie hoffte nämlich, über ihn Franz
Jacob zu finden. Sie tat uns aber, außer der Freude, ihn zu sehen, noch ungewollt einen anderen Gefallen, denn mein Vater
hatte irgendwie erfahren, daß unsere Untermieterin, Frau Gra-

pengeter, Gestapospitzel geworden war. Das sagte er uns in einer unbewachten Minute.

Dann kamen die Großangriffe auf Hamburg. Es war schlimm. Winterhude hatte noch nicht soviel abgekriegt, aber wir konnten die anderen Stadtteile brennen sehen. Zum erstenmal hatte ich richtige Angst. Wie fast alle Bewohner unseres Hauses flüchteten wir, als Bescheid gesagt wurde, daß der Gasometer hinter dem Kanal in Gefahr sei. Mit Ilse im Kinderwagen, einem Koffer und einem Rucksack gingen wir mit Nachbarn in einem großen Menschenzug bis Wellingsbüttel. Einige Tage später ging es mit einem Lastwagen nach Bergedorf zu Ilses Oma, dabei sind wir fast nur durch Ruinen gefahren. Bei Oma Jacob begann ich Tagebuch zu schreiben. Da unsere Wohnung stehen geblieben war, kehrten wir schon nach drei Wochen zurück. Aber es gab zuerst weder Wasser noch Gas und Strom. Wir mußten auf dem Hof kochen und das Wasser vom Hydranten holen. Ich schrieb einen Aufsatz und machte einen Scherenschnitt über unsere Flucht und schickte beides an den »Hamburger Anzeiger«, Abteilung »Jungs und Deerns«. Es wurde beides gedruckt. Später schickte ich noch einen Aufsatz und Scherenschnitte ein, die dann auch erschienen. So erfuhren unsere Freunde, daß wir lebten.

Wir hatten keinen Unterricht mehr in der Schule, bloß Appelle. Eine Lehrerin namens Schlichtkrull warb für die KLV. Die meisten Mütter wollten ihre Kinder aber nicht mehr verschicken. Sie sagten, bei ihnen seien die Kinder jetzt am besten aufgehoben. Wenn was passierte, sollten sie lieber mit ihnen zusammen sterben, denn hinterher sorgte ja doch keiner mehr für sie. Fräulein Schlichtkrull protestierte energisch. Sie sagte, wenn der Russe und der Engländer kämen, sei noch genug Zeit zum Sterben. Eines Morgens, als wir wieder Appell hatten, wollte ich gerade meinen Vater besuchen. Aber ich konnte doch der Nazilehrerin nicht sagen, wohin ich wollte. Da habe ich einfach geschwänzt. Jeden Dienstag habe ich meinem Vater ein Paket nach Fuhlsbüttel gebracht. Einige Zeit nach den Großangriffen hörten wir endlich auch wieder was von Franz. Lotte Groß, der Briefkurier zwischen meiner Mutter und Franz, hatte einen Brief von ihm gebracht.

Weil wir wußten, daß die Grapengeter Spitzel war, redeten wir nur noch das Notdürftigste mit ihr. Einmal, es war gerade an einem Sonntag, haute die dicke Frau Grapengeter meiner Mutter eine herunter. Ich sah es vom Flur durch die offenstehende

Aut der Flucht aus Hamburg

Ursel Hochmuth (12 Jahre)

Wie wir uns halfen

Scherenschnitt Ursel Hochmuth (12 Jahre)

Küchentür. Ich riß die Wohnungstür auf und schrie ins Treppenhaus: »Hilfe! Hilfe!«, denn sie holte schon wieder aus. Nun stürzte sie auf mich los. Mutti riß sie weg und rief: »Läßt du das Kind los!« Die Nachbarn schlugen gegen die Wohnungstür, die Herr Grapengeter, alles berechnend, wieder geschlossen hatte, und es war ein großer Lärm. Mutti sagte später zu mir, es sei richtig gewesen, daß ich geschrien hätte, denn nun hätten die Nachbarn ja selbst gesehen, wie es bei uns zuging. Zu solchen Mitteln mußte man Zuflucht nehmen! In dem darauffolgenden Prozeß – Mutti klagte auf Räumung – bekamen wir natürlich kein Recht. Die Gestapo stand hinter Grapengeters. Oh, man war schrecklich machtlos.

Im Januar 1944 fuhren Mutti, Ilse und ich zu meiner Bauernfamilie Kahle nach Sachsen. Mit Olga Kahle, der Jungbäuerin, war ich immer in Briefverbindung geblieben. Mutti verstand sich auch gut mit ihr. Später duzten sie sich. Von Sachsen aus ist Mutti nach Berlin gefahren und hat Franz besucht. Sie brachte für Ilse Spielzeug, für mich einen guten Fotoapparat und vor allen Dingen liebe Grüße mit. In einer Nacht war ein Tiefffliegerangriff auf die Dörfer. Ein Dorf weiter waren vier Bomben gefallen. Das war eine Aufregung. Das war gerade in der Nacht, als Mutti nicht da war. Die Leute im Dorf wunderten sich, daß wir keine Post von unserem Vater bekamen, und Olga Kahle, die wußte, daß Franz Jacob flüchtig war, mußte erst einen umständlichen Roman ersinnen, ehe sie sich beruhigten.

Als wir von Sachsen nach Hamburg fuhren, machten wir einen Abstecher nach Berlin. Als der Zug hielt, heulten gerade die Sirenen. Wir eilten mit Ilse im Kinderwagen dem Ausgang zu. Hinter der Sperre standen Franz und Lotte, ganz allein. Bei Alarm konnten sie sich das leisten, denn die Polizei saß im Luftschutzkeller. Ilse sah zum ersten und letzten Mal ihren Vater. Wir verlebten einen schönen Tag zusammen. Wir wohnten bei Judith Auer, einer Kampfgefährtin von Franz. Als ich am nächsten Tag Brötchen holen sollte, schärfte sie mir ein, »Schrippen« zu verlangen und nicht »Rundstücke«; es brauchte keiner zu wissen, daß sie Besuch aus Hamburg hatte. Es war eine aufregende Sache, als Franz uns zur Bahn brachte. Ich war Mutti dankbar, daß sie mich mitgenommen hatte. Sie ließ mich teilhaben, ich war ihr Kamerad. Auf der Fahrt von Berlin nach Hamburg überlegten wir, was wir zur Gestapo sagen könnten, wenn sie uns fragen würde, was wir an dem einen Tag zwischen der Abfahrt in Sachsen und der Ankunft in Hamburg gemacht hätten. Wir einigten uns, daß wir zu Maria Korth in St. Pauli gehen wollten, die sagen sollte, daß wir die Nacht bei ihr geschlafen hätten. Unsere Überlegungen waren berechtigt, denn die Gestapo war schon bei den Bauern in Sachsen gewesen und hatte alle ins Verhör genommen, wie Olga Kahle uns (über eine Deckadresse) schrieb.

Weil ich nach den Großangriffen keine Schule mehr gehabt hatte, fuhr ich im Mai 1944 doch wieder in ein KLV-Lager. Es war ein Oberbau-Lager in Margaretenbad, vorher ein tschechischer Kurort. Wir aus der Schule Meerweinstraße kamen mit einer anderen O3 in die »Villa Karolina«. Der Eßsaal lag 300 Meter weiter im Haupthaus, wo alle mehrmals am Tag zusammenkamen und wo auch die Post ausgegeben wurde. Wenn eine Schülerin Geburtstag hatte, mußte sie immer zum Lehrertisch gehen und sich gratulieren lassen. Das fanden wir blöd. Wir waren etwa 200 Mädchen von zehn bis 16 Jahren mit ihren Lehrerinnen und BDM-Führerinnen. Der Lagerleiter Dürrholz und die Lagermädelführerin Ulle waren beliebt, die BDM-Hauptführerin Ria, die in der »Villa Karolina« zu sagen hatte, war kalt und herrisch. Auch nach uns kamen noch Kindertransporte an. Die Klasse von Fräulein Schlichtkrull, genannt »Schrulle«, mußte geteilt werden. Meine Freundin Waltraut Dörre und ich waren froh, als wir in die neue O3c zu Emmy Burmester kamen. Leider mußte ich dabei ein schönes Balkonzimmer mit Blick auf das Tal von Prachatitz mit einem dunklen Zimmer auf der Waldseite tauschen.

Als die Offiziere das Attentat gegen Hitler machten, gab es eine große Aufregung. Das ganze Lager marschierte runter nach Prachatitz, wo auf dem Marktplatz viele Reden gehalten wurden. Aber da wußten wir schon, daß Hitler davongekommen war. Ich mußte dabei an Franz denken, aber immer alles für mich behalten. Die Klassenkameradinnen, besonders wenn sie für den Führerinnennachwuchs ausgesucht waren, glaubten fest an den Hitler, die Wunderwaffen und an den Endsieg. Im Juli bekam ich von Oma Jacob die Nachricht, daß Mutti verhaftet war, weil sie Franz in Berlin geschnappt hatten. Ilse habe sie zu sich genommen.

Nun fing ich richtig an zu lernen. Auf einmal hatte ich Freude am Lernen. Ich tat es, damit ich Mutti eine Freude machen konnte, wenn ich ihr mal schreiben könnte. Im Lager erhielt ich auch die beiden besten Zeugnisse meiner bisherigen Schulzeit. Ich bekam fast nie Post. Meine Geschichte irgend jemandem zu erzählen, war ich zu feige. Ich dachte immer, dann sprechen sie nicht mehr mit mir. Jetzt ärgere ich mich darüber. Unserer BDM-Führerin habe ich aber doch gesagt, warum ich keine Post mehr von Mutti bekam. Das war Gretel Kugeler, eine Luxemburgerin, die mir mal erzählt hatte, daß man sie in ein RAD-Lager verschleppt habe. Sie fühle sich weiter als Luxemburgerin, auch wenn Luxemburg jetzt deutsch sei. Sie war ins Reich gegangen, damit ihre ältere Schwester zu Hause bleiben konnte. Obwohl sie Katholikin war, verstanden wir uns gut.

Im Sommer hatten wir häufig Ernteeinsatz. Wir mußten in der Gärtnerei helfen und bei Bauern während der Flachsernte. Ende August fuhren wir zum Hopfenernteeinsatz nach Deutschland in das Dorf Haslau in der Nähe von Landshut. Feldarbeit kannte ich ja schon, aber Hopfen hatte ich noch nie gesehen. Wir wurden um sechs Uhr geweckt und arbeiteten bis abends um sieben. Die Bäuerin zeigte uns alles. Für den vollgepflückten Metzen (Korb) erhielten wir 50 Pfennige. Ich schaffte drei am Tag. Das Essen war reichlich, nur Bauchfleisch konnten wir zum Schluß nicht mehr sehen. Ich horchte auf, als eine ältere Schülerin beim Hopfenpflücken einen Witz gegen Hitler erzählte: »Die Butter ist billiger geworden! Warum? Der Führer ist entrahmt worden.«

Margaretenbad, September 1944

Liebe Frau Dörre!

Ich hatte bisher keine Zeit mich bei Ihnen für die Holzklappern zu bedanken. Ich bin nämlich eben erst aus dem Krankenrevier entlassen.

Sie wollten die Adresse von meiner Oma in Bergedorf haben. Also: Ernst-Mantiustr. 10. Sie müssen, wenn Sie aus dem Bahnhof kommen, links gehen. Sie kommen dann an der Jugendarrestanstalt vorbei. Sie können ja meiner Oma erzählen, daß Waltraut meine Freundin ist und daß Sie mit dem Elternzug herkommen und daß Sie mir viel von der Ilsebill erzählen wollen. Könnten Sie vielleicht ein Foto von der Ilsebill machen? Ein bißchen anspruchsvoll, nicht? Aber ich freue mich auch schon, wenn Sie herkommen. Hoffentlich fällt der Elternzug nicht auch diesmal aus.

Von meiner Tante Mariechen aus Köln habe ich lange keine Post, durch sie habe ich manchmal etwas über Mutti erfahren. Mutti hat auch einmal über T. Mariechen an mich geschrieben. Mutti ist in Berlin, und den Franz haben sie jetzt auch. Ich weiß gar nicht, wie es Mutti geht und wann sie wiederkommt. Hoffentlich ist sie Weihnachten im Haus, wenn wir auf Urlaub fahren. Überhaupt wird es Zeit, daß die Kinder wieder zu ihren Eltern kommen, da die Kriegslage so ernst ist. Man ist nirgends sicher. Man möchte auswandern. Na, morgen ist Sportfest. Ich brauche ja nicht mitzumachen, weil ich im Revier war.

So, nun habe ich mir mal alles von der Leber gesprudelt, das tut aber mal ganz gut, wenn man sonst keinen hat.

Viele Grüße, Ursel

An einem Tag im Oktober bekam ich zwei Briefe. Der eine war von Papa, Walter Hochmuth, aus dem UG Potsdam. Er schrieb, daß sein Prozeß beendet sei und er fünf Jahre Zuchthaus erhalten habe. Er hoffe aber, daß er mich schon vorher wiedersehen werde. (Papa wurde im April 1945 von der Roten Armee aus dem Zuchthaus Brandenburg befreit. Er ist jetzt Personalchef bei der Deutschen Post und lebt mit seiner Familie in Berlin. Im März habe ich ihn besucht.) Der andere Brief war von Oma Jacob, und darin lag ein Zettelchen von Mutti. Sie schrieb: »... Und an Franz brauchst Du nun nicht mehr zu schreiben.« Da wußte ich Bescheid. Wo Mutti wohl war und was sie jetzt wohl macht, dachte ich. Ich kam mir so allein vor. Ich hatte das Gefühl, als wenn für Mutti etwas ganz Schlimmes bevorstand. Alles, was sie Trauriges in ihrem Leben erlebt hatte, kam aus Treue zu ihrer Weltanschauung. Manchmal dachte ich, man müßte auch mal so'n behäbiger Bürger werden und sich um nichts kümmern, aber das wäre einem wahrscheinlich auch nicht recht. Das einzige, was noch hell in mir war, war Ilse. Wenn ich an sie dachte und wußte, die hast du ja noch, konnte ich mal richtig froh werden. Trotzdem war ich auch lustig mit meinen Klassenkameradinnen, aber in mir drinnen fühlte ich immer etwas Dunkles.

Im November fuhren wir für zwei Wochen auf Urlaub nach Hamburg. Der Zug war überfüllt, vor allem mit Soldaten. Sogar das Klo war besetzt. Wir saßen auf unseren Koffern. Es waren freudlose Tage für mich. Ich war ja auch nur mitgefahren, um meine Wintersachen zu holen. In Hamburg freute sich keiner, daß ich kam. Ilse kannte mich nicht, sie war gerade zwei Jahre alt geworden. Meine Freundin Waltraut fuhr nicht wieder mit zurück. Die Wintersachen, die ich mit Genehmigung der Familie Grapengeter aus unserer Wohnung holte, waren mir alle zu klein. Ich hatte für den ganzen Winter nur zwei gleiche kurzärmelige Blusen, eine altmodische braune Jacke von Oma Jacob und einen BDM-Rock. Mutti konnte mir keine neuen Sachen beschaffen. Als wir uns in Prachatitz fotografieren lassen mußten, ließ ich meinen Mantel an, das sah noch am besten aus. Im Lager wurde Kohle knapp. Nur die Gemeinschaftsräume wurden noch geheizt. Unser Zimmer war eiskalt, aber zu Weihnachten erhielten wir zwei Eimer Kohle. Ich habe schrecklich gefroren und hatte an Händen und Füßen offenen Frost.

Die Front rückte näher. Wir bekamen eine Zeitung, und in der Überschrift hieß es, daß die Russen die Straßen mit den Köpfen der Deutschen pflastern wollten. Alle fürchteten sich vor den fremden Truppen. Mich quälte etwas anderes. Ich wollte zwar, daß die Rote Armee und die Amerikaner und Engländer schnell da wären, weil dann der Krieg aus war und Mutti wiederkäme, aber ich hatte immer die Vorstellung, sie treffen sich in der Mitte, Mutti ist im Norden und ich im Süden, und ich komme nicht durch zu ihr. Anfang 1945 verließ Fräulein Burmester das Lager, und wir kriegten einen neuen Klassenlehrer, der kriegsverletzt war. Auf dem Bahnhof von Prachatitz trafen lange Flüchtlingszüge aus dem Osten ein, und alle Klassen wurden eingesetzt, um den Frauen, Kindern und alten Männern zu helfen, die in der Oberschule auf Stroh untergebracht wurden. Die Eltern in Hamburg verlangten, daß ihre Kinder von Margaretenbad, das an der tschechischen Grenze lag, wegkämen. Viele Mütter und Väter reisten an, um ihre Kinder selbst abzuholen.

Am 15. April 1945 wurde das Lager vom Böhmer- in den Bayerischen Wald verlegt. In Zwiesel wurden wir geteilt, weil die Schule, in der wir untergebracht werden sollten, schon überfüllt war. Unsere Klasse kam mit einer Klasse zehnjähriger Mädchen nach Bodenmais. Das Lager war ein Gasthaus. Es war prima. Überhaupt das Essen! In Margaretenbad hatten wir uns zuletzt nicht mehr sattessen können. Wir waren gerade drei Tage da, als ein höherer SS-Mann kam, der uns trotz Protest unseres Lehrers, der selbst die schwarze Uniform trug, auf die Straße setzte. Der SS-Führer sagte, er brauche das Haus für seine Leute, die Verteidigung sei wichtiger. In Grafenau sollte ein Lager für uns frei sein. Im Zug gerieten wir in einen Tieffliegerangriff. Da habe ich zum erstenmal Kriegstote gesehen. Es war schrecklich. Wir waren froh, als wir endlich in Grafenau ankamen.

Aber da war kein Lager frei. Wir mußten in der Grafenauer

Turnhalle auf dem Fußboden übernachten. Fünf Tage hatten wir dort zugebracht, als es plötzlich hieß: »Der Amerikaner kommt!« Die Straßen leerten sich, und vor den Geschäften gingen die Rollos runter. Aus unseren wichtigsten Sachen machten wir Pakete und ließen die Koffer in der Turnhalle stehen. Wir wollten auf ein Dorf flüchten. Auf dem Weg dahin gerieten wir in ein Gefecht versprengter deutscher Truppen mit den Amerikanern. Wir stürzten in ein Wäldchen und wären am liebsten in die Erde gekrochen. Das Schießen über uns, Maschinengewehrgeknatter und Einschläge in der Nähe wollten nicht aufhören. Wir glaubten, nun sei alles zu Ende. Als wir weitergehen konnten, sahen wir tote Soldaten und brennende Autos. Endlich erreichten wir Heinrichsreuth. Dort hatten die Leute schon weiße Laken aus den Fenstern gehängt. Unser Lehrer ging mit seiner Pistole zu jedem hin und erreichte, daß sie reingenommen wurden. Aber am nächsten Morgen hingen sie wieder da. Die Bauern nahmen uns widerwillig auf. Wir bekamen wenig zu essen und tauschten unsere letzten Sachen gegen Brot ein. Einige Tage hörten wir noch Kanonendonner. In Heinrichsreuth ging der Krieg über uns hinweg. Wir konnten uns zuerst dank der Nazipropaganda nicht vorstellen, daß es hinter der Front noch Leben gab.

Der Krieg war zu Ende! Ein Jeep mit amerikanischen Soldaten fuhr ins Dorf. Sie wollten Eier und Gemüse und gaben den Bauern Zigaretten und Kaugummi dafür. In einem Haus wohnten Elsässer, mit denen unterhielten sie sich auf der Dorfstraße. Die Soldaten schenkten den Frauen Zigaretten, und ich lernte das erste französische Wort: »Merci!« Die Elsässer fuhren bald nach Frankreich zurück, und in ihrem Haus am Dorfende wurde nun ein Teil von uns untergebracht. Unser Lehrer, der inzwischen Zivil trug, rief uns zusammen. Er sagte, wir als Mädchen müßten jetzt besonders gut auf uns aufpassen, denn die Kriegsgefangenen, die Fremdarbeiter und die »Verbrecher aus den Konzentrationslagern« würden nun freigelassen. Aber es käme auch wieder anders, denn in Norddeutschland stünde die Partei noch. Wir gingen nach Grafenau, um unsere Koffer zu holen. In der Turnhalle hatten die Amerikaner das Hitlerbild zerschossen. Von unseren Sachen war einiges geklaut. Auch mein Fotoapparat, das letzte Geschenk von Franz, war weg. Auf einmal stellten wir fest, daß fast alle Läuse hatten. Wir halfen uns, so gut wir konnten, aber sie waren nicht wegzukriegen. Jeden Tag zogen Hunderte von deutschen Soldaten durch

Heinrichsreuth. Die Bauern kochten für sie, aber wir bekamen davon nichts ab. Alles ging in die Heimat zurück. Wir machten uns auch auf den Weg. Wir wollten endlich nach Hause. Seit Februar hatte ich keine Post mehr von Oma Jacob und von Mutti bekommen. Aber abends kehrten wir wieder um, es war nicht durchzukommen.

Am 29. Mai 1945 machten wir uns zum zweitenmal auf die Walze. Zuerst gingen wir zu Fuß und übernachteten in Scheunen. Es war eine wunderschöne Landschaft, und wir hatten gutes Wetter. Auf den Straßen begegneten uns viele Lastwagen mit Ostarbeitern und anderen Ausländern, die nach Hause fuhren. Sie sangen und hatten vorn auf den Wagen die Fahnen ihrer Länder angebracht, viele daneben eine rote Fahne. Wir kamen auf dem Bahnhof von Plattling an, der mit Heimkehrern und Flüchtlingen überfüllt war. Wir drängelten uns in einen Güterzug und fuhren abwechselnd auf Kohlenwagen und Holzwaggons über Nürnberg, Bayreuth, Würzburg und Hanau bis Bonn. Dort übernachteten wir in einem Bunker. Am nächsten Tag sollte es mit amerikanischen Lastwagen nach Hamburg gehen. Die Chauffeure waren Neger. Unser Lehrer, der irgendwo unterwegs sein Fahrrad hatte stehen lassen, ging zu den schwarzen Amerikanern und bot ihnen ein geschnitztes Holzkästchen an, wenn sie ihm das Fahrrad wiederbeschafften. Sie lächelten nur und ließen ihn stehen. Auf der Fahrt nach Hamburg hatten wir nichts als ein Stückchen Brot. Es schmeckte mir so gut, daß ich dachte, nie mehr im Leben brauche ich Butter und Aufschnitt. Spät abends kamen wir vor dem Hamburger Rathaus an und wurden dort für eine Nacht in einem großen Raum mit Luftschutzbetten untergebracht.

Am nächsten Morgen fuhr ich gleich zu Ilses Oma nach Bergedorf, weil ich nicht wußte, ob Mutti schon zu Hause war. Außerdem wollte ich nicht Frau Grapengeter in die Arme laufen. Von Oma Jacob erfuhr ich erst, daß Mutti im KZ Ravensbrück war. Der Volksgerichtshof hatte sie freigesprochen, aber die Gestapo hatte sie ins KZ gesteckt. Ich besuchte auch Freunde und Bekannte in Hamburg. Sie sagten mir vorsichtig, sie hätten gehört, daß meine Mutter bei der Evakuierung des Lagers von der SS erschossen worden sei. Ich glaubte es nicht, machte mich aber mit dem Gedanken vertraut, daß ich vielleicht mal der Ernährer meiner kleinen Schwester werden würde. Also mit dem Oberbau war es aus. Ich suchte mir eine Arbeitsstelle und fand auch eine. Zum 1. Juli ging ich bei einem

Gemüsebauern in Altengamme in Stellung. Der Mann war noch in Kriegsgefangenschaft, und ich mußte der Frau im Haus und bei der Feldarbeit helfen. Im Monat sollte ich dafür 10 Reichsmark bekommen. Abends war ich immer so müde, daß ich kaum mein Tagebuch weiterschreiben mochte. Ende Juli wurde ich plötzlich von der Nachbarin ans Telefon gerufen. Es sei jemand aus Bergedorf. Es war Mutti! Ich war so glücklich, daß ich die ganze Nacht nicht schlafen konnte.

Für den nächsten Tag bekam ich frei, und Mutti und ich fuhren gleich nach Hamburg in die Jarrestraße. Wir gingen zuerst in die Wohnung von Frau Gryska. Bald war ihre Küche von Nachbarinnen voll, und alle freuten sich, daß Mutti heil zurückgekommen war. Frau Gryska erzählte, daß die Gestapo bei der Vermietergesellschaft versucht hatte, unsere Wohnung den Grapengeters überschreiben zu lassen, daß es aber von einem Mitarbeiter immer wieder verzögert worden war. Die Grapengeters waren immer noch in der Wohnung. Frau Grapengeter war auf einmal sehr freundlich und bot Mutti ihr ganzes Eingemachtes an. Aber Mutti wollte es nicht haben. Am 9. August 1945, an Franz' Geburtstag, kam Frau Grapengeter ins Kittchen, und der Mann mußte ausziehen. Aber wir drei, Mutti, Ilse und ich, waren wieder zusammen, und das war die Hauptsache.

Ursel Hochmuth, Jahrgang 1931, Dokumentarin, Autorin, lebt in Hamburg

»Würdest du gleich einmal
von mir getrennt...«

*Bericht von Arthur Schinnagel
über seine Frau Charlotte*

Das Häuschen liegt in einer Gartensiedlung in Berlin-Buckow.
Wenn du den Fuß über die Türschwelle setzt, hast du alle Unbill
und jedes Ärgernis deiner Alltagswelt zurückgelassen, denn
jetzt befindest du dich in der Welt von Charlotte und Arthur. Er
ist 92 Jahre alt, blind und bettlägerig, sein Körper ist hinfällig.
Sein Geist ist immer noch lebhaft, er telefoniert, hört Radio, ist
begierig, Wissenswertes, Neues zu erfahren. Arthur ist un-
denkbar ohne Charlotte. Heinke nennt sie ihn zärtlich, umsorgt
ihn ruhig und liebevoll, hat alles zweckmäßig eingerichtet. Sie
ist 77 Jahre alt und muß mit ihren Kräften haushalten. Ihr gutes
rundes Gesicht mit den freundlichen Augen schaut bekümmert
drein, als sie erzählt, daß sie ihn allein lassen mußte, weil sie
einige Zeit im Krankenhaus war. Trennung ist das schrecklich-
ste Wort für die beiden. Charlotte holt die Lieblingsbücher hervor, mit denen sie leben, die alt und zerlesen sind. Sie liest die
Gedichte, die sie auswendig kennen. Sie haben ein Gedicht von
Storm für mich ausgesucht: »Regine«, weil meine Tochter so
heißt. In ihrem Miteinander ist viel Verständnis, Gelassenheit
und Harmonie. Wo gibt es noch in einer Welt der Vergeudung,
der Kurzlebigkeit, der Unbeständigkeit ein Gefühl, das für die
Ewigkeit zu reichen scheint?
   Ich weiß, daß Charlotte in der Nazizeit und in den Kriegsjahren viel durchzustehen hatte, weil Arthur verfolgt und inhaftiert war. Ich spreche einmal am Telefon von meiner Absicht,
sie darüber zu befragen. Arthur ist ganz angetan von dieser
Idee. Ich komme wohl seinem Wunsch entgegen, etwas von
Charlottes Leben festzuhalten. Als ich wieder bei ihnen zu Gast
bin, überrascht er mich mit dem folgenden »Bericht«. Er hat
ihn einem jungen Sozialarbeiter diktiert. Beim Lesen fühle ich
mich seltsam angerührt. Ich beschließe für mich, kein Wort
des Berichts zu ändern. In seinen lapidaren Sätzen mit der alt-
modischen Ausdrucksweise ist die große Liebe der beiden
eingefangen.

Bericht über die Erlebnisse von
Frau Charlotte Schinnagel geb. Thiel
während der Zeit von 1932 bis 1946

Die Ehe der Genannten wurde am 6. September 1949 mit Arthur Schinnagel geschlossen, und zwar beim Standesamt Berlin-Neukölln. Die beiden sind miteinander bekannt seit etwa 1926. Im Jahre 1932 war Charlotte berufstätig als Kindergärtnerin in der städtischen Heilstätte für rachitische Kinder im Bezirk Berlin-Friedrichshain, in der Laskerstraße, nahe der Warschauer Straße. In der Heilstätte wirkten u. a. der Kinderarzt Erich Nassau und die Oberschwester Toni Kirchfeld. Im Jahre 1933 wurde dem jüdischen Kinderarzt von der nationalsozialistisch gewordenen Behörde gekündigt und der Oberschwester Toni gleichfalls, wegen ihrer Beziehung zu dem Kinderarzt. Auch Charlotte wurde gekündigt, und zwar infolge einer Denunziation durch die Köchin der Heilstätte. Als Kündigungsgrund wurde angegeben: »Wegen Umgangs mit dem sozialistischen Arzt Arthur Schinnagel.« Wenige Tage vor Ablauf der Kündigungsfrist wurde Charlotte zum Bezirksbürgermeister vorgeladen. Das Gespräch endete damit, daß die Kündigung zurückgenommen wurde. Es verlief so, daß Charlotte zuerst gefragt wurde: »Ist der Herr Jude?« Die Antwort lautete: »Nein.« Sodann wurde gefragt: »Ist es Ihnen möglich, daß Sie sich von dem Herrn distanzieren?« Die Antwort lautete: »Nein. Gerade jetzt lehne ich eine solche Distanzierung ab, denn der Genannte ist inzwischen aus der Kassenpraxis ausgeschlossen worden, und zwar wegen Zugehörigkeit zum Verein sozialistischer Ärzte. Er lebt jetzt in dürftigen Verhältnissen und bedarf meiner Unterstützung.« Darauf wurde Charlotte gefragt: »Worin besteht Ihre Tätigkeit in der Heilstätte?« Die Antwort lautete: »Ich habe mit vorschulpflichtigen Kindern zu tun. Die Kinder werden von mir gebadet und erhalten Liegekuren und Höhensonnenbestrahlung und andere Heilmaßnahmen.«

Die Zurücknahme der Kündigung wurde vom Bezirksbürgermeister vermutlich damit begründet, daß Charlottes Tätigkeit in der Heilstätte nicht ein Wirken im regimefeindlichen Sinne befürchten lasse. Charlotte hatte in den folgenden Jahren den Arthur mit Geld und mit ihrer Anwesenheit unterstützt. Im Jahre 1937 kam Arthur in Gestapohaft und anschließend ins

Konzentrationslager Sachsenhausen bei Oranienburg. Charlotte unterstützte den Häftling durch monatliche Zuwendungen von RM 15,–, wodurch der Häftling in der Lagerkantine sich Nahrung und anderes erwerben konnte. Auch schrieb Charlotte dem Häftling regelmäßig. Während der Kriegszeit und der Kartenwirtschaft unterstützte Charlotte den Häftling mit kleinen Nahrungspaketen. Diese Pakete brachte sie selbst ins Lager und gab sie dort ab. Die Reisen ins Lager verrichtete Charlotte während ihrer Dienstzeit unter schweigender Duldung ihres Vorgesetzten.

Auch unternahm Charlotte im Jahre 1943 einige Anstrengungen, den Häftling Arthur Schinnagel zu heiraten. Sie erwirkte eine Sprecherlaubnis zur Regelung der Angelegenheit. Das Aufgebot sollte in dem für Charlotte zuständigen Standesamt in der Koppenstraße im Bezirk Berlin-Friedrichshain und auf dem SS-eigenen Standesamt in Oranienburg ausgehängt werden. Als Charlotte gegen die Wahl des letzteren Standesamtes ihre Bedenken äußerte, wurde ihr bedeutet, daß »es eine Ehre sei, hier das Aufgebot hängen zu haben«, denn dieses Standesamt würde sogar von höheren SS-Chargen benutzt. Charlotte blieb jedoch dabei, deswegen Unannehmlichkeiten mit ihrem behördlichen Arbeitgeber zu befürchten. Die Gestapo in der Prinz-Albrecht-Straße im Bezirk Berlin-Kreuzberg gab ihr hierauf die schriftliche Zusicherung: »Durch die Heirat in Oranienburg soll der Ehefrau und den Kindern des Arthur Schinnagel künftig kein Schaden entstehen.«

Charlotte mußte auch die Ehetauglichkeitsuntersuchung über sich ergehen lassen, welche ein positives Ergebnis zeitigte. Allerdings mußte sie sich verpflichten, keinen Antrag auf Ehestandsdarlehen zu stellen. Charlottes größte Hoffnung war, nach der Eheschließung für ein paar Tage im Lager mit Arthur zusammen zu sein. Diese Hoffnung machte die SS jäh zunichte. Dem Häftling sollte lediglich Urlaub für die Zeit der Trauung gewährt werden. Als höchste Vergünstigung stand die Auskunft des Standesbeamten: »Der Herr darf an dem Tag Zivil tragen.« – »Wie ein Krankenhausbesuch soll meine Heirat nicht aussehen«, sagte daraufhin Charlotte und verzichtete gänzlich auf diese Eheschließung.

Im Jahre 1942 entschloß sich Charlotte zu einem Berufswechsel. Als neue Tätigkeit wurde erstrebt die Tätigkeit einer Fürsorgerin. Charlotte begab sich zum Hauptarbeitsamt von Berlin, und zwar wegen der Auskunft über Ausbildungsstätten. Die Amtsleiterin namens Frau Lydi nannte ihr u. a. eine behördlich begünstigte Ausbildungsstätte mit nationalsozialistischer Grundlage und ferner das Pestalozzi-Fröbel-Haus als eine neutrale Einrichtung. Das dienstliche Gespräch weitete sich aus zu einem außerdienstlichen Gespräch. Charlotte bekannte ihre Beziehung zu dem Lagerhäftling, was die Amtsleiterin wohlwollend aufnahm. Ein Jahr darauf wirkte Charlotte als Hilfsfürsorgerin im Jugendamt des Bezirks Berlin-Friedrichshain in der Brommystraße, nahe dem Schlesischen Bahnhof. In Charlottes Dienststelle waren etwa 30 Personen tätig, davon etwa vier Nationalsozialisten. Zu Anfang des Jahres 1944 wurde bekannt, daß mehrere Verwaltungsangehörige von der Gestapo verfolgt und hingerichtet wurden. Für die Hinterbliebenen sammelte u. a. eine von Charlottes Mitarbeiterinnen namens Hilde Bluth, obwohl solche Unterstützung von Hinterbliebenen verboten war. Hilde Bluth war nationalsozialistisch, trug ihr Parteiabzeichen jedoch unter dem Rockaufschlag.

Im Jahre 1944 erhielt Charlotte durch Hilde Bluth die Nachricht, daß ein Geistlicher aus Hildes Bekanntschaft, nämlich der Pfarrer Heinrich Grüber, aus der Haft im Lager Sachsenhausen heimgekehrt sei. Hilde Bluth fragte den Pfarrer nach Arthur. Der Pfarrer erwähnte, daß er Arthur gut kenne. Es kam zu einem Gespräch zwischen Charlotte und dem Pfarrer. Der Pfarrer äußerte, daß er selten jemanden getroffen habe, welcher so lebhaft an das Gute im Menschen glaube wie Arthur. Einige Zeit später hatte der Pfarrer einen Kummer durch eine behördliche Maßnahme, nämlich im Frauengefängnis zu Berlin, Barnimstraße, lagen von früher eine Anzahl Bibeln zur Benutzung für die Insassinnen. Nun aber verfügte die nationalsozialistische Behörde im Zuge ihrer Kirchenfeindschaft, daß jene Bibeln zu vernichten seien. Der Pfarrer beriet sich mit seinen Bekannten, wie diese kostbaren Bücher zu retten seien. Charlotte erbot sich, die Bücher in Arthurs Wohnung aufzubewahren, da sie damit rechnete, daß die Behörde eine Haussuchung in der Wohnung eines Lagerhäftlings unterlassen würde. Erwähnt sei, daß Arthur und Charlotte sich als Atheisten bekannten, daß jedoch da, wo die nationalsozialistische Behörde die Kirchen verfolgte, Arthur und Charlotte an der Seite der Kirchen standen.

Im Jahre 1945 brachte Charlotte wie gewohnt zum Lager

Sachsenhausen ein Päckchen und erfuhr, daß der Häftling verlegt worden sei, und zwar nach dem Lager Ravensbrück bei Fürstenberg. Charlotte fuhr nach Ravensbrück, und dort wußte man in der Schreibstube des Lagers zunächst nichts von dem Namen Arthur Schinnagel. Charlotte tobte und hielt den Schreibstubenangestellten mit heftigen und verzweifelten Worten vor, daß doch nicht Häftlinge einfach verschwinden dürften. Darauf wurde ihr die Auskunft zuteil, daß der Häftling sich im Lager Neubrandenburg befinde, einem Männer-Nebenlager des Frauenlagers Ravensbrück. In diesen letzten Kriegsmonaten versagten die Postzustellungen und die Eisenbahnen. Charlotte blieb ohne Nachricht über Arthur. Sodann kam Anfang Mai das Ende des Dritten Reiches.

Charlotte bemühte sich eifrig, den Verbleib von Arthur zu erfahren. Unter anderem heftete sie Zettel an Bäume. Auch befragte sie den Berliner Hauptausschuß für Opfer des Nationalsozialismus. Aber alles geschah ohne Erfolg. Jedoch im Sommer 1945 traf ein Reisender aus Lübeck bei Charlotte ein, welcher von Arthur mit diesem Besuch beauftragt wurde. Arthur war nämlich in den letzten Kriegswochen als Häftling nach Lübeck verlegt und von der britischen Rheinarmee befreit worden. Charlotte versuchte, mit der Eisenbahn nach Lübeck zu kommen, und nach mehreren Anläufen gelang ihr – etwa im November 1945 – die Fahrt bis zum Orte Bad Segeberg in Holstein. Durch ein Empfehlungsschreiben von Pfarrer Grüber wurde es Charlotte erspart, daß sie mit anderen Mitreisenden in ein Flüchtlingslager bei Bad Segeberg eingewiesen wurde. Charlotte durfte sich sofort auf den Weg nach Lübeck machen und legte die etwa 30 Kilometer an einem einzigen Tage zu Fuß zurück. Unterwegs gewahrte sie eine Landschaft, welche nicht so zerstört war wie die Umgegend von Berlin. Es gab Rinder auf der Weide und ganze Fensterscheiben.

Des Abends in Lübeck angekommen, ging Charlotte zur Landesversicherungsanstalt, wo Arthur jetzt arbeitete und wohnte. Sie fand an der Tür eine Nachricht von Arthur, daß er sich bei einem Fest des Roten Kreuzes aufhalte, und machte sich sofort auf den angegebenen Weg zum katholischen Gesellenhaus. Mit ihren festen Wanderschuhen stapfte sie über den Parkettboden des Tanzsaals, die Augen nur auf Arthur gerichtet, welcher sie sehnlichst erwartete. Voller Wiedersehensfreude umarmten sie einander und verließen sogleich das Fest.

Dieses Verhalten von Charlotte erinnert an einige Zeilen aus dem ostpreußischen Volkslied »Ännchen von Tharau«, nämlich:

> «Würdest du gleich einmal von mir getrennt,
> lebtest da, wo man die Sonne kaum kennt,
> ich will dir folgen durch Länder und Meer,
> Eisen und Kerker und feindliches Heer.«

Hier schließt der Bericht.

Wochenbett im Luftschutzkeller

Inge Fabianska

Als der Krieg 1944 in seine Endphase ging, war ich in anderen
Umständen. Mein Verlobter und ich wollten heiraten. Um die
Erlaubnis dazu zu bekommen, mußte man einen Ariernachweis
erbringen. Bis zu den Großeltern durfte es keinen Juden in der
Familie geben. Ich mußte für vier Elternteile und acht Großel-
ternteile die Geburts-, Heirats- und Sterbeurkunden beschaffen. Das war ein schwieriges Unterfangen, da manche Orte
nicht bekannt und die Unterlagen der Standesämter oft wegen
Kriegseinwirkung verlagert waren. Es dauerte etwa ein halbes
Jahr, ehe ich die Papiere – das war ein ganz schöner Packen –
endlich zusammenhatte. Dieses Päckchen an die Front zu
schicken, war ein Risiko, und so fragte ich bei meinem Verlobten an, wie ich weiter verfahren sollte. Statt der Antwort kam
ein amtliches Schreiben, daß mein Verlobter bei den Kämpfen
in Dünkirchen vermißt sei. Aus! Nun stand ich da mit meinem
dicken Bauch als uneheliche Mutter. Die Zukunft lag grau und
trübe vor mir.

Ich war damals 20 Jahre alt und als Kontoristin im Büro tätig.
Fast jede Nacht kamen die feindlichen Flieger mit ihrer tod-
bringenden Last. Wir werdenden Mütter hatten im Bunker, der
in der Nähe lag, ein Zimmer für uns mit Sitzgelegenheit. Wenn
die Vorwarnung gegeben wurde, packte ich meinen Rucksack
und das Köfferchen mit den Babysachen und rannte los zum
Bunker. Das war eine ganz schöne Hetze, und oft blieb mir die
Luft weg. Einmal schaffte ich es fast nicht mehr. Hunderte
Menschen standen noch draußen und drängten durch die kleine
Eingangstür, oben wurden schon die »Weihnachtsbäume«[1] geworfen. Es entstand eine Panik. Und ich in meinem Zustand
dazwischen. Aber es gab doch noch Rücksicht. Die Menschen
ließen uns Mütter durch, und wir wurden nicht zerquetscht. An
diesem Abend war ein sehr schwerer Angriff. Dicht neben dem
Hochbunker waren sogenannte Splittergräben. In diesen mußten die Mädchen vom Arbeitsdienst, die bei der BVG (Berliner

1 Von bestimmten Flugzeugen aus, den sogenannten Pfadfindern, zur Zielmar-
kierung gesetzte Leuchtkugeln.

Inge Fabianska im November 1944,
am Mantel die damals übliche Leuchtplakette,
die im Dunkeln phosphoreszierte

Verkehrs-Gesellschaft) als Schaffnerinnen eingesetzt waren, Schutz suchen. Sie durften nicht in den Bunker gehen. Als dicht hintereinander einige schwere Bomben und Luftminen fielen, brach in den Splittergräben eine Panik aus, und die Mädchen rannten weinend zum Bunker. Ich selbst habe das in meinem Extraraum nicht unmittelbar gesehen, aber die Leute, die in dem Bunker auf den Treppen standen, haben es uns erzählt. Die Zeiten zwischen der Vorwarnung und dem eigentlichen Alarm wurden immer kürzer, so daß ich lieber im eigenen Hauskeller blieb, anstatt auf offener Straße überrascht zu werden.

Die Nazis hatten Angst, daß es durch den häufigen Fliegeralarm in den Betrieben zu viel Arbeitsausfall gebe. Es kam eine Anordnung: Erst bei Hauptalarm durften die Maschinen ausgeschaltet und die Schutzräume aufgesucht werden. In diesem

Zusammenhang erinnere ich mich an ein Erlebnis, das ich nie vergessen werde. Der Krieg wurde immer härter, die Lebensmittel wurden immer knapper. Da kam so im Februar/März 1945 die Verordnung heraus, daß die Lebensmittelmarken statt für vier für fünf Wochen reichen müßten. Viele Leute hatten nichts mehr zu essen, aber für neue Marken durfte nichts verkauft werden. Vergebens versuchte ich, beim Bäcker etwas Brot zu bekommen. Dann gab es am Tage Alarm. Unser Laden, in dem sich unsere Büroräume befanden, lag zwei Querstraßen von unserem Hauptgeschäft entfernt. Dort war ein besserer Luftschutzkeller, und meine Kollegin und ich rannten bei Alarm los. Wir kamen gerade noch rechtzeitig an, da fielen in allernächster Nähe drei Bomben. Ich habe zum erstenmal erlebt, wie der Keller wie ein stark abgebremster Zug hin- und zurückrollte. Mein Kind im Bauch hat das auch gespürt und fing wild an zu zappeln. Als wir später aus dem Keller kamen, sahen wir, daß die Häuser gegenüber und neben uns und an der nächsten Ecke getroffen waren. Wir schlichen zurück zu unserem Büro, gespannt, was uns dort erwarten würde. Unser Haus war noch ganz, aber beim Nebenhaus brannte der Dachstuhl. Die Feuerwehr wurde nur für kriegswichtige Objekte eingesetzt. Und womit hätte man löschen sollen? Es gab kein Wasser, die Rohre waren durch die Angriffe zerstört. Das Haus mußte also unweigerlich abbrennen. Die Bewohner räumten ihre Wohnungen, so gut sie konnten, und die beiden Geschäftsleute, besagter Bäcker und ein Fleischer, brachten ihre Vorräte in Sicherheit. Jetzt gingen wir noch einmal in den Bäckerladen, und die Verkäuferin schenkte uns die verschmutzten Schnecken aus der Fensterauslage, die sie doch nicht mehr verkaufen konnte. Wir waren glücklich, etwas Zusätzliches zu essen zu haben. Das hatten wir auch nötig, denn obwohl es kurz vor Büroschluß war, mußten wir noch einige Stunden dableiben, um Brandwache zu halten. Man wußte ja nicht, ob die Flammen auf unser Haus übergreifen würden. Auch ich als hochschwangere Frau durfte mich nicht ausschließen. Wir hatten Glück. Das Haus brannte sauber herunter, ohne die nebenstehenden Gebäude zu gefährden. Am nächsten Morgen konnten wir durch den Kellerdurchbruch das Feuer im Nebenhaus noch glimmen sehen. Als ich endlich Feierabend hatte, mußte ich von Schöneberg, wo meine Arbeitsstelle lag, nach Tempelhof zu meiner Wohnung laufen. Es fuhr weder die Straßen- noch die S-Bahn. Wie aber sah Schöneberg aus! Trümmer über Trümmer. Ich war entsetzt über das Ausmaß der Zerstörungen und mußte viele Umwege machen.

Niemals werde ich den 20. April 1945 vergessen, nicht nur, weil an diesem Tag mein Sohn geboren wurde. Ich wohnte damals in der Friedrich-Wilhelm-Straße in Tempelhof und war zur Entbindung angemeldet im St.-Joseph-Krankenhaus in Neu-Tempelhof. Das war ein ganz schönes Stück zu fahren. Plötzlich am Nachmittag fingen die Wehen an, alle fünf Minuten. Ich bekam einen Riesenschreck, wie sollte ich es bis zur Klinik schaffen? Es war damals nicht so, daß man einfach ein Taxi rufen konnte. Die gab es schon längst nicht mehr. Ich hätte mit der Straßenbahn fahren müssen. Die fuhr – glaube ich – nur alle halbe Stunde. Und nur wer berufstätig war und einen besonderen Ausweis hatte, durfte einsteigen. Nun, als Schwangere hätte man mich sicher mitgenommen. Jedoch sie fuhr ab, obwohl mein Vater den Fahrer gebeten hatte, auf mich zu warten, weil ich nicht so schnell laufen konnte. Er fuhr mir einfach davon. Das hieß, daß ich das Ende laufen mußte, ständig von Wehenschmerzen unterbrochen. Wie ich das damals geschafft habe, ist mir heute noch unerklärlich. Es hat eine Stunde gedauert oder noch länger, ich weiß das heute nicht mehr so genau. Als ich dann endlich in den Kreißsaal kam, war ich die letzte, die oben entband. Alle später ankommenden Frauen mußten im Keller entbinden. Man hörte es schon eine ganze Weile in der Ferne schießen. Ich hielt es für Flakübungen, aber die Rote Armee stand vor Berlin. Die Hebamme wußte es. Sie drängte mich immer: »Beeilen Sie sich, die Russen kommen!« Anstatt mir zu helfen, wie es die Schwester tat, las sie die letzte Führerrede über meinem Bett, bis ich wütend wurde und sagte: »So helfen Sie mir doch, damit das Kind kommt!« Dann endlich bequemte sie sich, weil sie Angst hatte, nicht ich.

Wir lebten nun im Keller. Flüssigkeiten gab es nur zum Trinken, an Waschen oder Zähneputzen war nicht zu denken. Wir Wöchnerinnen hatten einen Raum für uns, mußten aber zu zweit in einem Bett liegen. Neben den Füßen der einen Frau lag die andere mit dem Kopf. So konnten wir unsere Kinder besser stillen. Es kamen ja immer neue Wöchnerinnen hinzu, aber keine konnte während der Kämpfe entlassen werden. Mein Vater kam mich an einem Tag besuchen und erzählte, daß die Russen schon in Berlin seien und es eine Sache von Stunden sei, wann sie hier in Tempelhof aufkreuzen würden. Der Keller wurde immer voller. In den Nebenräumen und in den Gängen lagen deutsche und später auch russische Verwundete. Es wurde pausenlos operiert. Die Schwestern baten uns, die Nottoilette aufzusuchen, die stark nach Chlorkalk stank. Sie würden immer ein »Vaterunser« beten, ehe sie unsere Becken im Garten in einer Grube ausleerten, weil das mit Lebensgefahr verbunden sei. Auch erzählten sie uns, daß ein leichtverwundeter deutscher Soldat, als er am Hydranten Wasser für das Krankenhaus holen wollte, von den Sowjets gefangengenommen wurde. Nun traute sich keiner mehr raus.

An einem der Tage, die ich im Krankenhaus verbrachte, glaubte ich, mir bliebe das Herz stehen. Wir mußten uns anziehen und unsere Sachen packen und sollten über die Straße in den Keller der gegenüberliegenden Schule gebracht werden. Man sagte uns, das Dach des Krankenhauses brenne und man könne nicht löschen. Ich dachte an damals, als ich Brandwache hatte. Auch wußte niemand, ob der Hochbeschuß noch andauerte. Es ging alles gut. Wir waren schon an der Schule, da wurde die Aktion abgeblasen, und wir konnten zurückkehren. Als dann die Rote Armee tatsächlich kam, fürchteten wir uns mächtig, noch dazu, weil uns die Hebamme, die eine echte Nazisse war, verrückt machte. Wir fürchteten um unsere Uhren und unseren Schmuck und versteckten alles an den unmöglichsten Stellen. Daß man uns Wöchnerinnen vergewaltigen würde, glaubten wir nicht. Ja, und was geschah dann wirklich?

Inge mit ihrem 5 Monate alten Söhnchen

294

Nichts. Die russischen Offiziere kamen mit dem Chefarzt in unser Zimmer und fragten uns, ob wir Waffen versteckt hätten oder Soldaten. Alles andere interessierte sie nicht, und sie gingen wieder. Was denn, war das alles? Was würde noch kommen? Nichts kam. Es blieb alles beim alten. Unsere Angst schwand. Glück gehabt! Die Uhren und Schmuckstücke wurden aus ihren Verstecken geholt.

Nach einigen Tagen waren die Straßen wieder passierbar, und wir wurden nach Hause entlassen. Wir zogen los ins Ungewisse, eine Gruppe junger Mütter mit ihren Babys. Was würde uns zu Hause erwarten? Wir hatten ja alle seit Tagen keine Nachricht von unseren Angehörigen erhalten. Lebten sie noch, standen unsere Häuser noch? Gab es zu essen für uns und unsere Säuglinge? Gab es Wasser, Gas, Strom? Und wie würde es uns mit den Russen ergehen? Sie sollten ja die Frauen vergewaltigen, würden sie auf uns Rücksicht nehmen? Nichts wußten wir.

Bei der Frau, die als erste zu Hause war, machten wir halt. Ihre Wohnung existierte noch. Wir bekamen etwas zu trinken, legten unsere Kinder trocken und stillten sie. Dort erhielten wir auch die beruhigende Nachricht, daß die Russen sehr kinderlieb seien. Sie hätten den Kindern Süßigkeiten geschenkt und mit ihnen gespielt. Wir atmeten auf. Also würde es so schlimm nicht kommen. Dann zogen wir weiter. Wir Frauen hatten alle Glück, unsere Häuser standen noch. Nur zwei, die nach Mariendorf mußten, konnten nicht über den Kanal, da die SS die Brücke am Ullsteinhaus gesprengt hatte, angeblich, um die Russen aufzuhalten. Als ob dies ein Hinderungsgrund gewesen wäre. Ein Boot brachte diese Mütter über den Kanal. Ja, nun war auch ich zu Hause, endlich daheim. Jetzt würde alles andere nur noch halb so schlimm sein.

Inge Fabianska, Jahrgang 1924, Kontoristin, lebt in West-Berlin

Reise zu einem Grab
Über Elli H.

Im spärlich beleuchteten Treppenaufgang eines alten Schulgebäudes lernte ich sie kennen, als sie mir buchstäblich vor die Füße fiel. Sie hatte die letzte Stufe übersehen. Erschrocken half ich ihr auf und stützte sie beim Weitergehen. Draußen lehnte sie sich ein Weilchen an die Schulhaustür, um Atem zu schöpfen. Ich betrachtete sie, eine unauffällige Frau Anfang der 60er Jahre. Die Schule war die Unterrichtsstätte für meinen Volkshochschulkurs in Französisch. Welchen Lehrgang mochte sie besuchen? Auf dem Weg zur U-Bahn kamen wir ins Gespräch und beschlossen, uns nach dem ausgestandenen Schrecken mit einer Tasse Kaffee zu stärken. Zu meiner großen Verblüffung stellte sich heraus, daß Elli Hensel – so hieß meine neue Bekannte – in einem Fortgeschrittenenkursus die russische Sprache erlernte. Was trieb die Frau dazu, sich in ihrem Alter mit einer, wie ich fand, komplizierten fremden Sprache zu beschäftigen? Im Laufe mehrerer Abende, an denen wir uns in dem Restaurant zwischen Schule und U-Bahn wie verabredet wiedertrafen, erfuhr ich ihre Geschichte, die ich jahrelang mit mir herumtrug und jetzt nach ihrem Tode niederschreibe.

Elli stammte aus einer Arbeiterfamilie im Südosten Berlins. Ihre Jugendjahre fielen in die Zeit des Ersten Weltkriegs. Nach dem Besuch der Volksschule begann sie 15jährig in derselben Munitionsfabrik wie ihre Mutter zu arbeiten. Als das Werk nach Kriegsende auf die Erzeugung von Gütern des friedlichen Bedarfs umgestellt wurde, blieb Elli dort. Bald darauf lernte sie in diesem Betrieb die große Liebe ihres Lebens kennen, den charmanten, immer hilfsbereiten Herbert, der als Einrichter für die Maschinen in ihrer Abteilung zuständig war. Warnungen vor seiner Flatterhaftigkeit schlug sie in den Wind. Als sie feststellte, daß sie schwanger war, hatte er schon die Arbeitsstelle gekündigt und war in eine andere Stadt gegangen. Ihr blieb der Sohn, den sie ebenfalls Herbert nannte. Er wurde der Mittelpunkt ihres Daseins, all ihres Tuns und Fühlens. Schwer genug hatte sie es, sich und das Kind durchzubringen. Die ersten Jahre nahm sie Heimarbeit an, später, als Herbert zur Schule kam, kümmerte sich die Großmutter etwas um ihn, und sie ging zur alten Firma, die die fleißige und zuverlässige Maschinenarbeiterin sofort wieder einstellte. Herbert besaß nichts von dem leichtfertigen Sinn seines Vaters, er war ein ernsthafter, nachdenklicher Junge, der seine Lehre als Maschinenschlosser sehr gut abschloß. Elli war stolz auf ihn und machte allerhand Pläne für die Zukunft.

Ihr Leben änderte sich von jenem 1. September 1939 an schlagartig mit der Nachricht vom Ausbruch des Krieges. Sofort erinnerte Elli sich an ihre Jugendzeit, an die Angst der Mutter um den an der Front stehenden Mann, an den Hunger, an den entsetzlichen Kohlrübenwinter, das Frieren in den ungeheizten Wohnungen, die schwere Grippe-Epidemie, die auch sie niederwarf und sie fast das Leben gekostet hätte. Diesmal könnte es sie schwerer treffen. Diesmal war sie verletzlich durch ihren Sohn. Als Herbert 1940 zur Wehrmacht eingezogen wurde, fieberte sie jeden Tag dem Augenblick entgegen, da sie, von der Arbeit heimkehrend, an den kleinen Postkasten stürzte. Sie lebte nur von Brief zu Brief. Zuerst war sie beruhigt, daß Herbert nach seiner Ausbildung als Infanterist im besetzten Polen stationiert war. Es sollte nur ein Aufschub sein. Unter den im Juni des nächsten Jahres in die Sowjetunion einfallenden Truppen war auch Ellis Sohn, nun Frontsoldat. Als die Feldpost ausblieb, wurde Ellis Verzweiflung von Tag zu Tag größer. Mit ihren Gedanken war sie im fernen Kriegsgetümmel, das sie sich nach den Bildern der im Kino gesehenen Wochenschau vorzustellen versuchte. Der Sommer neigte sich dem Ende zu, als sie den längst gefürchteten unheilvollen Brief erhielt. Die Nachricht vom Tod ihres Sohnes traf Elli ins Herz. Sie wußte später nicht, wie sie die folgenden Wochen überstanden hatte. Die lapidaren Zeilen der Todesmeldung kannte sie längst auswendig, ließ den Brief aber offen auf dem Tisch liegen, denn er war nun allgegenwärtig, bestimmte ihr weiteres Leben. Jeden Abend nahm sie das schwarz blinkende eiserne Kreuz, das man ihr wie allen Angehörigen von Gefallenen zugeschickt hatte, von der Kommode, blickte auf die Jahreszahlen 1939 bis 1941. »Herbert Hensel...« Berti, du lieber guter Junge... »Mit 21 Jahren...« Du hattest ja das ganze Leben noch vor dir... »Gefallen für Führer, Volk und Vaterland...« Wo bist du elendiglich umgekommen und für wen? In Ellis Kopf dröhnte es. Dann glitten ihre Gedanken in die Vergangenheit, kleine Szenen aus Herberts Kindheit standen vor ihren Augen,

Begebenheiten, die sie jetzt, da er nicht mehr da war, zu Tränen rührten.

Nach einigen Wochen erhielt sie wieder einen Feldpostbrief. Ein Kamerad ihres Sohnes schrieb, daß Herbert und er sich gegenseitig versprochen hätten, ihre Mütter zu benachrichtigen, wenn einem von beiden etwas zustoßen würde. Zitternd las Elli die kurze Schilderung von Herberts Tod. Der Briefschreiber und zwei andere Kameraden hatten den Schwerverwundeten nach der Schlacht bei S. ein Stück von der Front weg mitgeschleppt, um ihn zum nächsten Verbandplatz zu bringen. Zuerst habe er noch heftig nach seiner Mutter geschrien, sei dann aber immer leiser geworden, was wohl anzeigte, daß er vor Schmerzen und Schwäche die Besinnung verlor. Der Arzt im Sanitätszelt stellte sogleich den Tod fest, der Blutverlust war zu hoch gewesen. Jedenfalls habe er bestimmt nichts mehr gefühlt. Sein Gesicht sah ruhig und friedlich aus. Seine letzte Ruhestätte hatte er neben der Chaussee am südlichen Ortsausgang von S. gefunden mit seinem Namen auf einem provisorischen Holzkreuz. Eine kleine Fotografie des Grabs lag bei. Elli bedankte sich vielmals für Foto und Mitteilung, die wohl schon damals den ersten Anstoß für ihr späteres Vorhaben gaben. Sie verrichtete ihre tägliche Arbeit, widerstand dem Bombenkrieg in Berlin und blieb die stille, in sich gekehrte Frau, die nichts weiter zu berühren schien.

Hier macht Ellis Geschichte einen großen Sprung bis in das zweite Jahrzehnt nach dem Krieg. Die alles verändernde Zeit hatte ihren großen Schmerz gelindert, aber auch den Plan in ihr reifen lassen, dessen Verwirklichung sie nun betrieb. Sie wollte das Grab ihres Sohnes ausfindig machen und meinte, daß sie erst Ruhe finden würde, wenn sie am Grab Zwiesprache mit dem Toten gehalten hätte. Dabei ging sie systematisch vor. Der erste Schritt war die Buchung des Russischsprachkurses, denn wenn sie das fremde Land bereiste, wollte sie sich verständigen können. Ein Jahr lang lernte sie fleißig, wie sie nun mal alle Aufgaben erledigte, die russische Sprache und setzte Dozentin sowie Kursusteilnehmer in Erstaunen durch ihre zähe Beharrlichkeit. Den Grund dafür gab sie allerdings nicht preis. Sie kannte schon die guten Ratschläge aus Nachbarschaft und Bekanntenkreis, diese Reise lieber bleiben zu lassen, die Bemerkungen: »Was versprichst du dir davon? Das wird doch nur eine Enttäuschung!« Zur weiteren Vorbereitung hängte sie sich eine Karte des europäischen Teils dieses großen Landes an die Wand und studierte die Stationen der beabsichtigten Reise, besonders das Gebiet um die Stadt S. Endlich faßte sie sich ein Herz, fuhr zur Niederlassung des staatlichen sowjetischen Reisebüros »Intourist« und trug ihr Anliegen vor. Der Angestellte wiegte bedenklich den Kopf. Eine Reise abweichend vom üblichen Angebot... für dieses Gebiet brauchte man eine Genehmigung... müßte individuell zusammengestellt werden... wäre ein Betreuer nötig... alles in allem ein paar Tausend Mark kosten... Elli sah ihn flehentlich an. Sie hatte Geld gespart – wie wenig brauchte eine alte Frau allein schon –, daran würde es nicht scheitern. Als ahne der Mann im Reisebüro, wie dringlich diese Sache für Elli war, wurde er zugänglicher und bestellte sie für drei Wochen später wieder ins Büro. Als sie pünktlich dort auftauchte, teilte er ihr mit, daß Aussicht auf eine Genehmigung der Reise bestünde, und besprach mit ihr schon den Verlauf der Fahrt; Route, Termine, Kosten. Dann schob er ihr das Antragsformular für ein Visum hin und bat sie, in zehn Tagen wiederzukommen.

Mit den Reisevorbereitungen war Abwechslung in das Einerlei ihrer Tage gekommen, und Elli kam nicht mehr zur Ruhe, bis sie am 13. Juni 1965 im Zug Richtung Osten saß. Am Bahnhof der Stadt S. wurde sie erwartet. Ihre Betreuerin Tanja gefiel ihr sofort. Elli, nie weit gereist, war froh, sich ihrer Obhut anvertrauen zu können. Die fremde Umgebung verwirrte sie. Auf der Fahrt zum Hotel betrachtete sie Tanja möglichst unauffällig. Diese hatte schwarze Haare, ein schmales Gesicht mit dunklen Augen und eine schlanke, grazile Gestalt. Ein bißchen schien es, als schwebe sie durch die Welt, und Elli dachte, Tanja hätte auch eine berühmte russische Tänzerin sein können so wie Anna Pawlowa, die den »Sterbenden Schwan« unnachahmlich tanzte und die Elli in jungen Jahren einmal bei einem Berliner Gastspiel erlebt hatte. Aber Tanja hatte nicht Tanz, sondern Germanistik studiert. Sie sprach fehlerlos deutsch, nur manchmal klang die Betonung eines Wortes etwas fremd. Elli dachte an ihre russischen Sprachkenntnisse, fand aber nicht den Mut, auch nur eine Vokabel herauszubringen.

Später, nach dem gemeinsamen Abendessen im Hotelrestaurant, holte Elli das Foto hervor, das sie immer bei sich trug, das von Herberts Grab. Es war nicht viel auf ihm zu sehen: ein flacher Hügel, das Holzkreuz mit dem Namen. »Herbert Hensel...« las Tanja leise. Einen Augenblick zögerte sie, dann griff auch sie in ihre Tasche. Das Foto war dem von Elli sehr ähnlich.

Es zeigte ebenfalls ein flachhügeliges Grab mit einem Holzkreuz, nur stand der Name in kyrillischen Buchstaben darauf,
und die Daten ergaben, daß dieser Mann bei seinem Tode älter
war. »Mein Vater! Er ist gefallen 1945 vor Berlin, zum Schluß
hat es ihn noch getroffen. Da war ich acht Jahre alt. Mit fünf sah
ich ihn das letzte Mal. Meine Erinnerung an ihn ist schwach. So
sah er aus.« Tanja nahm ein zweites Foto aus der Tasche und
legte es vor Elli auf den Tisch. Ein etwa 35jähriger Mann,
schlank, mit dunklen Haaren und Augen und einem schmalen
Gesicht in der Uniform eines Panzersoldaten der Roten Armee. »Und Ihre Mutter?« – »Sie hat im Krieg hier viel erdulden
müssen, war krank, dazu hat sie den Tod ihres Mannes nicht
verwinden können. Vor zehn Jahren starb sie, gerade als ich
anfing zu studieren.« – »Das ist ja furchtbar!« sagte Elli und
ärgerte sich im gleichen Atemzug über die Banalität ihrer
Worte. Trotzdem legte auch sie ein zweites Foto neben das des
Rotarmisten: der 20jährige Herbert in Wehrmachtsuniform.
»Ein schöner Junge!« lobte Tanja. »Und ein guter!« Aus Elli
klang Mutterstolz. Dann las sie die Inschrift auf dem russischen
Holzkreuz: »Grigori Lebedjew.« Tanja war überrascht. »Sie
können Russisch?« – »Nemnogo – ein bißchen«, antwortete Elli
und gab sich Mühe, ihre Hemmungen zu überwinden. Die beiden Frauen saßen vertieft vor ihren Fotografien und redeten in
Deutsch und Russisch von der Vergangenheit, vom Krieg, von
der Zeit danach. Das Restaurant hatte sich mit Tanzlustigen
gefüllt. Vom erleuchteten Podest war eine kleine Kapelle zu
hören. »Es ist spät«, Tanja erhob sich, »bis morgen!« – »Glauben Sie, daß wir das Grab finden werden?« fragte Elli zaghaft.
»Wir werden es versuchen«, war die vorsichtige Erwiderung.
    Am nächsten Tag lernte Elli auf einer Rundfahrt die Stadt S.
kennen. Sie sah breite Straßen, helle neue Gebäude und viele
Parks. Tanja fütterte sie mit Zahlen, Informationen über die
Zerstörung und den Wiederaufbau. Elli gab sich keine Mühe,
die Einzelheiten zu behalten, die imponierende Leistung der
Bürger dieser Stadt insgesamt beeindruckte sie aber. Sie hatte
Tanja den Brief von Herberts Kriegskameraden in die Hand
gedrückt. Die machte ein nachdenkliches Gesicht. »Neben der
Chaussee am südlichen Ortsausgang der Stadt . . . Die Stadt hat
sich vergrößert, ist in den letzten Jahren ihrem alten Umfang
entwachsen.« Das zeigte ihr Tanja später anschaulich beim Besuch des Museums. Es enthielt alles über die Geschichte der
Stadt und ihrer Bewohner. Friedliches Leben, von Feuersbrün-

sten, Naturkatastrophen, Überfällen und Kriegen heimgesucht. Totale Zerstörung im Zweiten Weltkrieg, dem sie hier einen eigenen Namen gegeben hatten, den sie den »Großen Vaterländischen« nannten. Ellis Sohn hatte ohne seinen Willen bei dem Zerstörungswerk mitgeholfen. Und die anderen? – Die Bilder ihrer Heimatstadt, des zerbombten, zerschossenen Berlin drängten sich ihr auf. Anhand eines kleinen Stadtmodells erklärte ihr Tanja mit einem Zeigestock die verschiedenen Aufbauperioden. Wo früher das südliche Ortsende war, befand sich nun ein großes Wohnviertel mit Hochhäusern, Kinos, Kindergärten, Klubs, Kaufhaus und Krankenhaus. Unmöglich, daß diese Entwicklung einen Bogen um Herberts kleines Soldatengrab gemacht hat, war sofort Ellis Gedanke. Das Grab gab es hier nicht mehr. »Alle gefallenen Soldaten sind aus ihren Gräbern in Parks und Gärten, auf Wiesen und freiem Feld, an Straßen- und Chausseerändern umgebettet worden und ruhen auf einem großen Friedhof vor der Stadt«, war die Antwort auf ihre Überlegung.

Auf Ellis Wunsch hatte Tanja für den nächsten Tag einen großen Strauß bunter Sommerblumen besorgt. Als sie zum Friedhof fuhren, sprachen beide kein Wort. Elli hing ihren Gedanken nach. Die Erinnerung an ihren Sohn hatte im Laufe der über 20 Jahre eine Verwandlung durchgemacht, vom fast unerträglichen Leid befreit, war sie allmählich zur hilfreichen Tröstung geworden. Der Friedhof lag im Wald. Am Eingang führten Stufen empor zum Mahnmal, der Skulptur eines jungen Soldaten auf einem hohen schwarzen Sockel mit goldener Inschrift, davor eine Schale mit der ewigen Flamme. Eine feierliche Stimmung erfaßte Elli. Als sie durch das Portal kamen, blickte sie bestürzt über eine riesige Fläche mit Gräbern. Wie in der benachbarten Waldschonung die kleinen Bäumchen in Reihen ausgerichtet standen, sah sie die einfachen Holzkreuze, in unübersehbarer Menge, Hunderte, Tausende. »20000«, Tanjas leise Stimme tönte in ihre Gedanken hinein. 20000 Männer, wie viele Mütter, Ehefrauen, Bräute, Töchter haben um sie getrauert?

Zwischen den einzelnen kleinen Gräbern lagen in lichten Birkenhainen Massengräber mit den nicht namentlich Ermittelten und im hinteren rechten Teil des Geländes die gefallenen deutschen Soldaten. Worte ihres Nachbarn fielen Elli ein: »Sie können sich ja keinen Begriff machen, wie es auf einem Schlachtfeld aussieht, nachdem die Schlacht geschlagen ist, wenn da vielleicht 15000 Tote liegen und bei 30 Grad Hitze die Aufräumkommandos zugange sind! Da war nichts von würdevoller Bestattung, wie es die Angehörigen sich so wünschen.« Aber ihr Sohn war ja nicht liegengeblieben, war von den Kameraden mitgenommen worden. Der Nachbar hatte bitter abgewinkt. Er war bei der Panzernachrichtentruppe gewesen. Immer den Panzern hinterher hatte er Leitungen verlegt, viel gesehen. Jetzt gewannen seine Worte plötzliche Realität. Sie konnte es sich vorstellen, sah das Schlachtfeld über dem friedlichen stillen Waldgelände, das so freundlich in der Sonne lag. Vor diesen Dimensionen des Todes kam ihr die Idee, die sie zur Reise beflügelt hatte, mit einemmal sinnlos vor. So sinnlos wie die Tatsache, daß die Männer, die hier gemeinsam in der Erde ruhten, sich vordem bekriegt und ums Leben gebracht hatten. Es geschah mehr auf Tanjas Drängen, daß die beiden Frauen gewissenhaft die Reihen der deutschen Gräber nach dem Namen Herbert Hensel absuchten. Und daß dies ohne Ergebnis blieb, stürzte Elli nicht einmal in Verzweiflung. Ruhig verteilte sie die Blumen auf den Gräbern. Neben Herbert schloß sie alle die anderen hier in ihr Gedenken ein.

Die Woche, die ihr noch blieb, nutzte Elli, um an Tanjas Seite das fremde Land kennenzulernen. Beim Abschied hielt sie ihr eine kleine Rede: daß sie beschlossen habe, weiter Russisch zu lernen, hierherkommen würde sie nicht mehr, aber sie könnten sich schreiben und sie würde es dann in Tanjas Sprache tun können. Sie wundere sich übrigens, daß diese trotz allem ausgerechnet Deutsch studiert habe, aber sie finde es versöhnlich für die Zukunft. Die zwei Frauen reichten sich auf dem Bahnsteig zum letztenmal die Hände, umarmten sich schüchtern. Sie hegten keinerlei feindliche Gedanken gegeneinander, obwohl jede im Krieg ihrer Völker den unersetzlichen Verlust eines geliebten Menschen erlitten hatte. Jede der beiden hatte die Sprache der anderen gelernt, um sich zu verständigen. Warum kann es nicht für immer Frieden geben? dachte Elli im gleichmäßigen Geratter des Zuges auf der Rückfahrt.

Die Frau in der Gesellschaft

Sylvia Conradt
Kirsten Heckmann-Janz
»...du heiratest
ja doch!«
80 Jahre
Schulgeschichte von Frauen
Fischer
Die Frau in der Gesellschaft

Band 3761

Maria Frisé
Auskünfte
über das
Leben zu zweit
Fischer
Die Frau in der Gesellschaft

Band 3756

Christina Mei/Gudrun Reinke
Jenseits
von Mond und
Mitternacht
Frauen sprechen über Liebe
Fischer
Die Frau in der Gesellschaft

Band 3739

Ann Cornelisen
Frauen im Schatten
Leben in einem
süditalienischen Dorf
Band 3401

Gaby Franger
Wir haben es uns
anders vorgestellt
Türkische Frauen
in der Bundesrepublik
Band 3753

Marliese Fuhrmann
Zeit der Brennessel
Geschichte einer
Kindheit. Band 3777
Hexenringe
Dialog mit dem Vater
Band 3790 *(in Vorbereitung)*

Imme de Haen
»Aber die Jüngste war
die Allerschönste«
Schwesternerfahrungen
und weibliche Rolle
Band 3744

Helga Häsing
Mutter hat
einen Freund
Alleinerziehende
Frauen berichten
Band 3742

Helena Klostermann
Alter als
Herausforderung
Frauen über
sechzig erzählen
Band 3751

Marianne Meinhold/
Andrea Kunsemüller
Von der Lust
am Älterwerden
Frauen nach der
midlife crisis
Band 3702

Jutta Menschik
Ein Stück von mir
Mütter erzählen
Band 3756

Irmhild Richter-Dridi
Frauenbefreiung in
einem islamischen
Land –
ein Widerspruch?
Das Beispiel Tunesien
Band 3717

Erika Schilling
Manchmal hasse
ich meine Mutter
Gespräche mit Frauen
Band 3749

Marianne Schmitt (Hg.)
Fliegende Hitze
Band 3703

Inge Stolten (Hg.)
Der Hunger
nach Erfahrung
Frauen nach 1945
Band 3740

Irmgard Weyrather
»Ich bin noch aus dem
vorigen Jahrhundert«
Frauenleben zwischen
Kaiserreich und
Wirtschaftswunder
Band 3763

Fischer Taschenbuch Verlag

fi 404/2

Die Frau in der Gesellschaft

Texte und Lebensgeschichten

Herausgegeben von Gisela Brinker-Gabler

Band 2053   Band 3738   Band 3741

Fischer Taschenbuch Verlag